MÉMOIRES

DU DUC

DE SAINT-SIMON

III

TYPOGRAPHIE DE CH. LAHURE
IMPRIMEUR DU SÉNAT ET DE LA COUR DE CASSATION
RUE DE VAUGIRARD, 9, A PARIS

MÉMOIRES
COMPLETS ET AUTHENTIQUES

DU DUC

DE SAINT-SIMON

SUR LE SIÈCLE DE LOUIS XIV ET LA RÉGENCE

COLLATIONNÉS SUR LE MANUSCRIT ORIGINAL PAR M. CHÉRUEL

ET PRÉCÉDÉS D'UNE NOTICE

PAR M. SAINTE-BEUVE DE L'ACADÉMIE FRANÇAISE

TOME TROISIÈME

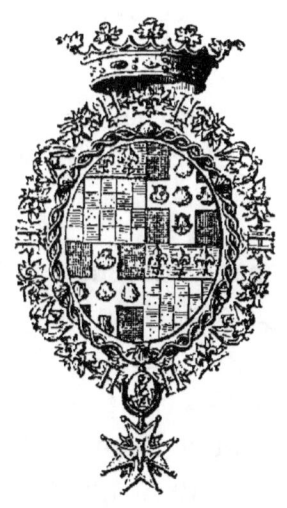

PARIS

LIBRAIRIE DE L. HACHETTE ET Cie

RUE PIERRE-SARRAZIN, N° 14

1856

MÉMOIRES
DE
SAINT-SIMON

CHAPITRE PREMIER.

Tallard à Fontainebleau. — Conseil d'État d'Espagne et quelques autres seigneurs. — Réflexions et mesures de quelques-uns des principaux seigneurs sur les suites de la mort prochaine du roi d'Espagne. — Avis célèbre sur les renonciations de la reine Marie-Thérèse. — Chute de la reine d'Espagne. — Le pape consulté secrètement.

Les nouvelles d'Espagne devenoient de jour en jour plus intéressantes depuis le départ du marquis d'Harcourt et son arrivée à Paris, où il rongeoit son frein de n'avoir pas eu la liberté de traiter avec la reine par l'amirante[1], et de s'ouvrir ainsi le chemin d'une grande et prompte fortune, et envioit le bonheur de Tallard qui étoit arrivé de la Haye à Paris pour aller bientôt après retrouver le roi d'Angleterre à son retour de Hollande à Londres, et qui se donnoit l'honneur du traité de partage qu'il avoit signé avec ce prince, comme d'un chef-d'œuvre de politique dont il étoit venu à bout, tandis que le roi d'Angleterre, qui se moquoit de lui,

1. Amiral de Castille. Il se nommait Thomas Enriquez de Cabrera, comte de Melgar.

s'applaudissoit avec raison de l'avoir imaginé, et d'être parvenu à le faire accepter à la France, et d'y avoir engagé tous ses anciens alliés, excepté l'empereur qu'il espéroit toujours d'y ramener. Qui auroit en effet mis ce traité en avant, et l'eût poussé jusqu'où il le fut dans les vues d'en tirer le fruit prodigieux qu'il vint à produire, eût été un profond et habile politique. Mais le roi d'Angleterre qui l'avoit imaginé, quelque grand homme d'État qu'il fût, étoit bien loin d'en attendre un succès si funeste à ce qu'il s'en étoit proposé, et Tallard qui se faisoit honneur de l'invention d'autrui, et qui n'y avoit eu d'autre part que celle d'en avoir reçu les premières propositions en Angleterre, et sur le compte qu'il en rendit d'avoir suivi les ordres qu'il reçut d'aller en avant, et enfin de signer, étoit tout aussi éloigné de penser qu'il pouvoit produire autre chose que son exécution; et il faut avouer que ce sont de ces secrets de la Providence toute seule qui dispose des empires, comme, quand et en la manière qu'il lui plaît, par des voies si profondes et si peu possibles à attendre par ceux même qui par degrés les exécutent, qu'il ne faut pas s'étonner si toute vue et toute prudence humaines est demeurée dans les plus épaisses ténèbres jusqu'au moment de l'événement.

Harcourt, à qui on vouloit éviter de commettre son caractère à quelque chose peut-être de fâcheux, n'avoit pas plutôt donné avis à Blécourt de son entrée en France, que cet envoyé du roi alla faire à l'Escurial la déclaration du traité de partage au roi d'Espagne. On a vu plus haut l'extrême colère où ce prince entra à une nouvelle pour lui si odieuse, les plaintes qu'il en fit retentir par ses ministres dans toute l'Europe, et en particulier en quels termes son ambassadeur à Londres se plaignit du roi d'Angleterre, lors en Hollande, et les suites de l'aigreur de cette plainte. Le conseil d'Espagne s'assembla souvent pour délibérer sur une déclaration si importante, qu'elle réveilla ceux qui le composoient de cet assoupissement profond qui, hors Madrid et ce qui s'y passe, rend les grands seigneurs espagnols indifférents à tout le reste du monde. La première marque qu'il en donna fut de supplier le roi d'Espagne de trouver bon que, pour ménager sa santé et n'entendre pas si souvent discuter des choses qui ne pouvoient que lui faire peine, il s'assemblât hors de sa présence aussi souvent qu'il le jugeroit nécessaire pour lui rendre un compte abrégé des résolutions qu'il estimeroit devoir être prises, et des ordres en conséquence à lui demander.

Portocarrero [1], Génois de la maison Boccanegra, mais depuis longtemps établie en Espagne par le mariage d'une héritière de la maison Portocarrero, qui, suivant la coutume d'Espagne, lui avoit imposé son nom et ses armes, étoit à la tête de ce conseil comme cardinal, archevêque de Tolède, primat et chancelier des Espagnes et diocésain de Madrid. Il étoit oncle paternel du comte Palma, grand d'Espagne;

Don J. Thomas Enriquez, duc de Rioseco, comte de Melgar, amirante de Castille, qui avoit été gouverneur de Milan;

Don Fr. Benavidès, comte de S. Estevan del Puerto, qui avoit été vice-roi de Sardaigne, de Sicile et de Naples;

Don Joseph Fréd. de Tolède, marquis de Villafranca, majordome-major du roi, avoit été vice-roi de Sicile;

Don Pierre-Emmanuel de Portugal. — Colomb, duc de

---

1. Cette énumération des membres du conseil d'État d'Espagne a été supprimée dans les précédentes éditions. Elle est cependant indispensable, comme le reconnaîtra tout lecteur attentif, pour comprendre la suite du récit de Saint-Simon; en effet il se réfère plusieurs fois au tableau qu'il a tracé du conseil d'État d'Espagne en 1700. Les éditeurs ont peut-être cru (car on doit chercher une explication raisonnable de cette étrange omission) que Saint-Simon traitait de ce conseil, en 1721, à l'époque de son ambassade en Espagne. Il parle, en effet, du conseil d'État de cette époque, mais il a soin d'ajouter à l'occasion d'Ubilla : « Il avoit eu le sort commun à tous ceux à qui Philippe V avait obligation de sa couronne, que la princesse des Ursins fit chasser. » Aussi le conseil d'État, dont il est question à la date de 1721, n'a-t-il rien de commun avec celui de 1700.

Veragua, chevalier de la Toison d'or, vice-roi de Sardaigne et de Sicile, où il étoit lors.

Ces quatre, grands d'Espagne, et le cinquième à vie :

Don Antoine-Sébastien de Tolède, marquis de Mancera;

Don Manuel Arias, commandeur de Castille, de Saint-Jean de Jérusalem, gouverneur du conseil de Castille;

Don Antonio Ubilla, secrétaire des dépêches universelles;

Le comte d'Oropesa, de la maison de Portugal, président des conseils de Castille et d'Italie, étoit exilé, et le duc de Medina-Celi étoit vice-roi de Naples.

Outre ces conseillers d'État, comme on parle en Espagne[1], il faut parler ici de trois autres grands d'Espagne et d'un seigneur de la maison de Guzman, marquis de Villagarcias, vice-roi de Valence, qui se trouva lors à Madrid. Les trois grands sont :

Le marquis de Villena, duc d'Escalona (don J. Fernandez d'Acuña Pacheco), chevalier de la Toison d'or, qui avoit été vice-roi de Navarre, d'Aragon, de Catalogne, où nous l'avons vu bien battu sur le Ter par M. de Noailles et encore après par M. de Vendôme pendant le siége de Barcelone, enfin [vice-roi] de Sicile. Il est mort longues années depuis majordome-major, et son fils lui a succédé dans cette grande charge, chose très-rare en Espagne. J'aurai lieu plus d'une fois de parler de lui.

Le duc de Medina-Sidonia (don J. de Guzman), majordome-major du roi.

Le comte de Benavente (don Fr.-Ant. Pimentel), sommelier de corps.

Ces deux derniers, ainsi que le cardinal Portocarrero, ont eu depuis l'ordre du Saint-Esprit. Il [Benavente] étoit aîné de la maison de Pimentel.

Don Louis Fernandez Boccanegra, cardinal Portocarrero,

---

1. On appelait alors en France les conseillers d'État *conseillers du roi en ses conseils.* Voy. note II à la fin du Ier volume de cettte édition de Saint-Simon.

promu par Clément IX (5 août 1669), à trente-huit ans, et depuis archevêque de Tolède, étoit un grand homme tout blanc, assez gros, de bonne mine, avec un air vénérable, et toute sa figure noble et majestueuse, honnête, poli, franc, libre, parlant vite, avec beaucoup de probité, de grandeur, de noblesse. Le sens bon et droit, avec un esprit et une capacité fort médiocres, une opiniâtreté entêtée, assez politique, excellent ami, ennemi implacable; un grand amour pour sa maison et tous ses parents, et voulant tout faire et tout gouverner, ardent en tout ce qu'il vouloit, et sur le tout dévot, haut et glorieux, et quoique grand autrichien, ennemi de la reine et de tous les siens, et déclaré tel[1].

L'amirante, dévoué à la fortune, avec beaucoup d'esprit, de monde et de talents, mais décrié sur tous les chapitres, étoit l'homme d'Espagne le plus attaché à la reine.

San-Estevan avoit beaucoup d'esprit et de capacité, et assez de droiture, extrêmement rompu au monde et à la cour, et avoit souvent des propos et des reparties fort libres et fort plaisantes, d'un esprit fin, doux, liant, et sans aucune haine ni vengeance, et d'une dévotion solide et cachée, peu ou point attaché aux étiquettes d'Espagne ni à ses maximes. Il avouoit franchement sa passion extrême pour sa famille et pour ses parents les plus éloignés. En tout, c'étoit un homme d'État. Son fils a été plénipotentiaire d'Espagne à Cambrai, puis gouverneur et premier ministre du roi de Naples, chevalier du Saint-Esprit, et maintenant en Espagne président des ordres et grand écuyer du roi. Le père mourut majordome-major de la reine-Savoie[2].

Veragua, avec infiniment d'esprit, étoit un homme capable, mais d'une avarice sordide, de peu de courage dans l'âme et à qui personne ne se fioit, et qui lors étoit en Sicile vice-roi.

---

1. Voy. dans les notes à la fin du volume les portraits des principaux personnages d'Espagne.
2. Louise de Savoie, première femme de Philippe V.

Villafranca, chef de la maison de Tolède, étoit un homme de soixante-dix ans, Espagnol jusques aux dents, attaché aux maximes, aux coutumes, aux mœurs, aux étiquettes d'Espagne jusqu'à la dernière minutie; courageux, haut, fier, sévère, pétri d'honneur, de valeur, de probité, de vertu, un personnage à l'antique, généralement aimé, considéré, respecté, sans aucuns ennemis, fort révéré et aimé du peuple, et, avec ce que j'en vais dire, d'un esprit médiocre.

Arias étoit monté à ce haut degré de conseiller d'État, le *non plus ultra* d'Espagne pour le personnel, par son esprit vaste, juste, net, capable, ferme, hardi. C'étoit un vrai homme d'État, fort Espagnol dans son goût et dans toutes ses manières, grand homme de bien, qui aimoit fort la justice, et en tout grand ennemi de toutes voies obliques, et austère dans ses mœurs.

Ubilla étoit un homme de peu, comme tous ceux qui occupent les premières secrétaireries en Espagne. Il étoit arrivé à l'Universelle[1] par s'être distingué dans divers endroits importants. Il avoit l'esprit souple, poli, délié, fin, avec cela ferme, net et voyoit clair avec grande capacité et pénétration dans les affaires, intègre pour un homme élevé dans ces emplois-là, et uniquement attaché au bien, à la grandeur et à la conservation de la monarchie.

J'oubliois le vieux Mancera, de la maison de Tolède, qui avoit été ambassadeur à Venise et en Allemagne, puis viceroi de la Nouvelle-Espagne, à son retour majordome-major de la reine mère, enfin conseiller d'État. C'étoit encore un personnage à l'antique, en mœurs, en vertu, en désintéressement, en fidélité, en attachement à ses devoirs, avec une piété effective et soutenue, sans qu'il y parût, doux, accessible, poli, bon, avec l'austérité et l'amour de toutes les étiquettes espagnoles. C'étoit un homme qui pesoit tout avec jugement et discernement, et qui, une fois déterminé par

---

1. A la secrétairerie universelle, sorte de ministère d'État.

raison à un parti, y étoit d'une fidélité à toute épreuve, savant avec beaucoup d'esprit et le plus honnête homme qui fût en Espagne.

Outre ce conseil d'État, que je n'ai pas rangé dans l'exactitude du rang ni parlé de tous ses membres, il y avoit encore quelques seigneurs dont les grands emplois ne permettoient pas qu'il se délibérât rien d'aussi important sur la monarchie sans eux. Tels étoient le duc de Medina-Sidonia, l'aîné des Guzman, majordome-major du roi; le comte de Benavente, l'aîné des Pimentel, sommelier du corps; don Fernand de Moncade, dit d'Aragon, duc de Montalte, président des conseils d'Aragon et des Indes; don Nicolas Pignatelli, duc de Montéleon, chevalier de la Toison, qui a été vice-roi de Sardaigne, et un des plus grands seigneurs des royaumes de Naples et de Sicile; et le marquis de Villena ou duc d'Escalona, par son rare mérite et les grands emplois par lesquels il avoit passé.

Medina-Sidonia[1] étoit un homme très-bien fait, d'environ soixante ans, qui ne manquoit pas d'esprit, vrai courtisan, complaisant, liant, assidu, fort haut, très-glorieux; en même temps très-poli, libéral, magnifique, ambitieux à l'excès et d'une probité peu contraignante, de ces hommes enfin à qui il ne manque rien pour cheminer et pour arriver dans les cours, et grand autrichien. Il étoit aîné de la maison de Guzman.

Benavente, fort bon homme et le meilleur des hommes, sans esprit, sans talent aucun, mais plein d'honneur, de droiture, de probité et de piété.

Montalte, homme d'esprit, de courage, de capacité et d'une foi suspecte, mais qui en savoit plus qu'aucun, fort autrichien, profond dans ses vues et dans ses voies, que tous regardoient mais sans se fier en lui.

Montéleon, italien jusque dans les moelles et autrichien

---

1. Nouveau passage supprimé par les précédents éditeurs.

de même, c'est-à-dire tout plein d'esprit, de sens, de vues, et, au besoin, de perfidie, avec beaucoup de capacité et des dehors fort agréables, mais trop connu pour que personne osât lui faire aucune ouverture ni qu'on pût jamais compter sur lui. Il avoit épousé la petite-fille et héritière de cette duchesse de Terranova qui fut camerera mayor de la reine, fille de Monsieur, à qui elle donna tant de déplaisirs, et qui à la fin se la fit ôter, chose sans exemple en Espagne, et qui l'a fait duc de Terranova.

Escalona, mais qui plus ordinairement portoit le nom de Villena, étoit la vertu, l'honneur, la probité, la foi, la loyauté, la valeur, la piété, l'ancienne chevalerie même, je dis celle de l'illustre Bayard, non pas celle des romans et des romanesques. Avec cela beaucoup d'esprit, de sens, de conduite, de hauteur et de sentiment, sans gloire et sans arrogance, de la politesse, mais avec beaucoup de dignité, et par mérite et sans usurpation, le dictateur perpétuel de ses amis, de sa famille, de sa parenté, de ses alliances qui tous et toutes se ralloient à lui. Avec cela beaucoup de lecture, de savoir, de justesse et de discernement dans l'esprit, sans opiniâtreté, mais avec fermeté, fort désintéressé, toujours occupé, avec une belle bibliothèque et commerce avec force savants dans tous les pays de l'Europe, attaché aux étiquettes et aux manières d'Espagne, sans en être esclave, en un mot un homme du premier mérite, et qui par là a toujours été compté, aimé, révéré beaucoup plus que par ses grands emplois, et qui a été assez heureux pour n'avoir contracté aucune tache de ses malheurs militaires en Catalogne[1].

Enfin Villagarcias, qui n'étoit ni grand ni conseiller d'État mais qui étoit Guzman, vice-roi de Valence, homme de beaucoup d'esprit et de talent, qui se trouvoit lors à Madrid,

---

1. Saint-Simon revient à l'époque de son ambassade en Espagne sur le marquis de Villena, mais sans répéter ce portrait, qui méritait bien d'être conservé.

et parent proche et ami de confiance de plusieurs conseillers d'État[1].

Villafranca fut un des premiers qui ouvrit les yeux au seul parti qu'ils avoient à prendre pour empêcher le démembrement de la monarchie, et se conserver par là toute leur grandeur particulière à eux-mêmes, en demeurant sujets d'un aussi grand roi, qui, retenant toutes les parties de tant de vastes États, auroit à conférer les mêmes charges, les mêmes vice-royautés, les mêmes grâces : il songea donc à faire tomber l'entière succession au deuxième fils du fils unique de la reine, sœur du roi d'Espagne. Il s'en ouvrit comme en tâtonnant à Medina-Sidonia, quoiqu'il ne fût pas du conseil, mais par sa charge et son esprit, en grande figure et en faveur, et avec qui il étoit en liaison particulière. Celui-ci qui le respectoit et qui le savoit aussi autrichien que lui-même, mais qui étoit gouverné par son intérêt, et qui, par conséquent, craignoit sur toutes choses le démembrement de la monarchie, entra dans le sentiment de Villafranca, et l'y affermit même par son esprit et ses raisons. Ces dernières étoient claires : la puissance de la France étoit grande et en grande réputation en Europe, contiguë par mer et par terre de tous les côtés à l'Espagne, en situation par conséquent de l'attaquer ou de la soutenir avec succès et promptitude, tout à fait frontière des Pays-Bas, et en état d'ailleurs de soutenir le Milanois, Naples et Sicile contre l'empereur foible, contigu à aucun de ces États, éloigné de tout, et pour qui le continent de l'Espagne se trouvoit hors de toute prise, tandis que de tous côtés il l'étoit de plain-pied à la France. Ils communiquèrent leur pensée à Villagarcias et à Villena qui y entrèrent tout d'abord. Ensuite ils jugèrent qu'il falloit gagner San-Estevan qui étoit la meilleure tête du conseil : Villena étoit son beau-frère, mari de sa sœur et son ami intime ; Villa-

---

1. Fin du second passage supprimé dans les précédentes éditions.

garcias aussi très-bien avec lui; ils s'en chargèrent et ils réussirent.

Voilà donc cinq hommes très-principaux résolus à donner leur couronne à un de nos princes. Ils délibérèrent entre eux, et ils estimèrent qu'ils ne pourroient rien faire sans l'autorité du cardinal Portocarrero qui portoit ces deux pour le conseil où il étoit le premier et pour la conscience par ses qualités ecclésiastiques. La haine ouverte et réciproque déclarée entre la reine et lui leur en fit bien espérer. Il étoit de plus ami intime de Villafranca et de toute la maison de Tolède. Celui-ci se chargea de le sonder, puis de lui parler; et il le fit si bien, qu'il s'assura tout à fait de lui. Tout cela se pratiquoit sans que le roi ni personne en France songeât à rien moins, et sans que Blécourt en eût la moindre connoissance, et se pratiquoit par des Espagnols qui n'avoient aucune liaison en France, et par des Espagnols, la plupart fort autrichiens, mais qui aimoient mieux l'intégrité de leur monarchie, et leur grandeur et leurs fortunes particulières à eux que la maison d'Autriche, qui n'étoit pas à la même portée que la France de maintenir l'une et de conserver les autres. Ils sentoient néanmoins deux grandes difficultés : les renonciations si solennelles et si répétées de notre reine par la paix des Pyrénées et par son contrat de mariage avec le roi, et l'opposition naturelle du leur à priver sa propre maison, dans l'adoration de laquelle il avoit été élevé, et dans laquelle il s'étoit nourri lui-même toute sa vie, et la priver en faveur d'une maison ennemie et rivale de la sienne dans tous les temps. Ce dernier obstacle, ils ne crurent personne en état de le lever que le cardinal Portocarrero par le for de la conscience.

A l'égard de celui des renonciations, Villafranca ouvrit un avis qui en trancha toute la difficulté. Il opina donc que les renonciations de Marie-Thérèse étoient bonnes et valables, tant qu'elles ne sortoient que l'effet qu'on avoit eu pour objet en les exigeant et en les accordant; que cet effet étoit

d'empêcher, pour le repos de l'Europe, que les couronnes
de France et d'Espagne ne se trouvassent réunies sur une
même tête, comme il arriveroit sans cette sage précaution,
au cas où alloit tomber dans la personne du Dauphin; mais
que maintenant que ce prince avoit trois fils, le second desquels pouvoit être appelé à la couronne d'Espagne, les
renonciations de la reine sa grand'mère devenoient caduques, comme ne sortissant plus l'effet pour lequel uniquement elles avoient été faites, mais un autre inutile au repos
de l'Europe, et injuste en soi, en privant un prince particulier sans États et pourtant héritier légitime, pour en revêtir
ceux qui ne sont ni héritiers ni en aucun titre à l'égard du
fils de France, effet encore qui n'alloit à rien moins qu'à la
dissipation et la destruction totale d'une monarchie, pour la
conservation de laquelle ces renonciations avoient été faites.
Cet avis célèbre fut approuvé de tous, et Villafranca se chargea de l'ouvrir en plein conseil. Il n'y avoit donc encore que
Portocarrero, Villafranca, Villena, San-Estevan, Medina-Sidonia et Villagarcias dans ce secret. Ils estimèrent avec
raison qu'il devoit être inviolablement gardé entre eux jusqu'à ce que le cardinal eût persuadé le roi. Les difficultés
en étoient extrêmes.

Outre cette passion démesurée et innée de la grandeur de
la maison d'Autriche dans le roi d'Espagne, il avoit fait un
testament en faveur de l'archiduc de la totalité de tout ce
qu'il possédoit au monde. Il falloit donc lui faire détruire
son propre ouvrage, le chef-d'œuvre de son cœur, la consolation de la fin prématurée de ses grandeurs temporelles,
en les laissant dans sa maison qu'il branchoit de nouveau, à
l'exemple de Charles-Quint; et sur cette destruction entrer pour
la maison de France, l'émule et l'ennemie perpétuelle de
celle d'Autriche, la même grandeur, la même mi-partition
qu'il avoit faite pour la sienne, qui étoit la détruire de ses
propres mains en tout ce qui lui étoit possible, pour enrichir son ennemie de ses dépouilles et de toutes les couronnes

que la maison d'Autriche avoit accumulées sur la tête de son aîné. Il falloit lutter contre tout le crédit et la puissance de la reine si grandement établie, et de nouveau ulcérée contre la France qui n'avoit pas voulu que Harcourt écoutât rien de sa part par l'amirante. Enfin c'étoit une trame qu'il falloit ourdir sous les yeux du comte d'Harrach, ambassadeur de l'empereur, qui avoit sa brigue dès longtemps formée et les yeux bien ouverts.

Quels que fussent ces obstacles, la grandeur de leur objet les roidit contre. Ils commencèrent par attaquer la reine par l'autorité du conseil, qui se joignit si puissamment à la voix publique contre la faveur et les rapines de la Berlips, sa favorite, que cette Allemande n'osa en soutenir le choc dans l'état de dépérissement où elle voyoit le roi d'Espagne, et se trouva heureuse d'emporter en Allemagne les trésors qu'elle avoit acquis, pour ne s'exposer point aux événements d'une révolution en un pays où elle étoit si haïe, et d'emmener sa fille, à qui le dernier effort du crédit de la reine fut de faire donner une promesse du roi d'Espagne par écrit d'un collier de la Toison d'or à quiconque elle épouseroit. Avec cela la Berlips partit à la hâte, traversa la France, et se retira de façon qu'on n'en entendit plus parler. C'étoit un coup de partie.

La reine, bonne et peu capable, ne pouvoit rien tirer d'elle-même. Il lui falloit toujours quelqu'un qui la gouvernât. La Berlips, pour régner sur elle à son aise, s'étoit bien gardée de la laisser approcher, tellement que, privée de cette favorite, elle se trouvoit sans conseil, sans secours et sans ressource en elle-même, et le temps selon toute apparence trop court pour qu'une autre eût le loisir de l'empaumer assez pour la rendre embarrassante pendant le reste de la vie du roi. Ce fut pour achever de se mettre en liberté à cet égard que, de concert encore avec le public qui gémissoit sous le poids des Allemands du prince de Darmstadt qui maîtrisoient Madrid et les environs, le conseil fit encore un tour de force en faisant remercier ce prince et licencier ce régiment. Ces deux coups et si près à près atterrèrent la reine, et la mirent hors de mesure pour tout le reste de .a vie du roi. Portocarrero, Villafranca et San-Estevan, les trois conseillers d'État seuls du secret, induisirent habilement les autres à chasser la Berlips et le prince de Darmstadt, qui pour la plupart s'y portèrent de haine pour la reine et pour ses deux bras droits; et le peu qui lui étoient attachés comme l'amirante par cabale et Veragua par politique, furent entraînés, et apprirent à quitter doucement la reine par l'état où ce changement la fit tomber. Ces deux grands pas faits, San-Estevan qui ne quitta jamais le cardinal d'un moment, tant que cette grande affaire ne fut pas consommée, le poussa à porter un autre coup, sans lequel ils ne crurent pas qu'il y eût moyen de rien entreprendre avec succès. Ce fut de faire chasser le confesseur du roi qui lui avoit été donné par la reine, et qui étoit un zélé autrichien.

Le cardinal prit si bien son temps et ses mesures qu'il fit coup double : le confesseur fut renvoyé et Portocarrero en donna un autre auquel il étoit assuré de faire dire et faire tout ce qu'il voudroit. Alors il tint le roi d'Espagne par le for de la conscience, qui eut sur lui d'autant plus de pouvoir qu'il commençoit à ne regarder plus les choses de ce monde qu'à la lueur de ce terrible flambeau qu'on allume aux mourants. Portocarrero laissa ancrer un peu le confesseur, et quand il jugea que l'état du roi d'Espagne le rendoit susceptible de pouvoir entendre mettre à la maison de France en parallèle avec celle d'Autriche, le cardinal, toujours étayé et endoctriné par San-Estevan, attaqua le roi d'Espagne avec toute l'autorité qu'il recevoit de son caractère, de son concert avec le confesseur, et de l'avis de ce peu de personnages, mais si principaux qui étoient du secret, auxquels l'importance et les conjonctures ne permettoient pas qu'on en joignît d'autres. Ce prince exténué de maux, et dont la santé, foible toute sa vie, avoit rendu son esprit peu vigoureux, pressé par de si grandes raisons temporelles, effrayé du poids des spirituelles, tomba dans une étrange perplexité. L'amour extrême de sa maison, l'aversion de sa rivale, tant d'États et de puissances à remettre à l'une ou à l'autre, ses affections les plus chères, le plus fomentées jusqu'alors, son propre ouvrage en faveur de l'archiduc à détruire pour la grandeur d'une maison de tout temps ennemie, le salut éternel, la justice, l'intérêt pressant de sa monarchie, le vœu des seuls ministres ou principaux seigneurs qui jusqu'alors pussent être sûrement consultés : nul Autrichien pour le soutenir dans ce combat; le cardinal et le confesseur sans cesse à le presser; parmi ces avis, aucun dont il pût se défier, aucun qui eût de liaison en France ni avec nul François, aucun qui ne fût Espagnol naturel, aucun qui ne l'eût bien servi, aucun en qui il eût jamais reconnu le moindre éloignement pour la maison d'Autriche; un grand attachement, au contraire, pour elle en plusieurs d'eux : il n'en fallut pas moins pour le jeter dans une incertitude assez grande pour ne savoir à quoi se résoudre; enfin, flottant, irrésolu, déchiré en soi-même, ne pouvant plus porter cet état et toutefois ne pouvant se déterminer, il pensa à consulter le pape comme un oracle avec lequel il ne pouvoit faillir; il résolut donc de déposer en son sein paternel toutes ses inquiétudes, et de suivre ce qu'il lui conseilleroit. Il le proposa au cardinal qui y consentit, persuadé que le pape aussi impartial, aussi éclairé qu'il s'étoit montré depuis qu'il gouvernoit l'Église, et d'ailleurs aussi désintéressé et aussi pieux qu'il l'étoit, prononceroit en faveur du parti le plus juste.

Cette résolution prise soulagea extrêmement le roi d'Espagne; elle calma ses violentes agitations, qui avoient porté encore beaucoup sur sa santé qui reprit quelque sorte de lueur. Il écrivit donc fort au long au pape, et se reposa sur le cardinal du soin de faire rendre directement sa lettre avec tout le secret qu'elle demandoit. Alors il fallut bien mettre Ubilla dans le secret. Ce ministre, tel que je l'ai dépeint d'après ceux qui l'ont fort connu, et qui ont vécu avec lui en maniement commun de toutes les affaires, n'eut pas peine à entrer dans les vues favorables à la France. Il les trouva déjà si bien concertées, si à l'abri de toutes contradictions intérieures par le reculement de la reine, et si avancées en environs, qu'il se joignit de bonne foi aux seigneurs du secret qui acquirent ainsi une bonne tête, et un ministère qui s'étendoit sur toute la monarchie, et duquel il leur eût été comme impossible de se passer. Le pape reçut directement la consultation du roi d'Espagne, et ne le fit pas attendre pour la réponse et sa décision. Il lui récrivit qu'étant lui-même en un état aussi proche que l'étoit Sa Majesté Catholique d'aller rendre compte au souverain pasteur du troupeau universel qu'il lui avoit confié, il avoit un intérêt aussi grand et aussi pressant qu'elle-même de lui donner un conseil dont il ne pût alors recevoir de reproches, qu'il pensât combien peu il devoit se laisser toucher aux intérêts de la maison d'Autriche en comparaison de ceux de son éternité, et de ce compte terrible qu'il étoit si peu éloigné d'aller rendre au souverain juge des rois qui ne reçoit point d'excuses et ne fait acception de personne. Qu'il voyoit bien lui-même que les enfants du Dauphin étoient les vrais, les seuls et les légitimes héritiers de sa monarchie, qui excluoit tous autres, et du vivant desquels et de leur postérité, l'archiduc, la sienne et toute la maison d'Autriche n'avoient aucun droit, et étoient entièrement étrangers. Que plus la succession étoit immense, plus l'injustice qu'il y commettroit lui deviendroit terrible au jugement de Dieu; que c'étoit donc à lui à n'oublier aucunes des précautions ni des mesures que toute sa sagesse lui pourroit inspirer pour faire justice à qui il la devoit, et pour assurer autant qu'il lui seroit possible l'entière totalité de sa succession et de sa monarchie à un des fils de France. Le secret de la consultation et de la réponse d'Innocent XII fut si profondément enseveli qu'il n'a été su que depuis que Philippe V a été en Espagne.

CHAPITRE II.

Testament du roi d'Espagne en faveur du duc d'Anjou. — Mort du roi d'Espagne. — Harcourt à Bayonne assemblant une armée; son ambition et son adresse. — Ouverture du testament. — Plaisanterie cruelle du duc d'Abrantès. — Deux conseils d'État chez Mme de Maintenon en deux jours. — Avis partagés; raisons pour s'en tenir au traité de partage; raisons pour accepter le testament. — Monseigneur [parle] avec force pour accepter. — Résolution d'accepter le testament. — Surprise du roi et de ses ministres.

Cependant le roi d'Espagne étoit veillé et suivi de près, dans l'espérance où étoit le cardinal pour le disposer à une parfaite et prompte obéissance à la décision qu'il attendoit, de manière que lorsqu'elle arriva il n'y eut plus à vaincre que des restes impuissants de répugnance et à mettre la main tout de bon à l'œuvre; Ubilla, uni à ceux du secret, fit un autre testament en faveur du duc d'Anjou, et le dressa avec les motifs et les clauses qui ont paru à tous les esprits désintéressés si pleines d'équité, de prudence, de force et de sagesse, et qui est devenu si public que je n'en dirai rien ici davantage. Quand il fut achevé d'examiner par les conseillers d'État du secret, Ubilla le porta au roi d'Espagne avec l'autre précédent fait en faveur de l'archiduc; celui-là fut brûlé par lui en présence du roi d'Espagne, du cardinal et du confesseur, et l'autre tout de suite signé par le roi d'Espagne et un moment après authentiqué au-dessus, lorsqu'il fut fermé, par les signatures du cardinal, d'Ubilla et de quelques autres. Cela fait, Ubilla tint prêts les ordres et les expéditions nécessaires en conséquence pour les divers pays de l'obéissance d'Espagne avec un secret égal; on prétend qu'alors ils firent pressentir le roi sans oser pourtant confier tout le secret à Castel dos Rios, et que ce fut la matière de cette audience si singulière qu'elle est sans exemple, dont il exclut Torcy, auquel, ni devant ni après, il ne dit pas un mot de la matière qu'il avoit à traiter seul avec le roi.

L'extrémité du roi d'Espagne se fit connaître plusieurs jours seulement après la signature du testament. Le cardinal, aidé des principaux du secret qui avoient les deux grandes charges, et du comte de Benavente qui avoit l'autre, par laquelle il étoit maître de l'appartement et de la chambre du roi, empêcha la reine d'en approcher les derniers jours sous divers prétextes. Benavente n'étoit pas du secret, mais il étoit ami des principaux du peu de ceux qui en étoient, et il étoit aisément gouverné, de sorte qu'il fit tout ce qu'ils voulurent. Ils y comptoient si bien qu'ils l'avoient fait mettre dans le testament pour entrer comme grand d'Espagne dans la junte qu'il établit pour gouverner en attendant le successeur, et il savoit aussi que le testament étoit fait, sans toutefois être instruit de ce qu'il contenoit. Il étoit tantôt temps de parler au conseil. Des huit qui en étoient, quatre seulement étoient du secret, Portocarrero, Villafranca, San-Estevan et Ubilla. Les autres quatre étoient l'amirante, Veragua, Mancera et Arias. Des deux derniers ils n'en étoient point en peine, mais l'attachement de l'amirante à la reine, le peu de foi de Veragua, et la difficulté de leur faire garder un si important secret, avoient toujours retardé jusque tout aux derniers jours du roi d'Espagne d'en venir aux opinions dans le conseil, sur la succession.

A la fin, le roi prêt à manquer à tous les moments, toutes les précautions possibles prises, et n'y ayant guère à craindre, que ces deux conseillers d'État seuls, et sans appui ni confiance de personne, et la reine dans l'abandon, osassent révéler un secret si prêt à l'être, et si inutilement pour eux, le cardinal assembla le conseil et y mit tout de suite la grande affaire de la succession en délibération. Villafranca tint parole, et opina avec grande force en la manière qu'elle se trouve ci-dessus. San-Estevan suivit avec autorité. L'amirante et Veragua, qui virent la partie faite, n'osèrent contredire. Le second ne se soucioit que de sa fortune, qu'il ne vouloit pas exposer dans des moments si critiques et dans une actuelle impuissance de la cour de Vienne par son éloignement, et la même raison retint l'amirante malgré son attachement pour elle. Mancera, galant homme et qui ne vouloit que le bien, mais effrayé d'avoir à prendre son parti sur-le-champ en chose de telle importance, demanda vingt-quatre heures pour y penser, et au bout desquelles il opina pour la France. Arias s'y rendit d'abord, à qui on avoit dit le mot à l'oreille un peu auparavant. Ubilla, après que le cardinal eut opiné et conclu, dressa sur la table même ce célèbre résultat; ils le signèrent et jurèrent d'en garder un inviolable secret, jusqu'à ce qu'après la mort du roi il fût temps d'agir en conséquence de ce qui venoit d'être résolu entre eux. En effet, ni l'amirante ni Veragua n'osèrent en laisser échapper quoi que ce fût, et l'amirante même fut impénétrable là-dessus à la reine et au comte d'Harrach, qui ignorèrent toujours si le conseil avoit pris une résolution. Très-peu après le roi d'Espagne mourut, le jour de la Toussaint, auquel il étoit né quarante-deux ans auparavant; il mourut, dis-je, à trois heures après midi dans le palais de Madrid.

Sur les nouvelles de l'état mourant du roi d'Espagne, dont Blécourt avoit grand soin d'informer le roi, il donna ordre au marquis d'Harcourt de se tenir prêt pour aller assembler une armée à Bayonne, pour laquelle on fit toutes les dispositions nécessaires, et Harcourt partit le 23 octobre avec le projet de prendre les places de cette frontière, comme Fontarabie et les autres, et d'entrer par là en Espagne. Le Guipuscoa étoit à la France par le traité de partage ; ainsi jusque-là il n'y avoit rien à dire. Comme tout changea subitement de face, je n'ai point su quels étoient les projets après avoir réduit cette petite province. Mais, en attendant qu'Harcourt fît les affaires du roi, il profita de la conjoncture et fit les siennes. Beuvron, son père, avoit été plus que très-bien avec Mme de Maintenon dans ses jeunes années. C'est ce qui fit la duchesse d'Arpajon, sa sœur, dame d'honneur de Mme la Dauphine-Bavière, arrivant pour un procès au conseil, de Languedoc où elle étoit depuis vingt ans, et sans qu'elle, ni son frère, ni pas un des siens eût imaginé d'y songer. On a vu que Mme de Maintenon n'a jamais oublié ces sortes d'amis. C'est ce qui a fait la fortune d'Harcourt, de Villars et de bien d'autres.

Harcourt sut en profiter en homme d'infiniment d'esprit et de sens qu'il étoit. Il la courtisa dès qu'il put pointer, et la cultiva toujours sur le pied d'en tout attendre, et quoiqu'il frappât avec jugement aux bonnes portes, il se donna toujours pour ne rien espérer que par elle. Il capitula donc par son moyen sans que le roi le trouvât mauvais, et il partit avec assurance de n'attendre pas longtemps à être fait duc héréditaire. La porte alors étoit entièrement fermée à la pairie. J'aurai lieu d'expliquer cette anecdote ailleurs. Arriver là étoit toute l'ambition d'Harcourt. Elle étoit telle que, longtemps avant cette conjoncture, étant à Calais, pour passer avec le roi Jacques en Angleterre, il ne craignit pas de s'en expliquer tout haut. On le félicitoit de commander à une entreprise dont le succès lui acquerroit le bâton. Il ne balança point et répondit tout haut que tout son but étoit d'être duc, et que, s'il savoit sûrement devenir maréchal de France et jamais duc, il quitteroit le service tout à l'heure et se retireroit chez lui.

Dès que le roi d'Espagne fut expiré, il fut question d'ouvrir son testament. Le conseil d'État s'assembla, et tous les grands d'Espagne qui se trouvèrent à Madrid y entrèrent.

La curiosité de la grandeur d'un événement si rare, et qui intéressoit tant de millions d'hommes, attira tout Madrid au palais, en sorte qu'on s'étouffoit dans les pièces voisines de celle où les grands et le conseil ouvroient le testament. Tous les ministres étrangers en assiégeoient la porte. C'étoit à qui sauroit le premier le choix du roi qui venoit de mourir, pour en informer sa cour le premier. Blécourt étoit là comme les autres sans savoir rien plus qu'eux, et le comte d'Harrach, ambassadeur de l'empereur, qui espéroit tout, et qui comptoit sur le testament en faveur de l'archiduc, étoit vis-à-vis la porte et tout proche avec un air triomphant. Cela dura assez longtemps pour exciter l'impatience. Enfin la porte s'ouvrit et se referma. Le duc d'Abrantès, qui étoit un homme de beaucoup d'esprit, plaisant, mais à craindre, voulut se donner le plaisir d'annoncer le choix du successeur, sitôt qu'il eut vu tous les grands et le conseil y acquiescer et prendre leurs résolutions en conséquence. Il se trouva investi aussitôt qu'il parut. Il jeta les yeux de tous côtés en gardant gravement le silence. Blécourt s'avança, il le regarda bien fixement, puis tournant la tête fit semblant de chercher ce qu'il avoit presque devant lui. Cette action surprit Blécourt et fut interprétée mauvaise pour la France ; puis tout à coup, faisant comme s'il n'avoit pas aperçu le comte d'Harrach et qu'il s'offrît premièrement à sa vue, il prit un air de joie, lui saute au cou, et lui dit en espagnol, fort haut : « Monsieur, c'est avec beaucoup de plaisir.... » et faisant une pause pour l'embrasser mieux, ajouta : « Oui, monsieur, c'est avec une extrême joie que pour toute ma vie.... » et redoublant d'embrassades pour s'arrêter encore, puis acheva : « et avec le plus grand contentement que je me sépare de vous et prends congé de la très-auguste maison d'Autriche. » Puis perce la foule, chacun courant après pour savoir qui étoit le successeur. L'étonnement et l'indignation du comte d'Harrach lui fermèrent entièrement la bouche, mais parurent sur son visage dans toute leur étendue. Il demeura là encore quelques moments; il laissa des gens à lui pour lui venir dire des nouvelles à la sortie du conseil, et s'alla enfermer chez lui dans une confusion d'autant plus grande qu'il avoit été la dupe des accolades et de la cruelle tromperie du compliment du duc d'Abrantès.

Blécourt, de son côté, n'en demanda pas davantage. Il courut chez lui écrire pour dépêcher son courrier. Comme il étoit après, Ubilla lui envoya un extrait du testament qu'il tenoit tout prêt, et que Blécourt n'eut qu'à mettre dans son paquet. Harcourt, qui étoit à Bayonne, avoit ordre d'ouvrir tous les paquets du roi, afin d'agir suivant les nouvelles, sans perdre le temps à attendre les ordres de la cour qu'il avoit d'avance pour tous les cas prévus. Le courrier de Blécourt arriva malade à Bayonne, de sorte qu'Harcourt en prit occasion d'en dépêcher un à lui avec ordre de rendre à son ami Barbezieux les quatre mots qu'il écrivit tant au roi qu'à lui, avant que de porter le paquet de Blécourt à Torcy. Ce fut une galanterie qu'il fit à Barbezieux pour le faire porteur de cette grande nouvelle. Barbezieux la reçut, et sur-le-champ la porta au roi, qui étoit lors au conseil de finance, le mardi matin 9 novembre.

Le roi, qui devoit aller tirer, contremanda la chasse, dîna à l'ordinaire au petit couvert sans rien montrer sur son visage, déclara la mort du roi d'Espagne, qu'il draperoit; ajouta qu'il n'y auroit de tout l'hiver ni appartement, ni comédies, ni aucuns divertissements à la cour, et quand il fut rentré dans son cabinet, il manda aux ministres de se trouver à trois heures chez Mme de Maintenon. Monseigneur étoit revenu de courre le loup; il se trouva aussi à trois heures chez Mme de Maintenon. Le conseil y dura jusqu'après sept heures, en suite de quoi le roi y travailla jusqu'à dix avec Torcy et Barbezieux ensemble. Mme de Maintenon avoit toujours été présente au conseil; et la fut encore au travail qui le suivit. Le lendemain mercredi, il y eut conseil d'État le matin chez le roi à l'ordinaire, et au retour de la chasse il en tint un autre comme la veille chez Mme de Maintenon, depuis six heures du soir jusqu'à près de dix. Quelque accoutumé qu'on fût à la cour à la faveur de Mme de Maintenon, on ne l'étoit pas à la voir entrer publiquement dans les affaires, et la surprise fut extrême de voir assembler deux conseils en forme chez elle, et pour la plus grande et la plus importante délibération qui de tout ce long règne et de beaucoup d'autres eût été mise sur le tapis.

Le roi, Monseigneur, le chancelier, le duc de Beauvilliers et Torcy, et il n'y avoit lors point d'autres ministres d'État que ces trois derniers, furent les seuls qui délibérèrent sur cette grande affaire, et Mme de Maintenon, avec eux, qui se taisoit par modestie, et que le roi força de dire son avis après que tous eurent opiné, excepté lui. Ils furent partagés : deux pour s'en tenir au traité de partage, deux pour accepter le testament.

Les premiers soutenoient que la foi y étoit engagée, qu'il n'y avoit point de comparaison entre l'accroissement de la puissance et d'États unis à la couronne, d'États contigus et aussi nécessaires que la Lorraine, aussi importants que le Guipuscoa pour être une clef de l'Espagne, aussi utiles au commerce que les places de Toscane, Naples et Sicile; et la grandeur particulière d'un fils de France, dont tout au plus loin la première postérité devenue espagnole par son intérêt, et par ne connoître autre chose que l'Espagne, se montreroit aussi jalouse de la puissance de la France que les rois d'Espagne autrichiens. Qu'en acceptant le testament il falloit compter sur une longue et sanglante guerre, par l'injure de la rupture du traité de partage, et par l'intérêt de toute l'Europe à s'opposer à un colosse tel qu'alloit devenir la France pour un temps, si on lui laissoit recueillir une succession aussi vaste. Que la France épuisée d'une longue suite de guerres, et qui n'avoit pas eu loisir de respirer depuis la paix de Ryswick, étoit hors d'état de s'y exposer; que l'Espagne l'étoit aussi de longue main ; qu'en l'acceptant tout le faix tomboit sur la France, qui, dans l'impuissance de soutenir le poids de tout ce qui s'alloit unir contre elle, auroit encore l'Espagne à supporter. Que c'étoit un enchaînement dont on n'osoit prévoir les suites, mais qui en gros se montroient telles que toute la prudence humaine sembloit conseiller de ne s'y pas commettre. Qu'en se tenant au traité de partage, la France se concilioit toute l'Europe par cette foi maintenue, et par ce grand exemple de modération, elle qui n'avoit eu toute l'Europe sur les bras que par la persuasion, où sa conduite avoit donné crédit, des calomnies semées avec tant de succès qu'elle vouloit tout envahir, et monter peu à peu à la monarchie universelle tant reprochée autrefois à la maison d'Autriche, dont l'acceptation du testament ne laisseroit plus douter, comme en étant un degré bien avancé. Que, se tenant au traité de partage, elle s'attireroit la confiance de toute l'Europe dont elle deviendroit la dictatrice, ce qu'elle ne pouvoit espérer de ses armes, et que l'intérieur du royaume, rétabli par une longue paix, augmenté aux dépens de l'Espagne, avec la clef du côté le plus jaloux et le plus nu de ce royaume, et celle de tout le commerce du Levant, enfin l'arrondissement si nécessaire de la Lorraine, qui réunit les Évêchés, l'Alsace et la Franche-Comté, et délivre la Champagne qui n'a point de frontières, formeroit un État si puissant qu'il seroit à l'avenir la terreur ou le refuge de tous les autres, et en situation assurée de faire tourner à son gré toutes les affaires générales de l'Europe. Torcy ouvrit cet avis pour balancer et sans conclure, et le duc de Beauvilliers le soutint puissamment.

Le chancelier, qui, pendant toute cette déduction s'étoit uniquement appliqué à démêler l'inclination du roi, et qui crut l'avoir enfin pénétrée, parla ensuite. Il établit d'abord qu'il étoit au choix du roi de laisser brancher une seconde fois la maison d'Autriche à fort peu de puissance près de ce qu'elle avoit été depuis Philippe II, et dont on avoit vivement éprouvé la force et la puissance, ou de prendre le même avantage pour la sienne; que cet avantage se trouvoit fort supérieur à celui dont la maison d'Autriche avoit tiré de si grands avantages, par la différence de la séparation des États des deux branches qui ne se pouvoient secourir que par des diversions de concert, et qui étoient coupés par des États étrangers. Que l'une des deux n'avoit ni mer ni commerce, que sa puissance n'étoit qu'usurpation qui avoit toujours trouvé de la contradiction dans son propre sein, et souvent des révoltes ouvertes, et dans ce vaste pays d'Allemagne où les diètes avoient palpité tant qu'elles avoient pu, et où on avoit pu sans messéance fomenter les mécontentements par l'ancienne alliance de la France avec le corps germanique, dont l'éloignement de l'Espagne ne recevoit de secours que difficilement, sans compter les inquiétudes de la part des Turcs, dont les armes avoient souvent rendu celles des empereurs inutiles à l'Espagne. Que les pays héréditaires dont l'empereur pouvoit disposer comme du sien, ne pouvoient entrer en comparaison avec les moindres provinces de France. Que ce dernier royaume, le plus étendu, le plus abondant, et le plus puissant de tous ceux de l'Europe, chaque État considéré à part, avoit l'avantage de ne dépendre de l'avis de qui que ce soit, et de se remuer tout entier à la seule volonté de son roi, ce qui en rendoit les mouvements parfaitement secrets et tout à fait rapides, et celui encore d'être contigu d'une mer à l'autre à l'Espagne, et de plus par les deux mers d'avoir du commerce et une marine, et d'être en état de protéger celle d'Espagne, et de profiter à l'avenir de son union avec elle pour le commerce des Indes; par conséquent de recueillir des fruits de cette union bien plus continuels, plus grands, plus certains que n'avoit pu faire la maison d'Autriche, qui, loin de pouvoir compter mutuellement sur des secours précis, s'étoit souvent trouvée embarrassée à faire passer ses simples courriers d'une branche à l'autre, au lieu que la France et l'Espagne, par leur contiguïté, ne faisoient, pour toutes ces importantes commodités, qu'une seule et même province, et pouvoit agir en tous temps à l'insu de tous ses voisins; que ces avantages ne se trouvoient balancés que par ceux de l'acquisition de la Lorraine, commode et importante à la vérité, mais dont la possession n'augmenteroit en rien le poids de la France dans les affaires générales, tandis qu'unie avec l'Espagne, elle seroit toujours prépondérante et très-supérieure à la plupart des puissances unies en alliance, dont les divers intérêts ne pouvoient rendre ces unions durables comme celui des frères et de la même maison. Que d'ailleurs en se mettant à titre de nécessité au-dessus du scrupule de l'occupation de la Lorraine désarmée, démantelée, enclavée comme elle étoit, ne l'avoir pas étoit le plus petit inconvénient du monde, puisqu'on s'en saisiroit toujours au premier mouvement de guerre, comme on avoit fait depuis si longtemps, qu'en ces occasions on ne s'apercevoit pas de différence entre elle et une province du royaume.

A l'égard de Naples, Sicile, et des places de la côte de Toscane, il n'y avoit qu'à ouvrir les histoires pour voir combien souvent nos rois en avoient été les maîtres, et avec ces États de celui de Milan, de Gênes et d'autres petits d'Italie, et avec quelle désastreuse et rapide facilité ils les avoient toujours perdus. Que le traité de partage avoit été accepté faute de pouvoir espérer mieux dès qu'on ne vouloit pas se jeter dans les conquêtes; mais qu'en l'acceptant ç'auroit été se tromper de méconnoître l'inimitié de tant d'années de l'habile main qui l'avoit dressé pour nous donner des noms sans nous donner de choses, ou plutôt des choses impossibles à conserver par leur éloignement et leur épuisement, et qui ne seroient bonnes qu'à consumer notre argent et partager nos forces, et à nous tenir dans une contrainte et une brassière perpétuelles. Que pour le Guipuscoa c'étoit un leurre de le prendre pour une clef d'Espagne; qu'il n'en falloit qu'appeler à nous-mêmes qui avions été plus de trente ans en guerre avec l'Espagne, et toujours en état de prendre les places et les ports de cette province, puisque le roi avoit bien conquis celles de Flandre, de la Meuse et du Rhin. Mais que la stérilité affreuse d'un vaste pays, et la difficulté des Pyrénées avoient toujours détourné la guerre de ce côté-là, et permis même dans leur plus fort une sorte de commerce entre les deux frontières sous prétexte de tolérance sans qu'il s'y fût jamais commis aucune hostilité. Qu'enfin les places de la côte de Toscane seroient toujours en prise du souverain du Milanois qui pouvoit faire ses préparatifs à son aise et en secret, tomber dessus subitement et de plain-pied, et s'en être emparé avant l'arrivée d'un secours par mer qui ne pouvoit partir que des ports de Provence. Que pour ce qui étoit du danger d'avoir les rois d'Espagne françois pour ennemis, comme ceux de la maison d'Autriche, cette identité ne pouvoit jamais avoir lieu, puisqu'au moins n'étant pas de cette maison, mais de celle de France, tout ce qui ne seroit pas l'intérêt même d'Espagne ne seroit jamais le leur, comme au contraire, dès qu'il y auroit identité de maison, il y auroit identité d'intérêts, dont, pour ne parler maintenant que de l'extérieur, l'abaissement de l'empereur et la diminution du commerce et de l'accroissement des colonies des Anglois et des Hollandois aux Indes, feroit toujours un tel intérêt commun qu'il domineroit tous les autres. Que pour l'intérieur, il n'y avoit qu'à prendre exemple sur la maison d'Autriche, que rien n'avoit pu diviser depuis Charles V, quoique si souvent pleine de *riottes*[1] domestiques. Que le désir de s'étendre en Flandre étoit un point que le moindre grain de sagesse et de politique feroit toujours céder à tout ce que l'union de deux si puissantes monarchies et si contiguës partout pouvoit opérer, qui n'alloit à rien moins pour la nôtre qu'à s'enrichir par le com-

---

1. Querelles.

merce des Indes, et pour toutes les deux à donner le branle, le poids et avec le temps le ton à toutes les affaires de l'Europe; que cet intérêt étoit si grand et si palpable, et les occasions de division entre les deux rois de même sang si médiocres en eux-mêmes et si anéanties en comparaison de ceux-là, qu'il n'y avoit point de division raisonnable à en craindre. Qu'il y avoit à espérer que le roi vivroit assez longtemps non-seulement pour l'établir, et Monseigneur, après lui, entre ses deux fils, qu'il n'y avoit pas moins lieu d'en espérer la continuation dans les deux frères si unis et si affermis de longue main dans ces principes, qu'ils feroient passer aux cousins germains, ce qui montroit déjà une longue suite d'années; qu'enfin si le malheur venoit assez à surmonter toute raison pour faire naître des guerres, il falloit toujours qu'il y eût un roi d'Espagne, et qu'une guerre se pousseroit moins et se termineroit toujours plus aisément et plus heureusement avec un roi de même sang, qu'avec un étranger et de la maison d'Autriche.

Après cet exposé, le chancelier vint à ce qui regardoit la rupture du traité de partage. Après en avoir remis le frauduleux, le captieux, le dangereux, il prétendit que la face des choses, entièrement changée du temps auquel il avoit été signé, mettoit de plein droit le roi en liberté, sans pouvoir être accusé de manquer de foi; que par ce traité il ne s'étoit engagé qu'à ce qu'il portoit; qu'on n'y trouveroit point de stipulation d'aucun refus de ce qui seroit donné par la volonté du roi d'Espagne, et volonté pure, sans sollicitation, et même à l'insu du roi, et de ce qui seroit offert par le vœu universel de tous les seigneurs et les peuples d'Espagne; que le premier étoit arrivé, que le second alloit suivre, selon toute apparence; que le refuser contre tout intérêt, comme il croyoit l'avoir démontré, attireroit moins la confiance avec qui le traité de partage avoit été signé, que leur mépris, que la persuasion d'une impuissance qui les enhardiroit à essayer de dépouiller bientôt la France de ce qui ne lui avoit été donné en distance si éloignée et de si fâcheuse garde, que pour le lui ôter à la première occasion; et que, bien loin de devenir la dictatrice de l'Europe par une modération si étrange et que nulle équité ne prétextoit, la France acquerroit une réputation de pusillanimité qui seroit attribuée aux dangers de la dernière guerre et à l'exténuation qui lui en seroit restée, et qu'elle deviendroit la risée de ses faux amis avec bien plus de raison que Louis XII et François Ier ne l'avoient été de Ferdinand le Catholique, de Charles V, des papes et des Vénitiens, par leur rare attachement à leur foi et à leurs paroles positives desquelles ici il n'y a rien qui puisse être pris en la moindre parité; enfin qu'il convenoit qu'une si riche succession ne se recueilleroit pas sans guerre, mais qu'il falloit lui accorder aussi que l'empereur ne souffriroit pas plus paisiblement l'exécution du traité de partage que celle du testament; que jamais il n'avoit voulu y consentir, qu'il avoit tout tenté pour s'y opposer, qu'il n'étoit occupé qu'à des levées et à des alliances; que guerre pour guerre, il valoit mieux la faire à mains garnies et ne se pas montrer à la face de l'univers indignes de la plus haute fortune et la moins imaginée.

Ces deux avis, dont je ne donne ici que le précis, furent beaucoup plus étendus de part et d'autre, et fort disputés par force répliques des deux côtés. Monseigneur, tout noyé qu'il fût dans la graisse et dans l'apathie, parut un autre homme dans tous ces deux conseils, à la grande surprise du roi et des assistants. Quand ce fut à lui à parler, les ripostes finies, il s'expliqua avec force pour l'acceptation du testament, et reprit une partie des meilleures raisons du chancelier. Puis se tournant vers le roi d'un air respectueux, mais ferme, il lui dit qu'après avoir dit son avis comme les autres, il prenoit la liberté de lui demander son héritage, puisqu'il étoit en état de l'accepter; que la monarchie d'Espagne étoit le bien de la reine sa mère, par conséquent le sien, et pour la tranquillité de l'Europe celui de son second fils, à qui il le cédoit de tout son cœur, mais qu'il n'en quitteroit pas un seul pouce de terre à nul autre ; que sa demande étoit juste et conforme à l'honneur du roi, et à l'intérêt et à la grandeur de sa couronne, et qu'il espéroit bien aussi qu'elle ne lui seroit pas refusée. Cela dit d'un visage enflammé sourit à l'excès. Le roi l'écouta fort attentivement, puis dit à Mme de Maintenon : « Et vous, madame, que dites-vous sur tout ceci? » Elle à faire la modeste ; mais enfin pressée et même commandée, elle dit deux mots d'un bienséant embarras, puis en peu de paroles se mit sur les louanges de Monseigneur qu'elle craignoit et n'aimoit guère, ni lui elle, et fut enfin d'avis d'accepter le testament.

Le roi conclut sans s'ouvrir. Il dit qu'il avoit tout bien ouï, et compris tout ce qui avoit été dit de part et d'autre ; qu'il y avoit de grandes raisons des deux côtés, que l'affaire méritoit bien de dormir dessus et d'attendre vingt-quatre heures ce qui pourroit venir d'Espagne, et si les Espagnols seroient du même avis que leur roi. Il congédia le conseil, à qui il ordonna de se retrouver le lendemain au soir au même lieu et finit sa journée, comme on l'a dit, entre Mme de Maintenon, Torcy qu'il fit rester, et Barbezieux qu'il envoya chercher.

Le mercredi 10 novembre, il arriva plusieurs courriers d'Espagne, dont un ne fit que passer portant des ordres à l'électeur de Bavière à Bruxelles. On eut par eux tout ce qui pouvoit achever de déterminer le roi à l'acceptation du testament, c'est-à-dire le vœu des seigneurs et des peuples, autant que la brièveté du temps le pouvoit permettre ; de sorte que, tout ayant été lu et discuté chez Mme de Maintenon au conseil que le roi au retour de la chasse y tint comme la veille, il s'y détermina à l'acceptation. Le lendemain matin, jeudi, le roi, entre son lever et sa messe, donna audience à l'ambassadeur d'Espagne, à laquelle Monseigneur et Torcy furent présents. L'ambassadeur présenta, de la part de la reine et de la junte, une copie authentique du testament. On n'a pas douté depuis qu'en cette audience, le roi, sans s'expliquer nettement, n'eût donné de grandes espérances d'acceptation à l'ambassadeur, à la sortie duquel le roi fit entrer Mgr le duc de Bourgogne, à qui il confia le secret du parti pris. Le chancelier s'en alla à Paris l'après-dînée, et les autres ministres eurent congé jusqu'à Versailles, de manière que personne ne douta que la résolution, quelle qu'elle fût, ne fût prise et arrêtée.

La junte qui fut nommée par le testament pour gouverner en attendant le successeur fut fort courte, et seulement composée de la reine, du cardinal Portocarrero, de don Manuel Arias, gouverneur du conseil de Castille, du grand inquisiteur, et pour grands d'Espagne, du comte de Benavente et du comte d'Aguilar. Ceux qui firent faire le testament n'osèrent pas exclure la reine, et ne voulurent pas s'y mettre pour éviter jalousie. Ils n'étoient pas moins sûrs de leur fait, dès que le choix du successeur seroit passé à l'ouverture du testament, ni de la gestion, par la présence du cardinal, du comte de Benavente et d'Arias, dont ils étoient sûrs, et duquel la charge que j'aurai ailleurs occasion d'expliquer donnoit le plus grand pouvoir, appuyé surtout de l'autorité du cardinal qui étoit comme le régent et le chef de la junte, tout le crédit et la puissance de la reine se trouvant anéantis au point qu'elle fut réduite à faire sa cour au cardinal et à ses amis, et que, sous prétexte de sa douleur, elle n'assista à la junte que pour signer aux premières et plus importantes résolutions toutes arrêtées sans elle, et qu'elle s'en retira dans l'ordinaire et le courant, parce qu'elle sentoit qu'elle n'y seroit que de montre. Aguilar étoit l'homme d'Espagne le plus laid, qui avoit le plus d'esprit, et peut-être encore le plus de capacité, mais le plus perfide et le plus méchant. Il étoit si bien connu pour tel qu'il en plaisantoit lui-même, et qu'il disoit qu'il seroit le plus méchant homme d'Espagne, sans son fils qui avoit joint à la laideur de son âme celle que lui-même avoit en son corps. Mais c'étoit en même temps un homme cauteleux, et qui, voyant le parti pris, ne pensa qu'à sa fortune, à plaire aux maîtres des affaires, et à préparer le successeur à le bien traiter. Ubilla, par son emploi, étoit encore d'un grand et solide secours au cardinal et à Arias.

La suite nécessaire d'une narration si intéressante ne m'a pas permis de l'interrompre. Maintenant qu'elle est conduite à un point de repos il faut revenir quelque peu sur ses pas. Il n'est pas croyable l'étonnement qu'eut Blécourt d'une disposition si peu attendue, et dont on s'étoit caché de lui autant que du comte d'Harrach. La rage de celui-ci fut extrême par la surprise, par l'anéantissement du testament en faveur de l'archiduc, sur lequel il comptoit entièrement, et par l'abandon et l'impuissance où il se trouva tombé tout à coup, et lui et la reine à qui il ne resta pas une créature, ni à lui un autrichien qui se l'osât montrer. Harcourt, en ouvrant les dépêches du roi à Bayonne, demeura interdit. Il sentit bien alors que les propositions que l'amirante lui avoit faites de la part de la reine étoient de gens clairvoyants, non pas elle, mais lui, qui craignoient que les choses ne prissent ce tour par le grand intérêt des principaux particuliers, et qui, à tout hasard du succès, vouloient faire leur marché. Il eût bien alors redoublé les regrets de son retour, et de la défense qu'il reçut d'entrer en rien avec l'amirante, s'il n'eût habilement su tirer sur le temps, et profiter de la protection de Mme de Maintenon pour emporter à Bayonne une promesse dont il se mit à hâter l'accomplissement.

La surprise du roi et de ses ministres fut sans pareille. Ni lui ni eux ne pouvoient croire ce qu'ils lisoient dans la dépêche de Blécourt, et il leur fallut plusieurs jours pour en revenir assez pour être en état de délibérer sur une aussi importante matière. Dès que la nouvelle devint publique, elle fit la même impression sur toute la cour, et les ministres étrangers passèrent les nuits à conférer et à méditer sur le parti que le roi prendroit, et sur les intérêts de leurs maîtres, et gardoient à l'extérieur un grand silence. Le courtisan ne s'occupoit qu'à raisonner, et presque tous alloient à l'acceptation. La manière ne laissa pas d'en être agitée dans les conseils, jusqu'à y raisonner de donner la comédie au monde, et de faire disparoître le duc d'Anjou sous la conduite du nonce Gualterio qui l'emmèneroit en Espagne. Je le sus et je songeai à être de la partie. Mais ce misérable biais fut aussitôt rejeté, par la honte d'accepter à la dérobée tant de couronnes offertes, et par la nécessité prompte de lever le masque pour soutenir l'Espagne trop foible pour être laissée à ses propres forces. Comme on ne parloit d'autre chose que du parti qu'il y avoit à prendre, le roi se divertit un soir dans son cabinet à en demander leur avis aux princesses. Elles répondirent que c'étoit d'envoyer promptement M. le duc d'Anjou en Espagne, et que c'étoit le sentiment général, par tout ce qu'elles en entendoient dire à tout le monde. « Je suis sûr, leur répliqua le roi, que quelque parti que je prenne, beaucoup de gens me condamneront. »

C'étoit le samedi 13 novembre. Le lendemain matin dimanche 14, veille du départ de Fontainebleau, le roi entretint longtemps Torcy, qui avertit ensuite l'ambassadeur d'Espagne, qui étoit demeuré à Fontainebleau, de se trouver le lendemain au soir à Versailles. Cela se sut et donna un grand éveil. Les gens alertes avoient su encore que le vendredi précédent le roi avoit parlé longtemps à M. le duc d'Anjou en présence de Monseigneur et de Mgr le duc de Bourgogne, ce qui étoit si extraordinaire qu'on commença à se douter que le testament seroit accepté. Ce même dimanche, veille du départ, un courrier espagnol du comte d'Harrach passa à Fontainebleau allant à Vienne, vit le roi à son souper, et dit publiquement qu'on attendoit à Madrid M. le duc d'Anjou avec beaucoup d'impatience, et ajouta qu'il y avoit quatre grands nommés pour aller au-devant de lui.

Ce prince, à qui on parla du testament, ne répondit que par sa reconnoissance pour le roi d'Espagne, et se conduisit si uniment qu'il ne parut jamais qu'il sût ou se doutât de rien jusqu'à l'instant de sa déclaration.

CHAPITRE III.

Retour de Fontainebleau. — Déclaration du roi d'Espagne; son traitement. — M. de Beauvilliers seul en chef, et M. de Noailles en supplément accompagnent les princes au voyage. — Le nonce et l'ambassadeur de Venise félicitent les deux rois. — Harcourt duc vérifié et ambassadeur en Espagne. — Rage singulière de Tallard. — L'électeur de Bavière fait proclamer Philippe V aux Pays-Bas, qui est harangué par le parlement et tous les corps. — Plaintes des Hollandois. — Bedmar à Marly. — Philippe V proclamé à Milan. — Le roi d'Espagne fait Castel dos Rios grand d'Espagne de la première classe et prend la Toison; manière de la porter. — Départ du roi d'Espagne et des princes ses frères. — Philippe V proclamé à Madrid, à Naples, en Sicile et en Sardaigne. — Affaire de Vaïni à Rome. — Albano pape (Clément XI). — Grâces pécuniaires. — Chamillart ministre. — Électeur de Brandebourg se déclare roi de Prusse; comment [la Prusse] entrée dans sa maison. — Courlande. — Tessé à Milan et Colmenero à Versailles. — Castel dos Rios. — Harcourt retourné à Madrid; sa place à la junte. — Troubles du Nord.

Le lundi 15 novembre, le roi partit de Fontainebleau entre neuf et dix heures, n'ayant dans son carrosse que Mgr le duc de Bourgogne, Mme la duchesse de Bourgogne, Mme la princesse de Conti, et la duchesse du Lude, mangea un morceau sans en sortir, et arriva à Versailles sur les quatre heures. Monseigneur alla dîner à Meudon pour y demeurer quelques jours; et Monsieur et Madame à Paris. En chemin, l'ambassadeur d'Espagne reçut un courrier avec de nouveaux ordres et de nouveaux empressements pour demander M. le duc d'Anjou. La cour se trouva fort grosse à Versailles, que la curiosité y avoit rassemblée dès le jour même de l'arrivée du roi.

Le lendemain, mardi 16 novembre, le roi, au sortir de son lever, fit entrer l'ambassadeur d'Espagne dans son cabinet, où M. le duc d'Anjou s'étoit rendu par les derrières. Le roi, le lui montrant, lui dit qu'il le pouvoit saluer comme son roi. Aussitôt il se jeta à genoux à la manière espagnole, et lui fit un assez long compliment en cette langue. Le roi lui dit qu'il ne l'entendoit pas encore, et que c'étoit à lui à répondre pour son petit-fils. Tout aussitôt après, le roi fit, contre toute coutume, ouvrir les deux battants de la porte de son cabinet, et commanda à tout le monde qui étoit là presque en foule d'entrer; puis, passant majestueusement les yeux sur la nombreuse compagnie : « Messieurs, leur dit-il en montrant le duc d'Anjou, voilà le roi d'Espagne. La naissance l'appeloit à cette couronne, le feu roi aussi par son testament, toute la nation l'a souhaité et me l'a demandé instamment; c'étoit l'ordre du ciel; je l'ai accordé avec plaisir. » Et se tournant à son petit-fils : « Soyez bon Espagnol, c'est présentement votre premier devoir, mais souvenez-vous que vous êtes né François, pour entretenir l'union entre les deux nations ; c'est le moyen de les rendre heureuses et de conserver la paix de l'Europe. » Montrant après du doigt son petit-fils à l'ambassadeur : « S'il suit mes conseils, lui dit-il, vous serez grand seigneur, et bientôt; il ne sauroit mieux faire que de suivre vos avis. »

Ce premier brouhaha du courtisan passé, les deux autres fils de France arrivèrent, et tous trois s'embrassèrent tendrement et les larmes aux yeux à plusieurs reprises. Zinzendorf envoyé de l'empereur, qui a depuis fait une grande fortune à Vienne, avoit demandé audience dans l'ignorance de ce qui se devoit passer, et dans la même ignorance attendoit en bas dans la salle des ambassadeurs que l'introducteur le vint chercher pour donner part de la naissance de l'archiduc, petits-fils de l'empereur, qui mourut bientôt après. Il monta donc sans rien savoir de ce qui venoit de se passer. Le roi fit passer le nouveau monarque et l'ambassadeur d'Epagne dans ses arrière-cabinets, puis fit entrer Zinzendorf, qui n'apprit qu'en sortant le fâcheux contretemps dans lequel il étoit tombé. Ensuite le roi alla à la messe à la tribune, à l'ordinaire, mais le roi d'Espagne avec lui et à sa droite. A la tribune, la maison royale, c'est-à-dire jusqu'aux petits-fils de France inclusivement, et non plus, se mettoient à la rangette et de suite sur le drap de pied du roi; et comme là, à la différence du prie-Dieu, ils étoient tous appuyés comme lui sur la balustrade couverte du tapis, il n'y avoit que le roi seul qui eût un carreau par-dessus la banquette, et eux tous étoient à genoux sur la banquette couverte du même drap de pied, et tous sans carreau. Arrivant à la tribune, il ne se trouva que le carreau du roi qui le prit et le présenta au roi d'Espagne, lequel n'ayant pas voulu l'accepter, il fut mis à côté, et tous deux entendirent la messe sans carreau. Mais après il y en eut toujours deux quand ils alloient à la même messe, ce qui arriva fort souvent.

Revenant de la messe, le roi s'arrêta dans la pièce du lit du grand appartement, et dit au roi d'Espagne que désormais ce seroit le sien; il y coucha dès le même soir, et il y reçut toute la cour qui en foule alla lui rendre ses respects. Villequier, premier gentilhomme de la chambre du roi, en survivance du duc d'Aumont, son père, eut ordre de le servir; et le roi lui céda deux de ses cabinets, où on entre de cette pièce, pour s'y tenir lorsqu'il seroit en particulier, et ne pas rompre la communication des deux ailes qui n'est que par ce grand appartement.

Dès le même jour on sut que le roi d'Espagne partiroit le 1er décembre; qu'il seroit accompagné des deux princes, ses frères, qui demandèrent d'aller jusqu'à la frontière; que

M. de Beauvilliers auroit l'autorité dans tout le voyage sur les princes et les courtisans, et le commandement seul sur les gardes, les troupes, les officiers et la suite, et qu'il régleroit, disposeroit seul de toutes choses. Le maréchal-duc de Noailles lui fut joint, non pour se mêler, ni ordonner de quoi que ce soit en sa présence, quoique maréchal de France et capitaine des gardes du corps, mais pour le suppléer en tout en cas de maladie ou d'absence du lieu où seroient les princes. Toute la jeunesse de la cour, de l'âge à peu près des princes, eut permission de faire le voyage, et beaucoup y allèrent ou entre eux ou dans les carrosses de suite. On sut encore que de Saint-Jean de Luz, après la séparation, les deux princes iroient voir la Provence et le Languedoc, passant par un coin du Dauphiné; qu'ils reviendroient par Lyon, et que le voyage seroit de quatre mois. Cent vingt gardes sous Vaudreuil, lieutenant, et Montesson, enseigne, avec des exempts, furent commandés pour les suivre, et MM. de Beauvilliers et de Noailles eurent chacun cinquante mille livres pour leur voyage.

Monseigneur, qui savoit l'heure que le roi s'étoit réglée pour la déclaration du roi d'Espagne, l'apprit à ceux qui étoient à Meudon ; et Monsieur, qui en eut le secret en partant de Fontainebleau, se mit sous sa pendule dans l'impatience de l'annoncer, et quelques minutes avant l'heure ne put s'empêcher de dire à sa cour qu'elle alloit apprendre une grande nouvelle, qu'il leur dit, dès que l'aiguille arrivée sur l'heure le lui permit. Dès le vendredi précédent, Mgr le duc de Bourgogne, M. le duc d'Anjou et l'ambassadeur d'Espagne le surent, et en gardèrent si bien le secret qu'il n'en transpira rien à leur air ni à leurs manières. Mme la duchesse de Bourgogne le sut en arrivant de Fontainebleau, et M. le duc de Berry le lundi matin. Leur joie fut extrême, quoique mêlée de l'amertume de se séparer ; ils étoient tendrement unis, et si la vivacité et l'enfance excitoient quelquefois de petites riottes entre le premier et le troisième, c'étoit toujours le second, naturellement sage, froid et réservé, qui les raccommodoit.

Aussitôt après la déclaration, le roi la manda par le premier écuyer au roi et à la reine d'Angleterre. L'après-dînée le roi d'Espagne alla voir Monseigneur à Meudon, qui le reçut à la portière et le conduisit de même. Il le fit toujours passer devant lui partout, et lui donna de la *Majesté;* en public ils demeurèrent debout. Monseigneur parut hors de lui de joie. Il répétoit souvent que jamais homme ne s'étoit trouvé en état de dire comme lui : Le roi mon père, et le roi mon fils. S'il avoit su la prophétie qui dès sa naissance avoit dit de lui : Fils de roi, père de roi, et jamais roi, et que tout le monde avoit ouï répéter mille fois, je pense que, quelque vaines que soient ces prophéties, il ne s'en seroit pas tant réjoui. Depuis cette déclaration, le roi d'Espagne fut traité comme le roi d'Angleterre. Il avoit à souper un fauteuil et son cadenas à la droite du roi, Monseigneur et le reste de la famille royale des ployants au bout, et au retour de la table à l'ordinaire, pour boire, une soucoupe et un verre couvert, et l'essai comme pour le roi. Ils ne se voyoient en public qu'à la chapelle, et pour y aller et en revenir, et à souper, au sortir duquel le roi le conduisoit jusqu'à la porte de la galerie. Il vit le roi et la reine d'Angleterre à Versailles et à Saint-Germain, et ils se traitèrent comme le roi et le roi d'Angleterre en tout, mais les trois rois ne se trouvèrent jamais nulle part tous trois ensemble. Dans le particulier, c'est-à-dire dans les cabinets et chez Mme de Maintenon, il vivoit en duc d'Anjou avec le roi qui, au premier souper, se tourna à l'ambassadeur d'Espagne, et lui dit qu'il croyoit encore que tout ceci étoit un songe. Il ne vit qu'une fois Mme la duchesse de Bourgogne et Mgrs ses frères, en cérémonie, chez lui et chez eux. La visite se passa comme la première du roi d'Angleterre, et de même avec Monsieur et Madame qu'il alla voir à Paris. Quand il sortoit ou rentroit, la garde battoit aux champs;

en un mot toute égalité avec le roi. Lorsque, allant ou venant de la messe, ils passoient ensemble le grand appartement, le roi prenoit la droite, et à la dernière pièce la quittoit au roi d'Espagne, parce qu'alors il n'étoit plus dans son appartement. Les soirs il les passoit chez Mme de Maintenon, dans des pièces séparées de celles où elle étoit avec le roi, et là il jouoit à toutes sortes de jeux, et le plus ordinairement à courre comme des enfants avec Mgrs ses frères, Mme la duchesse de Bourgogne qui s'occupoit fort de l'amuser et ce petit nombre de dames à qui cet accès étoit permis.

Le nonce et l'ambassadeur de Venise, un moment après la déclaration, fendirent la presse et allèrent témoigner leur joie au roi et au nouveau roi, ce qui fut extrêmement remarqué. Les autres ministres étrangers se tinrent sur la réserve, assez embarrassés; mais l'état de Zinzendorf, qui demeura quelque temps dans le salon au sortir de son audience, fut une chose tout à fait singulière et curieuse. Je pense qu'il eût acheté cher un mot d'avis à temps d'être demeuré à Paris. Bientôt après l'ambassadeur de Savoie, et tous les ministres des princes d'Italie, vinrent saluer et féliciter le roi d'Espagne.

Le mercredi 17 novembre, Harcourt fut déclaré duc héréditaire et ambassadeur en Espagne, avec ordre d'attendre le roi d'Espagne à Bayonne et de l'accompagner à Madrid. Tallard étoit encore à Versailles sur son départ pour retourner à Londres, où le roi d'Angleterre étoit arrivé de Hollande. C'étoit l'homme du monde le plus rongé d'ambition et de politique. Il fut si outré de voir son traité de partage renversé, et Harcourt duc héréditaire, qu'il en pensa perdre l'esprit. On le voyoit des fenêtres du château se promener tout seul dans le jardin, sur les parterres, ses bras en croix sur sa poitrine, son chapeau sur ses yeux, parlant tout seul et gesticulant parfois comme un possédé. Il avoit voulu, comme nous l'avons vu, se donner l'honneur du traité de partage, comme Harcourt laissoit croire tant qu'il pouvoit que le testament étoit son ouvrage, dont il n'avoit jamais su un mot que par l'ouverture de la dépêche du roi à Bayonne, comme je l'ai raconté, ni Tallard n'avoit eu d'autre part au traité de partage que la signature. Dans cet état de rage, ce dernier, arrivant pour dîner chez Torcy, trouva qu'on étoit à table, et perçant dans une autre pièce sans dire mot, y jeta son chapeau et sa perruque sur des siéges, et se mit à déclamer tout haut et tout seul sur l'utilité du traité de partage, les dangers de l'acceptation du testament, le bonheur d'Harcourt qui sans y avoir rien fait lui enlevoit sa récompense. Tout cela fut accompagné de tant de dépit, de jalousie, mais surtout de grimaces et de postures si étranges, qu'à la fin il fut ramené à lui-même par un éclat de rire dont le grand bruit le fit soudainement retourner en tressaillant, et il vit alors sept ou huit personnes à table, environnées de valets, qui mangeoient dans la même pièce, et qui s'étant prolongé le plus qu'ils avoient pu le plaisir de l'entendre, et celui de le voir par la glace vers laquelle il étoit tourné debout à la cheminée, n'avoient pu y tenir plus longtemps, avoient tous à la fois laissé échapper ce grand éclat de rire. On peut juger de ce que devint Tallard à ce réveil, et tous les contes qui en coururent par Versailles.

Le vendredi 19 novembre, le roi d'Espagne prit le grand deuil. Villequier dans les appartements, et ailleurs un lieutenant des gardes, portèrent la queue de son manteau. Deux jours après, le roi le prit en violet à l'ordinaire et drapa ainsi que ceux qui drapent avec lui. Le lundi 22 on eut des lettres de l'électeur de Bavière, de Bruxelles, pour reconnoître le roi d'Espagne. Il le fit proclamer parmi les *Te Deum*, les illuminations et les réjouissances, et nomma le marquis de Bedmar, mestre de camp général des Pays-Bas, pour venir ici de sa part. Le même jour, le parlement en corps et en robes rouges, mais sans fourrures ni mortiers, vint saluer le roi d'Espagne. Le premier président le harangua, ensuite la chambre des comptes et les autres cours, conduites par le grand maître des cérémonies. Le roi d'Espagne ne se leva point de son fauteuil pour pas un de ces corps, mais il demeura toujours découvert. Chez le prince de Galles à Saint-Germain, et chez Monsieur à Paris, il ne s'assit point et fut reçu et conduit à sa portière comme il avoit été à Meudon. Le mercredi 24, le roi alla à Marly jusqu'au samedi suivant; le roi d'Espagne fut du voyage. Tout s'y passa comme à Versailles, excepté qu'il fut davantage parmi tout le monde dans le salon. Il mangea toujours à la table du roi, dans un fauteuil à sa droite.

L'ambassadeur de Hollande, contre tout usage des ministres étrangers, alla par les derrières chez Torcy se plaindre amèrement de l'acceptation du testament, de la part de ses maîtres. L'ambassadeur d'Espagne y amena le marquis de Bedmar, que le roi vit longtemps seul dans son cabinet. Le prince de Chimay, et quelques autres Espagnols et Flamands qui les accompagnoient, saluèrent aussi les deux rois; le nôtre les promena dans les jardins, et leur en fit les honneurs en présence du roi d'Espagne. Ils furent surpris de ce que le roi fit à l'ordinaire couvrir tout le monde et eux-mêmes; il s'en aperçut, et leur dit que jamais on ne se couvroit devant lui, mais qu'aux promenades il ne vouloit pas que personne s'enrhumât.

Le dimanche 28, l'ambassadeur d'Espagne apporta au roi des lettres de M. de Vaudemont, gouverneur du Milanois, qui y avoit fait proclamer le roi d'Espagne, avec les mêmes démonstrations de joie qu'à Bruxelles, et qui donnoit les mêmes assurances de fidélité. Bedmar retourna en Flandre, après avoir encore entretenu le roi, auquel il plut fort. Les courriers d'Espagne pleuvoient, avec des remercîments et des joies nonpareilles dans les lettres de la junte. Le 1er décembre, le chancelier, à la tête du conseil en corps, alla prendre congé du roi d'Espagne, mais sans harangue, l'usage du conseil étant de ne haranguer pas même le roi. Le lundi 2, le roi d'Espagne fit grand d'Espagne de la première classe le marquis de Castel dos Rios, ambassadeur d'Espagne, et prit sans cérémonie la Toison d'or, conservant l'ordre du Saint-Esprit, qui par ses statuts est compatible avec cet ordre et celui de la Jarretière seulement. Il la porta avec un ruban noir cordonné, en attendant d'en recevoir le collier en Espagne par le plus ancien chevalier. La manière de porter la Toison a fort varié, et est maintenant fixée au ruban rouge ondé au cou. D'abord ce fut pour tous les jours un petit collier léger sur le modèle de celui des jours de cérémonie ; il dégénéra en chaîne ordinaire, puis se mit à la boutonnière par commodité. Un ruban succéda à la chaîne, soit au cou, soit à la boutonnière, et comme il n'étoit pas de l'institution, la couleur en fut indifférente ; enfin la noire prévalut par l'exemple et le nombre des chevaliers graves et âgés, jusqu'à ce que l'électeur de Bavière, étant devenu gouverneur des Pays-Bas, préféra le rouge comme d'un plus ancien usage et plus parant. A son exemple, tous les chevaliers de la Toison des Pays-Bas et d'Allemagne prirent le ruban rouge ondé, et le roi d'Espagne le prit de même bientôt après l'avoir porté en noir, et personne depuis ne l'a plus porté autrement, ni à la boutonnière, que pour la chasse.

La maison royale, les princes et princesses du sang, toute la cour, le nonce, les ambassadeurs de Venise et de Savoie, les ministres des princes d'Italie prirent congé du roi d'Espagne qui ne fit aucune visite d'adieu. Le roi donna aux princes ses petits-fils vingt et une bourses de mille louis chacune, pour leur poche et leurs menus plaisirs pendant le voyage, et beaucoup d'argent d'ailleurs pour les libéralités.

Enfin le samedi 4 décembre, le roi d'Espagne alla chez le roi avant aucune entrée, et y resta longtemps seul, puis descendit chez Monseigneur avec qui il fut aussi seul longtemps. Tous entendirent la messe ensemble à la tribune; la foule des courtisans étoit incroyable. Au sortir de la messe ils montèrent tout de suite en carrosse : Mme la duchesse de Bourgogne entre les deux rois au fond, Monseigneur au-devant entre Mgrs ses autres deux fils, Monsieur à une portière et Madame à l'autre, environnés en pompe de beaucoup plus de gardes que d'ordinaire, des gens d'armes et des chevau-légers; tout le chemin jusqu'à Sceaux jonché de carrosses et de peuple, et Sceaux, où ils arrivèrent un peu après midi, plein de dames et de courtisans, gardé par les deux compagnies des mousquetaires. Dès qu'ils eurent mis pied à terre, le roi traversa tout l'appartement bas, entra seul dans la dernière pièce avec le roi d'Espagne, et fit demeurer tout le monde dans le salon. Un quart d'heure après il appela Monseigneur qui étoit resté aussi dans le salon, et quelque temps après l'ambassadeur d'Espagne qui prit là congé du roi son maître. Un moment après il fit entrer ensemble Monseigneur et Mme la duchesse de Bourgogne, M. le duc de Berry, Monsieur et Madame, et après un court intervalle les princes et les princesses du sang. La porte étoit ouverte à deux battants, et du salon on les voyoit tous pleurer avec amertume. Le roi dit au roi d'Espagne, en lui présentant ces princes : « Voici les princes de mon sang et du vôtre; les deux nations présentement ne doivent plus se regarder que comme une même nation, ils doivent avoir les mêmes intérêts; ainsi je souhaite que ces princes soient attachés à vous comme à moi; vous ne sauriez avoir d'amis plus fidèles ni plus assurés. » Tout cela dura bien une heure et demie. A la fin il fallut se séparer. Le roi conduisit le roi d'Espagne jusqu'au bout de l'appartement, et l'embrassa à plusieurs reprises et le tenant longtemps dans ses bras, Monseigneur de même. Le spectacle fut extrêmement touchant.

Le roi rentra quelque temps pour se remettre, Monseigneur monta seul en calèche et s'en alla à Meudon, et le roi d'Espagne avec Mgrs ses frères et M. de Noailles dans son carrosse pour aller coucher à Chartres. Le roi se promena ensuite en calèche avec Mme la duchesse de Bourgogne, Monsieur et Madame, puis retournèrent tous à Versailles. Desgranges, maître des cérémonies, et Noblet un des premiers commis de Torcy, pour servir de secrétaire, suivirent au voyage. Louville, de qui j'ai souvent parlé, Montriel et Valouse pour écuyers, Hersent, premier valet de garde-robe, et Laroche pour premier valet de chambre, suivirent pour demeurer en Espagne, avec quelques menus domestiques de chambre et de garde-robe, et quelques gens pour la bouche et de médecine.

M. de Beauvilliers, qui se crevoit de quinquina pour arrêter une fièvre opiniâtre accompagnée d'un fâcheux dévoiement, mena Mme sa femme à qui Mmes de Cheverny et de Rasilly tinrent compagnie. Le roi voulut absolument qu'il se mît en chemin et qu'il tâchât de faire le voyage. Il l'entretint longtemps le lundi matin avant que personne fût entré ni lui sorti du lit, d'où M. de Beauvilliers monta tout de suite en carrosse pour aller coucher à Étampes et joindre le roi d'Espagne le lendemain à Orléans. Laissons-les aller, et admirons la Providence qui se joue des pensées des hommes et dispose des États. Qu'auroient dit Ferdinand et Isabelle, Charles V et Philippe II qui ont voulu envahir la France à tant de différentes reprises, qui ont été si accusés d'aspirer à la monarchie universelle, et Philippe IV même, avec toutes ses précautions au mariage du roi et à la paix des Pyrénées, de voir un fils de France devenir roi d'Espagne par le testament du dernier de leur sang en Espagne, et par le vœu universel de tous les Espagnols, sans dessein, sans intrigue, sans une amorce tirée de notre part, et à l'insu du roi, à son extrême surprise et de tous ses ministres, et qui n'eut que l'embarras de se déterminer et la peine d'accepter? Que de grandes et sages réflexions à faire, mais qui ne seroient pas en place dans ces Mémoires! Reprenons ce qui s'est passé dont je n'ai pas voulu interrompre une suite si curieuse et si intéressante.

Cependant on avoit appris que la nouvelle de l'acceptation du testament avoit causé à Madrid la plus extrême joie, aux acclamations de laquelle le nouveau roi Philippe V avoit été proclamé à Madrid, où les seigneurs, le bourgeois et le peuple donnoient tous les jours quelque marque nouvelle de leur haine pour les Allemands et pour la reine que presque tout son service avoit abandonnée, et à qui on refusoit les choses les plus ordinaires de son entretien. On apprit par un autre courrier de Naples dépêché par le duc de Medina-Celi, vice-roi, que le roi d'Espagne y avoit été reconnu et proclamé avec la même joie; il le fut de même en Sicile et en Sardaigne.

Quelque temps auparavant, il étoit arrivé une aventure assez désagréable à Rome pour ce beau M. Vaïni, à qui la bassesse de donner l'*altesse* au cardinal de Bouillon avoit valu l'ordre sans que le roi s'en fût douté. Sa naissance étoit très-commune, son mérite ne la relevoit pas, et ses affaires délabrées étoient en prise à des créanciers de mauvaise humeur qui lui lâchèrent des sbires aux trousses pour l'arrêter, n'osant pas trop faire exécuter ses meubles, parce que les armes du roi étoient sur la porte de son palais, car tout est palais en Italie et il ne s'y parle point de maison. Vaïni attaqué se battit en retraite, et fut poursuivi jusque chez lui, où M. de Monaco, averti de cette bagarre, accourut lui-même, et dit au commandant des sbires de se retirer d'un palais qui n'étoit plus celui de Vaïni, mais le sien à lui, ambassadeur, puisqu'il y étoit présent. Le commandant voulut se retirer, mais quelques sbires n'obéissant pas, des gentilshommes de la suite de M. de Monaco les chassèrent à coups d'épée, lui leur recommandant de n'en point blesser. Des sbires qui étoient dans la rue, voyant qu'on chassoit ainsi leurs camarades, firent une décharge qui blessa quelques domestiques de M. de Monaco, et qui blessa à mort le gentilhomme sur lequel il s'appuyoit, qui tomba, et l'ambassadeur sur lui. Cela fit grand bruit dans Rome et peu d'honneur à M. de Monaco, qui se commit là fort mal à propos en personne avec des canailles, et pour ce Vaïni qu'il falloit protéger autrement, et qui n'étoit bon qu'à attirer de mauvaises affaires. Il fut là fort tiraillé même par son cordon bleu. M. de Monaco, mécontent de la lenteur du sacré collége sur cette affaire, sortit de Rome avec éclat, sur quoi les trois chefs d'ordre qui se trouvèrent de jour et qui étoient Acciaïoli, Colloredo, et San-Cesareo écrivirent au roi pour lui demander pardon au nom du sacré collége, et quelle justice et satisfaction il lui plaisoit prescrire. Le roi, content de la soumission, les en laissa les maîtres, et manda au cardinal d'Estrées qu'il vouloit qu'on fît grâce, si on en condamnoit quelqu'un à mort.

San-Cesareo étoit aussi camerlingue, et de la maison Spinola, et fut fort sur les rangs pour être pape avec un autre cardinal, Spinola Marescotti, et Albano qui eut enfin toutes les voix, et qui eut vraiment peine et sans feintise à se résoudre d'accepter le pontificat. Il étoit de Pezzaro dans le duché d'Urbin, fils d'un avocat consistorial qu'Urbain VIII avoit fait sénateur. Notre pape avoit pris la route des petits gouvernements d'où Innocent XI le tira pour le faire secrétaire des brefs; et son successeur Alexandre VIII le fit cardinal en 1690, qu'il n'avoit que quarante ans. C'étoit un homme de bien, mais qui n'ayant jamais été au dehors, ni dans les congrégations importantes pendant sa prélature, apporta peu d'expérience et de capacité à son pontificat. Les François eurent beaucoup de part à son exaltation, et le cardinal de Bouillon entre autres qui eut la meilleure conduite du monde dans le conclave avec nos cardinaux, et la plus françoise avec tous. Il essuya tous les dégoûts que les nôtres lui donnèrent sans se fâcher ni se détourner d'un pas de les seconder de toutes ses forces; et il fut d'autant plus aise de l'exaltation d'Albano qu'il étoit son ami, qu'il l'avoit toujours porté, qu'il eut grande part au succès, et que ce pape, qui s'étoit fait prêtre fort peu de jours avant d'entrer au conclave, n'étoit point évêque, et devoit être sacré par ses mains comme doyen du sacré collége, comme il le sacra en effet. Il espéra donc recueillir le fruit de sa bonne conduite et de la puissante recommandation du pape qui la lui accorda en effet. Mais la mesure étoit comble et la colère du roi ne se put apaiser. Nos cardinaux eurent ordre de revenir, excepté Janson, chargé des affaires du roi à Rome, et Estrées, qui alla à Venise où nous le retrouverons. Je ne sais par quelle fantaisie ce pape prit le nom de Clément XI, dont il fit faire des excuses au cardinal Ottoboni, de l'oncle duquel il étoit créature; il fut élu [le 24 novembre 1700].

Le roi fit payer quatre cent mille livres au cardinal Radziewski, qu'il prétendoit avoir avancées pour l'élection manquée de M. le prince de Conti, donna une grosse confiscation de vaisseaux de Dantzick qu'il avoit fait arrêter à l'abbé de Polignac, pour ses équipages, que ceux de cette ville lui avoient pris, et reçut après leurs soumissions et leurs pardons. Il donna aussi douze mille livres de pension à Mme de Lislebonne, sœur de M. de Vaudemont, cinq mille livres à la femme de Mansart, et quatre mille livres à Mlle de Croissy, sœur de Torcy, et le 23 novembre, il fit Chamillart ministre, et lui ordonna de venir le lendemain au conseil d'État. Il fut d'autant plus touché de cette importante grâce qu'il n'y songeoit pas encore. Le roi, qui l'aimoit et qui s'en accommodoit de plus en plus, fut bien aise de lui hâter cette joie, et d'augmenter sa considération et son crédit parmi les financiers dans un temps où il prévoyoit qu'il pourroit avoir besoin d'argent. Barbezieux, ami de Chamillart, mais son ancien, et supérieur à lui en tant de manières, ne lui en sut point mauvais gré, mais il prit cette préférence avec la dernière amertume, et Ponchartrain se fit moquer de soi d'en paroître fâché, et d'y avoir prétendu, et blâmer jusque par son père.

Cependant l'empereur se préparoit à la guerre, et à avoir une armée en Italie sous le prince Eugène, et une autre sur le Rhin que le prince Louis de Bade devoit commander. Mais il venoit de se joindre de plus en plus aux opposants au neuvième électorat. L'empereur lui en avoit écrit avec force et hauteur, il y avoit répondu de même et mis le marché à la main sur sa charge de feld-maréchal général de ses armées et de celles de l'empire. S'étant assuré de la maison de Brunswick par ce neuvième électorat, il s'acquit encore celle de Brandebourg, en adhérant à la fantaisie de cet électeur.

Il possédoit la Prusse à un étrange titre. Les chevaliers de l'ordre Teutonique, chassés de Syrie par les Sarrasins, ne savoient où se retirer, et ils étoient trente mille, tous Allemands. Rome, l'empire, la Pologne, convinrent de leur donner la Prusse à conquérir sur les peuples barbares et idolâtres qui en étoient les habitants et les maîtres, et qui avoient un roi et une forme d'État. La conquête fut difficile, longue, sanglante; à la fin elle réussit, et l'ordre Teutonique devint très-puissant. Le grand maître y étoit absolu et traité en roi avec une cour et de grands revenus; il y avoit un maître de l'ordre sous le grand maître, qui avoit son état à part et grand nombre de commanderies. La religion y fleurit et l'ordre avec elle jusqu'à entreprendre des conquêtes, et d'envahir la Samogitie et la Lithuanie, ce qui causa de longues et de cruelles guerres entre eux et les Polonois. Luther ayant répandu sa commode doctrine en Allemagne, ces chevaliers s'y engagèrent, et usurpèrent héréditairement leurs commanderies. Albert de Brandebourg étoit lors grand maître; il ruina tous les droits et les priviléges de l'ordre qui l'avoit élu, s'en appropria les richesses communes, se moqua du pape et de l'empereur, et, sous prétexte de terminer la guerre de Pologne, partagea la Prusse avec elle, dont la part fut appelée Prusse royale, et la sienne ducale, et lui duc de Prusse. A son exemple, Gothard Kettler qui étoit en même temps maître de l'ordre, s'appropria la Courlande en duché héréditaire, sous la mouvance de la Pologne, et sa postérité l'a conservée jusqu'à nos jours, que le dernier mâle étant mort, la czarine en a su récompenser les services amoureux de Byron[1], gentilhomme tout simple du pays. Frédéric étoit petit-fils, fils et frère des trois premiers électeurs de Brandebourg de la maison d'aujourd'hui. Il eut trois fils entre autres de la fille de Casimir, roi de Pologne : Casimir, qui fit la branche de Culmbach, qui servit fort utilement Charles V et Ferdinand son frère; il laissa un fils unique, mort sans postérité; Georges, qui fit la branche d'Anspach l'ancienne, qui s'éteignit aussi dans son fils; et Albert qui, de grand maître de l'ordre Teutonique, secoua le joug de Rome, de ses vœux, de l'empire, et se fit duc héréditaire de Prusse, dont il prit l'investiture du roi de Pologne.

Ainsi, la Prusse, qui étoit province de Pologne, fut séparée en deux, comme je viens de dire, en 1525. Ce fut cet Albert qui érigea l'université de Kœnigsberg, capitale de la Prusse ducale; il mourut en mars 1568, il ne laissa qu'un fils Albert-Frédéric, duc de Prusse, mort imbécile en 1618, en qui finirent les trois branches susdites. Il avoit épousé en 1573 Marie-Éléonore, fille aînée de Guillaume, duc de Clèves, Juliers, Berg, etc., sœur de J. Guillaume; mort sans enfants, 15 mars 1609, d'Anne, mariée au palatin de Neubourg, de Madeleine, femme d'autre palatin, duc des Deux-Ponts, de Sibylle, marquise de Bade, puis de Burgau de la maison d'Autriche, mais morte sans enfants de ses deux maris. J. Sigismond, électeur de Brandebourg, eut donc de sa femme Anne, fille aînée d'Albert-Frédéric de Brandebourg, duc de Prusse, et de Marie-Éléonore, fille aînée de Guillaume, duc de Clèves et de Juliers, et sœur de J. Guillaume, dernier duc de Clèves et Juliers, etc., eut, dis-je, la

---

1. Saint-Simon a écrit Byron. Ce personnage est connu sous le nom de Biren et a joué un rôle important au XVIIIe siècle.

Prusse et la prétention sur la succession de Clèves, Berg, Juliers, etc., qu'il partagea enfin provisionnellement avec le palatin de Neubourg. Frédéric-Guillaume, électeur de Brandebourg, petit-fils de ce mariage, eut quelque pensée de faire ériger sa Prusse ducale en royaume, par l'empereur, sans pousser plus loin cette idée. Frédéric III son fils et son successeur la suivit davantage, et servit bien l'empereur Léopold en Hongrie et sur le Rhin, où il ouvrit la guerre de 1688, par les siéges de Kaiserswerth et de Bonn qu'il prit en personne. S'étant toujours depuis rendu nécessaire à l'empereur, il s'assura de lui sur son dessein, et dans cette conjoncture favorable où l'empereur cherchoit partout des troupes, de l'argent et des alliés pour disputer la succession d'Espagne, l'électeur donna un repas aux principaux de sa cour dans lequel il leur porta la santé de Frédéric III, roi de Prusse et électeur de Brandebourg, et se déclara roi de cette manière. Il fut aussitôt traité de *Majesté* par les conviés et par tout ce qui n'osa ou ne voulut pas se brouiller avec lui, et s'alla bientôt après installer lui-même en cette nouvelle dignité à Kœnigsberg par un nouvel hommage de toute la Prusse ducale. C'est le père de celui qui vient de mourir et le grand-père de celui d'aujourd'hui.

La conduite de l'empereur, le murmure des Hollandois, le silence profond de l'Angleterre, firent songer ici à se mettre en état de soutenir le testament partout. Tessé fut envoyé à Milan concerter avec le prince de Vaudemont les choses militaires, et choisi pour commander les troupes que le roi enverroit au Milanois aux ordres de Vaudemont. Celui-ci envoya bientôt après Colmenero, son confident et général d'artillerie, au Milanois, rendre compte au roi de toutes choses et presser l'envoi des troupes. On se mit aussi au meilleur ordre qu'on put par mer, et on fit partir un gros corps de troupes sous des officiers généraux pour passer au Milanois, partie par mer, partie par terre, M. de Savoie ayant accordé le passage de bonne grâce.

Le duc d'Ossone, jeune grand d'Espagne, vint saluer le roi, et ne baisa point Mme la duchesse de Bourgogne, les grands d'Espagne n'ayant jamais eu de rang en France. Sa figure ne donna pas idée à notre cour de celle d'Espagne, il fut fort festoyé. Il trouva le roi d'Espagne à Amboise, et comme il étoit gentilhomme de la chambre, il le voulut servir à son dîner ; mais M. de Beauvilliers lui fit entendre que ce prince seroit fort aise qu'il fît sa charge auprès de lui, dès qu'il auroit passé la Bidassoa, mais que tant qu'il seroit en France, il vouloit être servi à l'ordinaire par des François. M. de Beauvilliers, comme premier gentilhomme de la chambre du roi et le sien particulier pour avoir été son gouverneur, le servit toujours tant que sa santé le lui permit dans le voyage. Il entendoit une messe tous les jours séparément des deux autres princes ses frères, recevoit seul, et sans qu'ils se trouvassent présents, les harangues et les honneurs qui lui étoient faits, et mangea toujours seul, et lorsqu'ils se trouvoient ensemble en public, c'étoit toujours debout, en sorte qu'ils ne se voyoient familièrement qu'en carrosse ou à porte fermée, et que tout cérémonial étoit évité entre eux. Je ne sais pourquoi cela fut imaginé ; en Espagne, les infants ont un fauteuil, même en cérémonie, devant le roi et la reine, qui est toujours à la vérité d'une étoffe moins riche ; il est vrai qu'en public ils ne mangent point avec eux, mais en particulier. Plusieurs grands d'Espagne écrivirent au roi pour le remercier de l'acceptation du testament. Le roi leur répondit à tous, et leur donna à tous le *cousin* qu'ils ont aussi des rois d'Espagne.

Le roi, qui traita toujours le marquis de Castel dos Rios avec grande distinction et beaucoup de familiarité depuis l'acceptation du testament, lui envoya beaucoup d'argent à différentes reprises, dont il manquoit fort sans en jamais parler ; il l'accepta comme du grand-père de son maître, avec grâce. C'étoit un très-bon, honnête et galant homme, à qui la tête ne tourna ni ne manqua dans cette conjoncture si extraordinaire et si brillante, poli et considéré, et qui se fit aimer et estimer de tout le monde. Le roi lui procura, au sortir d'ici, la vice-royauté du Pérou pour l'enrichir, où il mourut au bout de quelques années dans un âge médiocrement avancé. Il reçut tous ses diplômes de grand d'Espagne de première classe gratis, par un courrier, aussitôt après l'arrivée du roi d'Espagne à Madrid.

Le duc d'Harcourt étoit retourné à Madrid par ordre du roi, où il fut reçu avec la plus grande joie. La junte, qui désira qu'il y assistât quelquefois, lui donna le choix de sa place, qu'il prit à la gauche de la reine, le cardinal Portocarrero étant à droite, et après lui ceux qui la composent, la place de la reine demeurant vide en son absence, et elle ne s'y trouvoit presque jamais. Cette junte supplia le roi de donner ses ordres dans tous les États du roi son petit-fils, et lui manda qu'elle avoit envoyé ordre à l'électeur de Bavière, au duc de Medina-Celi, au prince de Vaudemont, en un mot à tous les vice-rois et gouverneurs généraux et particuliers, ambassadeurs et ministres d'Espagne, de lui obéir en tout sans attendre d'autres ordres sur tout ce qu'il lui plairoit de commander, de même à tous les officiers de finance et autres de la monarchie.

Le Nord étoit cependant fort troublé, au grand déplaisir de l'empereur qui avoit moyenné la paix entre la Suède et le Danemark, à qui le jeune roi de Suède avoit fait grand mal et encore plus de peur par ses conquêtes en personne. Le roi y entra aussi plus pour l'honneur que pour l'effet. De là ce jeune prince attaqua les Moscovites, qu'il battit avec une poignée de troupes contre près de cent mille hommes; il força leurs retranchements à Narva, leur fit lever des siéges, les chassa de la Livonie et des provinces voisines, et s'irrita fort contre le roi de Pologne, qui s'étoit allié avec eux pour soutenir sa guerre d'Elbing, dans laquelle la Pologne avoit refusé d'entrer, et où Oginski, à la tête d'un grand parti contre les Sapieha, ou plutôt contre le roi de Pologne, remportoit de grands avantages, ce qui empêchoit l'empereur d'espérer du Nord les secours dont il s'étoit flatté pour augmenter ses troupes. Il cherchoit en même temps de tous côtés à en acheter, il en farcissoit le Tyrol, et se donna beaucoup de mouvements à Rome pour empêcher le pape de donner l'investiture de Naples et de Sicile au nouveau roi d'Espagne. Il y réussit, mais d'autre côté le pape admit les nominations des bénéfices de ce royaume faites par ce prince comme en étant roi, et fît dire dans l'un et dans l'autre, qu'encore qu'il eût des raisons de retarder l'investiture, il le reconnoissoit pour seul roi de Naples et de Sicile, et vouloit qu'il y fût reconnu pour tel sans difficulté. J'avance de quelques mois ce procédé du pape pour n'avoir pas à y revenir.

CHAPITRE IV.

1701. — Mesures en Italie; Tessé. — Mort et caractère de Barbezieux. — Chamillart secrétaire d'État; son caractère. — Torcy chancelier et Saint-Pouange grand trésorier de l'ordre. — Mort de Rose, secrétaire du cabinet. — La plume. — Callières a la plume. — Rose et M. le Prince. — Rose et M. de Duras. — Rose et les Portail. — Mort de Stoppa, colonel des gardes suisses. — Mort du prince de Monaco, ambassadeur à Rome. — Mort de Bontems. — Bloin. — M. de Vendôme. — Bals particuliers à la cour.

Il étoit donc question de se préparer à une guerre vive en Italie, où Tessé avoit été envoyé comme un homme agréable à M. de Savoie et à ses ministres, qui avoit négocié à Turin la dernière paix et le mariage de Mme la duchesse de Bourgogne. C'étoit un homme doux, liant, insinuant, avec plus de manége que d'esprit ni de capacité, mais heureux en tout au dernier point, avec une figure fort noble, et un langage de cour qu'il savoit tourner et retourner. On avoit un besoin continuel de M. de Savoie pour le passage et les vivres, on s'en vouloit assurer pour allié; Mantoue aussi par sa situation étoit un objet principal, et Tessé connoissoit fort M. de Mantoue. Il étoit donc parti chargé de beaucoup d'instructions, et si Torcy y avoit beaucoup travaillé pour le politique, Barbezieux avoit eu une grande besogne à dresser pour tous les détails des troupes, des vivres et des différentes parties et plans de la guerre.

Au fort de ce travail, il eut la douleur de voir, comme je l'ai dit, Chamillart ministre dans le temps où on s'y attendoit le moins. Ce fut pour lui un coup de foudre. Depuis plus de soixante ans ses pères avoient eu, dans sa même place, une très-principale part au gouvernement de l'État, et lui-même, depuis près de dix ans qu'il la remplissoit, ne s'y étoit guère moins acquis de crédit et d'autorité qu'eux. Chamillart, tout nouveau et depuis deux ans en place, en étoit encore à rechercher de lui faire sa cour, après avoir été souvent dans l'antichambre de son père et dans la sienne. Cette préférence lui fut insupportable en elle-même, et encore par le coup de cavesson qu'elle lui donnoit, et qui lui fit bien sentir qu'il n'étoit pas saison de s'en plaindre. Chamillart, qui n'avoit pas imaginé d'être appelé sitôt au conseil d'État, fit en homme modeste et en bon ami tout ce qu'il put pour le consoler.

Barbezieux ne fut point piqué contre lui; mais outré de la chose il ne put se laisser adoucir le courage haut, fier, et présomptueux à l'excès. Sitôt qu'il eut expédié Tessé, il se livra avec ses amis à la débauche plus que de coutume pour dissiper son chagrin. Il avoit bâti entre Versailles et Vaucresson, au bout du parc de Saint-Cloud, une maison en plein champ, qu'on appela l'Étang, qui dans la plus triste situation du monde, mais à portée de tout, lui avoit coûté des millions. Il y alloit souvent, et c'étoit là qu'il tâchoit de noyer ses déplaisirs avec ses amis dans la bonne chère et les autres plaisirs secrets; mais le chagrin surnageoit, qui, joint à des plaisirs au-dessus de ses forces dans lesquelles il se fioit trop, lui donna le coup mortel. Il revint au bout de quatre jours de l'Étang à Versailles avec un grand mal de gorge et une fièvre ardente qui, dans un tempérament d'athlète comme étoit le sien et à son âge, demandoit force saignées que la vie qu'il venoit de mener rendoit fort dangereuses. La maladie le parut dès le premier moment; elle [ne] dura que cinq jours. A peine eut-il le temps de faire son testament et de se confesser quand l'archevêque de Reims l'avertit du danger pressant, contre lequel il disputoit contre Fagon même. Il mourut tout en vie avec fermeté, au milieu de sa famille, et sa porte ayant été continuellement assiégée de toute la cour. Elle venoit de partir pour Marly; c'étoit la veille des Rois. Il finit avant trente-trois ans, dans la même chambre où son père étoit mort.

C'étoit un homme d'une figure frappante, extrêmement agréable, fort mâle, avec un visage gracieux et aimable, et une physionomie forte; beaucoup d'esprit, de pénétration, d'activité, de la justesse et une facilité incroyable au travail, sur laquelle il se reposoit pour prendre ses plaisirs, et en faisoit plus et mieux en deux heures qu'un autre en un jour. Toute sa personne, son langage, ses manières et son énonciation aisée, juste, choisie, mais naturelle, avec de la force et de l'éloquence, tout en étoit gracieux. Personne n'avoit autant l'air du monde, les manières d'un grand seigneur, tel qu'il eût bien voulu être, les façons les plus polies et, quand il lui plaisoit, les plus respectueuses, la galanterie la plus naturelle et la plus fine, et des grâces répandues partout. Aussi quand il vouloit plaire, il charmoit; et quand il obligeoit, c'étoit au triple de qui que ce fût par les manières. Nul homme ne rapportoit mieux une affaire, ni ne possédoit plus pleinement tous les détails, ni ne les manioit plus aisément que lui. Il sentoit avec délicatesse toutes les différences des personnes, et avec capacité toutes celles des affaires, de leurs gradations, de leur plus ou moins d'importance, et il épuisoit les affaires d'une manière surprenante; mais orgueilleux à l'excès, entreprenant, hardi, insolent, vindicatif au dernier point, facile à se blesser des moindres choses, et très-difficile à en revenir. Son humeur étoit terrible et fréquente; il la connoissoit, il s'en plaignoit, il ne la pouvoit vaincre; naturellement brusque et dur, il devenoit alors brutal et capable de toutes les insultes et de tous les emportements imaginables, qui lui ont ôté beaucoup d'amis. Il les choisissoit mal, et dans ses humeurs il les outrageoit quels qu'ils fussent, et les plus proches et les plus grands, et après il en étoit au désespoir; changeant avec cela, mais le meilleur et le plus utile ami du monde tandis qu'il l'étoit, et l'ennemi le plus dangereux, le plus terrible, le plus suivi, le plus implacable, et naturellement féroce : c'étoit un homme qui ne vouloit trouver de résistance en rien, et dont l'audace étoit extrême.

Il avoit accoutumé le roi à remettre son travail, quand il avoit trop bu, ou qu'il avoit une partie qu'il ne vouloit pas manquer, et lui mandoit qu'il avoit la fièvre. Le roi le souffroit par l'utilité et la facilité de son travail et le plaisir de croire tout faire et de former un ministre; mais il ne l'aimoit point, et s'apercevoit très-bien de ses absences et de ses fièvres factices; mais Mme de Maintenon qui avoit perdu son père trop puissant, et par des raisons personnelles, protégeoit le fils qui étoit en respect devant elle et hors d'état d'en sortir à son égard. C'étoit à tout prendre de quoi faire un grand ministre, mais étrangement dangereux. C'est même une question si ce fut une perte pour l'État par l'excès de son ambition: mais ce n'en fut pas une pour la cour et le monde qui gagna beaucoup à la mort d'un homme que tous ses talents n'auroient rendu que plus terrible à mesure de sa puissance, et dont la sûreté étoit très-médiocre dans le commerce et fort accusée dans les affaires de sa gestion, non par avarice, car c'étoit la libéralité, la magnificence et la prodigalité même, qui l'avoient déjà mené bien loin, mais pour servir ou pour nuire, et surtout pour aller à son but. On a vu sur le siége de Barcelone et sur M. de Noailles un échantillon de ce qu'il savoit faire.

Aussitôt qu'il fut mort, Saint-Pouange le vint dire au roi à Marly qui, deux heures auparavant, partant de Versailles, s'y étoit si bien attendu, qu'il avoit laissé La Vrillière pour mettre le scellé partout. Fagon qui l'avoit condamné d'abord, et qui ne l'aimoit point, non plus que son père, fut accusé de l'avoir trop saigné exprès. Du moins lui échappa-t-il des paroles de joie de ce qu'il n'en reviendroit point, une des deux dernières fois qu'il sortit de chez lui. Il désoloit souvent par ses réponses qu'il faisoit toujours haut à ses audiences où on lui parloit bas, et faisoit attendre les principales personnes de la cour, hommes et femmes, tandis qu'il se jouoit avec ses chiens dans son cabinet ou avec quelque bas complaisant, et après s'être fait longtemps attendre sortoit souvent par les derrières; ses beaux-frères même étoient toujours en brassière de ses humeurs, et ses meilleurs amis ne l'abordoient qu'en tâtant le pavé. Beaucoup de gens et force belles dames perdirent beaucoup à sa mort. Aussi y en eut-il plusieurs fort éplorées dans le salon de Marly; mais quand elles se mirent à table et qu'on eut tiré le gâteau, le roi témoigna une joie qui parut vouloir être imitée. Il ne se contenta pas de crier : *la reine boit !* mais, comme en franc cabaret, il frappa et fit frapper chacun de sa cuiller et de sa fourchette sur son assiette, ce qui causa un charivari fort étrange, et qui à reprises dura tout le souper. Les pleureuses y firent plus de bruit que les autres, et de plus longs éclats de rire, et les plus proches et les meilleures amies en firent encore davantage : le lendemain il n'y parut plus. On fut deux jours à raisonner de la vacance; je me sus bon gré de ne m'y être pas trompé.

Chamillart étoit allé faire les Rois chez lui à Montfermeil, d'où il avoit été mandé pour la place de contrôleur général ; ce fut encore au même lieu où le roi lui manda le 7 par un valet de chambre de Mme de Maintenon de se trouver le lendemain à son lever, à l'issue duquel il le fit entrer dans son cabinet, et lui donna la charge de Barbezieux. Chamillart, en homme sage, lui voulut remettre les finances, ne trouvant pas avec raison de comparaison entre la périlleuse place de contrôleur général et celle de secrétaire d'État de la guerre ; et sur ce que le roi ne voulut point qu'il les quittât, il lui représenta l'impossibilité de s'acquitter de deux emplois ensemble qui séparément avoient occupé tout entiers Colbert et Louvois ; mais c'étoit précisément le souvenir de ces deux ministres et de leurs débats, qui faisoit vouloir obstinément au roi de réunir les deux ministères, et qui le rendit sourd à tout ce que Chamillart lui put dire.

C'étoit un bon et très-honnête homme, à mains parfaitement nettes et avec les meilleures intentions, poli, patient, obligeant, bon ami, ennemi médiocre, aimant l'État, mais le roi sur toutes choses, et extrêmement bien avec lui et avec Mme de Maintenon ; d'ailleurs très-borné et, comme tous les gens de peu d'esprit et de lumière, très-opiniâtre, très-entêté, riant jaune avec une douce compassion à qui opposoit des raisons aux siennes et entièrement incapable de les entendre ; par conséquent dupe en amis, en affaires et en tout, et gouverné par ceux dont à divers égards il s'étoit fait une grande idée, ou qui avec un très-léger poids étoient fort de ses amis. Sa capacité étoit nulle, et il croyoit tout savoir en tout genre, et cela étoit d'autant plus pitoyable, que cela lui étoit venu avec ses places, et que c'étoit moins présomption que sottise, et encore moins vanité dont il n'avoit aucune. Le rare est que le grand ressort de la tendre affection du roi pour lui étoit cette incapacité même. Il l'avouoit au roi à chaque pas, et le roi se complaisoit à le diriger et à l'instruire; en sorte qu'il étoit jaloux de ses succès comme du sien propre, et qu'il en excusoit tout. Le monde aussi et la cour l'excusoit de même, charmé de la facilité de son abord, de sa joie d'accorder ou de servir, de la douceur et de la douleur de ses refus et de son infatigable patience à écouter. Sa mémoire lui représentoit fort nettement les gens et les choses malgré la multitude qui en passoit par ses mains, en sorte que chacun étoit ravi de voir que son affaire lui étoit parfaitement présente quoique entamée et délaissée depuis longtemps. Il écrivoit aussi fort bien, et ce style net, et coulant, et précis plaisoit extrêmement au roi et à Mme de Maintenon qui ne cessoient de le louer, de l'encourager et de s'applaudir d'avoir mis sur de si foibles épaules deux fardeaux, dont chacun eût suffi à accabler les plus fortes.

Torcy eut la charge de chancelier de l'ordre qu'avoit Barbezieux; et la sienne de grand trésorier de l'ordre, le roi en voulut récompenser Saint-Pouange qui ne pouvoit plus servir de principal commis à un étranger, comme il avoit fait sous ses plus proches, dont il avoit toujours eu le plus intime secret et souvent par là celui du roi sur les choses de la guerre, avec lequel même il avoit eu souvent occasion de travailler. En même temps il vendit sa charge de secrétaire du cabinet à Charmont, des Hennequin de Paris, qui se défit de sa charge de procureur général du grand conseil, et qui fut ensuite ambassadeur à Venise, où il ne réussit pas. Saint-Pouange, qui avoit depuis longtemps la charge d'intendant de l'ordre, la vendit à La Cour des Chiens, fameux financier.

Rose, autre secrétaire du cabinet du roi et qui depuis cinquante ans avoit la plume, mourut en ce temps-ci à quatre-vingt-six ou sept ans, avec toute sa tête et dans une santé parfaite jusqu'au bout. Il étoit aussi président à la chambre des comptes, fort riche et fort avare, mais c'étoit un homme de beaucoup d'esprit, et qui avoit des saillies et des reparties incomparables, beaucoup de lettres, une mémoire nette et admirable, et un parfait répertoire de cour et d'affaires, gai, libre, hardi, volontiers audacieux; mais à qui ne lui marchoit point sur le pied, poli, respectueux, tout à fait en sa place, et sentant extrêmement la vieille cour. Il avoit été au cardinal Mazarin et fort dans sa privance et sa confiance, ce qui l'y avoit mis avec la reine mère et qu'il se sut toujours conserver avec elle et avec le roi jusqu'à sa mort, en sorte qu'il étoit compté et ménagé même par tous les ministres. Sa plume l'avoit entretenu dans une sorte de commerce avec le roi, et quelquefois d'affaires qui demeuroient ignorées des ministres. Avoir la plume, c'est être faussaire public, et faire par charge ce qui coûteroit la vie à tout autre. Cet exercice consiste à imiter si exactement l'écriture du roi qu'elle ne se puisse distinguer de celle que la plume contrefait, et d'écrire en cette sorte toutes les lettres que le roi doit ou veut écrire de sa main et toutefois n'en veut pas prendre la peine. Il y en a quantité aux souverains et à d'autres étrangers de haut parage; il y en a aux sujets, comme généraux d'armée ou autres gens principaux par secret d'affaires ou par marque de bonté ou de distinction. Il n'est pas possible de faire parler un grand roi avec plus de dignité que faisoit Rose, ni plus convenablement à chacun, ni sur chaque matière, que les lettres qu'il écrivoit ainsi, et que le roi signoit toutes de sa main, et pour le caractère il étoit si semblable à celui du roi qu'il ne s'y trouvoit pas la moindre différence. Une infinité de choses importantes avoit passé par les mains de Rose, et il y en passoit encore quelquefois. Il étoit extrêmement fidèle et secret, et le roi s'y fioit entièrement. Ainsi celui des quatre secrétaires du cabinet qui a la plume en a toutes les fonctions, et les trois autres n'en ont aucune, sinon leurs entrées.

Caillières eut la plume à la mort de Rose. Ce bonhomme étoit fin, rusé, adroit et dangereux; il y a de lui des histoires sans nombre, dont je rapporterai deux ou trois seulement, parce qu'elles le caractérisent lui et ceux dont il s'y agit. Il avoit fort près de Chantilly une belle terre et bien bâtie qu'il aimoit fort, et où il alloit souvent; il rendoit force respects à M. le Prince (c'est du dernier mort dont je parle), mais il étoit attentif à ne s'en pas laisser dominer chez lui. M. le Prince, fatigué d'un voisinage qui le resserroit, et peut-être plus que lui, ses officiers de chasse, fit proposer à Rose de l'en accommoder ; celui-ci n'y voulut jamais entendre ni s'en défaire pour quoi que ce fût. A la fin M. le Prince, hors de cette espérance, se mit à lui faire des niches pour le dégoûter et le résoudre ; et de niche en niche, il lui fit jeter trois ou quatre cents renards ou renardeaux, qu'il fit prendre et venir de tous côtés, par-dessus les murailles de son parc. On peut se représenter quel désordre y fit cette compagnie, et la surprise extrême de Rose et de ses gens d'une fourmilière inépuisable de renards venus là en une nuit.

Le bonhomme, qui étoit colère et véhément et qui connoissoit bien M. le Prince, ne se méprit pas à l'auteur du présent. Il s'en alla trouver le roi dans son cabinet, et tout résolûment lui demanda la permission de lui faire une question peut-être un peu sauvage. Le roi fort accoutumé à lui et à ses goguenarderies, car il étoit plaisant et fort salé, lui demanda ce que c'étoit. « Ce que c'est, sire, lui répondit Rose d'un visage enflammé, c'est que je vous prie de me dire si nous avons deux rois en France. — Qu'est-ce à dire? dit le roi surpris, et rougissant à son tour. — Qu'est-ce à dire? répliqua Rose, c'est que si M. le Prince est roi comme vous, il faut pleurer et baisser la tête sous ce tyran. S'il n'est que premier prince du sang, je vous en demande justice, sire, car vous la devez à tous vos sujets, et vous ne devez pas souffrir qu'ils soient la proie de M. le Prince. » Et de là lui conte comme il l'a voulu obliger à lui vendre sa terre, et après l'y forcer en le persécutant, et raconte enfin l'aventure des renards. Le roi lui promit qu'il parleroit à M. le Prince de façon qu'il auroit repos désormais. En effet, il lui ordonna de faire ôter par ses gens et à ses frais jusqu'au dernier renard du parc du bonhomme, et de façon qu'il ne s'y fît aucun dommage, et qu'il réparât ceux que les renards y avoient faits ; et pour l'avenir lui imposa si bien, que M. le Prince, plus bas courtisan qu'homme du monde, se mit à rechercher Rose, qui se tint longtemps sur son fier, et oncques depuis n'osa le troubler en la moindre chose. Malgré tant d'avances, qu'il fallut bien enfin recevoir, il la lui gardoit toujours bonne, et lui lâchoit volontiers quelque brocard. Moi et cinquante autres en fûmes un jour témoins.

Les jours de conseil, les ministres s'assembloient dans la chambre du roi sur la fin de la messe, pour entrer dans le cabinet quand on les appeloit pour le conseil, lorsque le roi étoit rentré par la galerie droit dans ses cabinets. Il y avoit toujours des courtisans à ces heures-là dans la chambre du roi, ou qui avoient affaire aux ministres, à qui ils parloient là plus commodément quand ils avoient peu à leur dire, ou pour causer avec eux. M. le Prince y venoit souvent, et il étoit vrai qu'il leur parloit à tous sans avoir rien à leur dire, avec le maintien d'un client qui fait bassement sa cour. Rose, à qui rien n'échappoit, prit sa belle qu'il y avoit beaucoup du meilleur de la cour que le hasard y avoit rassemblé ce jour-là, et que M. le Prince avoit cajolé les ministres avec beaucoup de souplesse et de flatterie. Tout d'un coup le bonhomme, qui le voyoit faire, s'en va droit à lui, et clignant un œil avec un doigt dessous, qui étoit quelquefois son geste : « Monsieur, lui dit-il tout haut, je vous vois faire ici un manége avec tous ces messieurs, et depuis plusieurs jours, et ce n'est pas pour rien ; je connois ma cour et mes gens depuis longues années, on ne m'en fera pas accroire : je vois bien où cela va ; » et avec des tours et des inflexions de voix, qui embarrassoient tout à fait M. le Prince, qui se défendoit comme il pouvoit. Ce dialogue amassa les ministres, et ce qu'il y avoit là de principal autour d'eux. Comme Rose se vit bien environné et le conseil sur le point d'être appelé, il prend respectueusement M. le Prince par le bout du bras avec un souris fin et malin : « Seroit-ce point, monsieur, lui dit-il, que vous voudriez vous faire premier prince du sang? » et à l'instant fait la pirouette, et s'écoule. Qui demeura stupéfait? ce fut M. le Prince, et toute l'assistance à rire sans pouvoir s'en empêcher. C'étoit là de ces tours hardis de Rose; celui-là fit plusieurs jours l'amusement et l'entretien de la cour. M. le Prince fut enragé; mais il ne put et n'osa que dire. Il n'y avoit guère plus d'un an de cette aventure, lorsque ce bonhomme mourut.

Il n'avoit jamais pardonné à M. de Duras un trait, qui en effet fut une cruauté. C'étoit à un voyage de la cour; la voiture de Rose avoit été, je ne sais comment, déconfite. D'impatience, il avoit pris un cheval. Il n'étoit pas bon cavalier; lui et le cheval se brouillèrent, et le cheval s'en défit dans un bourbier. Passa M. de Duras, à qui Rose cria à l'aide de dessous son cheval au milieu du bourbier. M. de Duras, dont le carrosse alloit doucement dans cette fange, mit là tête à la portière, et pour tout secours se mit à rire et à crier que c'étoit là un cheval bien délicieux, de se rouler ainsi sur les roses; et continua son chemin et le laissa là. Vint après le duc de Coislin, qui fut plus charitable, et qui le ramassa; mais si furieux et si hors de soi de colère, que la carrossée fut quelque temps sans pouvoir apprendre à qui il en avoit. Mais le pis fut à la couchée. M. de Duras, qui ne craignoit personne, et qui avoit le bec aussi bon que Rose, en avoit fait le conte au roi et à toute la cour, qui en rit fort. Cela outra Rose à un point qu'il n'a depuis jamais approché de M. de Duras, et n'en a parlé qu'en furie, et quand quelquefois il hasardoit devant le roi quelque lardon sur lui, le roi se mettoit à rire, et lui parloit du bourbier.

Sur la fin de sa vie, il avoit marié sa petite-fille fort riche, et qui attendoit encore de plus grands biens de lui, à Portail, qui longtemps depuis est mort premier président du parlement de Paris. Le mariage ne fut point concordant; la jeune épouse, qui se sentoit riche parti, méprisoit son mari, et disoit qu'au lieu d'entrer en quelque bonne maison elle étoit demeurée au portail. A la fin, le père, vieux conseiller de grand'chambre, et le fils firent leurs plaintes au bonhomme ; d'abord il n'en tint pas grand compte, et comme elles recommencèrent il leur promit de parler à sa petite-fille et n'en fit rien. A la fin, lassé de ces plaintes : « Vous avez toute raison, leur répondit-il en colère, c'est une impertinente, une coquine dont on ne peut venir à bout, et si j'entends encore parler d'elle, je l'ai résolu, je la déshériterai. » Ce fut la fin des plaintes. Rose étoit un petit homme ni gras ni maigre, avec un assez beau visage, une physionomie fine, des yeux perçants et petillants d'esprit, un petit manteau, une calotte de satin sur ses cheveux presque blancs, un petit rabat uni presque d'abbé, et toujours son mouchoir entre son habit et sa veste. Il disoit qu'il étoit là plus près de son nez. Il m'avoit pris en amitié, se moquoit très-librement des princes étrangers, de leurs rangs, de leurs prétentions, et appeloit toujours les ducs avec qui il étoit familier Votre Altesse Ducale : c'étoit pour rire de ces autres prétendues Altesses. Il étoit extrêmement propre et gaillard et plein de sens jusqu'à la fin : c'étoit une sorte de personnage.

Stoppa, colonel des gardes suisses et d'un autre régiment suisse de son nom, mourut en même temps. Il avoit amassé un bien immense pour un homme de son état, avec une grosse maison pourtant et toujours grande chère. Il avoit toute la confiance du roi sur ce qui regardoit les troupes suisses et les cantons, au point que tant qu'il vécut, M. du Maine n'y put et n'y fit aucune chose. Le roi s'étoit servi de lui en beaucoup de choses secrètes, et de sa femme encore plus, qui, sans paroître, avoit toute la confiance de Mme de Maintenon, et étoit extrêmement crainte et comptée, plus encore que son mari, quoiqu'il le fût beaucoup. Il avoit plus de quatre-vingts ans, avec le même sens, la même privance du roi, la même pleine autorité sur sa nation en France, et grand crédit en Suisse. Sa mort rendit M. du Maine effectivement colonel général des Suisses avec pleine autorité, qu'il sut étendre en même temps sur ce qu'il n'avoit pu encore atteindre dans l'artillerie avec M. de Barbezieux.

La mort d'un plus grand seigneur fit moins de bruit et de vide. Ce fut celle de M. de Monaco, ambassadeur à Rome, qui y fut peu regretté, comme il y avoit été peu considéré ; [il avoit] très-médiocrement soutenu les affaires du roi, et [été] très-peu soutenu de la cour. On en a vu les raisons. C'étoit un Italien glorieux, fantasque, avare, fort bon homme, mais qui n'étoit pas fait pour les affaires, avec cela gros comme un muid, et ne voyoit pas jusqu'à la pointe de son ventre. Il avoit passé sa vie en chagrins domestiques, d'abord de la belle Mme de Monaco, sa femme, si amie de la première femme de Monsieur, et si mêlée dans ses galanteries, et elle-même si galante et qui, pour se tirer d'avec son mari, se fit surintendante de la maison de Madame, la seule fille de France qui en ait jamais eu. Elle étoit sœur de ce galant comte de Guiche et du duc de Grammont. Sa belle-fille ne lui avoit pas donné moins de peine, comme on a vu ici en son temps, et le rang qu'elle lui avoit valu le jeta dans des prétentions dont pas une ne réussit, et qui l'accablèrent d'ennuis et de dégoûts qui portèrent à plomb sur les affaires de son ambassade.

Bontems, le premier des quatre premiers valets de chambre du roi, et gouverneur de Versailles et de Marly, dont il avoit l'entière administration des maisons, des chasses et de quantité de sortes de dépenses, mourut aussi en ce temps-là. C'étoit de tous les valets intérieurs celui qui avoit la plus ancienne et la plus entière confiance du roi pour toutes les choses intimes et personnelles. C'étoit un grand homme, fort bien fait, qui étoit devenu fort gros et fort pesant, qui avoit près de quatre-vingts ans, et qui périt en quatre jours, le 17 janvier, d'une apoplexie. C'étoit l'homme le plus profondément secret, le plus fidèle et le plus attaché au roi qu'il eût su trouver, et, pour tout dire en un mot, qui avoit disposé la messe nocturne dans les cabinets du roi que dit le P. de La Chaise à Versailles, l'hiver de 1683 à 1684, que Bontems servit, et où le roi épousa Mme de Maintenon en présence de l'archevêque de Paris, Harlay, Montchevreuil et Louvois.

On peut dire de Bontems et du roi en ce genre : tel maître, tel valet ; car il étoit veuf, et avoit chez lui à Versailles une Mlle de La Roche, mère de La Roche qui suivit le roi d'Espagne et fut son premier valet de chambre et eut son estampille vingt-cinq ans jusqu'à sa mort. Cette Mlle de La Roche ne paroissoit nulle part, et assez peu même chez lui, dont elle ne sortoit point, et le gouvernoit parfaitement sans presque le paroître. Personne ne doutoit que ce ne fût sa Maintenon et qu'il ne l'eût épousée. Pourquoi ne le point déclarer ? c'est ce qu'on n'a jamais su. Bontems étoit rustre et brusque, avec cela respectueux et tout à fait à sa place, qui n'étoit jamais que chez lui ou chez le roi, où il entroit partout à toutes heures, et toujours par les derrières, et qui n'avoit d'esprit que pour bien servir son maître, à quoi il étoit tout entier sans jamais sortir de sa sphère. Outre les fonctions si intimes de ces deux emplois, c'étoit par lui que passoient tous les ordres et messages secrets, les audiences ignorées qu'il introduisoit chez le roi, les lettres cachées au roi et du roi, et tout ce qui étoit mystère. C'étoit bien de quoi gâter un homme qui étoit connu pour être depuis cinquante ans dans cette intimité, et qui avoit la cour à ses pieds, à commencer par les enfants du roi et les ministres les plus accrédités, et à continuer par les plus grands seigneurs. Jamais il ne sortit de son état, et, sans comparaison, moins que les plus petits garçons bleus qui tous étoient sous ses ordres. Il ne fit jamais mal à qui que ce soit, et se servit toujours de son crédit pour obliger. Grand nombre de gens, même de personnages lui durent leur fortune, sur quoi il étoit d'une modestie à se brouiller avec eux, s'ils en avoient parlé jusqu'à lui-même. Il aimoit, vouloit et procuroit les grâces pour le seul plaisir de bien faire, et il se peut dire de lui qu'il fut toute sa vie le père des pauvres, la ressource des affligés et des disgraciés qu'il connoissoit le moins, et peut-être le meilleur des humains, avec des mains non-seulement parfaitement nettes, mais un désintéressement entier et une application extrême à tout ce qui étoit sous sa charge. Aussi, quoique fort diminué de crédit pour les autres par son âge et sa pesanteur, sa perte causa un deuil public et à la cour et à Paris, et dans les provinces; chacun en fut affligé comme d'une perte particulière, et il est également innombrable et inouï tout ce qui fut volontairement rendu à sa mémoire, et de services solennels célébrés partout pour lui. J'y perdis un ami sûr, plein de respect et de reconnoissance pour mon père, comme je l'ai dit ailleurs. Il laissa deux fils qui ne lui ressemblèrent en rien ; l'aîné ayant sa survivance de premier valet de chambre, l'autre premier valet de garde-robe.

Bloin, autre premier valet de chambre, eut l'intendance de Versailles et de Marly, au père de qui, pour cet emploi, Bontems avoit succédé. Bloin eut aussi la confiance des paquets secrets et des audiences inconnues. C'étoit un homme de beaucoup d'esprit, qui étoit galant et particulier, qui choisissoit sa compagnie dans le meilleur de la cour, qui régnoit chez lui dans l'exquise chère, parmi un petit nombre de commensaux grands seigneurs, ou de gens qui suppléoient d'ailleurs aux titres, qui étoit froid, indifférent, inabordable, glorieux, suffisant et volontiers impertinent; toutefois peu méchant, mais à qui pourtant il ne falloit pas déplaire. Ce fut un vrai personnage et qui se fit valoir et courtiser par les plus grands et par les ministres, qui savoit bien servir ses amis, mais rarement, et n'en servoit point d'autres, et ne laissoit pas d'être en tout fort dangereux et de prendre en aversion sans cause, et alors de nuire infiniment..

M. de Vendôme revint d'Anet après avoir passé encore une fois par le grand remède. Il se comptoit guéri, et ne le fut jamais. Il demeura plus défiguré qu'il ne l'étoit auparavant cette deuxième dose, et assez pour n'oser se montrer aux dames et aller à Marly. Bientôt il s'y accoutuma et tâcha d'y accoutumer les autres. Ce ne fut pas sans dégoût, et sans chercher sa physionomie et ses principaux traits, qui ne se retrouvèrent plus ; il paya d'audace, en homme qui se sent tout permis et qui se veut tout permettre. Il avoit de bons appuis. C'étoit en janvier, et il y avoit des bals à Marly ; le roi s'en amusa tous les voyages jusqu'au carême ; et la maréchale de Noailles en donna souvent à Mme la duchesse de Bourgogne, chez elle à Versailles, qui avoit l'air d'être en particulier.

CHAPITRE V.

Plusieurs bonnes nouvelles. — D'Avaux ambassadeur en Hollande, au lieu de Briord, fort malade. — Les troupes françoises, introduites au même instant dans les places espagnoles des Pays-Bas, y arrêtent et désarment les garnisons hollandoises, que le roi fait relâcher. — Flottille arrivée. — Chocolat des jésuites. — Philippe V reconnu par le Danemark. — Connétable de Castille ambassadeur extraordinaire à Paris. — Philippe V à Bayonne, à Saint-Jean de Luz; séparation des princes. — Comte d'Ayen passe en Espagne. — Duc de Beauvilliers revient malade. — Lettres patentes de conservation des droits à la couronne de Philippe V. — La reine d'Espagne abandonnée et reléguée à Tolède. — Philippe V reconnu par les Provinces-Unies. — Ouragan à Paris et par la France. — Mort de l'évêque-comte de Noyon. — Abbé Bignon conseiller d'État d'Église. — Aubigny évêque de Noyon. — Mlle Rose, béate extraordinaire. — M. Duguet. — M. de Saint-Louis retiré à la Trappe. — *Institution d'un prince*, par M. Duguet. — Helvétius à Saint-Aignan. — Retour du duc de Beauvilliers. — Cardinal de Bouillon à Cluni, restitué en ses revenus. — Exil du comte de Melford. — Roi Jacques à Bourbon.

Plusieurs nouvelles agréables arrivèrent fort près à près. Le roi reçut de Milan un acte qu'on n'avoit pas quoique connu : c'étoit l'investiture de Charles V du duché de Milan et du comté de Pavie pour tous les successeurs tant mâles que femelles; la certitude du passage de ses troupes en Italie accordé par M. de Savoie en la forme qu'on désiroit, et un succès en Flandre qui tenoit de la merveille et très-semblable à un changement de théâtre d'opéra. Briord, ambassadeur en Hollande, étoit tombé dangereusement malade. Les affaires y étoient en grand mouvement. Il demanda par plusieurs courriers un successeur, et d'Avaux y fut envoyé. Les États, qui de concert avec l'Angleterre ne cherchoient qu'à nous amuser en attendant que leur partie fût prête, ne se lassoient point de négocier. Ils demandoient des conférences avec d'autant plus d'empressement que Briord étoit hors d'état d'ouïr parler d'affaires. Le roi d'Angleterre faisoit presser le roi de les accorder. Quelque désir qu'eût le roi d'entretenir la paix, il ne pouvoit se dissimuler les mouvements découverts de l'empereur et la mauvaise foi de ses anciens alliés.

Les Hollandois avoient vingt-deux bataillons dans les places espagnoles des Pays-Bas, sous les gouverneurs espagnols qui y avoient aussi quelques troupes espagnoles en moindre nombre. Puységur travailla à un projet là-dessus, par ordre du roi, qu'il approuva. Il fut communiqué au maréchal de Boufflers, gouverneur de la Flandre françoise, et Puységur alla à Bruxelles pour le concerter avec l'électeur de Bavière, gouverneur général des Pays-Bas pour l'Espagne. Les mesures furent si secrètes et si justes, et leur exécution si profonde, si exacte et si à un point nommé, que le dimanche matin, 6 février, les troupes françoises entrèrent toutes au même instant dans toutes les places espagnoles des Pays-Bas à portes ouvrantes, s'en saisirent, prirent les troupes hollandoises entièrement au dépourvu, les surprirent, les dépostèrent, les désarmèrent, sans que dans pas une il fût tiré une seule amorce. Les gouverneurs espagnols et les chefs de nos troupes leur déclarèrent qu'ils n'avoient rien à craindre, mais que le roi d'Espagne vouloit de nos troupes au lieu des leurs, et qu'ils demeureroient ainsi arrêtés jusqu'à ce qu'on eût reçu les ordres du roi. Ils furent très-différents de ce qu'ils attendoient et de ce qu'on devoit faire. L'ardeur de la paix fit croire au roi qu'en renvoyant ces troupes libres avec leurs armes et toutes sortes de bons traitements, un procédé si pacifique toucheroit et rassureroit les Hollandois, qui avoient jeté les hauts cris à la nouvelle de l'introduction de nos troupes, et leur persuaderoit d'entretenir la paix avec des voisins, des bonnes intentions desquels ils ne pouvoient plus douter après un si grand effet. Il se trompa.

Ce fut vingt-deux très-bons bataillons tout armés et tout équipés qu'il leur renvoya, qui leur auroient fait grande faute, qui les auroient mis hors d'état de faire la guerre, et par conséquent fort déconcerté l'Angleterre, l'empereur et toute cette grande alliance qui se bâtissoit et s'organisoit contre les deux couronnes. Le vendredi 11 février, c'est-à-dire six jours après l'occupation des places et la détention des vingt-deux bataillons hollandois, l'ordre du roi partit, portant liberté de s'en aller chez eux avec armes et bagages, dès qu'ils seroient rappelés par les États. Ceux-ci, qui n'espéroient rien moins, reçurent cette nouvelle avec une joie inespérée et des marques de reconnoissance qui servirent de couverture nouvelle encore plus spécieuse de leurs mauvais desseins, et frémissant cependant du danger qu'ils avoient couru n'en devinrent que plus ardents à la guerre, gouvernés par le roi d'Angleterre, ennemi personnel du roi, qui avec eux se moqua d'une simplicité si ingénue, et qui retraça à l'Europe celles de Louis XII et de François Ier qui furent si funestes à la France. Celle-ci ne la fut aussi guère moins.

Enfin, l'arrivée de la flottille couronna ce succès. Elle étoit riche de plus de soixante millions en or ou argent, et de douze millions de marchandises sans les fraudes et les pacotilles. J'avancerai à cette occasion le récit d'une aventure qui n'arriva que depuis que le roi d'Espagne fut à Madrid. En déchargeant les vaisseaux il se trouva huit grandes caisses de chocolat dont le dessus étoit : *chocolat pour le très-révérend père général de la compagnie de Jésus.* Ces caisses pensèrent rompre les reins aux gens qui les déchargèrent et qui s'y mirent au double de ce qu'il falloit à les transporter à proportion de leur grandeur. L'extrême peine qu'ils y eurent encore avec ce renfort donna curiosité de savoir quelle en pouvoit être la cause. Toutes les caisses arrivées dans les magasins de Cadix, ceux qui les régissoient en ouvrirent une entre eux et n'y trouvèrent que de grandes et grosses billes de chocolat, arrangées les unes sur les autres. Ils en prirent une dont la pesanteur les surprit, puis une deuxième et une troisième toujours également pesantes. Ils en rompirent une qui résista, mais le chocolat s'éclata, et ayant redoublé ils trouvèrent que c'étoient toutes billes d'or, revêtues d'un doigt d'épais de chocolat tout alentour; car, après cet essai, ils visitèrent au hasard le reste de la caisse et après toutes les autres. Ils en donnèrent avis à Madrid, où malgré le crédit de la société on s'en voulut donner le plaisir. On fit avertir les jésuites, mais en vain. Ces fins politiques se gardèrent bien de réclamer un chocolat si précieux; et ils aimèrent mieux le perdre que de l'avouer. Ils protestèrent donc d'injure qu'ils ne savoient ce que c'étoit, et ils y persévérèrent avec tant de fermeté et d'unanimité que l'or demeura au profit du roi, qui ne fut pas médiocre, et on en peut juger par le volume de huit grandes caisses de grandes et grosses billes solides d'or ; et le chocolat qui les revêtoit demeura à ceux qui avoient découvert la galanterie.

Le Danemark reconnut le roi d'Espagne. Ce prince fut rencontré à Bordeaux par le connétable de Castille, venant ambassadeur extraordinaire pour remercier le roi de l'acceptation du testament. Il s'appeloit don Joseph-Fernandez de Velasco, duc de Frias. Il fut reçu au Bourg-la-Reine par le baron de Breteuil, introducteur des ambassadeurs, qui est un honneur qui de ce règne n'avoit été fait à aucun autre qu'au marquis de La Fuente, qui après l'affaire du maréchal d'Estrades et du baron de Vatteville à Londres pour la préséance, vint ambassadeur extraordinaire pour en faire excuse et déclarer en présence de tous les autres ambassadeurs, en audience publique, que l'Espagne ni ses ambassadeurs ne disputeroient jamais la préséance au roi ni à ses ambassadeurs et la lui céderoient partout. Le connétable de Castille parut avec une grande splendeur, et fut extrêmement accueilli et festoyé. Le roi le distingua extrêmement et lui fit un présent très-considérable à son départ. Il ne fut pas longtemps en France, et il y parut fort magnifique, fort galant et fort poli.

A Bayonne le roi trouva le marquis de Castanaga, dix ou douze autres personnes de considération, et plus de quatre mille Espagnols accourus pour le voir. Harcourt y étoit arrivé deux jours auparavant, de Madrid, au-devant de lui. Le roi se mit dans un fauteuil à la porte de son cabinet, ayant derrière lui M. de Beauvilliers, entre MM. de Noailles et d'Harcourt. Le duc d'Ossone étoit plus en avant, pour marquer au roi ceux qui étant gentilshommes pouvoient avoir l'honneur de lui baiser la main. Tous, à l'espagnole, se mirent à genoux en se présentant devant lui. Il vit toute cette foule les uns après les autres, et les satisfit tous ainsi au dernier point fort aisément. M. de Beauvilliers avoit souvent entretenu le roi d'Espagne tête à tête pendant le voyage. Il y eut, pendant le séjour de Bayonne, des conférences où le duc d'Harcourt fut presque toujours en tiers, et quelquefois le duc de Noailles avec eux. Ils allèrent à Saint-Jean de Luz, et le 22 janvier se fit la séparation des princes avec des larmes qui allèrent jusqu'aux cris.

Après quantité d'embrassades réitérées au bord de la Bidassoa, au même endroit des fameuses conférences de la paix des Pyrénées, le duc de Noailles emmena le roi d'Espagne d'un côté, et le duc de Beauvilliers les deux autres princes de l'autre, avec lesquels il remonta en carrosse, et retournèrent à Saint-Jean de Luz. Il y avoit un pont et de très-jolies barques galamment ajustées par ceux du pays. Le roi d'Espagne passa dans une avec le duc d'Harcourt, le marquis de Quintana, gentilhomme de la chambre, et le comte d'Ayen. La petite rivière qui sépare les deux royaumes étoit bordée d'un peuple innombrable à perte de vue des deux côtés. Les acclamations ne finissoient point et redoubloient à tous moments. Au sortir de la barque le roi d'Espagne marcha un peu à pied, pour contenter la curiosité de ses peuples, et alla coucher à Irun. Il fut d'abord à l'église, où le *Te Deum* fut chanté. Et, dès le même soir, il commença à être servi et à vivre à l'espagnole. Il fut visiter le lendemain Fontarabie, puis Saint-Sébastien, et continua son voyage à Madrid, ayant toujours le duc d'Harcourt dans son carrosse, un ou deux de ses officiers principaux espagnols et le comte d'Ayen. Ce dernier fut trouvé là fort mauvais, l'entrée du carrosse du roi n'étant que pour ses officiers les plus principaux. Ce neveu de Mme de Maintenon, à qui d'Harcourt faisoit sa cour, avoit une nombreuse suite et une musique complète, dont il tâchoit les soirs d'amuser le roi d'Espagne. Son âge, sa faveur en France, l'imitation des airs libres et familiers et des grands rires de sa mère, montrèrent à l'Espagne un fort jeune homme, bien gâté, et qui les scandalisa infiniment par toutes ses manières avec les seigneurs de cette cour, et par la familiarité surtout qu'il affecta avec le roi d'Espagne. Il fut le seul jeune seigneur françois qui passa avec lui. Noblet fit deux journées en Espagne, puis vint rendre compte au roi de ce qui s'étoit passé durant le voyage.

De Saint-Jean de Luz, les princes allèrent à Acqs [1], où ils demeurèrent huit ou dix jours assiégés par les eaux. Là ils commencèrent à vivre avec plus de liberté, à manger quelquefois avec les jeunes seigneurs de leur cour et à se trouver affranchis de toutes les mesures qu'imposoit la présence du roi d'Espagne. Le duc de Noailles demeura leur conducteur comme l'avoit été jusque-là M. de Beauvilliers, qui, se trouvant toujours plus mal, avoit eu besoin de tout son courage pour venir jusqu'à la frontière, d'où il revint droit par le plus court, autant que sa santé le lui permit. Le roi d'Espagne emporta des lettres patentes enregistrées, pour lui conserver et à sa postérité leurs droits à la couronne, pareilles à celles qu'Henri III avoit emportées en Pologne, et qu'on en avoit dressé de toutes prêtes pour y envoyer à M. le prince de Conti.

La reine d'Espagne avoit écrit au roi les lettres les plus

---

1. Acqs, ou Dax, ville du département des Landes. Les anciens éditeurs ont écrit Auch. Mais, outre le manuscrit de Saint-Simon, qui ne peut laisser aucun doute, nous trouvons la confirmation de cette leçon dans le passage suivant d'un journal qu'avait rédigé le duc de Bourgogne et qui a été publié dans le t. II, p. 93-250 des *Curiosités historiques, ou Recueil de pièces utiles à l'histoire de France* (Amsterdam, 1759, 2 vol. in-18). « Le lundi 24 janvier, nous partîmes de Bayonne, à six heures..., nous arrivâmes à Dax (les éditeurs auront changé l'ancienne forme qui était *Acqs*), à sept heures du soir; il plut tout le jour; les chemins étoient horriblement mauvais..... Le mardi 25, les eaux augmentèrent de telle sorte, que l'on ne pouvoit plus repasser le pont ni sortir de la ville; elles augmentèrent encore le mercredi 26 et le jeudi 27, en sorte que la campagne en étoit toute couverte, et qu'on ne voyoit que la pointe des arbres. » C'est donc à Dax que les princes sont arrêtés par les eaux, et c'est ce que dit le texte véritable de Saint-Simon : « Les princes allèrent à Acqs, où ils demeurèrent huit ou dix jours assiégés par les eaux. »

fortes par le connétable de Castille, par lesquelles elle demandoit aux deux rois leur protection et la punition du comte de San-Estevan et de ses dames, qui l'avoient quittée et outragée. Le style en étoit fort romanesque. Il y en eut aussi pour Madame, dont elle réclamoit les bons offices par leur parenté. Je ne sais qui put lui donner ce conseil ; sa partialité déclarée, et sa liaison avec tout ce peu qui ne voyoit qu'à regret succéder la maison de France à celle d'Autriche en Espagne, ne lui devoient pas laisser espérer de succès. Aussi, le roi d'Espagne n'eut pas beaucoup fait de journées en Espagne, qu'elle eut ordre de quitter Madrid et de se retirer à Tolède, où elle demeura reléguée avec peu de suite et encore moins de considération. La junte avoit été de cet avis, et en avoit chargé le duc d'Harcourt pour en faire envoyer l'ordre par le roi d'Espagne : ce fut un trait de vengeance de Portocarrero.

Ce prince n'étoit pas encore à Madrid qu'il fut reconnu par les Hollandois. Ils n'en avoient pas moins résolu la guerre. Mais toutes les machines de l'alliance n'étoient pas prêtes, et ne s'expliquer point eût été s'expliquer, et découvrir des desseins qu'ils prenoient de si grands soins de cacher.

Il y eut, le jour de la Chandeleur, un ouragan si furieux que personne ne se souvint de rien qui eût approché d'une telle violence, dont les désordres furent infinis par tout le royaume. Le haut de l'église de Saint-Louis, dans l'île, à Paris, tomba ; beaucoup de gens qui y entendoient la messe furent tués ou blessés : entre autres Verderonne, qui étoit dans la gendarmerie, en mourut le lendemain. Il s'appeloit L'Aubépine comme ma mère. Cet ouragan a été l'époque du dérangement des saisons et de la fréquence des grands vents en toutes ; le froid en tout temps, la pluie, etc., ont été bien plus ordinaires depuis, et ces mauvais temps n'ont fait qu'augmenter jusqu'à présent, en sorte qu'il y a longtemps qu'il n'y a plus du tout de printemps, peu d'automne, et, pour l'été quelques jours par-ci par là : c'est de quoi exercer les astronomes.

M. de Noyon mourut en ce temps-ci à Paris à soixante-quatorze ans. Il avoit l'ordre, et s'étoit, à l'exemple de M. de Reims, laissé faire conseiller d'État d'Église. J'ai tant parlé de ce prélat que je me contenterai de dire qu'il mourut fort pieusement, après avoir très-soigneusement gouverné son diocèse. On trouva dans ses papiers des brouillons de sa main pour servir à son oraison funèbre, tant la folie de la vanité avoit séduit ce prélat, d'ailleurs docte, fort honnête homme, très-homme de bien, bon évêque et de beaucoup d'esprit. Il ne laissa pas d'être regretté, et beaucoup, dans son diocèse. Sa vanité eût été étrangement mortifiée s'il eût prévu ses successeurs.

Le chancelier qui avoit extrêmement aimé sa sœur, femme de Bignon, conseiller d'État, et qui en avoit comme adopté les enfants, étoit fort embarrassé de l'abbé Bignon. C'étoit ce qui véritablement, et en bonne part, se pouvoit appeler un bel esprit, très-savant, et qui avoit prêché avec beaucoup d'applaudissements ; mais sa vie avoit si peu répondu à sa doctrine qu'il n'osoit plus se montrer en chaire, et que le roi se repentoit des bénéfices qu'il lui avoit donnés. Que faire donc d'un prêtre à qui ses mœurs ont ôté toute espérance de l'épiscopat? Cette place de conseiller d'État d'Église parut à son oncle toute propre à l'en consoler et à le réhabiliter dans le monde, en lui donnant un état. L'embarras étoit que ces places étoient destinées aux évêques les plus distingués, et qu'il étoit bien baroque de faire succéder l'abbé Bignon à M. de Tonnerre, évêque-comte de Noyon, pour le mettre en troisième avec M. de Reims et M. de Meaux; c'est pourtant ce que le chancelier obtint, et ce fut tout l'effort de son crédit. Il fit par là un tort à l'épiscopat et une plaie au conseil, où pas un évêque n'a voulu entrer depuis, par l'indécence d'y seoir après un homme du second ordre, ce qui ne peut s'éviter que par des évêques pairs qui précèdent le doyen des conseillers d'État, comme faisoient MM. de Reims et de Noyon. L'abbé Bignon fut transporté de joie d'une distinction jusqu'à lui inouïe. Son oncle le mit dans des bureaux en attendant qu'il lui en pût donner, et à la tête de toutes les académies : ce dernier emploi étoit fait exprès pour lui. Il étoit un des premiers hommes de lettres de l'Europe; et il y brilla, et solidement. Il amassa plus de cinquante mille volumes, que nombre d'années après il vendit au fameux Law qui cherchoit à placer de l'argent à tout. L'abbé Bignon n'en avoit plus que faire. Il étoit devenu doyen du conseil à la tête de quantité de bureaux et d'affaires, et bibliothécaire du roi. Il se fit une île enchantée auprès de Meulan, qui se put comparer en son genre à celle de Caprée; l'âge ni les places ne l'ayant pas changé, et n'y ayant gagné qu'à faire estimer son savoir et son esprit aux dépens de son cœur et de son âme. Noyon ne fut pas mieux rempli, mais à la renverse de la place de conseiller d'État par un homme de condition et de très-saintes mœurs et vie, mais d'ailleurs un butor.

M. de Chartres avoit trouvé à Saint-Sulpice un gros et grand pied plat, lourd, bête, ignorant, esprit de travers, mais très-homme de bien, saint prêtre pour desservir, non pas une cure, mais une chapelle; surtout sulpicien excellent en toutes les minuties et les inutiles puérilités qui y font loi, et qu'il mit toute sa vie à côté ou même au-dessus des plus éminentes vertus. Ce garçon n'en savoit pas davantage, et n'étoit pas capable de rien apprendre de mieux; d'ailleurs pauvre, crasseux et huileux à merveille. Ces dehors trop puissants sur M. de Chartres, et qui par ses mauvais choix ont perdu notre épiscopat, l'engagèrent à s'informer de lui. C'étoit un homme de bonne et ancienne noblesse d'Anjou qui s'appeloit d'Aubigny; ce nom le frappa encore plus, il le prit ou le voulut prendre pour parent de Mme de Maintenon qui étoit d'Aunis, et s'appeloit d'Aubigné. Il lui en parla et à ce pied plat aussi, qui, tout bête qu'il fût, ne

l'étoit pas assez pour ne sentir pas les avantages d'une telle
parenté dont on lui faisoit toutes les avances; Mme de Maintenon se trouva ravie de s'enter sur ces gens-là. Les armes,
le nom, et peu après, pour tout unir, la livrée, furent
bientôt les mêmes. Le rustre noble fut présenté à Saint-
Cyr à sa prétendue cousine, qui ne l'étoit pas tant, mais qui
pouvoit tout. Teligny, frère de l'abbé, qui languissoit de
misère dans sa chaumine, accourut par le messager, et fit
aussi connoissance avec le prélat et sa royale pénitente.
Celui-ci se trouva un compère délié, entendu et fin, qui gouverna son frère et suppléa tant qu'il put à ses bêtises. M. de
Chartres, qui voulut décrasser son disciple, le prit avec lui,
le fit son grand vicaire, et ce bon gros garçon, sans avoir
pu rien apprendre en si bonne école que des choses extérieures, fut nommé évêque de Noyon, où sa piété et sa
bonté se firent estimer, et ses travers et ses bêtises détester,
quoique parés par son frère qui ne le quittoit point, et qui
étoit son tuteur.

M. le cardinal de Noailles, depuis peu revenu de Rome,
chassa de son diosèse Mlle Rose, célèbre béate à extases, à
visions, à conduite fort extraordinaire, qui dirigeoit ses directeurs, et qui fut une vraie énigme. C'étoit une vieille
Gasconne ou plutôt du Languedoc, qui en avoit le parler à
l'excès, carrée, entre deux tailles, fort maigre, le visage
jaune, extrêmement laid, des yeux très-vifs, une physionomie ardente, mais qu'elle savoit adoucir; vive, éloquente,
savante, avec un air prophétique qui imposoit. Elle dormoit
peu et sur la dure, ne mangeoit presque rien, assez mal
vêtue, pauvre et qui ne se laissoit voir qu'avec mystère. Cette
créature a toujours été une énigme, car il est vrai qu'elle
étoit désintéressée, qu'elle a fait de grandes et surprenantes
conversions qui ont tenu, qu'elle a dit des choses fort extraordinaires, les unes très-cachées qui étoient [passées],
d'autres à venir qui sont arrivées, qu'elle a opéré des
guérisons surprenantes sans remède, et qu'elle a eu pour

elle des gens très-sages, très-précautionnés, très-savants, très-pieux, d'un génie sublime, qui n'avoient ni ne pouvoient rien gagner à cet attachement, et qui l'ont conservé toute leur vie. Tel a été M. Duguet, si célèbre par ses ouvrages, par la vaste étendue de son esprit et de son érudition qui se peut dire universelle, par l'humilité sincère et la sainteté de sa vie, et par les charmes et la solidité de sa conversation.

Mlle Rose, ayant longtemps vécu dans son pays, où elle pansoit les pauvres et où sa piété lui avoit attaché des prosélytes, vint à Paris, je ne sais à quelle occasion. De doctrine particulière elle n'en avoit point, seulement fort opposée à celle de Mme Guyon, et tout à fait du côté janséniste. Je ne sais encore comment elle fit connoissance avec ce M. Boileau qui avoit été congédié de l'archevêché pour le *Problème* dont j'ai fait l'histoire en son temps, et qui vivoit claquemuré et le plus sauvagement du monde dans son cloître Saint-Honoré. De là elle vit M. du Charmel et d'autres, et enfin M. Duguet qui, pour en dire la vérité, ne s'en éprirent guère moins tous trois que M. de Cambrai de Mme Guyon. Après avoir mené assez longtemps une vie assez cachée à Paris, M. Duguet et M. du Charmel eurent aussi bien qu'elle un extrême désir de la faire voir à M. de la Trappe, soit pour s'éclairer d'un si grand maître sur une personne si extraordinaire, soit dans l'espérance d'en obtenir l'approbation, et de relever leur sainte par un si grand témoignage. Ils partirent tous trois sans dire mot, et s'en allèrent à la Trappe, où on ne savoit rien de leur projet.

M. du Charmel se mit aux hôtes à l'ordinaire dans la maison, et M. de Saint-Louis, qui occupoit la maison abbatiale au dehors, ne put refuser une chambre à M. Duguet, et une autre à sa béate, et de manger avec lui. C'étoit un gentilhomme peu éloigné de la Trappe, qui avoit servi toute sa vie avec grande réputation, qui avoit eu longtemps un régiment de cavalerie et étoit devenu brigadier. M. de Turenne, le maréchal de Créqui, et les généraux sous qui il avoit servi, le roi même sous qui il avoit fait la guerre de Hollande et d'autres campagnes, l'estimoient fort, et l'avoient toujours distingué. Le roi lui donnoit une assez forte pension, et avoit conservé beaucoup de bonté pour lui. Il se trouva presque aveugle, lorsqu'en 1684 la trêve de vingt ans fut conclue; cela le fit retirer du service. Peu de mois après, Dieu le toucha. Il connoissoit M. de la Trappe par le voisinage, et avoit même été lui offrir ses services au commencement de sa réforme, sur ce qu'il apprit que les anciens religieux, qui étoient de vrais bandits et qui demeuroient encore à la Trappe, avoient résolu de le noyer dans leurs étangs. Il avoit conservé quelque commerce depuis avec M. de la Trappe. Ce fut donc là où il se retira, et où il a mené plus de trente ans la vie la plus retirée, la plus pénitente et la plus sainte. C'étoit un vrai guerrier, sans lettres aucunes, avec peu d'esprit, mais avec un sens le plus droit et le plus juste que j'aie vu à personne, un excellent cœur, et une droiture, une franchise, une vérité, une fidélité admirables.

Le hasard fit que j'allai aussi à la Trappe tandis qu'ils y étoient. Je n'avois jamais vu M. Duguet ni sa dévote. Elle ne voyoit personne à la Trappe, et n'y sortoit presque point de sa chambre que pour la messe à la chapelle, où les femmes pouvoient l'entendre, joignant ce logis abbatial du dehors. Du vivant de M. de la Trappe, j'y passois d'ordinaire six jours, huit, et quelquefois dix. J'eus donc loisir de voir Mlle Rose à plusieurs reprises et M. Duguet, qui ne fut pas une petite faveur. J'avoue que je trouvai plus d'extraordinaire que d'autre chose en Mlle Rose; pour M. Duguet, j'en fus charmé. Nous nous promenions tous les jours dans le jardin de l'abbatial; les matières de dévotion, où il excelloit, n'étoient pas les seules sur lesquelles nous y en avions; une fleur, une herbe, une plante, la première chose venue, des arts, des métiers, des étoffes, tout lui fournissoit de quoi dire et instruire, mais si naturellement, si aisément, si couramment, et avec une simplicité si éloquente, et des termes si justes, si exacts, si propres, qu'on étoit également enlevé des grâces de ses conversations, et en même temps épouvanté de l'étendue de ses connoissances qui lui faisoient expliquer toutes ces choses comme auroient pu faire les botanistes, les droguistes, les artisans et les marchands les plus consommés dans tous ces métiers. Son attention, sa vénération pour Mlle Rose, sa complaisance, son épanouissement à tout ce peu qu'elle disoit, ne laissoient pas de me surprendre. M. de Saint-Louis, tout rond et tout franc, ne la put jamais goûter, et le disoit très-librement à M. du Charmel, et le laissoit sentir à M. Duguet, qui en étoient affligés.

Mais ce qui les toucha bien autrement, fut la douce et polie fermeté avec laquelle, six semaines durant qu'ils furent là, M. de la Trappe se défendit de voir Mlle Rose, quoique en état encore de pouvoir sortir et la voir au dehors. Aussi s'en excusa-t-il, moins sur la possibilité que sur son éloignement de ces voies extraordinaires, sur ce qu'il n'avoit ni mission ni caractère pour ces sortes d'examen, sur son état de mort à toutes choses et de vie pénitente et cachée qui l'occupoit assez pour ne se point distraire à des curiosités inutiles, et qu'il valoit mieux pour lui suspendre son jugement et prier Dieu pour elle que de la voir et d'entrer dans une dissipation qui n'étoit point de son état. Ils partirent donc comme ils étoient venus, très-mortifiés de n'avoir pu réussir au but qu'ils s'étoient proposé de ce voyage. Mlle Rose se tint depuis assez cachée à Paris, et chez des prosélytes dans le voisinage, jusqu'à ce que, le nombre s'en étant fort augmenté, elle se produisit beaucoup davantage et devint une directrice qui fit du bruit. Le cardinal de Noailles la fit examiner, je pense même que M. de Meaux la vit. Le beau fut qu'on la chassa. Elle avoit converti un grand jeune homme fort bien fait, dont le père bien gentilhomme avoit été autrefois major de Blaye, et qui avoit du bien. Ce jeune homme quitta le service et s'attacha [tellement] à elle qu'il ne la quitta plus depuis; il s'appeloit Gondé, et il s'en alla avec elle à Annecy lorsqu'elle fut chassée de Paris, où on n'en a guère ouï parler depuis, quoiqu'elle y ait vécu fort longtemps. J'avancerai ici le court récit d'une anecdote qui le mérite. Le prétexte de ce voyage de la Trappe de Mlle Rose fut la conversion, qu'elle avoit faite auprès de Toulouse, d'un curé fort bien fait, et qui ne vivoit pas trop en frère. Il étoit frère d'un M. Parasa, conseiller au parlement de Toulouse. Elle persuada à ce curé de quitter son bénéfice, de venir à Paris, et de se faire religieux de la Trappe. Ce dernier point, elle eut une peine extrême à le gagner sur lui, et il a souvent dit, avant et depuis, qu'il s'étoit fait moine de la Trappe malgré lui. Il le fut bon pourtant, et si bon, que M. de Savoie, ayant longtemps depuis demandé à M. de la Trappe, un de ses religieux par qui il pût faire réformer l'abbaye de Tamiers, celui-ci fut envoyé pour exécuter ce projet et en fut abbé. Il y réussit si bien, que M. de Savoie, atteint alors d'un assez long accès de dévotion, le goûta fort, fit plusieurs retraites à Tamiers et lui donna toute sa confiance.

De là est, pour ainsi dire, né cet admirable ouvrage de l'*Institution d'un prince* de M. Duguet, dont on voit le comment dans le court avertissement qui se lit au-devant de ce livre. Il faut ajouter que M. Duguet, réduit depuis à chercher sa liberté hors du royaume, se retira un temps à Tamiers, et y vit M. de Savoie, sans que ce prince se soit jamais douté qu'il fût l'auteur de cet ouvrage, ni qu'il lui en ait jamais parlé; en quoi l'humilité de l'auteur est peut-être plus admirable que le prodige de l'érudition, de l'étendue et de la justesse de cette *Institution*. Elle fut faite entre la mort du prince électoral de Bavière, petit-fils de l'empereur Léopold, et la mort du roi d'Espagne, Charles II, dans le temps que M. de Savoie se flatta que cet immense succession regarderoit le prince de Piémont qui est mort avant lui ; et toutefois à la lire, qui ne soupçonnerait qu'elle est faite d'aujourd'hui ? c'est-à-dire, vingt-cinq ans après la mort de Louis XIV, qu'elle a commencé à paroître, quelques années depuis la mort de l'auteur, et à l'instant défendue, pourchassée, et traitée comme les ouvrages les plus pernicieux, qui toutefois n'en a été que plus recherchée et plus universellement goûtée et admirée.

M. de Beauvilliers, dont le mal étoit un dévoiement qui le consumoit depuis longtemps et auquel la fièvre s'étoit jointe, eut bien de la peine à gagner sa maison de Saint-Aignan, près de Loches, où il fut à l'extrémité. J'avois su, depuis son départ, que Fagon l'avoit condamné, et ne l'avoit envoyé à Bourbon, peu avant ce voyage, que par se trouver à bout, sans espérance de succès, et pour se délivrer du spectacle en l'envoyant finir au loin. A cette nouvelle de Saint-Aignan, je courus chez le duc de Chevreuse, pour l'exhorter de mettre toute politique à part et d'y envoyer diligemment Helvétius, et j'eus une grande joie d'apprendre de lui qu'il en avoit pris le parti, et qu'il partoit lui-même le lendemain avec Helvétius.

C'étoit un gros Hollandois qui, pour n'avoir pas pris les degrés de médecine, étoit l'aversion des médecins, et en particulier l'horreur de Fagon, dont le crédit étoit extrême auprès du roi, et la tyrannie pareille sur la médecine et sur ceux qui avoient le malheur d'en avoir besoin. Cela s'appeloit donc un empirique dans leur langage, qui ne méritoit que mépris et persécution, et qui attiroit la disgrâce, la colère et les mauvais offices de Fagon sur qui s'en servoit. Il y avoit pourtant longtemps qu'Helvétius étoit à Paris, guérissant beaucoup de gens rebutés ou abandonnés des médecins, et surtout les pauvres, qu'il traitoit avec une grande charité. Il en recevoit tous les jours chez lui à heure fixée tant qu'il en vouloit venir, à qui il fournissoit les re-

mèdes et souvent la nourriture. Il excelloit particulièrement
aux dévoiements invétérés et aux dyssenteries. C'est à lui
qu'on est redevable de l'usage et de la préparation diverse
de l'ipécacuanha pour les divers genres de ces maladies, et
le discernement encore de celles où ce spécifique n'est pas à
temps ou même n'est point propre. C'est ce qui donna la
vogue à Helvétius, qui d'ailleurs étoit un bon et honnête
homme, homme de bien, droit et de bonne foi. Il étoit
excellent encore pour les petites véroles et les autres maladies de venin, d'ailleurs médiocre médecin.

M. de Chevreuse dit au roi la résolution qu'il prenoit; il
l'approuva, et le rare est que Fagon même en fut bien aise,
qui, dans une autre occasion, en seroit entré en furie; mais
comme il étoit bien persuadé que M. de Beauvilliers ne pouvoit échapper, et qu'il mourroit à Saint-Aignan, il fut ravi
que ce fût entre les mains d'Helvétius, pour en triompher.
Dieu merci, le contraire arriva. Helvétius le trouva au plus
mal; en sept ou huit jours il le mit en état de guérison certaine et de pouvoir s'en revenir. Il arriva de fort bonne
heure à Versailles, le 8 mars. Je courus l'embrasser avec
toute la joie la plus vive. Revenant de chez lui, et traversant l'antichambre du roi, je vis un gros de monde qui se
pressoit à un coin de la cheminée : j'allai voir ce que c'étoit.
Ce groupe de monde se fendit; je vis Fagon tout débraillé,
assis, la bouche ouverte, dans l'état d'un homme qui se
meurt. C'étoit une attaque d'épilepsie. Il en avoit quelquefois, et c'est ce qui le tenoit si barricadé chez lui, et si
court en visites chez le peu de malades de la cour qu'il
voyoit, et chez lui jamais personne. Aussitôt que j'eus
aperçu ce qui assembloit ce monde, je continuai mon chemin chez M. le maréchal de Lorges, où entrant avec l'air
épanoui de joie, la compagnie, qui y étoit toujours très-
nombreuse, me demanda d'où je venois avec l'air satisfait.
« D'où je viens? répondis-je, d'embrasser un malade condamné qui se porte bien, et de voir le médecin condamnant

qui se meurt. » J'étois ravi de M. de Beauvilliers, et piqué sur lui contre Fagon. On me demanda ce que c'étoit que cette énigme. Je l'expliquai, et voilà chacun en rumeur sur l'état de Fagon, qui étoit à la cour un personnage très-considérable et des plus comptés, jusque par les ministres et par tout l'intérieur du roi. M. [le maréchal] et Mme la maréchale de Lorges me firent signe, de peur que je n'en disse davantage, et me grondèrent après avec raison de mon imprudence. Apparemment qu'elle ne fut pas jusqu'à Fagon, avec qui je fus toujours fort bien.

On sut en même temps que le cardinal de Bouillon, à bout d'espérances sur ses manéges et sur les démarches réitérées du pape en sa faveur, étoit enfin parti de Rome, et s'étoit rendu à son exil de Cluni, où bientôt après il eut mainlevée de la saisie de ses biens et de ses bénéfices. Il n'avoit pu se tenir, après avoir ouvert la porte sainte du grand jubilé, d'en faire frapper des médailles où cette cérémonie étoit d'un côté, lui de l'autre, avec son nom autour et la qualité de grand aumônier de France, qu'il n'étoit plus alors. Cela avoit irrité le roi de nouveau contre lui, et eut peut-être part à la fermeté avec laquelle il résista au pape sur le retour et l'exil du cardinal de Bouillon et à tout ce qu'il employa pour s'en délivrer.

Milord Melford, chevalier de la Jarretière, qu'on a vu ci-devant exilé de Saint-Germain, et revenu seulement à Paris, écrivit une lettre à milord Perth son frère, gouverneur du prince de Galles, par laquelle il paroissoit qu'il y avoit un parti considérable en Écosse en faveur du roi Jacques, et qu'on songeoit toujours ici à le rétablir et la religion catholique en Angleterre. Je ne sais ni personne n'a su comment il arriva que cette lettre, au lieu d'aller à Saint-Germain, fut à Londres. Le roi Guillaume la fit communiquer au parlement et en fit grand usage contre la France qui ne pensoit à rien moins, et qui avoit bien d'autres affaires pour soutenir la succession d'Espagne, et d'ailleurs ce n'eût pas été au comte de Melford qu'on se fût fié d'un dessein de cette importance, dans la situation où il étoit avec sa propre cour et la nôtre ; mais il n'en falloit pas tant au roi Guillaume pour faire bien du bruit, ni aux Anglois pour les animer contre nous dans la conjoncture des affaires présentes. Melford fut pour sa peine envoyé à Angers et fut fort soupçonné. Je ne sais si ce fut à tort ou non.

Peu de jours après, le roi Jacques se trouva fort mal et tomba en paralysie d'une partie du corps, sans que la tête fut attaquée. Le roi, et toute la cour à son exemple, lui rendit de grands devoirs. Fagon l'envoya à Bourbon. La reine d'Angleterre l'y accompagna. Le roi fournit magnifiquement à tout, chargea d'Urfé d'aller avec eux de sa part, et de leur faire rendre partout les mêmes honneurs qu'à lui-même, quoiqu'ils voulussent être sans cérémonies.

CHAPITRE VI.

Philippe V à Madrid. — Exil de Mendoze, grand inquisiteur. — Exil confirmé du comte d'Oropesa, président du conseil de Castille. — Digression sur l'Espagne : branches de la maison de Portugal établies en Espagne. — Oropesa, Lémos, Veragua, [branche] cadette de Ferreira ou Cadaval. — [Branche de] Cadaval restée en Portugal. — Alencastro, duc d'Aveiro. — Duchesse d'Arcos, héritière d'Aveiro. — Abrantès et Liñarès, cadets d'Aveiro. — Justice et conseil d'Aragon. — Conseil de Castille ; son président ou gouverneur. — Corrégidors. — Conseillers d'État. — Secrétaire des dépêches universelles. — Secrétaires d'État. — Les trois charges : majordome-major du roi et les majordomes ; sommelier du corps et gentilshommes de la chambre ; grand écuyer et premier écuyer. — Capitaine des hallebardiers. — Patriarche des Indes. — Majordome-major et majordomes de la reine. — Grand écuyer et premier écuyer de la reine. — Camarera-mayor. — Dames du palais et dames d'honneur. — Azafata et femmes de chambre. — Marche en carrosse de cérémonie. — Gentilshommes de la chambre avec et sans exercice. — Estampilla. — La Roche.

Le roi d'Espagne arriva enfin, le 19 février, à Madrid, ayant eu partout sur sa route une foule et des acclamations continuelles, et dans les villes des fêtes, des combats de taureaux, et quantité de dames et de noblesse des pays par où il passa. Il y eut une telle presse à son arrivée à Madrid, qu'on y compta soixante personnes étouffées. Il trouva hors la ville et dans les rues une infinité de carrosses qui bordoient sa route, remplis de dames fort parées, et toute la cour et la noblesse qui remplissoit le Buen-Retiro, où il fut descendre et loger. La junte et beaucoup de grands le reçurent à la portière, où le cardinal Portocarrero se voulut jeter à ses pieds pour lui baiser la main. Le roi ne le voulut pas permettre, il le releva et l'embrassa, et le traita comme son père. Le cardinal pleuroit de joie, et ne cessa de tout le soir de le regarder. Enfin tous les conseils, tout ce qu'il y avoit d'illustre, une foule de gens de qualité, une noblesse infinie et toute la maison espagnole du feu roi Charles II [le reçurent à la portière]. Les rues de son passage avoient été tapissées à la mode d'Espagne, chargées de gradins remplis de beaux tableaux et d'une infinité d'argenterie, avec des arcs de triomphe magnifiques d'espace en espace. Il n'est pas possible d'une plus grande ni plus générale démonstration de joie.

Le roi étoit bien fait, dans la fleur de la première jeunesse, blond comme le feu roi Charles et la reine sa grand'mère, grave, silencieux, mesuré, retenu, tout fait pour être parmi les Espagnols. Avec cela fort attentif à chacun, et connoissant déjà les distinctions des personnes par l'instruction qu'il avoit eu loisir de prendre d'Harcourt, le long du voyage. Il ôtoit le chapeau ou le soulevoit presque à tout le monde, jusque-là que les Espagnols s'en formalisèrent et en parlèrent au duc d'Harcourt, qui leur répondit que, pour toutes les choses essentielles, le roi se conformeroit à tous les usages, mais que dans les autres il falloit lui laisser la civilité françoise. On ne saurait croire combien ces bagatelles d'attention extérieure attachèrent les cœurs à ce prince.

Le cardinal Portocarrero étoit transporté de contentement ; il regardoit cet événement comme son ouvrage et le fondement durable de sa grandeur et de sa puissance. Il en jouissoit en plein. Harcourt et lui, sentant en habiles gens le besoin réciproque qu'ils auroient l'un de l'autre, s'étoient intimement liés, et leur union s'étoit encore cimentée pendant le voyage par l'exil de la reine à Tolède, que le cardinal avoit obtenu, et par celui de Mendoze, évêque de Ségovie, grand inquisiteur, charge qui balance, et qui a quelquefois embarrassé l'autorité royale, et que le pape confère sur la présentation du roi. Mendoze étoit un homme de qualité distinguée, mais un assez pauvre homme, qui n'avoit rien commis de répréhensible ni qui pût même donner du soupçon. Il ne méritoit pas une si grande place, mais il méritoit encore moins d'être chassé. Son crime étoit d'être parvenu à ce grand poste par le crédit de la reine, qui avoit fort maltraité le cardinal durant son autorité, et après la chute de sa puissance et la mort de Charles II, le grand inquisiteur avoit tenu sa morgue avec le cardinal qu'il n'avoit pas salué assez bas dans l'éclat où il venoit de monter. Ce *punto*[1] espagnol qui pouvoit être loué de grandeur de courage, acheva d'allumer la colère du cardinal, ennemi de toutes les créatures de la reine et passionné de le leur faire sentir. D'ailleurs, comme assuré de toute l'autorité séculière et pour bien longtemps, sous un prince aussi jeune et étranger qui lui devoit tant, il ne pouvoit souffrir la puissance ecclésiastique dans un autre, et avoit un désir extrême de les réunir toutes deux en sa

---

1. Ce mot signifie probablement ici *point d'honneur*.

personne par la charge de grand inquisiteur; tellement qu'encouragé par l'exil de la reine qu'il venoit d'emporter, il s'aventura d'exposer l'autorité naissante du roi en lui demandant l'exil du grand inquisiteur. M. d'Harcourt, son ami, et qui le connoissoit bien, n'eut garde de s'opposer à un désir si ardent et si causé; et quoique le roi eût déclaré qu'il ne disposeroit d'aucune chose, ni petite ni considérable, qu'après son arrivée à Madrid, de l'avis de M. d'Harcourt, il envoya au cardinal l'ordre qu'il demandoit par son même courrier. Mendoze, qui sentit bien d'où le coup lui venoit, balança tout un jour entre demeurer et obéir. En demeurant, il eût fort embarrassé par l'autorité et les ressorts de sa place, et le nombre de gens considérables attachés à la reine. Mais il prit enfin le partir d'obéir, et combla de joie la vanité et la vengeance du cardinal, qui, enhardi par ces deux grands coups, en fit un troisième : ce fut un ordre qu'il obtint du roi, qui approchoit déjà de Madrid, au comte d'Oropesa de demeurer dans son exil. Il étoit premier ministre et président du conseil de Castille. Il y avoit deux ans que Charles II l'y avoit envoyé sur une furieuse sédition que le manque de pain et de vivres avoit causée à Madrid qui fit grande peur à ce prince, et dont la faute fut imputée au premier ministre. Puisque je me trouve ici en pleine Espagne, et qu'il est curieux de la connoître un peu à cet avénement de la branche de France, et qu'il sera souvent mention de ce pays dans la suite, je m'y espacerai un peu à droite et à gauche en parlant de ce qu'il s'y passa à l'arrivée du nouveau roi.

Oropesa étoit de la maison de Bragance[1] et l'aîné des trois branches de cette maison établies et restées en Espagne. Le

---

1. Ce passage, jusqu'à la p. 97 (*L'Espagne est partagée tout entière*), a été supprimé dans les précédentes éditions des Mémoires de Saint-Simon. Il est cependant nécessaire, puisque Saint-Simon s'y réfère à l'époque de son ambassade en Espagne : « On a tâché d'expliquer, dit-il (t. XIX, p. 292 de l'édition Sautelet), les branches royales de Portugal. Oropesa, Lemos, Veragua, Cadaval, etc. Ainsi je n'en ferai point de redites. »

grand-père du comte d'Oropesa étoit cousin germain de Jean, duc de Bragance, que la fameuse révolution de Portugal mit sur le trône en 1640, dont la quatrième génération y est aujourd'hui. Ce même grand-père de notre comte d'Oropesa étoit petit-fils puîné de Jean Ier, duc de Bragance, et eut Oropesa par sa mère Béatrix de Tolède. Le père de notre comte passa par les vices-royautés de Navarre et de Valence, eut la présidence du conseil d'Italie, fut fait grand d'Espagne et mourut en 1671. Cette branche d'Oropesa, quoique si proche et si fraîchement sortie de celle de Bragance, en étoit mortellement ennemie. Lorsque l'Espagne eut enfin reconnu le roi de Portugal, il vint un ambassadeur de Portugal à Madrid. Le jour de sa première audience, Oropesa fit lever son fils malade de la fièvre, qui étoit dans les gardes espagnoles, et lui fit prendre la pique devant le palais, afin, dit-il, que le roi de Portugal sût quelle étoit la grandeur du roi d'Espagne, qui étoit gardé par ses plus proches parents. Ce fils est notre comte d'Oropesa, qui fut capitaine général de la Nouvelle-Castille, conseiller d'État, président du conseil d'Italie comme son père, très-bien avec Charles II, qui le fit président du conseil de Castille et premier ministre, et qui deux ans avant sa mort l'exila, comme je l'ai raconté.

Tout d'un temps achevons la fortune de ce seigneur et de cette branche : lassé de son exil, auquel il ne voyoit point de fin, il passa du côté de l'archiduc en 1706, et mourut à Barcelone, en décembre de l'année suivante, à soixante-cinq ans. Il avoit mené ses deux fils avec lui. Le marquis d'Alcaudete eut douze mille livres de pension de l'empereur sur Naples et ne fit ni fortune ni alliance ; l'aîné passa à Vienne, fut chambellan de l'empereur, chevalier de la Toison d'or en 1712, puis garde-sceau de Flandre. Il étoit gendre et beau-frère des ducs de Frias, connétables de Castille. La paix étant faite en 1725, en avril, entre l'empereur et Philippe V, le comte d'Oropesa revint avec sa femme en Espagne, où il mourut bientôt après. Son fils unique y épousa fort jeune la fille du comte de San-Estevan de Gormaz, premier capitaine des gardes du corps et qui devint peu après marquis de Villena et majordome-major du roi à la mort de son père. Le comte d'Oropesa fut fait chevalier de la Toison d'or, et mourut peu après sans postérité masculine. Ainsi cette branche d'Oropesa est finie.

Celle de Lémos sort de Denis, fils puîné de Ferdinand II, duc de Bragance, petit-fils d'Alphonse, bâtard du roi de Portugal Jean Ier. Ce Denis, par conséquent, étoit frère puîné de Jacques, duc de Bragance, grand-père de Jean, premier duc de Bragance, duquel est sortie la branche d'Oropesa. Denis devint comte de Lémos en Castille avec une fille héritière de Roderic, bâtard d'Alphonse, mort sans enfants avant son père Pierre Alvarez de Castro Ossorio, seigneur de Cabrera et Ribera, en faveur duquel Henri IV, roi de Castille, avoit érigé Lémos en comté. C'est de là que cette branche de Lémos a toujours ajouté le nom de Castro à celui de Portugal, comme celle d'Oropesa y ajouta toujours celui de Tolède. Par ce mariage, les enfants de Denis s'attachèrent plus à l'Espagne qu'au Portugal. Ferdinand, l'aîné, fut fait grand d'Espagne et fut ambassadeur de Charles V et de Philippe II à Rome, et son fils, Pierre-Ferdinand, servit Philippe II à la conquête de Portugal.

Les quatre générations suivantes ont eu les plus grands emplois d'Espagne et les premières vice-royautés. La quatrième, qui est le père du comte de Lémos vivant à l'avénement de Philippe V, étoit gendre du duc de Gandie et vice-roi du Pérou[1]. Son fils, qui a épousé la sœur du duc de l'Infantado, de la maison de Silva, n'en a point eu d'enfants. Il vit encore et n'a jamais eu d'emploi. Pour le premier de cette branche, en qui elle va finir, c'est un bon homme, mais un très-pauvre homme, qui est bien connu

---

1. La phrase est reproduite textuellement d'après le manuscrit; elle semble incomplète. Il faudrait probablement : *la quatrième a eu pour chef le père du comte de Lémos*, etc.

pour tel et qui passe sa vie à fumer. Sa femme et son beau-frère l'entraînèrent du côté de l'archiduc pendant la guerre. Ils furent arrêtés comme ils y passoient, et prisonniers quelque temps. Le duc de l'Infantado a toujours été mal à la cour depuis. Sa sœur, qui a de l'esprit et du manége, s'y sut raccommoder, et à la fin fut camarera-mayor de Mlle de Beaujolois, lorsqu'elle fut envoyée en Espagne pour épouser don Carlos, et c'étoit une des dames d'Espagne des plus capables de cet emploi, mais qu'on fut surpris qu'elle voulût bien accepter.

La troisième branche de la maison de Bragance ou de Portugal établie en Espagne est celle de Veragua. Mais, pour l'expliquer, il faut remonter à celle de Cadaval ou de Ferreira, dont elle est sortie, laquelle est demeurée en Portugal. Alvare, marquis de Ferreira, étoit fils puîné de Ferdinand Ier, duc de Bragance, lequel étoit fils d'Alphonse, bâtard du roi de Portugal Jean Ier. Ainsi ce premier marquis de Ferreira étoit frère puîné de Ferdinand II, duc de Bragance, duquel est sortie la branche de Lémos, et qui étoit aussi quatrième aïeul du duc de Bragance que la révolution de Portugal remit sur le trône, bisaïeul du roi de Portugal d'aujourd'hui, par où on voit l'extrême éloignement de sa parenté avec les ducs de Cadaval et de Veragua, et combien leur branche est cadette et éloignée de celle de Lémos, et encore plus de celle d'Oropesa.

Alvare, premier marquis de Ferreira, eut deux fils : Roderic, marquis de Ferreira, duquel les ducs de Cadaval sont sortis, et Georges, comte de Gelves, de qui les ducs de Veragua sont venus. Georges, comte de Gelves, épousa la fille héritière du fils de ce fameux Christophe Colomb, qui étoit duc de Veragua, marquis de la Jamaïque, que les Anglois ont usurpée, et amiral héréditaire et vice-roi des Indes après son célèbre père. De ce mariage, un fils qui en eut deux et qui mourut de bonne heure, et sa branche ne dura pas. Le second, Nuño de Portugal-Colomb, dont cette branche ajouta toujours le nom au sien, disputa les droits de son aieule, héritière des Colomb, et gagna son procès. Il devint ainsi duc de Veragua, grand d'Espagne et amiral héréditaire des Indes. Son fils n'eut point d'emploi; mais son petit-fils mourut gouverneur de la Nouvelle-Espagne, ayant la Toison d'or. Lui et le comte de Lémos d'alors avoient été des seigneurs témoins à l'acte fait à Fontarabie par l'infante Marie-Thérèse allant épouser le roi. Celui-ci mourut en 1674. Pierre-Emmanuel Nuño, duc de Veragua, son fils, fut vice-roi de Galice, de Valence et de Sicile, général des galères d'Espagne, chevalier de la Toison d'or, enfin conseiller d'État et président du conseil d'Italie. C'est le père de celui qui existoit lors de l'avénement de Philippe V. Cette branche est encore finie dans le fils de ce dernier, dont sa sœur, la duchesse de Liria, a recueilli toute la riche succession. J'aurai lieu ailleurs de parler d'elle et de son frère, dernier duc de Veragua de la branche de Portugal, cadette de celle de Cadaval, dont je dirai un mot par curiosité à cause des alliances lorraines qu'elle a nouvellement prises en France.

On a vu que Georges, comte de Gelves, de qui descendent les ducs de Veragua, étoit frère puîné de Roderic, marquis de Ferreira, d'où sont sortis les ducs de Cadaval, tous deux fils d'Alvare, fils et frère puîné de Ferdinand Ier et de Ferdinand II, ducs de Bragance. Alvare épousa Philippe, fille héritière de Roderic de Mello, comte d'Olivença; ce qui a fait ajouter le nom de Mello à celui de Portugal à toute cette branche jusques à aujourd'hui. Roderic, chef de cette branche, Ferdinand et Nuño Alvarez, fils et petits-fils de Roderic, portèrent le nom de marquis de Ferreira, et tous demeurèrent en Portugal.

François, fils de Nuño Alvarez, aidé de Roderic son frère, administrateur de l'évêché d'Evora, et de sa charge de général de la cavalerie de Portugal, eut une part principale à la révolution de Portugal, qui remit le duc de Bragance sur le trône. Il commandoit la cavalerie pour ce prince à la bataille de Badajoz, que les Espagnols perdirent en 1644, après avoir été ambassadeur en France en 1641, et mourut en 1645 à Lisbonne. Ses frères, qui n'eurent point d'enfants, eurent de grands emplois en Espagne et en Portugal.

Le roi de Portugal étant mort, en 1656, après quinze ans depuis que la révolution l'avoit porté sur le trône, Louise de Guzman, sa femme, fille et sœur des ducs de Medina-Sidonia, dont l'esprit et le grand courage l'avoient porté dans cette élévation, fut régente de ses fils en bas âge et du royaume. Nuño Alvarez, marquis de Ferreira, fils de François, dont je viens de parler, fut dans le premier crédit auprès d'elle. Il avait eu la charge de son père de général de la cavalerie, et il fut fait duc de Cadaval, n'y ayant plus aucun autre duc dans le royaume, et n'y [en] ayant point eu depuis. A ce titre furent attachés de grands honneurs et la charge héréditaire de grand maître de la maison du roi. Mais, en 1662, le roi don Alphonse, gouverné par Louis Vasconcellos Sousa, comte de Castelmelhor, se retira à Alcantara au mois d'avril, d'où il manda à la reine sa mère qu'il vouloit gouverner par lui-même et relégua en même temps le duc de Cadaval. La reine se retira dans un couvent près de Lisbonne, et y mourut en février 1666. En juin suivant, ce roi épousa la sœur de la mère du premier roi de Sardaigne, fille du duc de Nemours et d'une fille de César, duc de Vendôme, qui, lasse de ses folies et de la cruauté qu'il faisoit paroître, forma un parti, l'accusa de foiblesse d'esprit et d'impuissance, se fit juridiquement démarier (24 mars 1668), l'y fit consentir et abdiquer, et la même année, le 2 avril, c'est-à-dire dix jours après la cassation de son mariage, elle rappela le duc de Cadaval, qui fut premier plénipotentiaire pour la paix avec l'Espagne, en 1667 et 1668, et ayant pratiqué avec la duchesse de Savoie, sa sœur, le mariage de sa fille unique avec le duc de Savoie, son fils, depuis premier roi de Sardaigne, pour être roi de Portugal après Pierre, ce fut le duc de Cadaval qui l'alla chercher à Nice avec la flotte qu'il commandoit pour l'amener en Portugal, où ce prince ne voulut jamais se laisser conduire ni achever ce mariage. C'étoit en 1680.

M. de Cadaval se retira de la cour bientôt après la mort de la reine et céda son titre et ses emplois à son fils aîné, qui mourut jeune, en 1700, sans enfants d'une bâtarde du roi don Pierre. Son frère lui succéda. Le père, qui survécut son aîné, avoit été marié trois fois : la première sans enfants, la deuxième à une Lorraine, fille et sœur des princes d'Harcourt, la troisième à une fille de M. le Grand. De la deuxième il n'eut qu'une fille, et de la troisième, ses autres enfants : Nuño Alvarez, duc de Cadaval, par la mort de son aîné, né en décembre 1679, a joint à ses autres emplois héréditaires ceux de conseiller d'État, de majordome-major de la reine, de président du *desembargo* [1] du palais, et de mestre de camp du palais et de l'Estrémadure. Il épousa la veuve de son frère, et, l'ayant perdue, s'est remarié, en 1738, à une fille du prince de Lambec, c'est-à-dire du fils du frère de sa mère. Il y a en Portugal plusieurs branches masculinement et légitimement sorties des ducs de Bragance, qui n'ont aucune distinction particulière.

Achevons tout d'un temps les branches de Portugal établies en Espagne :

Jean II, roi de Portugal, étoit arrière-petit-fils du roi Jean Ier, qui, comme on l'a vu, étoit bâtard du roi Pierre Ier, qui ne laissa point d'enfants mâles ni légitimes, et ce bâtard fut élu roi par les états généraux de Portugal à Coïmbre. Jean II étoit donc petit-fils du roi Édouard, duquel Alphonse, tige de la maison de Bragance, étoit bâtard, tellement que ce roi Jean II étoit cousin issu de germain par bâtardise de Ferdinand II, duc de Bragance, frère de don Alvarez, duquel sont sorties les branches de Cadaval et Veragua, et père de Denis, comte de Lémos, son puîné, de

---

1. Conseil de finances qui accordait provisoirement la jouissance de certains revenus, en attendant le brevet signé de la main du roi.

qui la branche de Lémos est sortie, et ce même Ferdinand, duc de Bragance, étoit bisaïeul de Jean Ier, duc de Bragance, duquel, par Édouard son puîné, la branche d'Oropesa est venue; lequel Jean Ier, duc de Bragance, fut grand-père de l'autre Jean, duc de Bragance, que la révolution de Portugal mit sur le trône à la fin de 1640.

Ce Jean II, roi de Portugal, ne laissa qu'un bâtard nommé Georges. La couronne passa à Emmanuel, frère du cardinal Henri, qui succéda au roi don Sébastien, tué, sans enfants, en Afrique, duquel Emmanuel étoit bisaïeul; après la mort duquel Philippe II, roi d'Espagne, s'empara du Portugal. Emmanuel et ce cardinal étoient fils du duc de Viseu, frère d'Alphonse V, roi de Portugal, père du roi Jean II.

Georges, bâtard de ce roi Jean II, fut fait duc de Coïmbre par le roi Emmanuel pour sa vie, et pour sa postérité seigneur d'Aveiro, Torres-Nuevas et Montemor en 1500. Il épousa une fille d'Alvarez, tige des branches de Cadaval et Veragua, et prit pour sa postérité le nom d'Alencastro, c'est-à-dire de Lancastre, en mémoire de la reine Ph. de Lancastre, femme du roi Jean Ier de Portugal, grand-père et grand'mère du roi Jean II, dont il étoit bâtard.

Jean d'Alencastro, fils du bâtard Georges, fut fait duc d'Aveiro par le même roi don Emmanuel en 1530. Son fils ne laissa qu'une fille qui épousa Alvarez, son cousin germain, fils du frère de son père. De ce mariage plusieurs enfants, l'aîné desquels continua la suite des ducs d'Aveiro, et du puîné vinrent les ducs d'Abrantès. L'aîné des deux ne laissa qu'un fils et une fille. Le fils mourut sans enfants en 1665, à trente-huit ans, s'étant jeté tout jeune dans le parti d'Espagne, et y passa, en 1661, sous prétexte d'y demander le duché de Maqueda de l'héritage de sa mère. Il fut fait général de la flotte et grand d'Espagne. Sa sœur unique hérita de sa grandesse et du duché d'Aveiro, confisqué en Portugal, avec les autres biens qui y étoient, et de Maqueda et des biens situés en Espagne. Elle eut après ordre de sortir de Portugal, vint en Espagne où elle épousa Emmanuel-Ponce de Léon, duc d'Arcos, grand d'Espagne. Elle plaida contre le prince Pierre, régent et depuis roi de Portugal, et contre le duc d'Abrantès pour les biens qui lui furent adjugés en 1679, à condition qu'elle iroit demeurer en Portugal. Elle n'en tint pas grand compte et demeura veuve en 1693. C'étoit une personne très-vertueuse, mais très-haute, et fort rare pour son esprit et son érudition. Elle savoit parfaitement l'histoire sacrée et profane, le latin, le grec, l'hébreu et presque toutes les langues vivantes. Sa maison à Madrid étoit le rendez-vous journalier de tout ce qu'il y avoit de plus considérable en esprit, en savoir et en naissance, et c'étoit un tribunal qui usurpoit une grande autorité, et avec lequel la cour, les ministres et les ministres étrangers même qui s'y rendoient assidus, se ménageoient soigneusement. M. d'Harcourt eut grande attention à être bien avec elle, et le roi d'Espagne la distingua fort en arrivant. Elle étoit mère des ducs d'Arcos et de Baños, tous deux grands d'Espagne, dont j'aurai cette année même occasion de parler, et du voyage qu'ils firent en France. Ainsi la branche aînée d'Alencastro des ducs d'Aveiro s'éteignit dans les Ponce de Léon, ducs d'Arcos.

Alphonse, puîné d'Alvarez, duc d'Aveiro fils du bâtard Georges, eut de grands emplois et fut fait duc d'Abrantès et grand d'Espagne par Philippe IV. Il se fit prêtre après la mort de sa femme, et il mourut en 1654. C'est le père du duc d'Abrantès qu'on a vu ci-devant, qui apprit si cruellement et si plaisamment à l'ambassadeur de l'empereur la disposition du testament de Charles II qu'on venoit d'ouvrir. C'est lui aussi qui perdit contre la duchesse d'Arcos, dont je viens de parler, ses prétentions sur les duchés d'Aveiro et de Torres-Nuevas. Il vécut jusqu'en 1720, fort considéré et ménagé par les ministres. Il avoit infiniment d'esprit, des saillies plaisantes, d'adresse et surtout de hardiesse et de hauteur, et se sut maintenir jusqu'à la fin dans la privance et dans l'amitié du roi. Il mourut à quatre-vingt-trois ans, et avoit épousé Jeanne de Noroña, fille du premier duc de Liñarès, grand d'Espagne, dont elle eut la succession et la grandesse. Il en eut deux fils et plusieurs filles, et laissa un bâtard. Le fils [aîné] fut duc de Liñarès et grand d'Espagne par la mort de sa mère, et mourut vice-roi du Mexique du vivant de son père. Il fit un tour en France, où je le vis à la cour, avant d'aller au Mexique. Il ne laissa point d'enfants de Léonore de Silva, que j'ai vue à Bayonne camarera-mayor de la reine, veuve de Charles II. Le frère cadet de ce duc de Liñarès étoit évêque lorsqu'il mourut. Il recueillit la grandesse, et, après la mort de son père, prit le nom de duc d'Abrantès et plus du tout celui d'évêque de Cuença, quoiqu'il le fût. J'aurai dans les suites occasion de parler de lui. Quelques années après la mort du père, son bâtard, par le crédit de sa famille, fut duc de Liñarès et grand d'Espagne. Par ce détail on voit que ces branches de Bragance ont toutes grandement figuré en Espagne, mais qu'elles y sont maintenant toutes éteintes.

Après avoir parlé du comte d'Oropesa, président du conseil de Castille, de son exil et à son occasion des quatre branches de la maison de Portugal, établies et finies en Espagne, et de celle de Cadaval, qui a pullulé en Portugal, il faut dire un mot du conseil de Castille et de celui qui en est chef.

L'Espagne est partagée tout entière entre ce conseil, de qui dépend tout ce qui est joint à la couronne de Castille, et le conseil d'Aragon, de qui dépend tout ce qui est joint à la couronne d'Aragon. Ce dernier avoit un bien plus grand pouvoir que celui de Castille, et son chef, qui portoit le titre de grand justicier, et par corruption celui simplement de Justice [*Justiza*], avoit une morgue et une autorité qui balançoit celle du roi. Il se tenoit à Saragosse, où le roi fut, peu après son arrivée à Madrid, recevoir les hommages de l'Aragon et prêter le serment accoutumé d'en maintenir les immenses priviléges, après quoi le justicier lui prête serment au nom du royaume ; en le prêtant il débute par ces mots : *Nous qui valons autant que vous*, puis le serment fondé sur celui que le roi vient de prêter et qu'il y sera fidèle, et finit par ceux-ci : *sinon, non*. Tellement qu'il ne laisse pas ignorer par les paroles mêmes du serment qu'il n'est que conditionnel. Je n'en dirai pas davantage parce que la révolte de l'Aragon et de la Catalogne en faveur de l'archiduc engagea Philippe V à la fin de la guerre d'abroger pour jamais tous les priviléges de l'Aragon et de la Catalogne qu'il a presque réduits à la condition de province de Castille.

Le conseil de Castille se tient à Madrid. Il est composé d'une vingtaine au plus de conseillers et d'un assez grand nombre de subalternes. Il n'y a qu'un seul président qui y doit être fort assidu et qui, pour le courant, lorsqu'il manque par maladie ou par quelque autre événement, est suppléé par le doyen, mais uniquement pour l'intérieur du conseil. Je n'en puis donner une idée plus approchante de ce qu'il est, suivant les nôtres, que d'un tribunal qui rassemble en lui seul le ressort, la connoissance et la juridiction qui sont ici partagées entre tous les parlements et les chambres des comptes du royaume ; ces derniers pour les mouvances [1], le grand conseil, et le conseil privé [2], c'est-à-

---

[1]. La *mouvance* désignait, dans le langage féodal, la suzeraineté d'un seigneur dominant sur ses vassaux. On disait dans ce sens qu'un fief avait beaucoup de terre dans sa *mouvance*.

[2]. Il a été question, dans la note II placée à la fin du Ier volume de ces Mémoires, des différents conseils que l'on appelait *conseils du roi*. Le conseil privé, dont parle ici Saint-Simon et auquel seul s'applique le dernier membre de phrase, est le même que le conseil des parties que le chancelier présidait (Voy. t. Ier, p. 446). Le grand conseil était un tribunal particulier, qu'on ne doit pas confondre avec le conseil d'État de l'ancienne monarchie. Les attributions du grand conseil étaient très-diverses : il jugeait la plupart des procès relatifs aux bénéfices ecclésiastiques, les causes évoquées des parlements, les conflits entre les parlements et les tribunaux inférieurs appelés présidiaux, etc. Le grand conseil fut institué par Charles VIII, en 1497. Ce tribunal était primitivement présidé par le chancelier ; mais il eut, dans la suite, un premier président et plusieurs présidents.

dire celui où le chancelier de France préside aux conseillers d'État et aux maîtres des requêtes. C'est là où toutes les affaires domaniales et particulières sont portées en dernier ressort, où les érections et les grandesses sont enregistrées et où les édits et les déclarations sont publiés, les traités de paix, les dons, les grâces, en un mot où passe tout ce qui est public, et on juge tout ce qui est litigieux. Tout s'y rapporte, rien ne s'y plaide; avec tout ce pouvoir, ce conseil ne rend que des sentences. Il vient une fois la semaine dans une pièce tout au bout en entrant dans l'appartement du roi à jour et heure fixée le matin. Il est en corps, et il est reçu et conduit au bas de l'escalier du palais par le majordome de semaine; dans cette pièce le fauteuil du roi est sous un dais sur une estrade et un tapis. Vis-à-vis et aux deux côtés trois bancs de bois nu où se place le conseil. Le président a la première place à droite le plus près du roi, et à côté du président celui qui ce jour-là est chargé de rapporter les sentences de la semaine quoique rendues au conseil au rapport de différents conseillers. Ce rapporteur est nommé pour chaque affaire par le président, comme ici dans nos tribunaux, qui nomme aussi, tantôt l'un, tantôt l'autre, pour rapporter les sentences de la semaine au roi.

Le conseil placé, le roi arrive : sa cour et son capitaine des gardes même s'arrêtent à la porte en dehors de cette pièce. Dès que le roi y entre, tout le conseil se met à genoux, chacun devant sa place. Le roi s'assied dans son fauteuil et se couvre, et tout de suite ordonne au conseil de se lever, de s'asseoir et de se couvrir. Alors la porte se ferme, et le roi demeure seul avec ce conseil dont le président n'est distingué en rien pour cette cérémonie. Les sentences de la semaine sont là rapportées : le nom des parties, leurs prétentions, leurs raisons respectives et principales, et les motifs du jugement. Tout cela le plus courtement qu'il se peut, mais sans rien oublier d'important. Tout se rapporte de suite, après quoi le président et le rapporteur présentent au roi chaque sentence l'une après l'autre qui la signe avec un parafe pour avoir plus tôt fait, et de ce moment ces sentences deviennent des arrêts. Si le roi trouve quelque chose à redire à quelque sentence, et que l'explication qu'on lui en donne ne le satisfasse pas, il la laisse à un nouvel examen ou il la garde par-devers lui. Tout étant fini, et cela dure une heure et souvent davantage, le roi se lève, le conseil se met à genoux jusqu'à ce qu'il ait passé la porte, et s'en va comme il est venu, excepté le président seul, qui, au lieu de se mettre à genoux, suit le roi qui trouve sa cour dans une pièce voisine, y en ayant un vide entre-deux, et avec ce cortége passe une partie de son appartement; dans une des pièces vers la moitié, il trouve un fauteuil, une table à côté, et vis-à-vis du fauteuil un tabouret. Là le roi s'arrête, sa cour continue de passer, puis les portes d'entrée et de sortie se ferment, et le roi dans son fauteuil reste seul avec le président assis sur ce tabouret; là il revoit les sentences qu'il a retenues et les signe si bon lui semble, ou il les garde pour les faire examiner par qui il lui plaît, et le président lui rend un compte sommaire du grand détail public et particulier dont il est chargé. Cela dure moins d'une heure. Le roi ouvre lui-même la porte pour retrouver sa cour qui l'attend et s'en aller chez lui, et le président retourne par l'autre par où il est entré, trouve un majordome qni l'accompagne à son carrosse et s'en va chez lui. Ces sentences retenues, ceux à qui le roi les renvoie lui en rendent compte avec leur avis. Il les envoie au président de Castille, et finalement l'arrêt se rend comme le roi le veut. On voit par là qu'il est parfaitement absolu en toute affaire publique et particulière, et que les rois d'Espagne ont retenu l'effet, comme nos rois le droit, d'être les seuls juges de leurs sujets et de leur royaume. Ce n'est pas qu'il n'arrive bien aussi que le conseil de Castille, ou en corps ou le président seul, ne fasse des remontrances au roi sur des affaires ou publiques ou particulières auxquelles il se rend, mais s'il persiste, tout passe à l'instant sans passions ni toutes les difficultés qu'on voit souvent en France.

Le corrégidor de Madrid et ceux de toutes les villes rendent un compte immédiat de toute leur administration au président de Castille, et reçoivent et exécutent ses ordres sur tout ce qui la regarde, comme eux-mêmes font à l'égard des régidors et des alcades des moindres villes et autres lieux de leur ressort ; l'idée d'un corrégidor de Madrid suivant les nôtres, et à proportion de ceux des autres grandes villes non fortifiées, c'est tout à la fois l'intendant, le commandant, le lieutenant civil, criminel et de police, et le maire ou prévôt des marchands[1]. Les gouverneurs des provinces d'Espagne n'ont guère que l'autorité des armes, et s'ils se mêlent d'autre chose ce n'est pas sans démêlé ni sans subordination du président et du conseil de Castille.

On voit par ce court détail quel personnage c'est dans la monarchie. Aussi en est-il le premier, le plus accrédité et le plus puissant, tandis qu'il exerce cette grande charge, et dès que la personne du roi n'est pas dans Madrid il y a seul la même autorité que lui, sans exception aucune. Son rang aussi répond à un si vaste pouvoir. Il ne rend jamais aucune visite à qui que ce soit, et ne donne chez lui la main à personne. Les grands d'Espagne qui ont affaire à lui tous les jours essuient cette hauteur, et ne sont ni reçus ni conduits : la vérité est qu'ils le font avertir, et qu'ils entrent et sortent par un degré dérobé. Les cardinaux et les ambassadeurs de têtes couronnées n'ont pas plus de privilège. Tout ce qu'ils ont, c'est qu'ils envoient lui demander audience. Il répond toujours qu'il est indisposé, mais que cela ne l'empêchera pas de les recevoir tel jour et à telle heure. Ils s'y rendent, sont reçus et conduits par ses domestiques et ses

---

1. Comme la définition de chacun de ces termes et l'indication des attributions de ces diverses magistratures exigent des développements assez étendus, nous les avons renvoyées aux notes de la fin du volume.

gentilshommes, et le trouvent au lit, quelque bien qu'il se porte. Quand il sort (et ce ne peut être que pour aller chez le roi, à quelques dévotions, mais dans une tribune séparée, ou prendre l'air), cardinaux, ambassadeurs, grands d'Espagne, dames, en un mot tout ce qui le rencontre par les rues, arrête tout court précisément comme on fait ici pour le roi et pour les enfants de France; mais assez souvent il a la politesse de tirer à demi ses rideaux, et alors cela veut dire que, quoiqu'en livrées et ses armes à son carrosse, il veut bien n'être pas connu. On n'arrête point et on passe son chemin. S'il va chez le roi, comme il arrive assez souvent, hors du jour ordinaire du conseil de Castille, ce n'est jamais que par audience. Le majordome de semaine le reçoit et le conduit au carrosse. Dès qu'il paroît on lui présente auprès de la porte du cabinet, où toute la cour attend, un des trois tabourets qui sont les trois seuls siéges de tout ce vaste appartement, par grandeur, qui d'ailleurs est superbement meublé. Le sien, qui est pareil aux deux autres, est toujours caché et ne se tire que pour lui; les deux autres sont toujours en évidence, l'un pour le majordome-major, l'autre pour le sommelier du corps ou grand chambellan. En leur absence, le gentilhomme de la chambre de jour s'assoit sur l'un, et quelque vieux grand d'Espagne sur l'autre, mais il faut que ce soit un homme incommodé et qui ait passé par les premiers emplois. Nul autre, ni grand d'Espagne ni vieux, n'oseroit le faire. J'ai pourtant vu les trois siéges remplis et en apporter un quatrième au prince de Santo-Burno Caraccioli, et une autre fois au marquis de Bedmar, tous deux alors grands d'Espagne, tous deux conseillers d'État, et tous deux ayant été dans les premiers emplois, et le dernier y étant encore. C'étoit pendant mon ambassade en Espagne, mais je ne l'ai vu faire que pour ces deux-là dont le premier ne se pouvoit soutenir sur ses jambes percluses de goutte, et l'autre fort goutteux aussi.

Le président du conseil de Castille ne peut être qu'un

grand d'Espagne, et ne peut être destitué que pour crime qui emporte peine de mort. Mais contre une telle puissance on a le même remède dont on se sert en France contre le chancelier : on exile le président de Castille à volonté et sans être obligé de dire pourquoi, et on crée un gouverneur du conseil de Castille, qui on veut, pourvu qu'il ne soit pas grand d'Espagne. Ce gouverneur a toutes les fonctions, l'autorité et le rang entier du président et le supplée en tout et partout. Mais cette grande place, bien supérieure à notre garde des sceaux, a le même revers à craindre et pis encore que lui ; car il peut être destitué à volonté et sans dire pourquoi, même sans l'exiler; il perd tout son crédit et toute sa puissance, il n'est et ne peut plus rien, et toutefois il conserve son rang en entier pendant sa vie, qui n'est bon qu'à l'empoisonner; puisqu'il ne peut faire aucune visite, et à le réduire en solitude, parce que personne n'a plus d'affaire à lui, et ne prend la peine de l'aller voir pour n'en recevoir ni réception, ni la main, ni conduite. Plusieurs en sont morts d'ennui. Lorsque le président de Castille vient à mourir, il est au choix du roi de faire un autre président ou un gouverneur. Depuis la mort du comte d'Oropesa le roi d'Espagne n'a mis que des gouverneurs; il en est de même des autres conseils dont le président ne peut être ôté, et doit toujours être grand, au lieu duquel on peut mettre un gouverneur; mais comme ces présidents n'ont de rang que celui de grands, parce qu'ils le sont, et que leur autorité n'est rien quoique les places en soient fort belles, très-rarement y met-on des gouverneurs.

On appelle en Espagne conseillers d'État précisément ce que nous connoissons ici sous le nom de ministres d'État, et c'est là le but auquel les plus grands seigneurs, les plus distingués, et qui ont passé par les plus grands emplois, tendent de toutes leurs brigues. Ils ont l'Excellence, et passent immédiatement après les grands quand ils ne le sont point. Il y en a fort peu ; ils ont une seule distinction que les grands n'ont pas, qui est de pouvoir, comme les grandes dames, aller par la ville en chaise à porteurs entourés de leur livrée à pied, suivis de leur carrosse avec leurs gentilshommes dedans, et de monter en chaise le degré du palais jusqu'à la porte de la première pièce extérieurement. Je ne m'étends point sur le conseil d'État, parce qu'il tomba fort peu après l'arrivée du roi, et qu'il est demeuré depuis en désuétude. Il a fait rarement des conseillers d'État, mais toujours sans fonctions.

Je parlerai avec la même sobriété du secrétaire des dépêches universelles par la même raison. Ubilla a été le dernier, et ne le demeura pas longtemps. C'étoit presque nos quatre secrétaires d'État ensemble pour le crédit et les fonctions[1], mais non pas pour le reste. Il étoit demeuré pour l'extérieur comme nos secrétaires d'État d'autrefois et comme eux venu par les emplois de commis dans les bureaux, ce qui peut faire juger de leur naissance et de leur état. Au conseil d'État, ils étoient au bas bout de la table auprès de leur écritoire, rapportant les affaires, lisant les dépêches, écrivant ce qui leur étoit dicté, sans opiner et toujours à genoux sur un petit carreau qui leur fut accordé à la fin, à cause de la longueur des conseils, et tête à tête avec le roi de même. Ils étoient fort craints et considérés, mais ils n'alloient point avec la noblesse même ordinaire. De six qu'ils sont des débris de celui des dépêches universelles, j'en ai vu deux, celui qui travailloit toujours avec le roi et celui de la guerre qui n'y travailloit guère, et jamais ne le suivoit en aucun voyage hors Madrid, qui tâchoient de se mettre sur le pied de nos secrétaires d'État d'aujourd'hui, surtout le premier, qui étoit Grimaldo, quoique venu des bureaux comme les autres, et Castellar, qui est mort ici depuis ambassadeur, frère de Patino, alors premier ministre.

Passons maintenant à la cour, et voyons-en les principaux

---

1. Voy. sur les secrétaires d'État, t. II, p. 43, note.

emplois et même quelques médiocres, pour l'intelligence de ce qui suivra et pour ne plus interrompre un récit plus intéressant. Il y en a trois qui répondent ici au grand maître, au grand chambellan et au grand écuyer, qu'on appelle tout court les trois charges, parce qu'elles sont à peu près égales entre elles, et sans proportion avec toutes les autres. Ce sont toujours trois grands, à qui elles donnent une grande distinction sur tous les autres et une considération principale par toute l'Espagne. Il est pourtant arrivé, quoique extrêmement rarement, que quelqu'une de ces charges, tantôt l'une, tantôt l'autre, ont été possédées par de très-grands seigneurs qui n'étoient pas grands, mais favoris ou fort distingués, et qui sont bientôt devenus grands d'Espagne. Expliquons-les pour les faire connoître.

Le majordome-major du roi est notre grand maître de France dans toute l'étendue qu'il avoit autrefois. Tous les palais du roi, tous les meubles, toutes les provisions, de quelque espèce qu'elles soient, la bouche et toutes les tables, la réception, la conduite et le traitement des ambassadeurs et des autres personnes distinguées à qui le roi en fait, l'ordre, l'ordonnance, la disposition de toutes les fêtes que le roi donne, de tous les spectacles, de tous les festins et rafraîchissements, la distribution des places, l'autorité sur les acteurs de récit, de machines, de musiques, les mascarades publiques et particulières du palais, l'autorité, la disposition, les places de toutes les cérémonies, la disposition de tous les logements pendant les voyages et de toutes les voitures de la cour, l'autorité sur les médecins, chirurgiens et apothicaires du roi, qui ne peuvent consulter ni donner aucun remède au roi que de son approbation et en sa présence, tout cela est de la charge du majordome-major qui a sous lui quatre majordomes; tous quatre de la première qualité, qui de là passent souvent aux premières charges et arrivent à la grandesse, mais ne peuvent être grands tandis qu'ils sont majordomes. Ils font le détail chacun par semaine de tout ce que je viens de remarquer, sous les ordres du majordome-major qui fait et arrête les comptes des fournitures avec tous quatre et les gens qui ont fourni qui sont payés sur ses ordonnances. Le majordome de semaine ne sort presque point du palais, et tous quatre rendent compte de tout au majordome-major, et ne peuvent s'absenter qu'avec sa permission. Ils ont des maîtres d'hôtel et toutes sortes d'autres officiers sous eux.

Le majordome-major a toutes les entrées chez le roi à toutes les heures. Grand d'Espagne ou non, comme il est quelquefois arrivé, quoique fort rarement, il est grand par sa charge, et le premier d'entre les grands partout où ils se trouvent. A la chapelle il a un siège ployant à la tête de leur banc, qui demeure vide quand il n'y vient pas; et je l'ai vu arriver. Si les grands ont pour leur dignité quelque assemblée à faire, c'est chez lui, et quelque représentation à porter au roi, c'est par lui. Au bal et à la comédie nul homme ne s'assied, non pas même les danseurs, excepté le majordome-major qui est assis sur un ployant à la droite du fauteuil du roi, un demi-pied au plus en arrière, mais joignant sa chaise. Je l'ai vu ainsi à l'un et à l'autre, et couvert si le roi se couvre. Aux audiences qui se donnent sur le trône aux ambassadeurs des princes hors l'Europe, le roi est assis dans un fauteuil sur une estrade de plusieurs degrés couverte d'un tapis avec un dais par-dessus. On met un ployant à la droite du fauteuil du roi en même plain-pied sur l'estrade et en même ligne, mais hors du dais. Le roi monte sur l'estrade seul avec le majordome-major qui s'assoit sur ce ployant en même temps que le roi se place dans son fauteuil, et il se couvre en même temps que lui. Tous les grands couverts et tous autres découverts sont au bas des marches et debout, et l'ambassadeur aussi, et en tous actes de cérémonies, il est joignant le roi à sa droite. Il ne va pourtant jamais dans les carrosses du roi, parce que c'est au grand écuyer à y prendre la première place, ni dans ceux de la reine pour même raison, ni aux audiences chez la reine où son majordome-major prendroit aussi la première place. Comme celui du roi l'a sans difficulté partout ailleurs, il s'abstient toujours des trois seuls endroits où il ne l'auroit pas.

Il ne prête serment entre les mains de personne; les quatre majordomes, l'introducteur des ambassadeurs, tous les officiers qui sont sous eux (et il y en a un grand nombre), et toute la médecine, chirurgie et apothicairerie du roi, prêtent serment entre ses mains. Outre ceux-là qui sont sous sa charge, il reçoit de même le serment du grand chambellan ou sommelier du corps, du grand écuyer et du patriarche des Indes. Les chefs et les membres des conseils et des tribunaux, et les secrétaires d'État, le prêtent entre les mains du président ou du gouverneur du conseil de Castille, et le roi n'en reçoit aucun lui-même, ce qui fait que le majordome-major n'en prête point. Pour en revenir à nos idées, on voit que cette charge est en beaucoup plus grand ce qu'étoit autrefois le grand maître de la maison du roi[1], qui depuis les Guise n'ont plus rien à la bouche[2], dont le premier maître d'hôtel est maître indépendant, et qu'il n'a plus que le serment de cette charge, de celle de grand maréchal des logis, de grand maître des cérémonies et d'introducteur des ambassadeurs, sans avoir conservé rien du tout dans l'exercice de ces charges, qui avec tout leur détail sont entièrement subordonnées, et en tout dépendantes en Espagne du majordome-major, et toutes exercées sous lui par

1. Le grand maître de la maison du roi avait primitivement une partie des attributions qui avaient appartenu au grand sénéchal jusque vers la fin du xii° siècle, entre autres, droit de juridiction sur tous les officiers de la maison du roi. Mais, au xvii° siècle, il ne lui restait que la surveillance du service des maîtres d'hôtel. On trouvera, dans le *Traité des Offices*, de Guyot (t. Ier, p. 464), un règlement du 7 janvier 1681 qui détermine les attributions du grand maître de la maison du roi.

2. On appelait la *bouche du roi*, ou simplement la *bouche*, tous les officiers chargés du service de la table du roi, maîtres d'hôtel, contrôleurs, etc.

le majordome de semaine. Le majordome-major les réprimande très-bien, et change ce qu'ils ont fait quand il le juge à propos.

Le grand chambellan ou sommelier du corps est en tout et partout à la fois ce que sont ici le grand chambellan, les quatre premiers gentilshommes de la chambre[1], le grand maître[2] et les deux maîtres de la garde-robe réunis en une seule charge. Les mêmes fonctions, le même commandement, le même détail, et ordonnateur des mêmes dépenses. Il a sous lui un nombre indéfini de gentilshommes de la chambre, tant qu'il plaît au roi d'en faire, qui ont son service en son absence, et qui sont grands d'Espagne presque tous et la plupart aussi grands ou plus grands seigneurs que lui, car c'est le but de tous les seigneurs de la cour. La différence est que le sommelier couche au palais, et qu'il entre chez le roi comme le majordome-major à toutes heures, au lieu que le gentilhomme de la chambre de jour, qui a tout son service et tout son commandement dans l'appartement du roi et sur tous les officiers de sa chambre et de sa garde-robe, ne peut entrer qu'aux temps des fonctions et se

1. Les attributions des quatre premiers gentilshommes de la chambre, qui servaient à tour de rôle, par année, consistaient à recevoir le serment de fidélité de tous les officiers de la chambre, à donner les ordres aux huissiers pour les personnes qu'ils pourraient admettre aux audiences du roi, à régler toutes les dépenses des menus plaisirs, etc. Dans la suite, les comédiens français et italiens furent placés sous la surveillance des premiers gentilshommes de la chambre, et on leur confia aussi la direction des réjouissances publiques.

2. La charge de grand maître de la garde-robe fut créée en 1669 par Louis XIV. Les détails des fonctions de ce dignitaire caractérisent l'étiquette de cette époque : il avait la surveillance des vêtements du roi. Lorsque le roi s'habillait, il lui mettait la camisole, le cordon bleu et le justaucorps. Quand le roi se déshabillait, le grand maître lui présentait la camisole de nuit et lui demandait ses ordres pour le costume du lendemain. Les jours de cérémonie, il mettait au roi le manteau et le collier de l'ordre du Saint-Esprit. C'était le grand maître de la garde-robe qui faisait faire les vêtements ordinaires du roi; mais c'était aux premiers gentilshommes de la chambre qu'appartenait d'ordonner le premier vêtement de chaque deuil et les vêtements extraordinaires pour les bals, mascarades et autres divertissements.

retire dès que le service est fait. Ces gentilshommes de la chambre prêtent serment entre les mains du sommelier, et lui sont tellement subordonnés qu'ils ne peuvent s'absenter sans sa permission ni rien faire dans leurs charges sans ses ordres. Ils sont obligés de lui rendre compte de tout en son absence, et de l'envoyer avertir quand il le leur a dit, ou sans cela dès qu'il arrive quelque chose d'extraordinaire, s'il trouve quelque chose qu'ils aient mal fait ou mauvais, il le change ou les réprimande très-bien sans qu'ils aient un mot à dire que se taire avec respect, quels qu'ils soient, et lui obéir. Il a sous lui, pour le détail des habits, un officier qui tient plus du valet que du noble, mais qui est pourtant considéré plus que les premiers valets de garde-robe d'ici.

Le grand écuyer est là comme ici le même, avec deux grandes différences : l'une, que dès que le roi est dehors, il a toutes les fonctions du sommelier, même en sa présence. Il le sert s'il mange dans son carrosse ou sur l'herbe, et s'il a besoin d'un surtout ou de quelque autre chose, il le lui présente ; et si à la chasse, à la promenade, en chemin, quelque seigneur ait à être présenté au roi, c'est le grand écuyer et non le sommelier qui le présente. La deuxième, est qu'il a un premier écuyer et point de petite écurie, le premier écuyer fait sous lui, et dans une dépendance entière et journalière, le détail de l'écurie, et s'il se trouve présent quand le grand écuyer monte à cheval, c'est lui qui l'y met, et toujours un écuyer du roi qui lui tient l'étrier à monter et à descendre. Le premier écuyer le conduit à pied, la main au mors du cheval sur lequel il est monté, depuis l'écurie jusqu'au palais tout du long de la place, et lorsqu'en suivant le roi, il monte dans le carrosse qui le précède ou qu'il en descend, c'est au premier écuyer à ouvrir et à fermer la portière, comme le grand écuyer ouvre et ferme celle du roi. Dans ce carrosse du grand écuyer, il n'y entre que les trois charges principales du roi, les deux de la reine, et le capitaine des gardes en quartier. Quelquefois, par un hasard extrêmement rare, il y entrera quelque vieux grand d'Espagne, mais fort distingué et fort considérable.

Excepté la charge de premier écuyer, le grand écuyer dispose de toute l'écurie du roi, chevaux, mules, voitures de toute espèce, valets, officiers, écuyers, livrées, fournitures, et est seul ordonnateur de toutes ces dépenses. Il est en même temps le chef de toutes les chasses avec la même autorité et dispensation que de l'écurie. Les meutes et les chasses à courre sont inconnues en Espagne par la chaleur, l'aridité et la rudesse du pays; mais tirer, voler, et des battues aux grandes bêtes, de mille et quinze cents paysans dont le grand écuyer ordonne, sont les chasses ordinaires, et la dernière celle du roi Philippe V de presque tous les jours. Avec cela il y quatre ou cinq petites maisons de chasse, la vaste capitainerie de l'Escurial et quelques autres moindres attachées à la charge du grand écuyer. C'est le seul seigneur sans exception qui aille dans Madrid à six mules ou à six chevaux, et à huit s'il veut, avec un postillon, parce que c'est un carrosse et un attelage du roi. S'il mène quelqu'un avec lui, qui que ce pût être, il n'est pas permis au grand écuyer de le faire monter devant lui ni de lui donner la droite, et cela n'en retient personne ni ne fait aucune difficulté pour aller avec lui faire des visites ou à la promenade. Le duc del Arco, dont j'aurai lieu de parler, qui l'étoit pendant mon ambassade, fut le parrain de mon second fils pour sa couverture de grand d'Espagne. Il vint donc le prendre en grande cérémonie pour le mener au palais, mais par politesse, et pour lui pouvoir donner la place et la main, il vint avec son carrosse et ses livrées à lui, et rien de l'écurie. Il tient une table où, comme partout ailleurs, il est servi par les pages du roi, qui font à son égard et toujours tout ce que feroient les siens. Chez lui encore ils servent tous ceux qui mangent à sa table comme s'ils étoient à eux, mais aussi ceux qui servirent hier se mettent aujourd'hui à table, et mangent de droit avec le grand écuyer et avec tous ceux qui mangent chez lui, et ainsi de suite tous les jours. Le premier écuyer tient la petite table quand il y en a une, et fait les honneurs chez le grand écuyer. En son absence il a toutes ses fonctions, mais il n'ôte en dehors le service qu'aux gentilshommes de la chambre et non au sommelier; il ne va point à six chevaux ou mules par Madrid, ne monte point à la suite du roi dans le carrosse marqué pour le grand écuyer, et n'est point servi par les pages du roi qu'à table seulement chez le grand écuyer comme tous ceux qui y mangent. Il suit le roi dans une voiture à part ou à cheval.

Le capitaine des hallebardiers ne peut être mieux comparé lui et sa compagnie en tout et pour tout qu'aux Cent-Suisses de la garde du roi[1] et à leur capitaine; c'est une ancienne garde des rois d'Espagne.

Je parlerai en son temps des capitaines des gardes du corps que Philippe V a établis, et qui avec leurs compagnies étoient avant lui inconnus en Espagne, ainsi que des deux colonels de ses régiments des gardes qui sont aussi de son établissement.

Le patriarche des Indes n'a pas seulement la plus légère idée qui ait la moindre conformité à ce grand titre. Il né peut rien aux Indes, il n'en touche rien, il n'en prétend même rien, il y est inconnu. C'est un évêque sacré *in partibus*, dont la fonction est d'être toujours à la cour pour y suppléer à l'absence de l'archevêque de Saint-Jacques de Compostelle qui n'y paroît jamais, non plus que tous les autres évêques d'Espagne qui résident continuellement. Celui-là est grand aumônier né par son siége, et cette place de grand aumônier enferme tout ce que nous connoissons ici sous les noms de grand aumônier[2], premier aumônier,

---

1. Les Cent-Suisses étaient une ancienne compagnie des gardes du roi, qui étaient armés de hallebardes et choisis parmi les hommes de la plus haute taille.
2. La charge de grand aumônier était considérée comme une des plus

maître de la chapelle, et maître de l'oratoire. Ce prélat devient presque toujours cardinal, s'il ne l'est déjà quand on lui donne la charge. Si par un hasard qui est arrivé quelquefois, l'archevêque de Compostelle venoit à la cour, il effaceroit le patriarche des Indes, qui, même cardinal, ne seroit plus rien en sa présence.

Comme il n'y vient jamais, le patriarche dispose de tout ce qui est de la chapelle, et les sommeliers de cortine, qui sont les aumôniers du roi, et fort souvent gens de la première qualité, sont sous lui et dans son absolue dépendance. Il y a en Espagne là même dispute qu'ici sur l'indépendance de la chapelle du roi du diocésain, qui empêche l'archevêque de Tolède de se trouver à la chapelle, où il ne veut pas aller sans y faire porter sa croix que le patriarche des Indes n'y veut pas souffrir; et sur les autres prétentions d'exemption, ils se chamaillent toujours, et chacun en tire à soi quelque chose.

La reine d'Espagne, outre ses dames, a aussi deux grands officiers, son majordome-major et son grand écuyer; mais elle n'a point de chapelle, de chancelier, ni les autres officiers qu'ont ici nos reines. Son majordome-major a dans la maison de la reine toutes les mêmes choses que celui du roi a chez lui, et trois majordomes sous ses ordres, mais ceux-là sont d'une condition et d'une considération fort inférieure à ceux du roi qui ont les détails des fêtes, des spectacles,

---

importantes du royaume; il n'avait pas seulement la direction de la chapelle royale, mais la surveillance des hôpitaux, la nomination des professeurs du Collége royal (plus tard Collége de France), la disposition d'une partie des bourses dans les colléges de Louis-le-Grand, de Navarre, de Sainte-Barbe, etc. Outre le grand aumônier et le premier aumônier, il y avait huit aumôniers qui servaient par quartier : ils devaient se trouver au lever et au coucher du roi et à tous les offices de l'église auxquels il assistait. Ils présentaient l'eau bénite au roi, et, pendant le service divin, tenaient ses gants et son chapeau; aux repas du roi, ils bénissaient les viandes et disaient les grâces. Le maître de chapelle avait sous sa direction la chapelle-musique, et le maître de l'oratoire les huit chapelains et le clergé inférieur. Voy., pour les détails, le *Traité des Offices*, de Guyot, t. Ier.

des cérémonies de toutes les sortes, et des logements, tandis que ceux de la reine sont bornés aux détails intérieurs de sa maison sous son majordome-major. Celui-ci reçoit leur serment, ceux des autres officiers inférieurs qui sont sous sa charge et ceux encore du grand écuyer de la reine et de la camarera-mayor, et comme celui du roi n'en prête point. Il partage en premier avec la camarera-mayor le commandement chez la reine, même aux officiers extérieurs de sa chambre. Les meubles se font et se tendent par ses ordres, et, hors les habits et l'écurie, il est ordonnateur de toutes les dépenses qui se font chez elle. Il est placé derrière elle partout, à la droite de la camarera-mayor, et à certains services comme de présenter à la reine ses gants, son éventail, son manchon, sa mantille, quand la camarera-mayor n'y est pas, et lui met même sa mantille en présence de ses autres dames. Il ne laisse pas d'être fort considéré, quoiqu'il n'ait rien hors de chez la reine, et n'ait aucune distinction parmi les grands, comme à celui du roi seulement. Il prend aux audiences de la reine la première place au-dessus d'eux, comme fait celui du roi chez le roi à qui il ne la cède pas chez la reine, et ne se trouve jamais aux audiences chez le roi, comme celui du roi ne va jamais à celles de la reine ; mais il va parmi les grands à la chapelle et partout ailleurs avec eux. Il est au-dessus de la camarera-mayor, même dans l'appartement de la reine, y a plus d'autorité qu'elle, et entre chez la reine à toutes heures, même quand elle est au lit ou qu'elle se lève ou se couche. Cet emploi n'est que pour les grands ainsi que celui de grand écuyer de la reine qui a sous lui un premier écuyer, dont il reçoit le serment, et il est chez elle entièrement comme est le grand écuyer du roi chez lui, mais il n'ôte le service à personne au dehors, comme fait celui du roi, et ne va point à six chevaux ou à six mules dans Madrid, quoiqu'il se serve des équipages de la reine. Il y a un carrosse de la reine où il n'entre que lui et son majordome-major à sa suite, et très-rarement quelquefois quelque grand d'Espagne très-distingué à qui le grand écuyer en fera l'honnêteté. Il y prend, comme celui du roi, la première place.

La camarera-mayor rassemble les fonctions de notre surintendante, de notre dame d'honneur, et de notre dame d'atours. C'est toujours une grande d'Espagne, veuve, et ordinairement vieille, et presque toujours de la première distinction. Elle loge au palais, elle présente les personnes de qualité à la reine, elle entre chez elle à toute heure, et elle partage le commandement de la chambre avec le majordome-major. Sa charge répond en tout à celle du sommelier du corps. Elle ordonne des habits et des dépenses personnelles de la reine, qu'elle ne doit jamais quitter, mais la suivre partout où elle va.

Elle entre presque toujours seule, mais de droit est la première dans le carrosse où est la reine quand le roi n'y est pas, et ce n'est que par grande faveur et distinction si, très-rarement, quelque autre grande d'Espagne y est appelée. Les bas officiers de la chambre la servent en beaucoup de choses, même chez elle, et elle use de beaucoup de provisions de sa maison. Son appartement au palais est aussi meublé [que celui] de la reine. Le concert doit être entier entre elle et le majordome-major, et y est presque toujours, sans quoi il y auroit lieu à beaucoup de disputes et de prétentions l'un sur l'autre.

La reine, après la camarera-mayor, a deux sortes de dames au nom desquelles il seroit aisé de se méprendre lourdement selon nos idées. Les premières sont précisément nos dames du palais, mais qui ont un service; les autres sont appelées *señoras de honor*, dames d'honneur. Les dames du palais, et qui en ont le nom comme les nôtres, sont des femmes de grands d'Espagne, ou leurs belles-filles aînées, ou des héritières de grands et qui mariées feront leurs maris grands, et de plus choisies parmi tout ce qu'il y a de plus considérable. Les dames d'honneur sont des dames d'un étage très-inférieur, et cette place ne convient pas aux personnes d'une qualité un peu distinguée. Les unes et les autres servent par semaine, suivent la reine partout, sont de garde à certains temps dans son appartement, et toutes également dans la même dépendance de la camarera-mayor, pour ne rien répéter, que les gentilshommes de la chambre sont du sommelier. En l'absence de la camarera-mayor, la plus ancienne dame du palais en semaine la supplée en tout. La camarera-mayor sert le roi et la reine quand ils mangent ensemble chez elle, ou la reine seule, quand le roi n'y vient point, et met un genou en terre pour leur donner à laver et à boire. Derrière elle sont les dames du palais de semaine, et derrière celles-ci les señoras d'honneur de semaine. Tout le service se fait par la camarera-mayor, et lui est présenté par les dames du palais, qui le reçoivent des señoras d'honneur; celles-ci le vont prendre, à la porte, des femmes de chambre, à qui les officiers de la bouche le présentent, et cela tous les jours. La camarera-mayor est ordonnatrice de toute la dépense de la garde-robe de la reine.

Les femmes de chambre sont toutes personnes de condition, et au moins de bonne noblesse. Filles toutes, elles deviennent quelquefois señoras d'honneur en se mariant. Toutes logent au palais, ainsi que la première femme de chambre qu'on appelle l'*azafata*, laquelle est d'ordinaire la nourrice du roi ou de la reine, et par conséquent ordinairement très-inférieure aux femmes de chambre, sur lesquelles elle a pourtant les mêmes distinctions de services et d'honneurs, et le même commandement que la camarera-mayor a sur les autres dames, à laquelle l'azafata et les autres femmes de chambre sont totalement subordonnées, et sous son autorité et commandement. Quand le roi et la reine vont en cérémonie à Notre-Dame d'Atocha, qui est une dévotion célèbre à une extrémité de Madrid, ou quelque autre part, marchent d'abord un ou deux carrosses remplis de gentilshommes de la chambre, celui du grand écuyer et du roi, celui où le roi et la reine sont seuls, celui du roi vide, celui du grand écuyer de la reine, la camarera-mayor seule dans le sien à elle environné de sa livrée à pied, et un écuyer à elle à cheval à sa portière droite, un ou deux carrosses de la reine remplis de dames du palais, magnifiques comme pour servir à la reine, un ou deux autres bien inférieurs, mais aussi de la reine, remplis des señoras de honor, un autre inférieur encore où est l'azafata seule, et deux autres pareils pour les femmes de chambre. Ce crayon suffira pour donner une idée des charges et du service de la cour d'Espagne, jusqu'à ce qu'il y ait lieu de parler du changement que Philippe V y a fait, et des grands et des cérémonies. J'ajouterai seulement qu'aucune charge n'est vénale dans toute l'Espagne, et que tous les appointements en sont fort petits comme ils étoient anciennement en France. Le majordome-major du roi, qui a plus du double de toutes les autres charges, n'a guère que vingt-cinq mille livres; il y en a très-peu à mille pistoles, et beaucoup fort au-dessous. Les deux majordomes-majors, les majordomes, et la camarera-mayor, tirent, outre leurs appointements, force commodités de leurs charges, ainsi que les deux grands écuyers et les deux premiers écuyers. Le capitaine des hallebardiers tire aussi quelque chose de la sienne au delà de ses appointements.

Il faut remarquer que le sommelier et les gentilshommes de la chambre portent tous une grande clef, qui sort par le manche de la couture de la patte de leur poche droite; le cercle de cette clef est ridiculement large et oblong. Il est doré, et est encore rattaché à la boutonnière du coin de la poche, avec un ruban qui voltige, de couleur indifférente. Les valets intérieurs qui sont en très-petit nombre, la portent de même, à la différence que ce qui paroît de leur clef n'est point doré. Cette clef ouvre toutes les portes des appartements du roi, de tous ses palais en Espagne. Si un d'eux vient à perdre sa clef, il est obligé d'en avertir le sommelier, qui sur-le-champ fait changer toutes les serrures et toutes les clefs aux dépens de celui qui a perdu la sienne, à qui il en coûte plus de dix mille écus. Cette clef se porte partout comme je viens de l'expliquer, et tous les jours, même hors d'Espagne. Mais parmi les gentilshommes de la chambre, il y en a de deux sortes : de véritables clefs qui ouvrent et qui sont pour les gentilshommes de la chambre en exercice; et des clefs qui n'en ont que la figure, qui n'ouvrent rien, et qui s'appellent des clefs *caponnes*, pour les gentilshommes sans exercice et qui n'ont que le titre et l'extérieur de cette distinction. Les plus grands seigneurs sont gentilshommes de la chambre de ces deux sortes, et s'il en vaque une place en exercice, elle est souvent donnée à un des gentilshommes de la chambre qui n'en a point, quelquefois aussi à un seigneur qui n'est pas gentilhomme de la chambre. Tous sont égaux, sans aucun premier entre eux, et ceux d'exercice y entrent tour à tour suivant leur ancienneté d'exercice entre eux.

J'ai oublié un emploi assez subalterne par la qualité de celui qui l'a toujours successivement exercé, non pas héréditairement, mais qui est de la plus grande confiance et importance. L'emploi, l'employé, et l'instrument de son emploi, ont le même nom, qui ne se peut rendre en françois. Il s'appelle *estampilla;* c'est un sceau d'acier, sur lequel est gravée la signature du roi, mais semblable à ne la pouvoir distinguer de la sienne. Avec une espèce d'encre d'imprimerie, ce sceau imprime la signature du roi, et c'est l'estampilla lui-même qui y met l'encre et qui imprime. Je l'ai vu faire à La Roche qui l'a eue en arrivant avec le roi en Espagne, et cela se fait en un instant. Cette invention a été trouvée pour soulager les rois d'Espagne, qui signent une infinité de choses, et qui passeroient sans cela un quart de leurs journées à signer. Les émoluments sont continuels, mais petits; et La Roche, qui étoit un homme de bien, d'honneur, doux, modeste, bienfaisant et désintéressé, l'a faite jusqu'à sa mort avec une grande fidélité et une grande exactitude. Il étoit fort bien avec le roi, et généralement aimé, estimé et considéré, et voyoit chez lui les plus grands seigneurs. Cet estampilla ne peut jamais s'absenter du lieu où est le roi, et les ministres le ménagent.

J'attendrai à parler des infants, infantes et de leur maison quand l'occasion s'en présentera, parce qu'il y en a eu peu et encore moins de maisons pour eux en Espagne, jusqu'aux enfants de Philippe V.

CHAPITRE VII.

Changements à la cour d'Espagne à l'arrivée du roi. — Singularité de suzeraineté et de signatures de quelques grands d'Espagne. — Autres conseillers d'État. — Mancera et son étrange régime. — Amirante de Castille. — Frigilliane. — Monterey. — Tresno. — Fuensalida. — Montijo. — Patriarche des Indes. — Vie du roi d'Espagne en arrivant. — Louville en premier crédit. — Duc de Monteléon. — Coutume en Espagne, dite la *saccade du vicaire*. — P. Daubenton, jésuite, confesseur du roi d'Espagne. — Aversberg, ambassadeur de l'empereur après Harrach, renvoyé avant l'arrivée du roi à Madrid. — Continuation du voyage des princes. — Folie du cardinal Le Camus sur sa dignité.

Aussitôt après que le roi d'Espagne fut arrivé à Madrid, il prit l'habit espagnol et la golille[1], et fit quelques changements et réformes. D'une trentaine de gentilshommes de la chambre en exercice il les réduisit à six, et ôta les appointements à ceux qui n'avoient jamais eu d'exercice. Le comte de Palma, grand d'Espagne et neveu du cardinal Portocarrero, eut la vice-royauté de Catalogne en la place du

1. La golille était une espèce de collet en usage chez les Espagnols.

prince de Darmstadt, qui sortit d'Espagne sans revenir à
Madrid. Le duc d'Escalona, qu'on appeloit plus ordinairement le marquis de Villena, alla relever en Sicile le duc de
Veragua; il le fut bientôt lui-même par le cardinal del
Giudice qui vint exercer la vice-royauté par intérim, de
Rome où il étoit; et Villena s'en alla vice-roi à Naples, d'où
le duc de Medina-Celi revint à Madrid, où il fut fait président du conseil des Indes, qu'il désiroit extrêmement et
qui est une place fort lucrative. Il l'étoit du conseil des
ordres qui fut donné au duc d'Uzeda, quoique absent, et qui
remplissoit l'ambassade de Rome depuis que Medina-Celi
l'avoit quittée pour aller à Naples.

Le plus grand changement fut la disgrâce du connétable
de Castille. Hors les présidences des conseils et la plupart
des places dans les conseils, rien n'est à vie en Espagne, et
à la mort du roi, toutes les charges se perdent, et le successeur confirme ou change, comme il lui plaît, ceux qui
les ont. Le connétable étoit grand écuyer et gentilhomme de
la chambre en exercice. L'exercice lui fut ôté et sa charge
de grand écuyer, que le duc de Medina-Sidonia préféra à la
sienne de majordome-major, je ne sais par quelle fantaisie,
sinon que, ayant désormais affaire à un jeune roi, il la trouva
plus brillante et crut qu'il seroit souvent dehors, en voyage,
à la chasse, à la guerre, où le grand écuyer a plus beau jeu
que le majordome-major. Le marquis de Villafranca le fut
en sa place; et par ce qu'il avoit fait sur le testament, et par
son vote fameux il avoit bien mérité cette grande récompense. La duchesse d'Ossone, dont j'aurai lieu de parler,
disoit de lui et de don Martin de Tolède, depuis duc d'Albe
et mort ambassadeur en France, qu'ils étoient tous deux
Espagnols en chausses et en pourpoint, l'un en vieux,
l'autre en jeune. Villafranca ainsi que Villena avoient beaucoup du caractère du duc de Montausier, mais ce dernier
n'étoit point espagnol pour l'habit, de sa vie il n'avoit porté
golille ni l'habit espagnol. Il le disoit insupportable, et

partout fut toute sa vie vêtu à la françoise. Cela s'appeloit en Espagne à la flamande ou à la guerrière, et presque personne ne s'habilloit ainsi. Le comte de Benavente fut conservé sommelier du corps. Il se prit d'une telle affection pour le roi, qu'il pleuroit souvent de tendresse en le regardant.

Puisque j'y suis [1], je ne veux pas oublier une singularité de ces deux seigneurs et de quelques autres d'Espagne : le duché de Bragance en Portugal relève du comte de Benavente, duquel les armes sont sur la porte du château de Bragance, à la droite de celles du roi de Portugal : toutes deux saluées une fois l'an en cérémonie ; le premier salut est aux armes du comte et le second à celles du roi.

Le duc de Medina-Celi, qui lors étoit sept fois grand d'Espagne, et dont les grandesses se sont depuis plus que doublées, mais qui n'en a pas plus de rang ni de préférence parmi les autres grands que s'il n'en avoit qu'une, ne signe jamais que *El Duque Duque*, pour faire entendre sa grandeur par ce redoublement de titre sans ajouter de nom. Le marquis de Villena, qui est aussi duc d'Escalona, signe *El Marqués*, sans y rien ajouter ; mais le marquis d'Astorga, qui est Guzman et grand d'Espagne aussi, signe de même, de manière qu'il faut connoître leur écriture pour savoir lequel c'est. Il est pourtant vrai que le droit passe en Espagne pour être du côté de Villena, et qu'il est comme le premier marquis d'Espagne. Le duc de Veragua signe tout court *El Almirante Duque*, à cause de son titre héréditaire d'amiral des Indes, donné aux Colomb [2].

Il faut maintenant achever les conseillers d'État. Je n'ai

---

1. Nouveau passage omis dans les précédentes éditions jusqu'à *Comme il n'y connoissoit personne* (p. 127). C'est le complément indispensable de ce que Saint-Simon a déjà dit du conseil d'État d'Espagne à l'époque de l'avénement de Philippe V.
2. On a vu plus haut, p. 91, que le duc de Veragua descendait par les femmes de Christophe Colomb.

fait connoître que ceux qui ont eu part au testament d'une manière ou d'une autre. Ce caractère est le bout de l'ambition : il ne faut donc pas oublier ceux qui en étoient revêtus à l'avénement de Philippe V. J'ai déjà parlé [1] du cardinal Portocarrero, du comte d'Oropesa, de don Manuel Arias, l'un président exilé, l'autre gouverneur du conseil de Castille, de Mendoze, évêque de Ségovie, exilé et grand inquisiteur, du duc de Medina-Sidonia, du marquis de Villafranca, du comte de San-Estevan del Puerto et d'Ubilla, secrétaire des dépêches universelles. J'ai parlé aussi du comte de Benavente qui devint conseiller d'État pour avoir été mis comme grand dans la junte par le testament. Reste à dire un mot de Mancera, de l'amirante, Aguilar, Monterey, del Tresno, Fuensalida et Montijo, sur lesquels je ne me suis pas étendu, quoique j'aie déjà dit quelque chose de quelques-uns de ces sept derniers.

Pour retoucher le marquis de Mancera [2] de la maison de Tolède, grand de première classe et fort riche, président du conseil d'Italie, à quatre-vingt-six ans qu'il avoit lors de l'arrivée du roi, [il] avoit l'esprit aussi sain et aussi net qu'à quarante ans et la conversation charmante, doux, sage, un peu timide, parlant cinq ou six langues, bien et sans confusion, et la politesse et la galanterie d'un jeune homme sensé. De ses emplois et de ses vertus j'en ai parlé ci-devant. Mais voici une singularité bien étrange à notre genre de vie et qui n'est pas sans exemple en Espagne : il y avoit cinquante ans qu'il n'avoit mangé de pain, à l'arrivée du roi d'Espagne. Sa nourriture étoit un verre d'eau à la glace en se levant, avec un peu de conserve de roses et quelque temps après du chocolat. A souper, des cerises ou d'autres fruits, ou une salade, et encore de l'eau rougie, et sans sentir mauvais ni être incommodé d'un si étonnant

---

1. Voy. plus haut, p. 3, 4 et 5.
2. Voy. plus haut, p. 6, 7, ce que nous appellerons, avec Saint-Simon, *la première touche* du portrait du marquis de Mancera.

régime; et sa femme, fille du duc de Caminha, dont une seule fille, vivoit à peu près de même à quatre-vingts ans.

L'amirante de Castille, qui s'appeloit J. Thomas Enriquez de Cabrera, duc de Rioseco et comte de Melgar, étoit grand d'Espagne de la première classe, un des plus riches et des plus grands seigneurs et le premier d'Espagne pour la naissance, quoique bâtarde. Alphonse XI, roi de Castille et de Léon, eut de Marie, fille d'Alphonse V, roi de Portugal, un fils unique qui lui succéda, qui fut don Pierre le Cruel, si fameux par ses crimes, qui révoltèrent enfin tout contre lui, qui n'eut point de fils de la sœur du duc de Bourbon, qu'il tua et qui fut tué lui-même en [1368] par Henri, comte de Transtamare, son frère bâtard, qui lui succéda, et dont la couronne passa à sa postérité, Henri II, Henri III, Jean II, père d'Isabelle, qui épousa Ferdinand d'Aragon son cousin issu de germain paternel. Il étoit petit-fils de Ferdinand le Juste, second fils de Henri, comte de Transtamare, qui fut roi après avoir tué Pierre le Cruel, dont il étoit frère bâtard, comme je viens de le dire.

Ce Ferdinand, père du Catholique, fut appelé le Juste, pour avoir opiniâtrément refusé la couronne de Castille, qui lui fut plus qu'offerte à la mort du roi Henri III son frère, qui ne laissa qu'un fils en très-bas âge, dont son oncle fut le défenseur et le tuteur, et qui fut père de la reine Isabelle. Il fut dès ce monde récompensé de sa vertu par l'élection qui fut faite de lui en 1390 par Martin, roi d'Aragon et de Valence et prince de Catalogne, frère de sa mère, mourant sans enfants, confirmée par les états de tous ces pays, pour lui succéder. Alphonse V et Jean II, ses deux fils, l'aîné sans enfants, régnèrent l'un après l'autre, et Ferdinand II, fils de Jean II, lui succéda, et réunit toutes les Espagnes, excepté le Portugal, par son mariage avec Isabelle, reine de Castille, si connus sous le nom de rois catholiques, dont la fille, héritière de leurs couronnes, fut mère de l'empereur Charles V et de l'empereur Ferdinand Ier, desquels sont sorties les branches d'Espagne et impériale de la maison d'Autriche.

Alphonse II, roi de Castille, père de Pierre le Cruel, eut d'Éléonore de Guzman, sa maîtresse, deux bâtards jumeaux. L'un fut ce comte de Transtamare qui vainquit, tua et succéda à Pierre le Cruel, et fut de père en fils bisaïeul d'Isabelle, reine de Castille et de Ferdinand le Catholique, roi d'Aragon, son mari; l'autre jumeau fut la tige d'où est sortie légitimement et masculinement cette suite d'amirantes de Castille. Il s'appeloit Frédéric. Son fils Pierre, comte de Transtamare comme lui, fut connétable de Castille, dont les enfants n'en eurent point. Mais Alphonse, son frère, leur succéda; il fut le premier amirante de Castille de sa maison, à laquelle il donna pour lui et pour sa postérité le nom de Enriquez en mémoire du roi de Castille, Henri II, frère de son père, laquelle est directe (dont l'amirante, qui fait le sujet de cette dissertation, est la dixième génération), n'a presque été connue que par le nom d'amirante, parce qu'ils l'ont tous été et que cette charge, dont je parlerai ailleurs, leur étoit devenue héréditaire. Le deuxième amirante fut premier comte de Melgar. Il maria sa fille à Jean, roi d'Aragon, fils du Juste, et elle fut mère du roi Ferdinand le Catholique, mari d'Isabelle, reine de Castille. Le quatrième amirante [étoit] fils du frère de cette reine d'Aragon et cousin germain de Ferdinand le Catholique, outre qu'ils étoient de même maison et issus de germain, de mâle en mâle, des rois de Castille, père d'Isabelle, et d'Aragon, père de Ferdinand le Catholique, lesquels deux rois étoient fils des deux frères, cousins germains de son père; et cette parenté ainsi rapprochée étoit d'autant plus illustre que les Enriquez n'avoient que la même bâtardise du comte de Transtamare devenu roi de Castille, père de ces rois, et frère jumeau de Frédéric, tige des Enriquez.

Le cinquième amirante, cousin issu de germain de Charles-Quint, fut fait par lui duc de Rioseco et grand d'Espagne. Celui-ci, que je compte le cinquième, parce qu'il eut un frère aîné amirante, qui n'eut point d'enfants et fut chevalier de la Toison d'or. Le sixième épousa A. de Cabrera, et la postérité de ce mariage joignit depuis le nom de Cabrera à celui d'Enriquez. Le septième et le huitième eurent la Toison d'or. Le neuvième fut vice-roi de Sicile, et le dixième eut d'une Ponce de Léon l'amirante dont je vais parler, qui est l'onzième amirante, le sixième duc de Rioseco, grand d'Espagne de la première classe, et la dixième génération de Frédéric, frère jumeau du comte de Transtamare, qui détrôna et tua Pierre le Cruel, dont il étoit frère bâtard, fut roi de Castille en sa place et en transmit la couronne à sa postérité. Le père de notre amirante mourut en 1680.

Notre amirante de Castille avoit, en premières noces, épousé la fille du duc de Medina-Celi, ambassadeur à Rome, puis vice-roi de Naples, où nous avons dit qu'il fut relevé par le marquis de Villena, pour revenir à Madrid, où Philippe V le fit président du conseil des Indes. Il n'eut point d'enfants d'aucune; mais le comte d'Alcanizès, son frère, eut un fils.

Cet amirante, homme de cinquante-cinq ans à l'avénement du roi d'Espagne, étoit un composé fort extraordinaire : de l'esprit infiniment, de la politesse, l'air et les manières aimables, obligeant, insinuant, caressant, curieux, prenant toutes sortes de formes pour plaire, haut, libre, ambitieux à l'excès, et très-dangereux sans son extrême paresse de corps qui n'influoit point sur l'esprit. Pour donner un trait de sa hauteur, le cardinal Portocarrero, qui le haïssoit fort, eut le crédit de le faire exiler à Grenade, quoique intimement attaché à la reine qui dominoit alors, et que lui-même fût en grande autorité auprès de Charles II pendant beaucoup d'années. Il avoit eu une affaire avec le comte de Cifuentès, dont il s'étoit mal tiré, et s'étoit perdu d'honneur; ce qui fut l'occasion de son exil,

En y allant, il s'arrêta à Tolède, dont le cardinal étoit archevêque et y donna une superbe fête de taureaux. A Grenade, il se logea dans l'Alhambra, qui est le palais des rois, où, après avoir demeuré assez longtemps, il se mit dans la ville pour être plus commodément. Déshonoré sur le courage, il ne l'étoit pas moins sur la probité. Personne ne se fioit à lui, et il en rioit le premier, et avec cela fort haï du peuple. Il ne se soucioit ni de sa maison ni d'avoir des enfants, mais avoit la rage de gouverner et une haine mortelle contre tous les gens qui gouvernoient, et par cette seule raison. Ami intime du prince de Vaudemont, extrêmement faits l'un pour l'autre, ennemi déclaré du duc de Medina-Sidonia et de tous les Guzman, et passionné pour les jésuites, dont il avoit toujours quatre chez lui, sans lesquels il ne mangeoit point, ni ne faisoit aucune chose. Il avoit dans Madrid quatre palais, tous quatre superbes et superbement meublés, d'une étendue très-vaste, que par grandeur il ne louoit point, et logeoit dans chacun par saison trois mois de l'année. Ce sont presque les seuls de Madrid où j'aie vu cour et jardin, et les plus grands qu'il y ait. C'étoit un personnage, malgré de tels défauts, très-considérable, le plus grand seigneur d'Espagne, et, quoique fort laid, [il] avoit le plus grand air. Il fut pourtant la dupe du testament, et, avec tout son attachement à la reine et à la maison d'Autriche, il n'osa proférer un seul mot. Nous le reverrons bientôt sur la scène.

Le comte de Frigilliane (don Roderic Manrique de Lara), devenu grand d'Espagne par son mariage avec Marie d'Avellano, comtesse d'Aguilar, héritière, s'appeloit le comte d'Aguilar, et quoique veuf et que le comte d'Aguilar son fils fût grand d'Espagne, il continuoit d'en avoir le rang et les honneurs, qui ne se perdent point en Espagne quand on les a eus, et de porter ainsi que son fils le nom de comte d'Aguilar, quoique le plus souvent on l'appelât Frigilliane. C'étoit un grand seigneur, haut, fier, ardent, libre, à mots cruels, dangereux, extrêmement méchant avec infiniment d'esprit et de capacité. Il étoit accusé d'avoir empoisonné dans une tabatière le père du duc d'Ossone. Il étoit fort autrichien et fort attaché à la reine. Le cardinal Portocarrero et lui se haïssoient à mort. Aussi le testament fut-il pour lui un mystère impénétrable. Il plaisantoit le premier de sa laideur, qui étoit extrême, et de sa méchanceté, et disoit que son fils étoit dans l'âme ce que lui portoit sur le visage, et avouoit que sans son fils il seroit le plus méchant homme d'Espagne, et je pense qu'il avoit raison.

Le comte de Monterey, grand d'Espagne par sa mère, second fils du célèbre don Louis de Haro, avec lequel le cardinal Mazarin conclut la paix des Pyrénées et le mariage du roi en 1660 dans l'île des Faisans de la petite rivière de Bidassoa. Il avoit été gouverneur des Pays-Bas, et étoit lors président du conseil de Flandre. C'étoit un génie supérieur en tout, mais haut, méchant et dangereux. Quoiqu'on lui eût caché le testament, il parut s'attacher au roi, quoique grand ennemi du cardinal Portocarrero. Qu'eût dit son père s'il eût vu ce que [son fils] voyoit, avec toutes ses précautions pour les renonciations de notre reine Marie-Thérèse? Monterey n'avoit point d'enfants.

Le marquis del Tresno, grand d'Espagne de la maison de Velasco, comme connétable de Castille, étoit homme de beaucoup de probité et de capacité. Le comte de Fuensalida et le comte de Montijo, aussi grands d'Espagne et conseillers d'État. Ce dernier n'a eu qu'une fille qui a épousé un Acuña Pacheco, qui a joint le nom de Portocarrero de sa mère, dont il a eu la grandesse. Il a fait fortune par l'ambassade d'Angleterre et les grands emplois. Le conseiller d'État, qui étoit comme le cardinal Portocarrero, Boccanegra, étoit frère du patriarche des Indes qui ne mangeoit pas plus de pain que le marquis de Mancera, mais qui étoit méchant, hargneux, haineux, malintentionné et pestant toujours contre le gouvernement. Il ne savoit mot de latin, quoiqu'il ne manquât ni d'esprit ni de lecture. Sa parenté et l'amour du cardinal Portocarrero le firent, malgré tout cela, confirmer dans sa charge de patriarche des Indes. Voilà la plupart des personnages qui figuroient en Espagne, lorsque le roi y arriva.

Comme il n'y connoissoit personne, il se laissa conduire au duc d'Harcourt et à ceux qui avoient eu la principale part au testament, qui étoient fort liés entre eux, et avec les principaux desquels il passoit sa vie par les fonctions intimes de leurs emplois, comme le cardinal Portocarrero qui étoit l'âme de tout, et les marquis de Villafranca, duc de Medina-Sidonia, et comte de Benavente qui avoient les trois charges. Mais comme tous ceux-là mêmes lui étoient étrangers et M. d'Harcourt lui-même, il se déroboit volontiers pour être seul avec le peu de François qui l'avoient suivi, entre lesquels il n'étoit bien accoutumé qu'avec Valouse, son écuyer en France, et Louville qui, depuis l'âge de sept ans, étoit gentilhomme de sa manche. C'étoit celui-là beaucoup plus qu'aucun qui étoit le dépositaire de son âme. M. de Beauvilliers, qui l'éprouvoit depuis tout le temps de cette éducation, le lui avoit recommandé comme un homme sage, instruit, plein de sens, d'esprit et de ressource, uniquement attaché à lui et digne de toute sa confiance. Louville avoit en effet tout cela, et une gaieté et des plaisanteries salées, mais avec jugement, dont les saillies réveilloient le froid et le sérieux naturel du roi, et lui étoient d'une grande ressource dans les premiers temps d'arrivée en cette terre étrangère. Louville étoit intimement attaché à M. de Beauvilliers, et extrêmement bien avec Torcy. Il étoit leur intime et unique correspondant, et sûr de ses lettres et de ses chiffres, parce que Torcy avoit les postes. Il connoissoit à fond le roi d'Espagne, il agissoit de concert avec Harcourt, Portocarrero, Ubilla, Arias et les trois charges, et ménageoit les autres seigneurs dont il eut bientôt une cour. On voyoit bien la prédilection et la confiance du roi pour lui. Mais Harcourt étant, peu de jours après l'arrivée, tombé dans une grièvre et longue maladie, tout le poids des affaires tomba sur Louville à découvert, et pour en parler au vrai, il gouverna le roi et l'Espagne. C'étoit lui qui voyoit et faisoit toutes ses lettres particulières à notre cour, et par qui tout passoit directement. Il commençoit à peine à connoître à demi son monde qu'il lui tomba sur les bras la plus cruelle affaire du monde; pour l'entendre il faut reprendre les intéressés de plus haut.

Le comte de San-Estevan del Puerto, grand écuyer de la reine, et qui malgré cet attachement de charge avoit tant eu de part au testament, ne devoit pas être surpris qu'elle eût préféré le connétable de Castille, de temps attaché à elle et à la maison d'Autriche, et qu'elle avoit attaché à Harcourt pour négocier avec lui, ni que la junte qui d'ailleurs la comptoit si peu n'eût pu lui refuser l'ambassade passagère de France pour un seigneur si distingué. Néanmoins le dépit qu'il en conçut fut tel qu'il la quitta, et lui fit en partie déserter sa maison, dont le connétable porta en France ces lettres de plaintes si romanesques et si inutiles. Le duc de Montéléon, de la maison Pignatelli comme Innocent XII, dont tous les biens étoient en Italie, fin et adroit Napolitain, et qui vouloit se tenir en panne en attendant qu'il vît d'où viendroit le vent, saisit l'occasion, se donna à la reine, qui fut trop heureuse d'avoir un seigneur si marqué. Il fut donc son grand écuyer, et, faute d'autre, en même temps son majordome-major, son conseil et son tout, et sa femme sa camarera-mayor. Ce fut ce duc que la reine envoya de Tolède complimenter le roi d'Espagne. Le cardinal voyoit avec dépit un homme si considérable chez la reine, tout exilée qu'elle étoit, et n'oublia rien de direct ni d'indirect pour engager Montéléon de la quitter; mais il avoit affaire à un homme plus délié que lui, et qui répondoit toujours qu'il ne quitteroit pas pour rien des emplois aussi bons à user que ceux qui le retenoient à Tolède; mais qu'il étoit prêt à revenir si on lui donnoit une récompense raisonnable. Ce n'étoit pas le compte du cardinal. Il vouloit isoler entièrement la reine, et qu'elle ne trouvât au plus que des valets ; et c'étoit lui procurer quelque autre seigneur en la place de Montéléon, si on achetoit l'abandon de celui-ci, qui seroit une espérance et un exemple pour le successeur. Quelques mois se passèrent de la sorte qui allumèrent de plus en plus le dépit du cardinal, qui, outré de colère, résolut enfin de se porter aux dernières extrémités contre le duc de Montéléon, et de faire en même temps le plus sanglant outrage à la reine.

Pour entendre l'occasion qu'il en saisit, il faut savoir une coutume d'Espagne que l'usage a tournée en loi, et qui est également folle et terrible pour toutes les familles. Lorsqu'une fille par caprice, par amour, ou par quelque raison que ce soit, s'est mise en tête d'épouser un homme, quelque disproportionné qu'il soit d'elle, fût-ce le palefrenier de son père, elle et le galant le font savoir au vicaire de la paroisse de la fille, pourvu qu'elle ait seize ans accomplis. Le vicaire se rend chez elle, fait venir son père, et en sa présence et de la mère, demande à leur fille si elle persiste à vouloir épouser un tel. Si elle répond que oui, à l'instant il l'emmène chez lui, et il y fait venir le galant ; là il réitère la même question à la fille devant cet homme qu'elle veut épouser, et si elle persiste dans la même volonté, et que lui aussi déclare la vouloir épouser, le vicaire les marie sur-le-champ sans autre formalité, et, de plus, sans que la fille puisse être déshéritée. C'est ce qui se peut traduire du terme espagnol la *saccade du vicaire*, qui, pour dire la vérité, n'arrive comme jamais.

Montéléon avoit sa fille dame du palais de la reine, qui vouloit épouser le marquis de Mortare, homme d'une grande naissance mais fort pauvre, à qui le duc de Montéléon ne la voulut point donner. Mortare l'enleva et en fut exilé. Là-dessus arriva la mort de Charles II. Cette aventure parut au cardinal Portocarrero toute propre à satisfaire sa haine. Il se mit donc à presser Montéléon de faire le mariage de Mortare avec sa fille, ou de lui laisser souffrir la saccade du vicaire. Le duc tira de longue, mais enfin serré de près avec une autorité aiguisée de vengeance, appuyée de la force de l'usage tourné en loi et du pouvoir alors tout-puissant du cardinal, il eut recours à Montriel, puis à Louville à qui il exposa son embarras et sa douleur. Ce dernier n'y trouva de remède que de lui obtenir une permission tacite de faire enlever sa fille par d'Urse, gentilhomme des Pays-Bas, qui s'attachoit fort à Louville, et qui en eut depuis la compagnie des mousquetaires flamands, formée sur le modèle de nos deux compagnies de mousquetaires. Montéléon avoit arrêté le mariage avec le marquis de Westerloo, riche seigneur flamand de la maison de Mérode et chevalier de la Toison d'or, qui s'étoit avancé à Bayonne, et qui sur l'incident fait par le cardinal Portocarrero n'avoit osé aller plus loin. D'Urse y conduisit la fille du duc de Montéléon qui, en arrivant à Bayonne, y épousa le marquis de Westerloo, et s'en alla tout de suite avec lui à Bruxelles, et le comte d'Urse s'en revint à Madrid. Le cardinal, qui de plus en plus serroit la mesure tant que la fuite fut arrêtée et exécutée, la sut quand le secret en fut devenu inutile, et que Montéléon compta n'avoir plus rien à craindre depuis que sa fille étoit mariée en France, et avec son mari en chemin des Pays-Bas.

Mais il ignoroit encore jusqu'à quel excès se peut porter la passion d'un prêtre tout-puissant, qui se voit échapper d'entre les mains une proie qu'il s'étoit dès longtemps ménagée. Portocarrero en furie ne se ménagea plus, alla trouver le roi, lui rendit compte de cette affaire, et lui demanda la permission de la poursuivre. Le roi, tout jeune et arrivant presque, et tout neuf encore aux coutumes d'Espagne, ne pensa jamais que cette poursuite fût autre qu'ecclésiastique, comme diocésain de Madrid, et, sans s'informer, n'en put refuser le cardinal, qui, au partir de là sans perdre un instant, fait assembler le conseil de Castille, de concert avec Arias, gouverneur de ce conseil et son ami, et avec Monterey, qui s'y livra par je ne sais quel motif; et là, dans la même séance, en trois heures de temps, un arrêt par lequel Montéléon fut condamné à perdre six cent mille livres de rente en Sicile, applicables aux dépenses de la guerre, à être lui appréhendé au corps jusque dans le palais de la reine à Tolède, mis et lié sur un cheval, conduit ainsi dans les prisons de l'Alhambra à Grenade, où il y avoit plus de cent lieues, et par les plus grandes chaleurs, d'y demeurer prisonnier gardé à vue le reste de sa vie, et de plus, de représenter sa fille, et la marier au marquis de Mortare, à faute de quoi à avoir la tête coupée et à perdre le reste de ses biens.

D'Urse fut le premier qui eut avis de cet arrêt épouvantable. La peur qu'il eut pour lui-même le fit courir à l'instant chez Louville. Lui qui ne s'écartoit jamais s'étoit ce jour-là avisé d'aller à la promenade, et ce contre-temps pensa tout perdre, parce qu'on ne le trouva que fort tard. Louville, instruit de cet énorme arrêt, alla d'abord au roi, qui entendoit une musique, et ce fut un autre contre-temps où les moments étoient chers. Dès qu'elle fut finie, il passa avec le roi dans son cabinet, où avec émotion il lui demanda ce qu'il venoit de faire. Le roi répondit qu'il voyoit bien ce qu'il lui vouloit dire, mais qu'il ne voyoit pas quel mal pouvoit faire la permission qu'il avoit donnée au cardinal. Là-dessus, Louville lui apprit tout ce de quoi cette permission venoit d'être suivie, et lui représenta avec la liberté d'un véritable serviteur combien sa jeunesse avoit été surprise, et combien cette affaire le déshonoroit après la permission qu'il avoit donnée de l'enlèvement et du mariage de la fille; que sa bouche avoit, sans le savoir, soufflé le froid et le chaud; et qu'elle étoit cause du plus grand des malheurs, dont il lui fit aisément sentir toutes les suites. Le roi, ému et

touché, lui demanda quel remède à un si grand mal, et qu'il
avoit si peu prévu ; et Louville, ayant fait à l'instant apporter une écritoire, dicta au roi deux ordres bien précis : l'un
à un officier de partir au moment même, de courir en diligence à Tolède, pour empêcher l'enlèvement de Montéléon,
et en cas qu'il fût déjà fait, de pousser après jusqu'à ce qu'il
l'eût joint, le tirer des mains de ses satellites, et de le ramener à Tolède chez lui ; l'autre au cardinal, d'aller lui-même à l'instant au lieu où se tient le conseil de Castille,
d'arracher de ses registres la feuille de cet arrêt et de la jeter
au feu, en sorte que la mémoire en fût à jamais éteinte et
abolie.

L'officier courut si bien, qu'il arriva à la porte de Tolède
au moment même que l'exécuteur de l'arrêt y entroit. Il lui
montra l'ordre de la main du roi, et le renvoya de la sorte,
sans passer outre. Celui qui fut porter l'autre ordre du roi
au cardinal le trouva déjà couché, et quoique personne
n'entrât jamais chez lui dès qu'il étoit retiré, au nom du roi
toutes les portes tombèrent. Le cardinal lut l'ordre de la
main du roi, se leva et s'habilla, et fut tout de suite l'exécuter, sans jamais proférer une parole. Il n'y a au monde
qu'un Espagnol capable de ce flegme apparent, dans l'extrême fureur où ce contre-coup le devoit faire entrer. Avec
la même gravité et la même tranquillité, il parut le lendemain matin à son ordinaire chez le roi, qui, dès qu'il l'aperçut, lui demanda s'il avoit exécuté son ordre. *Si, señor*,
répondit le cardinal, et ce monosyllabe fut le seul qu'on ait
ouï sortir de sa bouche, sur une affaire pour lui si mortellement piquante, et qui lui déroboit sa vengeance et la montre de son pouvoir. Arias et lui en boudèrent huit jours
Louville, mais [ils ne] s'en sont jamais parlé en sorte du
monde. Lui avec eux, quoiqu'un peu retenu, ne fit pas
semblant de rien, puis se rapprochèrent à l'ordinaire : ces
deux puissants Espagnols ne vouloient pas demeurer
brouillés avec lui, ni lui aussi sortir avec eux du respect,

de la modestie, et de la privance qui étoit nécessaire qu'il se conservât avec eux, et qu'ils avoient pour le moins autant de désir de ne pas altérer.

Harcourt, qui avoit été à l'extrémité à plusieurs reprises, étoit lors encore fort mal à la Sarzuela, petite maison de plaisance des rois d'Espagne dans le voisinage de Madrid, et entièrement hors d'état d'ouïr parler d'aucune affaire. Celle-ci néanmoins parut à Louville si importante, qu'il alla dès le lendemain lui en rendre compte. Harcourt approuva non-seulement la conduite de Louville, mais il trouva qu'il avoit rendu au roi le plus important service. Il dépêcha là-dessus un courrier qui rapporta les mêmes louanges à Louville. Montéléon cependant accourut se jeter aux pieds du roi, et remercier son libérateur de lui avoir sauvé l'honneur, les biens et la vie ; mais Louville se défendit toujours prudemment d'une chose dont il vouloit que le roi eût tout l'honneur, et dont l'aveu l'eût trop exposé au cardinal; mais toute la cour, et bientôt toute l'Espagne, ne s'y méprit pas, et ne l'en aima et estima que davantage.

Avant de sortir d'Espagne, il faut dire un mot du P. Daubenton, jésuite françois, qui y suivit le roi pour être son confesseur. Ce fut au grand regret des dominicains, en possession de tout temps du confessionnal des rois d'Espagne, appuyés de l'inquisition, chez lesquels, comme partout ailleurs où elle est établie, ils tenoient le haut bout, et soutenus de toute la maison de Guzman, une des plus grandes d'Espagne, de laquelle étoient plusieurs grands, et plusieurs grands seigneurs, qui tous se faisoient un grand honneur de porter le même nom que saint Dominique. Le crédit des jésuites fit que le roi ne balança pas d'en donner un pour confesseur au roi son petit-fils, bien que persuadé que ce choix n'étoit pas politique. On se figuroit l'autorité des dominicains tout autre qu'elle étoit en Espagne. Il se trouva qu'avec tout ce qui la leur devoit donner principale, ils y avoient moins de crédit, de considération et d'amis puissants et nombreux que les jésuites, qui avoient su les miner et s'établir à leurs dépens. L'Espagne fourmilloit de leurs colléges, de leurs noviciats, de leurs maisons professes; et comme ils héritent en ce pays-là comme s'ils n'étoient pas religieux, toutes ces maisons, vastes, nombreuses, magnifiques en tout, sont extrêmement riches. Ce changement d'ordre du confesseur ne fit donc pas la moindre peine, sinon à des intéressés tout à fait hors de moyens de s'en ressentir.

Ce P. Daubenton fut admirablement bien choisi. C'étoit un petit homme grasset, d'un visage ouvert et avenant, poli, respectueux avec tous ceux dont il démêla qu'il y avoit à craindre ou à espérer, attentif à tout, de beaucoup d'esprit, et encore plus de sens, de jugement et de conduite, appliqué surtout à bien connoître l'intrinsèque de chacun, et à mettre tout à profit, et cachant sous des dehors retirés, désintéressés, éloignés d'affaires et du monde, et surtout simples et même ignorants, une finesse la plus déliée, un esprit le plus dangereux en intrigues, une fausseté la plus innée, et une ambition démesurée d'attirer tout à soi et de tout gouverner. Il débuta par faire semblant de ne vouloir se mêler de rien, de se soumettre comme sous un joug pénible à entrer dans les sortes d'affaires qui en Espagne se renvoient au confesseur, de ne faire que s'y prêter avec modestie et avec dégoût, d'écarter d'abord beaucoup de choses qu'il sut bien par où reprendre, de ne recommander ni choses ni personnes, et de refuser même son général là-dessus. Avec cette conduite qui se pourroit mieux appeler manége, et une ouverture et un liant jusqu'avec les moindres, qui le faisoit passer pour aimer à obliger, et qui faisoit regretter qu'il ne se voulût pas mêler, il fit une foule de dupes, il gagna beaucoup d'amis, et quoique ses progrès fussent bientôt aperçus auprès du roi d'Espagne et dans la part aux affaires, il eut l'art de se maintenir longtemps dans cette première réputation qu'il avoit su s'établir. C'est un personnage avec qui il fallut compter, et en France à la fin comme en Espagne. Nous le retrouverons plus d'une fois.

Des autres François, Valouse ne se mêla que de faire sa fortune, qu'il fixa en Espagne; Montriel de rien, et qui revint comme il étoit allé; La Roche de presque rien au delà de son estampilla: Hersent de peu de choses, et encore de cour; ceux de la Faculté de rien, ni quelques valets intérieurs ou gens de la bouche françoise que d'amasser; et Louville de tout et fort à découvert. Mais son règne, très-utile aux deux rois et à l'Espagne, fut trop brillant et trop court pour leur bien.

Le comte d'Harrach, ambassadeur de l'empereur, étoit sur le point d'être relevé lorsque Charles II mourut. Il partit bientôt après d'un pays qui ne pouvoit plus que lui être très-désagréable, et le comte d'Aversberg lui succéda. Mais la junte, qui dans ces circonstances le prit moins pour un ambassadeur que pour un espion, lui conseilla doucement de se retirer, jusqu'à ce qu'on sût à quoi l'empereur s'en tiendroit. Il résista jusqu'à proposer de demeurer en attendant, comme particulier, sans caractère; à la fin, il fut prié de ne pas attendre l'arrivée du roi d'Espagne, et il partit; mais il passa par Paris, où il s'arrêta en voyageur pour y voir les choses de plus près, et en rendre compte de bouche plus commodément encore que Zinzendorf, envoyé ici de l'empereur, ne pouvoit faire par ses amples dépêches.

Cependant les deux princes, frères du roi d'Espagne, continuoient leur voyage par la France, où, malgré la fâcheuse saison de l'hiver, les provinces qu'ils parcourrurent n'oublièrent rien pour les recevoir avec les plus grands honneurs et les fêtes les plus galantes. Le Languedoc s'y distingua, le Dauphiné fit de son mieux. Ils logèrent à Grenoble dans l'évêché, et ils y séjournèrent quelques jours dans l'espérance de pouvoir aller de là voir la grande Chartreuse. Mais les neiges furent impitoyables, et quoi qu'on pût faire, elles leur en fermèrent tous les chemins. Le cardinal Le Camus, avec tout son esprit et cette connoissance du monde que tant d'années de résidence, sans sortir de son diocèse que pour un conclave, n'avoient pu effacer, se surpassa dans la réception qu'il leur fit, sans toutefois sortir de ce caractère d'évêque pénitent et tout appliqué à ses devoirs qu'il soutenoit depuis si longtemps. Mais sa pourpre l'avoit enivré au point de lui faire perdre la tête dans tout ce qui la regardoit, jusque-là qu'un homme qui avoit passé ses premières années à la cour aumônier du roi, et dans les meilleures compagnies, avoit oublié comment les cardinaux y vivoient, si bien qu'il fut longtemps en peine, sur le point de l'arrivée des princes chez lui, si dans sa maison même il devoit leur donner la main. Ils passèrent en Provence où Aix, Arles, et surtout Marseille et Toulon leur donnèrent des spectacles, dont la nouveauté releva pour eux la magnificence et la galanterie par tout ce que la marine exécuta. Avignon se piqua de surpasser les villes du royaume par la réception qu'elle leur fit, et Lyon couronna tous ces superbes plaisirs par où ils finirent avec leur voyage. C'est où je les laisserai pour reprendre ce que la digression d'Espagne m'a fait interrompre.

CHAPITRE VIII.

Mlle de Laigle, fille d'honneur de Mme la Duchesse, à Marly; et mange avec Mme la duchesse de Bourgogne. — Violente indigestion de Monseigneur. — Capitation. — Grande augmentation de troupes. — Force milice. — Électeur de Bavière à Munich; Ricous l'y suit. — Bedmar commandant général des Pays-Bas espagnols par intérim. — Traités et fautes. — Succession à la couronne d'An-

gleterre établie dans la ligne protestante. — Plaintes et droits de
M. de Savoie. — Vénitiens neutres. — Catinat général en Italie. —
Dépit et vues de Tessé; sa liaison avec Vaudemont. — Boufflers
général en Flandre et Villeroy en Allemagne. — M. de Chartres
refusé de servir; grand mécontentement de Monsieur, qui ne s'en
contraint pas avec le roi. — Nyert revient d'Espagne. — Retour
des princes. — La Suède reconnoît le roi d'Espagne. — Archevêques
d'Aix et de Sens nommés à l'ordre. — Traits du premier. — Refus
illustre de l'archevêque de Sens. — M. de Metz commandeur de
l'ordre. — Tallard chevalier de l'ordre, etc. — Mort de Mme de
Tallard, de la duchesse d'Arpajon, de Mme d'Hauterive, de Mme de
Bournonville, de Segrais, du maréchal de Tourville. — Châteaurenauld vice-amiral. — Mort du comte de Staremberg. — L'Angleterre reconnoît le roi d'Espagne. — Duc de Beauvilliers grand
d'Espagne. — Mariage déclaré du roi d'Espagne avec la fille du duc
de Savoie. — Égalité réglée en France et en Espagne entre les ducs
et les grands. — Abbé de Polignac rappelé. — Duc de Popoli salue
le roi, qui lui promet l'ordre. — Banqueroute des trésoriers de
l'extraordinaire des guerres.

On a vu en plusieurs endroits de ces Mémoires les distinctions que le roi se plaisoit à donner à ses filles par-dessus
les autres princesses du sang, à la différence desquelles
entre autres il fit manger avec Mme la duchesse de Bourgogne, Mlles de Sanzay et de Viantais, filles d'honneur de
Mme la princesse de Conti. Mme la Duchesse n'en avoit plus
il y avoit longtemps; elle en prit une cette année qui fut la
fille de Mme de Laigle, sa dame d'honneur, laquelle tout de
suite eut le même honneur que celles de Mme la princesse
de Conti sa sœur, et, comme elles, fut de tous les voyages
de Marly.

Le samedi 19 mars, veille des Rameaux, au soir, le roi
étant à son prie-Dieu, pour se déshabiller tout de suite à
son ordinaire, entendit crier dans sa chambre pleine de
courtisans, et appeler Fagon et Félix avec un grand trouble.
C'étoit Monseigneur qui se trouvoit extrêmement mal. Il
avoit passé la journée à Meudon, où il n'avoit fait que collation, et au souper du roi s'étoit crevé de poisson. Il étoit

grand mangeur, comme le roi et comme les reines ses mère
et grand'mère. Il n'y avoit pas paru après le souper. Il
venoit de descendre chez lui du cabinet du roi, et à son
ordinaire aussi s'étoit mis à son prie-Dieu en arrivant, pour
se déshabiller tout de suite. Sortant de son prie-Dieu et se
mettant dans sa chaise pour se déshabiller, il perdit tout
d'un coup connoissance. Ses valets éperdus et quelques-uns
des courtisans qui étoient à son coucher accoururent chez le
roi chercher le premier médecin et le premier chirurgien du
roi avec le vacarme que je viens de dire. Le roi, tout débou-
tonné, se leva de son prie-Dieu à l'instant et descendit chez
Monseigneur par un petit degré noir, étroit et difficile, qui,
du fond de l'antichambre qui joignoit sa chambre, descendoit tout droit dans ce qu'on appeloit le Caveau, qui étoit un
cabinet assez obscur sur la petite cour, qui avoit une porte
dans la ruelle du lit de Monseigneur et une autre qui
entroit dans son premier grand cabinet sur le jardin. Ce
caveau avoit un lit dans une alcôve, où il couchoit souvent
l'hiver; mais comme c'étoit un fort petit lieu, il se déshabilloit et s'habilloit toujours dans sa chambre. Mme la duchesse
de Bourgogne, qui ne faisoit aussi que passer chez elle,
arriva en même temps que le roi, et dans un instant
la chambre de Monseigneur, qui étoit vaste, se trouva
pleine.

Ils trouvèrent Monseigneur à demi nu que ses gens pro-
menoient ou plutôt traînoient par la chambre. Il ne connut
ni le roi qui lui parla, ni personne, et se défendit tant qu'il
put contre Félix qui, dans cette nécessité pressante, se
hasarda de le saigner en l'air, et y réussit. La connoissance
revint; il demanda un confesseur; le roi avoit déjà envoyé
chercher le curé. On lui donna force émétique, qui fut longtemps à opérer, et qui sur les deux heures fit une évacuation
prodigieuse haut et bas. A deux heures et demie, n'y paroissant plus de danger, le roi, qui avoit répandu des larmes,
s'alla coucher, laissant ordre de l'éveiller s'il survenoit

quelque accident. A cinq heures, tout l'effet étant passé, les médecins le laissèrent reposer et firent sortir tout le monde de sa chambre. Tout y accourut toute la nuit de Paris. Il en fut quitte pour garder sa chambre huit ou dix jours, où le roi l'alloit voir deux fois par jour, et où, quand il fut tout à fait bien, il jouoit ou voyoit jouer toute la journée. Depuis, il fut bien plus attentif à sa santé et prit fort garde à ne se pas trop charger de nourriture. Si cet accident l'eût pris un quart d'heure plus tard, le premier valet de chambre qui couchoit dans sa chambre l'auroit trouvé mort dans son lit.

Paris aimoit Monseigneur, peut-être parce qu'il y alloit souvent à l'Opéra. Les harengères des halles imaginèrent de se signaler. Elles en députèrent quatre de leurs plus maîtresses commères pour aller savoir des nouvelles de Monseigneur. Il les fit entrer. Il y en eut une qui lui sauta au collet et qui l'embrassa des deux côtés; les autres lui baisèrent la main. Elles furent très-bien reçues. Bontems les promena par les appartements, et leur donna à dîner. Monseigneur leur donna de l'argent, le roi aussi leur en envoya. Elles se piquèrent d'honneur, elles en firent chanter un beau *Te Deum* à Saint-Eustache, puis se régalèrent.

Le roi, voyant que l'alliance unie contre lui à la dernière guerre se rejoignoit et se préparoit à y rentrer contre lui, en même temps que ces puissances essayoient de l'amuser pour se donner le temps de mettre ordre à leurs affaires, songea aussi à s'y préparer. Il augmenta son infanterie de cinquante mille hommes; il forma soixante-dix bataillons de milice, et augmenta sa cavalerie de seize mille et ses dragons à proportion. Ces dépenses renouvelèrent la capitation dont l'invention est due à Bâville, intendant ou plutôt roi de Languedoc. Elle eut lieu pour la première fois à la fin de la dernière guerre. Pontchartrain y avoit résisté tant qu'il avoit pu, comme au plus pernicieux impôt par la facilité de l'augmenter à volonté d'un trait de plume, l'injustice inévitable de son imposition, à proportion des facultés de chacun toujours ignorées, et nécessairement livrée à la volonté des intendants des provinces, et l'appât de la rendre ordinaire, comme il est enfin arrivé malgré les édits et les déclarations remplies des plus fortes promesses de la faire cesser à la paix. Mais à la fin il eut la main forcée par la nécessité des dépenses, par les persécutions de Bâville, et par les mouvements des financiers. Celle-ci fut beaucoup plus forte que n'avoit été la première, comme sont toujours les impôts, qui vont toujours en augmentant.

Il y avoit plusieurs années que l'électeur de Bavière n'avoit été chez lui. Bruxelles lui plaisoit plus que le séjour de Munich, et après avoir passé toute la dernière guerre aux Pays-Bas dont il étoit gouverneur, il y demeura encore pendant la paix. A la fin, ses affaires d'Allemagne le pressèrent d'y retourner. Il le fit trouver bon au roi, et le pria en même temps de lui donner quelqu'un qui fût homme de guerre pour être témoin de ses actions, et à qui il pût communiquer les propositions de traités qui ne manqueroient pas de lui être faites, parce qu'il vouloit que le roi et le roi d'Espagne fussent informés de tout ce qui le regarderoit, et ne rien faire que de concert avec eux. On lui envoya Ricous. C'étoit un homme de beaucoup d'esprit, qui avoit servi avec valeur, ami particulier de M. et de Mme de Castries, qui étoit de Languedoc et qui avoit déjà eu quelques commissions en Allemagne. Castries, fort ami de Torcy, le lui avoit fait connoître, et par lui à Croissy. Depuis que Ricous étoit revenu, il s'étoit toujours entretenu fort bien avec Torcy, s'étoit fait des amis de considération, et il étoit souvent à Versailles dans les bonnes maisons, où on étoit bien aise de le voir. L'électeur partit donc et se fit suivre par toutes ses troupes, et laissa le marquis de Bedmar, commandant général des Pays-Bas espagnols, en son absence.

On fit en même temps imprimer les propositions que les

Hollandois et les Anglois avoient faites à d'Avaux dans les conférences de la Haye. Les premiers demandoient d'avoir leurs garnisons dans une douzaine de places, parmi lesquelles Luxembourg, Namur, Charleroy et Mons; et les Anglois dans Ostende et Nieuport. Cela montroit qu'ils ne cherchoient qu'à rompre, et la faute si lourde de leur avoir renvoyé leurs vingt-deux bataillons. Ce n'étoit pas tout : ils ajoutoient qu'on donnât satisfaction à l'empereur, et cela n'étoit pas facile à un prince qui prétendoit tout, et qu'il entrât dans leur traité. Aussi ces conférences ne durèrent-elles pas longtemps après des propositions si sauvages. Les Hollandois, pour gagner temps, n'oublièrent rien pour amuser toujours; mais à la fin, Briord convalescent revint et d'Avaux peu après, qui ne laissa qu'un secrétaire à la Haye, lequel même n'y demeura pas longtemps.

Tallard aussi quitta Londres et y laissa Poussin, espèce de secrétaire qui dans la suite fut subalternement employé et fit bien partout. Presque en même temps, Molès, ambassadeur d'Espagne à Vienne, fut congédié. Sous prétexte de pourvoir à ses dettes, il s'arrêta dans les faubourgs, et fit si bien qu'il y fut arrêté contre le droit des gens, quoiqu'il eût pris congé et dépouillé le caractère. Je dis qu'il fit si bien qu'il y fut arrêté, parce que la suite fit juger que ç'avoit été un jeu, qui finit en tournant casaque et se donnant à l'empereur.

En même temps le roi eut nouvelle de la signature de trois traités avantageux. Par l'un le Portugal faisoit avec lui une alliance offensive et défensive, interdisoit ses ports aux Anglois et aux Hollandois, et défendoit tout commerce avec eux à ses sujets. C'étoit un coup de partie que de fermer cette porte d'Espagne. Mais, faute d'argent et de troupes à temps pour joindre à celles que le Portugal fournissoit et qu'il réclama en vain, il fut forcé, le pied sur la gorge, à recevoir les vaisseaux et les troupes de ces deux nations, de se joindre à elles contre l'Espagne malgré lui, et de la prendre ainsi par le seul endroit en prise, et qui fit sentir tout le danger et toute la dépense de ce que nous avions manqué.

Cette faute et celle du renvoi des garnisons hollandoises furent capitales et influèrent sur tout. Celle encore d'espérer toujours contre toute espérance, et cette délicatesse de ne vouloir pas paroître agresseur, et de s'opiniâtrer à se laisser attaquer après tous les amusements et tous les délais qu'ils voulurent employer, fut une autre cause de ruine. Avec un parti pris et le courage et la célérité du début des précédentes guerres, on les auroit déconcertés et réduits à l'impossible avant qu'ils se fussent arrangés, et on les eût réduits à cette paix qu'on désiroit tant par la posture où on se seroit mis de leur faire tout craindre pour eux-mêmes. Mais nos ministres n'étoient plus les mêmes; et on ne s'aperçut que trop après que c'étoit aussi d'autres généraux. L'autre traité fut celui par lequel M. de Mantoue livra au roi ses places et ses États. Rien n'étoit plus important que Mantoue, ni rien de si pressé de s'en assurer. Enfin, par celui de M. de Savoie, il fut déclaré généralissime des forces des deux couronnes en Italie, et s'engagea à fournir dix mille hommes de ses troupes, outre tous les passages et toutes les facilités pour les nôtres, et il se flatta en même temps du mariage de sa seconde fille avec le roi d'Espagne.

M. de Savoie fut fort blessé de la loi que le parlement d'Angleterre venoit de faire pour régler l'ordre de la succession à la couronne de la Grande-Bretagne, et la fixer en même temps dans la ligne protestante, en faveur de Sophie, femme du nouvel électeur d'Hanovre, et mère de l'électeur roi d'Angleterre, et fille de l'électeur palatin roi de Bohême déposé et chassé de tous ses États, et d'une fille de Jacques Ier, roi de la Grande-Bretagne et sœur du roi Charles Ier à qui ses sujets coupèrent la tête. Or, Charles étoit père de la première femme de Monsieur, dont la fille étoit épouse de M. de Savoie, et par conséquent excluoit de droit sa tante paternelle et les Hanovre ses enfants. M. de Savoie porta ses plaintes en forme en Angleterre, qui ne furent pas écoutées. On n'y vouloit plus ouïr parler d'un roi catholique après avoir chassé et proscrit le roi Jacques II et sa postérité.

Les Vénitiens aussi déclarèrent qu'ils se tiendroient neutres, et qu'ils appelleroient à leur secours l'ennemi de celui qui se voudroit saisir de quelqu'une de leurs places malgré eux. C'est tout ce que le cardinal d'Estrées en put obtenir, qui de Venise se mêla aussi du traité de Savoie avec Phélypeaux, notre ambassadeur à Turin, et avec Tessé de celui du duc de Mantoue. Le bonhomme La Haye, notre ambassadeur à Venise, voulut finir sa longue ambassade à ce période. Il avoit été longtemps ambassadeur à Constantinople avec grande réputation, et bien servi encore ailleurs. Charmont, nouveau secrétaire du cabinet, lui succéda à Venise.

Catinat fut choisi pour commander en Italie. Il venoit de perdre Croisille, son frère, qui avoit servi avec grande réputation, mais que sa mauvaise santé avoit empêché de continuer. C'étoit un homme fort sage, fort instruit, fort judicieux, qui avoit beaucoup d'amis considérables, quoique fort retiré et grand homme de bien. C'étoit le conseil et l'ami du cœur de son frère, qui partit dans cette affliction. Tessé fut outré d'avoir un général. Le brillant et le solide qu'il avoit tiré de la fin de la dernière guerre d'Italie, les avantages qu'il avoit tâché d'en prendre à la cour depuis que la paix et sa charge l'y avoient attaché, la familiarité qu'il avoit acquise à la cour de Turin et la part qu'il venoit d'avoir au traité de Mantoue lui avoient fait espérer de commander en chef les troupes du roi sous M. de Savoie. Il étoit gâté, mais M. de Vaudemont avoit achevé de lui tourner la tête. Ce favori de la fortune, qui ne négligeoit rien pour s'en tenir les chaînes assurées, et qui étoit l'homme le mieux informé de l'intérieur des cours dont il avoit affaire, avoit tout prodigué pour s'attacher Tessé, que le roi lui avoit envoyé pour concerter avec lui tout ce qui regardoit le militaire. Fêtes, galanteries, confiance, déférences, honneurs partout et civils et militaires, en tout pareils à ceux qui lui étoient rendus à lui-même, rien ne fut épargné. Il parut donc bien dur à Tessé, qui avoit eu la sotte vanité de recevoir des honneurs de gouverneur et de capitaine général du Milanois, d'en tomber tout à coup, et dans le Milanois même, dans l'état commun de simple lieutenant général roulant avec tous les autres. Il tâcha au moins de tirer ce parti de leur commander sous Catinat, comme autrefois on avoit fait quelques capitaines généraux, mais il en fut refusé, et se vit par là loin encore du bâton de maréchal de France, qu'il croyoit déjà tenir, quoiqu'il n'eût jamais vu d'action ni peut-être brûler une amorce par le hasard d'absence, de détachement ou de commissions, mais on ne se rend pas justice et on se prend à qui on peut. Il attendit donc Catinat qui l'avoit proposé à la fin de la dernière guerre pour traiter avec la cour de Turin, et qui par là avoit fait sa fortune. Il l'attendit, dis-je, avec ferme dessein de lui faire du pis qu'il pourroit, afin d'essayer de le chasser de cette armée, dans l'espérance de lui succéder, et qu'appuyé comme il comptoit de l'être de M. de Savoie et de Vaudemont, elle ne lui échapperoit pas, et qu'à ce coup on ne pourroit lui différer le bâton de maréchal de France.

En même temps les armées furent réglées en Flandre sous le maréchal de Boufflers, et en Allemagne sous le maréchal de Villeroy. Monseigneur le duc de Bourgogne fut destiné un moment à commander celle de ce dernier, mais cela fut changé sur le dépit que témoigna Monsieur de ce que M. de Chartres fut refusé de servir.

Le roi y avoit consenti dans l'espérance que Monsieur, piqué de ce qu'on ne lui donnoit point d'armée, n'y consentiroit pas, et y mit la condition que ce seroit avec l'agrément de Monsieur. Monsieur et M. le duc de Chartres, qui comprirent que servant toujours, il n'étoit plus possible à son âge de lui refuser le commandement d'une armée l'année suivante, s'ils ne le pouvoient obtenir celle-ci, aimèrent mieux sauter le bâton du service subalterne encore cette campagne. Le roi, qui pour cette même raison ne vouloit pas que son neveu servît, fut surpris de trouver Monsieur dans la même volonté que M. son fils, et, si cela s'ose dire, fut pris pour dupe; mais il ne la fut pas, et montra la corde par le refus chagrin qu'il fit tout net pour qu'on ne lui en parlât plus. Il s'y trompa encore. M. de Chartres fit des escapades peu mesurées, mais de son âge, qui fâchèrent le roi et l'embarrassèrent encore davantage. Il ne savoit que faire à son neveu qu'il avoit forcé à être son gendre, et [à] qui, excepté les conditions écrites, [il] n'avoit rien tenu, tant de ce qu'il avoit laissé espérer que de ce qu'il avoit promis. Ce refus de servir qui éloignoit sans fin, pour ne pas dire qui anéantissoit, toute espérance de commandement d'armée, rouvrit la plaie du gouvernement de Bretagne, et donnoit beau jeu à Madame d'insulter à la foiblesse que Monsieur avoit eue, qui n'en étoit pas aux premiers repentirs. Il laissoit donc faire son fils en jeune homme, qui, avec d'autres jeunes têtes, se proposoit de faire un trou à la lune, tantôt pour l'Espagne et tantôt pour l'Angleterre; et Monsieur, qui le connoissoit bien et qui n'étoit pas en peine qu'il exécutât ces folies, ne disoit mot, bien aise que le roi en prît de l'inquiétude, comme à la fin il arriva.

Le roi en parla à Monsieur, et, sur ce qu'il le vit froid, lui reprocha sa foiblesse de ne savoir pas prendre autorité sur son fils. Monsieur alors se fâcha, et bien autant de résolution prise que de colère, il demanda au roi à son tour ce qu'il vouloit faire de son fils à son âge; qu'il s'ennuyoit de battre les galeries de Versailles et le pavé de la cour, d'être marié comme il l'étoit, et de demeurer tout nu vis-à-vis ses beaux-frères comblés de charges, de gouvernements, d'établissements et de rangs sans raison, sans politique et sans exemple; que son fils étoit de pire condition que tout ce qu'il y avoit de gens en France de son âge qui servoient et à qui on donnoit des grades bien loin de les en empêcher; que l'oisiveté étoit la mère de tout vice; qu'il lui étoit bien douloureux de voir son fils unique s'abandonner à la débauche, à la mauvaise compagnie et aux folies, mais qu'il lui étoit cruel de ne s'en pouvoir prendre à une jeune cervelle justement dépitée, et de n'en pouvoir accuser que celui qui l'y précipitoit par ses refus. Qui fut bien étonné de ce langage si clair? ce fut le roi. Jamais il n'étoit arrivé à Monsieur de s'échapper avec lui à mille lieues près de ce ton, qui étoit d'autant plus fâcheux qu'il étoit appuyé de raisons sans réplique, auxquelles toutefois le roi ne vouloit pas céder. Dans la surprise de cet embarras, il fut assez maître de soi pour répondre, non en roi, mais en frère. Il dit à Monsieur qu'il pardonnoit tout à la tendresse paternelle. Il le caressa, il fit tout ce qu'il put pour le ramener par la douceur et l'amitié. Mais le point fatal étoit ce service pour le but du commandement en chef que Monsieur vouloit, et que le roi par cette raison même ne vouloit pas; raison qu'ils ne se disoient point l'un à l'autre, mais que tous deux comprenoient trop bien l'un de l'autre. Cette forte conversation fut longue et poussée, Monsieur toujours sur le haut ton et le roi toujours au rabais. Ils se séparèrent de la sorte, Monsieur outré, mais n'osant éclater, et le roi très-piqué, mais ne voulant pas étranger Monsieur, et moins encore que leur brouillerie pût être aperçue.

Saint-Cloud, ou Monsieur passoit les étés en grande partie, et où il alla plus tôt qu'à son ordinaire, les mit à l'aise en attendant un raccommodement, et Monsieur, qui vint depuis voir le roi et quelquefois dîner avec lui, y vint plus rarement qu'il n'avoit accoutumé, et leurs moments de tête-à-tête se passoient toujours en aigreurs du côté de Monsieur; mais en public il n'y paroissoit rien ou bien peu de chose, sinon que les gens familliers avec eux remarquoient des agaceries et des attentions du roi, et une froideur de Monsieur à y répondre, qui n'étoient dans l'habitude ni de l'un ni de l'autre. Cependant Monsieur qui vit bien que de tout cela il n'en résulteroit rien de ce qu'il désiroit, et que la fermeté du roi là-dessus ne se laisseroit point affoiblir, jugea sagement par l'avis du maréchal de Villeroy, qui s'entremit fort dans tout cela, et surtout par ceux du chevalier de Lorraine et du marquis d'Effiat, qu'il ne falloit pas pousser le roi à bout et qu'il étoit temps d'arrêter les saillies de la conduite de M. son fils. Il le fit donc peu à peu, mais le cœur restant ulcéré, et toujours avec le roi de la même manière.

Les princes du sang ne servirent point non plus. Ce fut M. le Prince encore à qui le roi s'adressa pour faire entendre ce qu'il appeloit raison à M. le Duc et à M. le prince de Conti; mais M. du Maine et M. le comte de Toulouse allèrent comme lieutenants généraux en Flandre sous le maréchal de Boufflers.

Nyert, premier valet de chambre du roi, qui, sous prétexte de curiosité à son âge et dans son emploi, avoit suivi le roi d'Espagne à Madrid, et qui y étoit demeuré pour y être spectateur des premiers temps de son arrivée, revint au bout de cinq mois, et entretint le roi fort longtemps, à plusieurs reprises, tête à tête. Mgr le duc de Bourgogne arriva aussi le mercredi 20 avril; il avoit pris la poste à Lyon. Le roi l'attendit dans son cabinet; et en sortit au-devant de lui pour l'embrasser, puis lui fit embrasser Mme la duchesse de Bourgogne : c'étoit à trois heures après midi; il avoit couché à Sens. M. le duc de Berry, qui n'avoit pas pris la poste si loin, arriva quatre jours après.

Le roi eut presque en même temps la joie que la Suède, qui tenoit de fort près les Moscovites et le roi de Pologne unis contre lui, et qui les avoit battus en plusieurs rencontres et obtenu de grands avantages, reconnut le roi d'Espagne.

Ce même mois d'avril vit un exemple bien rare et bien respectable, auquel on ne devroit jamais donner lieu, et qui a été mal imité, et en mêmes cas et choses, depuis par plusieurs qui l'auroient dû. Le roi voulut remplir les deux places vacantes par la mort de M. de Noyon et par la promotion du cardinal de Coislin à la charge de grand aumônier de France et de l'ordre; et sans qu'aucun des deux prélats choisis le sussent ni personne, il nomma M. de Cosnac archevêque d'Aix, et M. Fortin de La Hoguette archevêque de Sens.

Cosnac étoit un homme de qualité de Guyenne, qui avoit fait grand bruit par son esprit et par ses intrigues autrefois, étant évêque de Valence et premier aumônier de Monsieur. Il s'étoit entièrement attaché à feu Madame, pour laquelle il a fait des choses tout à fait singulières. Il étoit son conseil et son ami de cœur, et le roi lui en savoit gré. Il ne put pourtant refuser à Monsieur de le faire chercher et arrêter, sur ce qu'il avoit disparu avec soupçon qu'il étoit allé se saisir de papiers qui inquiétoient la jalousie de Monsieur, pour les rendre à Madame, et que Monsieur vouloit avoir. Madame, avertie par le roi, en donna aussitôt avis à M. de Valence, qui se cacha dans une auberge obscure à un coin de Paris. Mais Monsieur, secondé de ceux qui le gouvernoient, mit de telles gens en campagne qu'il fut découvert, et qu'un matin la maison fut investie. A ce bruit, l'évêque ne perdit point le jugement; il se mit tout aussitôt à crier la colique; et l'officier qui entra pour l'arrêter le trouva dans des contorsions étranges. L'évêque, sans disputer, comme un homme qui n'est occupé que de son mal, dit qu'il va mourir s'il ne prend un lavement sur l'heure; et qu'après qu'il l'aura rendu il obéira, et continue à crier de toute sa force. L'officier, qui n'eut pas la cruauté de l'emmener en cet état, se hâta d'envoyer querir un lavement pour achever plus tôt sa capture, mais il déclara qu'il ne sortiroit point de la chambre qu'avec le prélat. Le lavement vint, il le prit, et quand il fut question de le rendre, il se mit sur un large pot dans son lit sans en sortir. Il avoit ses raisons pour un si bizarre manége. Les papiers qu'on lui vouloit prendre étoient avec lui dans son lit, parce que depuis qu'il les avoit il ne les quittoit point. En rendant son lavement, il les mit adroitement par-dessous sa couverture au fond du pot, et opéra par-dessus, de façon à n'en être plus en peine. S'en étant défait de cette façon, il dit qu'il se trouvoit fort soulagé, et se mit à rire comme un homme qui se sent revenir de la mort à la vie après de cruelles douleurs, mais en effet de son tour de souplesse, et de ce que cet officier si vigilant n'auroit que la puanteur de sa selle, avec laquelle les papiers furent jetés au privé. Le prélat, qui étoit travesti et qui n'avoit point là d'autres habits à prendre, fut conduit au Châtelet, et là écroué sous le faux nom qu'il avoit pris; mais comme on ne trouva rien et qu'on n'en eut que la honte, il fut délivré deux jours après, avec beaucoup d'excuses et quelques réprimandes de son travestissement, qui, se disoit-on, l'avoit fait méconnoître. Madame se trouva plus délivrée que lui, et comme le roi en fut fort aise, le prélat ne fit que secouer les oreilles, et fut le premier à rire de son aventure[1].

Une autre fois, quelque diable fit une satire cruelle sur Madame, le comte de Guiche, etc., et la fit imprimer en Hollande. Le roi d'Angleterre, qui en eut promptement avis, en avertit Madame, qui s'en ouvrit aussitôt à M. de Valence. « Laissez-moi faire, lui dit-il, et ne vous mettez en peine de rien; » et s'en va. Madame après qui lui demande ce qu'il pense faire, il ne répond point et disparoît. De plusieurs jours on n'en entend point parler. Voilà Madame

---

1. Voy. les *Mémoires de Daniel de Cosnac*, publiés par la Société de l'Histoire de France (2 vol. in-8, Paris, 1852).

bien en peine. En moins de quinze jours Madame le voit entrer dans son cabinet; elle s'écrie et lui demande ce qu'il est devenu et d'où il vient. « De Hollande, répond-il, où j'ai porté de l'argent, acheté tous les exemplaires et l'original de la satire, fait rompre les planches devant moi, et rapporté tous les exemplaires, pour vous mettre hors de toute inquiétude et vous donner le plaisir de les brûler. » Madame fut ravie, et en effet tout fut fidèlement brûlé, et il n'en est pas demeuré la moindre trace. Il y en auroit mille à raconter.

Personne n'avoit plus d'esprit ni plus présent ni plus d'activité, d'expédients et de ressources, et sur-le-champ. Sa vivacité étoit prodigieuse; avec cela très-sensé, très-plaisant en tout ce qu'il disoit, sans penser à l'être, et d'excellente compagnie. Nul homme si propre à l'intrigue, ni qui eût le coup d'œil plus juste; au reste peu scrupuleux, extrêmement ambitieux, mais avec cela haut, hardi, libre; et qui se faisoit craindre et compter par les ministres. Cet ancien commerce intime de Madame dans beaucoup de choses, dans lequel le roi étoit entré, lui avoit acquis une liberté et une familiarité avec lui qu'il sut conserver et s'en avantager toute sa vie. Il se brouilla bientôt avec Monsieur après la mort de Madame, pour laquelle il avoit eu force prises avec lui et avec ses favoris. Il vendit sa charge à Tressan, évêque du Mans, autre ambitieux, intrigant de beaucoup d'esprit, mais dans un plus bas genre, et n'en fut que mieux avec le roi, qui lui donna des abbayes et enfin l'archevêché d'Aix, où il étoit maître de la Provence.

L'autre prélat étoit tout différent : c'étoit un homme sage, grave, pieux, tout appliqué à ses devoirs et à son diocèse, dont tout étoit réglé, rien d'outré, que son mérite avoit sans lui fait passer de Poitiers à Sens, aimé et respecté dans le clergé et dans le monde, et fort considéré à la cour. Il étoit fort attaché à mon père, étoit demeuré extrêmement de mes amis, et n'avoit pas oublié que mon père avoit fait

le sien major de Blaye, qui fut le commencement de leur
fortune, qui avoit poussé La Hoguette, petit-fils de celui-là
et fils du frère de l'archevêque, à être premier sous-lieute-
nant des mousquetaires noirs et lieutenant général fort distingué. Il fut tué aux dernières campagnes de la dernière
guerre d'Italie, avoit épousé une femme fort riche, fort dévote, fort glorieuse, fort dure, sèche et avare, dont une
seule fille, qui devoit être et fut en effet un grand parti.
C'étoit donc de quoi le rehausser que ce cordon bleu à son
grand-oncle paternel, et le tenter de ne pas faire à cette
nièce à marier la honte et le dommage d'un refus. Mais la
vérité fut plus forte en lui ; il répondit avec modestie qu'il
n'étoit pas en état de faire des preuves, et refusa avec beaucoup de respect et de reconnoissance. Ces Fortin en effet
n'étoient rien du tout, et c'est au plus si ce major de Blaye
avoit été anobli. Ce n'est pas que M. de Sens ne sentît le
poids de ce refus. Quoique savant, appliqué, à la tête des
affaires temporelles et ecclésiastiques du clergé, il étoit
aussi homme du monde, voyoit chez lui, à Fontainebleau
qui est du diocèse de Sens, la meilleure compagnie de la
cour. Il y donnoit à dîner tous les jours ; grands seigneurs,
ministres, tout y alloit hors les femmes ; et très-souvent
les soirs, qu'il ne soupoit jamais, compagnie distinguée
et choisie à causer avec lui, et à Paris, quelques mois
d'hiver, toujours dans les meilleures maisons ; mais il ne
vouloit point dérober les grâces ni se donner pour autre
qu'il étoit.

Ce refus embarrassa le roi, qui l'avoit déclaré en plein
chapitre ; il l'aimoit, et ce trait ne le lui fit qu'estimer davantage. Il lui fit donc l'honneur de lui écrire lui-même, et
après l'avoir loué, il lui manda qu'étant publiquement
nommé, il faudrait en trouver un autre à sa place, ce qui
ne se pouvoit sans alléguer la cause de son refus ; qu'il acceptât donc hardiment sur sa parole ; que les commissaires
de ses preuves ne lui en demanderoient jamais ; qu'au pro-

chain chapitre il ordonneroit de passer outre à l'admission
en attendant les preuves; qu'il seroit reçu tout de suite, et
que de preuves après il ne s'en parleroit jamais. Le roi eut
la bonté de lui représenter l'intérêt de sa famille, aux dépens
de laquelle il ne devoit pas faire une action, belle pour lui,
mais qui la noteroit pour toujours, et d'ajouter qu'il désiroit qu'il acceptât et qu'il prenoit tout sur lui. Si quelque
chose peut flatter et tenter au delà des forces, il faut convenir que c'est une lettre aussi complète; mais rien ne put
ébranler l'humble attachement de ce prélat aux règles et à
la vérité. Après s'être répandu comme il devoit en actions
de grâces, il répondit qu'il ne pouvoit mentir, ni par conséquent fournir de preuves; qu'il ne pouvoit aussi se résoudre
à être cause que, par un excès de bonté, le roi manquât au
serment qu'il avoit fait à son sacre de maintenir l'ordre et
ses statuts; que celui qui obligeoit aux preuves étoit de ceux
dont le souverain, grand maître, ne pouvoit dispenser, et
que ce seroit lui faire violer son serment que d'être reçu
sans preuves préalables, sur la certitude de les faire après;
quand il savoit que sa condition lui en ôtoit le moyen; et il
finit une lettre d'autant plus belle qu'il n'y avoit ni fleurs ni
tours, mais de la vérité, de l'humilité et beaucoup de sentiment, par supplier le roi d'en nommer un autre, et de ne
point craindre d'en dire la raison, puisqu'il le falloit. Cette
grande action fut universellement admirée, et ajouta encore à la considération du roi et au respect de tout le
monde.

Son refus commençoit à transpirer lorsque le roi assembla
un autre chapitre pour nommer M. de Metz à sa place, par
amitié pour le cardinal de Coislin son oncle, qui ne s'y attendoient ni l'un ni l'autre. Le roi déclara le refus de M. de
Sens, voulut bien parler de ce qu'il lui avoit offert, et fit son
éloge. Il n'y eut personne dans le chapitre qui ne le louât
extrêmement; mais, sans louanges, M. de Marsan fit mieux
que pas un, et tint là le meilleur propos de toute sa vie:

« Sire, dit-il au roi tout haut, cela mériteroit bien que Votre Majesté changeât le bleu en rouge. » Tout y applaudit comme par acclamation, et à la fin du chapitre, tous louèrent et remercièrent M. de Marsan.

Tallart, qui ne faisoit qu'arriver d'Angleterre, eut le gouvernement du pays de Foix, et d'autres petites charges à vendre, et fut déclaré chevalier de l'ordre, pour être reçu à la Pentecôte avec les deux prélats. Il parut fort content, mais le duché d'Harcourt émoussoit fort la joie de ces faveurs. A un mois de là il perdit sa femme, du nom de Groslée, fille de Viriville, qui avoit été longtemps capitaine de gendarmerie. C'étoit une femme fort d'un certain monde à Paris, dont la réputation étoit médiocre, et qui ne partageoit en rien avec son mari : elle n'alloit jamais à la cour et ils ne vivoient comme point ensemble.

La duchesse d'Arpajon, sœur de Beuvron, et Mme d'Hauterive, ci-devant duchesse de Chaulnes, et sœur du maréchal de Villeroy, moururent en même temps. J'ai tant parlé d'elles que je n'ai rien à y ajouter.

Mme de Bournonville qui, faute de tabouret, très-mal à propos prétendu, n'alloit point à la cour, et s'en dépiquoit à Paris par ses charmes, mourut fort jeune aussi. Elle étoit sœur du second lit de M. de Chevreuse, et son mari cousin germain de la maréchale de Noailles. Elle laissa un fils et une fille forts enfants. Le père de Mme de Noailles, frère du sien, avoit été duc à brevet après son père. Le père de M. de Bournonville étoit l'aîné, et eut de grands emplois en Espagne, où il mourut. Le cadet, père de Mme de Noailles, s'attacha à la France, et y eut des charges considérables. Le brevet du duc lui fut renouvelé. Ils ne sont point héréditaires ; ainsi M. de Bournonville, dont il s'agit ici, n'y avoit pas ombre de droit.

Segrais, poëte françois illustre, élevé chez Mademoiselle, fille de Gaston, et retiré à Caen dans le sein des belles-lettres, étoit mort fort vieux auparavant.

La France perdit le plus grand homme de mer, de l'aveu des Anglois et des Hollandois, qui eût été depuis un siècle, et en même temps le plus modeste. Ce fut le maréchal de Tourville, qui n'avoit pas encore soixante ans. Il ne laissa qu'un fils, qui promettoit, et qui fut tué dès sa première campagne, et une fille fort jeune. Tourville possédoit en perfection toutes les parties de la marine, depuis celle du charpentier jusqu'à celles d'un excellent amiral. Son équité, sa douceur, son flegme, sa politesse, la netteté de ses ordres, les signaux et beaucoup d'autres détails particuliers très-utiles qu'il avoit imaginés, son arrangement, sa justesse, sa prévoyance, une grande sagesse aiguisée de la plus naturelle et de la plus tranquille valeur, tout contribuait à faire désirer de servir sous lui, et d'y apprendre. Sa charge de vice-amiral fut donnée à Châteaurenauld, qui étoit lors en Amérique pour en ramener les galions.

L'Allemagne à son tour perdit un homme moins nécessaire et plus vieux, mais qui s'étoit immortalisé par la défense de Vienne, dont il étoit gouverneur, assiégée par les Turcs, le célèbre comte de Staremberg, qui étoit président du conseil de guerre, la plus belle et la plus importante charge de la cour de l'empereur.

Le roi d'Angleterre, qui n'oubliait rien pour redresser promptement son ancienne grande alliance et la bien organiser contre nous, avoit peine à rajuster ensemble tant de pièces une fois désunies et à trouver les fonds nécessaires à ses projets, dans la disette d'argent où l'empereur se trouvoit. Il tâchoit donc d'amuser toujours le roi des flatteuses espérances d'une tranquilité que tout démentoit. Pour tenir toujours tout en suspens en attendant que ses machines fussent tout à fait prêtes, il avoit engagé les Hollandois, qu'il gouvernoit pleinement à reconnaître le roi d'Espagne, et à la fin, il le reconnut aussi, tellement que ce prince le fut de toute l'Europe, excepté de l'empereur. Quoique le roi goûtât extrêmement des démarches si précises en faveur de la paix, il ne laissoit pas de se préparer puissamment; et comme il disposoit de l'Espagne comme de la France, elle ne perdoit pas de temps aussi à se mettre en état de bien soutenir la guerre. Le comte d'Estrées étoit dans la Méditerranée. Le roi d'Espagne le fit capitaine général de la mer, qui répond à la charge qu'il avoit ici, tellement qu'il commanda également aux forces navales des deux couronnes. Ce prince, en même temps excité par Louville, dépêcha un courrier au duc de Beauvilliers, avec la patente d'une grandesse de la première classe pour lui et pour les siens, mâles et femelles. Le duc, qui n'y avoit pas songé, et qui, comme ministre d'État et comme ayant été gouverneur du roi d'Espagne, ouvroit librement les lettres qu'il recevoit de ce prince, trouvant cette patente et une lettre convenable au sujet qui lui en donnoit la nouvelle, les porta au roi l'une et l'autre, qui approuva fort cette marque de sentiment du roi son petit-fils, et qui ordonna à M. de Beauvilliers de l'accepter.

Presque en même temps le mariage du roi d'Espagne fut déclaré avec la seconde fille de M. de Savoie, sœur cadette de Mme la duchesse de Bourgogne, pour qui ce fut une grande joie comme un grand honneur et un grand avantage à M. son père, d'avoir pour gendres les deux premiers et plus puissants rois de l'Europe. Le roi crut fixer ce prince dans ses intérêts par de si hautes alliances redoublées et par la confiance du commandement général en Italie.

Le roi aussi, pour mieux cimenter l'union des deux couronnes et des deux nations, convint avec le roi d'Espagne que les grands d'Espagne auroient désormais en France le rang, les honneurs, le traitement et les distinctions des ducs; et que réciproquement les ducs de France auroient en Espagne le rang, les honneurs, le traitement, et les diatinctions qu'y ont les grands. Rien de mieux ni de plus convenable, si on s'en étoit tenu là. On verra en son lieu ce que quelques grands d'Espagne en pensèrent, et l'abus étrange d'une si sage convention.

L'abbé de Polignac qui, depuis son arrivée de Pologne, étoit demeuré exilé en son abbaye de Bonport, près le Pont-de-l'Arche, eut permission de revenir à Paris et à la cour. Torcy son ami, et bien des gens qui s'intéressoient en lui avoient travaillé en sa faveur.

Le duc de Popoli, frère du cardinal Canteloni, archevêque de Naples, y retournant d'Espagne, fut présenté au roi par l'ambassadeur d'Espagne. C'est une maison ancienne et illustre qui est puissante à Naples, et le cardinal Canteloni avoit très-bien fait pour le roi d'Espagne. Le roi traita donc fort bien le duc de Popoli, et si bien, que ce seigneur, qui désiroit fort l'ordre et qui avoit pris ses précautions sur cela avant de quitter Madrid, se crut en état de le pouvoir demander. Le roi le lui promit, et lui dit qu'il lui en coûteroit un voyage, parce qu'il seroit bien aise de le revoir, et qu'il vouloit le recevoir lui-même. Nous lui verrons faire une grande fortune en Espagne, et il donnera lieu d'en parler plus d'une fois. Il fut très-peu ici et s'en alla à Naples.

La Touane et Saurion, trésoriers de l'extraordinaire des guerres, culbutèrent et firent banqueroute. Ils en avertirent Chamillart, qui par l'examen de leurs affaires, la trouva de quatre millions. On les mit à la Bastille; le roi prit ce qu'il leur restoit, et se chargea de payer les dettes pour conserver son crédit à l'entrée d'une grosse guerre, pour laquelle cette faillite ne fut pas de bon augure. On en fut fort surpris par le soin avec lequel ils avoient soutenu et caché leur désordre jusqu'à rien plus sous la sérénité et le luxe des financiers.

CHAPITRE IX.

L'empereur fait arrêter Ragotzi. — Retour des eaux du roi Jacques. — Peines de Monsieur. — Forte prise du roi et de Monsieur. — Mort de Monsieur. — Spectacle de Saint-Cloud. — Spectacle de Marly. — Diverses sortes d'afflictions et de sentiments. — Caractère de Monsieur. — Trait de hauteur de Monsieur à M. le Duc. — Visite curieuse de Mme de Maintenon à Madame. — Traitement prodigieux de M. le duc de Chartres, qui prend le nom de duc d'Orléans. — M. le Prince fait pour sa vie premier prince du sang. — Veuvage étrange de Madame; son traitement. — Obsèques de Monsieur. — Ducs à l'eau bénite, non les duchesses ni les princesses. — Désordre des carrosses. — Curieuse anecdote sur la mort de Madame, première femme de Monsieur.

Le royaume de Hongrie n'avoit jamais tari de mécontents, et en avoit souvent des marques qui leur avoient été funestes depuis que la maison d'Autriche avoit dépouillé les états du droit d'élection des rois de Hongrie. Cela intéressoit extrêmement la noblesse, surtout les grands seigneurs. Les peuples aussi se prétendoient vexés et foulés; et les griefs de religion, où la grecque et la protestante ont un grand nombre de sectateurs, étoient une autre semence de soulèvement. Mais les garnisons allemandes, et presque toutes les grandes places occupées par des Allemands, indisposoient toute la nation en général. Il en coûta la tête en 1671 aux comtes Serini du nom d'Esdrin, gouverneur de Croatie, à Frangipani et à sa femme, sœur de Serini, et à Nadasti, président du conseil souverain de Hongrie, et la prison perpétuelle au fils du comte Serini, où il est mort plus de trente ans après. Sa sœur, fille du comte Serini exécuté, avoit épousé le prince Ragotzi, dont elle eut le prince Ragotzi dont je vais parler, et qui me donnera lieu d'en parler plus d'une fois. Elle se remaria en 1681, au fameux comte Tekeli, chef des mécontents, qui a tant fait de bruit dans le monde, et n'en eut point d'enfants. Ragotzi, son premier mari, vécut particulier, et ne fut rien. Il avoit été de la conspiration de son beau-père, mais la peur qu'il eut quand il le vit arrêté fit qu'il en usa si mal avec lui qu'il se sauva du naufrage; mais il ne fut rien toute sa vie. Il avoit de grands biens. Son père, son grand-père qui fut fait prince de l'empire, et son bisaïeul, avoient été princes de Transylvanie, ce dernier élu en 1606, après la mort de Botzkay. Le Ragotzi dont je parle avoit été bien élevé, et n'avoit encore guère pu faire parler de lui, observé de près comme il l'étoit, lorsque, devenu par tant d'endroits si proches suspect à l'empereur qui découvrit de nouveaux remuements en Hongrie, il le fit arrêter et enfermer à Neustadt, au mois d'avril de cette année. On prétendit qu'il y étoit entré innocent; nous verrons bientôt que s'il n'en sortit pas coupable, il le devint bientôt après. Il étoit dès lors marié à une princesse de Hesse-Rhinfeltz.

Le roi d'Angleterre étoit revenu de Bourbon avec peu ou point de soulagement, et Monsieur étoit toujours à Saint-Cloud, dans la même situation de cœur et d'esprit, et gardant avec le roi la même conduite que j'ai expliquée. C'étoit pour lui être hors de son centre, à la foiblesse dont il étoit, et à l'habitude de toute sa vie d'une grande soumission et d'un grand attachement pour le roi, et de vivre avec lui, dans le particulier, dans une liberté de frère, et d'en être traité en frère aussi avec toutes sortes de soins, d'amitié et d'égards, dans tout ce qui n'alloit point à faire de Monsieur un personnage. Lui ni Madame n'avoient pas mal au bout du doigt que le roi n'y allât dans l'instant, et souvent après, pour peu que le mal durât. Il y avoit six semaines que Madame avoit la fièvre double tierce, à laquelle elle ne vouloit rien faire, parce qu'elle se traitoit à sa mode alle-

mande, et ne faisoit pas cas des remèdes ni des médecins.
Le roi qui, outre l'affaire de M. le duc de Chartres, étoit
secrètement outré contre elle, comme on le verra bientôt,
n'avoit point été la voir, quoique Monsieur l'en eût pressé
dans ces tours légers qu'il venoit faire sans coucher. Cela
étoit pris par Monsieur, qui ignoroit le fait particulier de
Madame au roi, pour une marque publique d'une inconsidération extrême, et comme il étoit glorieux et sensible, il en
étoit piqué au dernier point.

D'autres peines d'esprit le tourmentoient encore. Il avoit
depuis quelque temps un confesseur qui, bien que jésuite,
le tenoit de plus court qu'il pouvoit; c'étoit un gentilhomme
de bon lieu et de Bretagne, qui s'appeloit le P. du Trévoux.
Il lui retrancha, non-seulement d'étranges plaisirs, mais
beaucoup de ceux qu'il se croyoit permis, pour pénitence de
sa vie passée. Il lui représentoit fort souvent qu'il ne se
vouloit pas damner pour lui, et que, si sa conduite lui
paroissoit trop dure, il n'auroit nul déplaisir de lui voir
prendre un autre confesseur. A cela il ajoutoit qu'il prît bien
garde à lui, qu'il étoit vieux, usé de débauche, gras, court
de cou, et que, selon toute apparence, il mourroit d'apoplexie, et bientôt. C'étoient là d'épouvantables paroles pour
un prince le plus voluptueux et le plus attaché à la vie
qu'on eût vu de longtemps, qui l'avoit toujours passée dans
la plus molle oisiveté, et qui étoit le plus incapable par
nature d'aucune application, d'aucune lecture sérieuse, ni
de rentrer en lui-même. Il craignoit le diable, il se souvenoit que son précédent confesseur n'avoit pas voulu mourir
dans cet emploi, et qu'avant sa mort il lui avoit tenu les
mêmes discours. L'impression qu'ils lui firent le forcèrent
de rentrer un peu en lui-même, et de vivre d'une manière
qui depuis quelque temps pouvoit passer pour serrée à son
égard. Il faisoit à reprises beaucoup de prières, obéissoit à
son confesseur, lui rendoit compte de la conduite qu'il lui
avoit prescrite sur son jeu, sur ses autres dépenses, et sur

bien d'autres choses, souffroit avec patience ses fréquents entretiens, et y réfléchissoit beaucoup. Il en devint triste, abattu, et parla moins qu'à l'ordinaire, c'est-à-dire encore comme trois ou quatre femmes, en sorte que tout le monde s'aperçut bientôt de ce grand changement. C'en étoit bien à la fois que ces peines intérieures, et les extérieures du côté du roi, pour un homme aussi foible que Monsieur, et aussi nouveau à se contraindre, à être fâché et à le soutenir ; et il étoit difficile que cela ne fît bientôt une grande révolution dans un corps aussi plein et aussi grand mangeur, non-seulement à ses repas, mais presque toute la journée.

Le mercredi 8 juin, Monsieur vint de Saint-Cloud dîner avec le roi à Marly, et, à son ordinaire, entra dans son cabinet lorsque le conseil d'État en sortit. Il trouva le roi chagrin de ceux que M. de Chartres donnoit exprès à sa fille, ne pouvant se prendre à lui directement. Il étoit amoureux de Mlle de Sery, fille d'honneur de Madame, et menoit cela tambour battant. Le roi prit son thème là-dessus, et fit sèchement des reproches à Monsieur de la conduite de son fils. Monsieur qui, dans la disposition où il étoit, n'avoit pas besoin de ce début pour se fâcher, répondit avec aigreur que les pères qui avoient mené de certaines vies avoient peu de grâce et d'autorité à reprendre leurs enfants. Le roi, qui sentit le poids de la réponse, se rabattit sur la patience de sa fille, et qu'au moins devoit-on éloigner de tels objets de ses yeux. Monsieur, dont la gourmette étoit rompue, le fit souvenir, d'une manière piquante, des façons qu'il avoit eues pour la reine avec ses maîtresses, jusqu'à leur faire faire les voyages dans son carrosse avec elle. Le roi outré renchérit, de sorte qu'ils se mirent tous deux à se parler à pleine tête.

A Marly, les quatre grands appartements en bas étoient pareils et seulement de trois pièces. La chambre du roi tenoit au petit salon, et étoit pleine de courtisans à ces heures-là pour voir passer le roi s'allant mettre à table ; et par de ces usages propres aux différents lieux, sans qu'on en puisse dire la cause, la porte du cabinet qui, partout ailleurs, étoit toujours fermée, demeuroit en tout temps ouverte à Marly hors le temps du conseil, et il n'y avoit dessus qu'une portière tirée que l'huissier ne faisoit que lever pour y laisser entrer. A ce bruit il entra, et dit au roi qu'on l'entendoit distinctement de sa chambre et Monsieur aussi, puis ressortit. L'autre cabinet du roi joignant le premier ne se fermoit ni de porte ni de portière, il sortoit dans l'autre petit salon, et il étoit retranché dans sa largeur pour la chaise percée du roi. Les valets intérieurs se tenoient toujours dans ce second cabinet, qui avoient entendu d'un bout à l'autre tout le dialogue que je viens de rapporter.

L'avis de l'huissier fit baisser le ton, mais n'arrêta pas les reproches, tellement que Monsieur, hors des gonds, dit au roi qu'en mariant son fils il lui avoit promis monts et merveilles, que cependant il n'en avoit pu arracher encore un gouvernement; qu'il avoit passionnément désiré de faire servir son fils pour l'éloigner de ces amourettes, et que son fils l'avoit aussi fort souhaité, comme il le savoit de reste, et lui en avoit demandé la grâce avec instance; que puisqu'il ne le vouloit pas, il ne s'entendoit point à l'empêcher de s'amuser pour se consoler. Il ajouta qu'il ne voyoit que trop la vérité de ce qu'on lui avoit prédit, qu'il n'auroit que le déshonneur et la honte de ce mariage sans en tirer jamais aucun profit. Le roi, de plus en plus outré de colère, lui repartit que la guerre l'obligeroit bientôt à faire plusieurs retranchements; et que, puisqu'il se montroit si peu complaisant à ses volontés, il commenceroit par ceux de ses pensions avant que retrancher sur soi-même.

Là-dessus le roi fut averti que sa viande étoit portée. Ils sortirent un moment après pour se venir mettre à table, Monsieur d'un rouge enflammé, avec les yeux étincelants de colère. Son visage ainsi allumé fit dire à quelqu'une des dames qui étoient à table et à quelques courtisans derrière, pour chercher à parler, que Monsieur, à le voir, avoit grand besoin d'être saigné. On le disoit de même à Saint-Cloud il y avoit quelque temps, il en crevoit de besoin, il l'avouoit même, le roi l'en avoit même pressé plus d'une fois malgré leurs piques. Tancrède, son premier chirurgien, étoit vieux, saignoit mal et l'avoit manqué. Il ne vouloit pas se faire saigner par lui, et pour ne point lui faire de peine il eut la bonté de ne vouloir pas être saigné par un autre et d'en mourir. A ces propos de saignée, le roi lui en parla encore, et ajouta qu'il ne savoit à quoi il tenoit qu'il ne le menât dans sa chambre et qu'il ne le fît saigner tout à l'heure. Le dîner se passa à l'ordinaire, et Monsieur y mangea extrêmement, comme il faisoit à tous ses deux repas, sans parler du chocolat abondant du matin, et de tout ce qu'il avaloit de fruits, de pâtisserie, de confitures et de toutes sortes de friandises toute la journée, dont les tables de ses cabinets et ses poches étoient toujours remplies. Au sortir de table, le roi seul, Monseigneur avec Mme la princesse de Conti, Mgr le duc de Bourgogne seul, Mme la duchesse de Bourgogne avec beaucoup de dames, allèrent séparément à Saint-Germain voir le roi et la reine d'Angleterre. Monsieur, qui avoit amené Mme la duchesse de Chartres de Saint-Cloud dîner avec le roi, la mena aussi à Saint-Germain, d'où il partit pour retourner à Saint-Cloud avec elle, lorsque le roi arriva à Saint-Germain.

Le soir après le souper, comme le roi étoit encore dans son cabinet avec Monseigneur et les princesses comme à Versailles, Saint-Pierre arriva de Saint-Cloud qui demanda à parler au roi de la part de M. le duc de Chartres. On le fit entrer dans le cabinet, où il dit au roi que Monsieur avoit eu une grande foiblesse en soupant, qu'il avoit été saigné, qu'il étoit mieux, mais qu'on lui avoit donné de l'émétique. Le fait étoit qu'il soupa à son ordinaire avec les dames qui étoient à Saint-Cloud. Vers l'entremets, comme il versoit d'un vin de liqueur à Mme de Bouillon, on s'aperçut qu'il balbutioit et qu'il montroit quelque chose de la main.

Comme il lui arrivoit quelquefois de leur parler espagnol, quelques dames lui demandèrent ce qu'il disoit, d'autres s'écrièrent ; tout cela en un instant, et il tomba en apoplexie sur M. le duc de Chartres qui le retint. On l'emporta dans le fond de son appartement, on le secoua, on le promena, on le saigna beaucoup, on lui donna force émétique, sans en tirer presque aucun signe de vie.

A cette nouvelle, le roi, qui pour des riens accouroit chez Monsieur, passa chez Mme de Maintenon qu'il fit éveiller ; il fut un quart d'heure avec elle, puis sur le minuit rentrant chez lui, il commanda ses carrosses tout prêts, et ordonna au marquis de Gesvres d'aller à Saint-Cloud et, si Monsieur étoit plus mal, de revenir l'éveiller pour y aller, et se coucha. Outre la situation en laquelle ils se trouvoient ensemble, je pense que le roi soupçonna quelque artifice pour sortir de ce qui s'étoit passé entre eux, qu'il alla en consulter Mme de Maintenon, et qu'il aima mieux manquer à toute bienséance que de hasarder d'en être la dupe. Mme de Maintenon n'aimoit pas Monsieur ; elle le craignoit. Il lui rendoit peu de devoirs, et avec toute sa timidité et sa plus que déférence, il lui étoit échappé des traits sur elle plus d'une fois avec le roi, qui marquoient son mépris, et la honte qu'il avoit de l'opinion publique. Elle n'étoit donc pas pressée de porter le roi à lui rendre, et moins encore de lui conseiller de voyager la nuit, de ne se point coucher, et d'être témoin d'un aussi triste spectacle et si propre à toucher et à faire rentrer en soi-même ; et qu'elle espéra que, si la chose alloit vite, le roi se l'épargneroit ainsi.

Un moment après que le roi fut au lit, arriva un page de Monsieur. Il dit au roi que Monsieur étoit mieux, et qu'il venoit demander à M. le prince de Conti de l'eau de Schaffouse, qui est excellente pour les apoplexies. Une heure et demie après que le roi fut couché, Longeville arriva de la part de M. le duc de Chartres, qui éveilla le roi, et qui lui dit que l'émétique ne faisoit aucun effet, et que Monsieur étoit fort mal. Le roi se leva, partit et trouva le marquis de Gesvres en chemin qui l'alloit avertir; il l'arrêta et lui dit les mêmes nouvelles. On peut juger quelle rumeur et quel désordre cette nuit à Marly, et quelle horreur à Saint-Cloud, ce palais des délices. Tout ce qui étoit à Marly courut comme il put à Saint-Cloud; on s'embarquoit avec les plus tôt prêts; et chacun, hommes et femmes, se jetoient et s'entassoient dans les carrosses sans choix et sans façon. Monseigneur alla avec Mme la Duchesse. Il fut si frappé, par rapport à l'état duquel il ne faisoit que sortir, que ce fut tout ce que put faire un écuyer de Mme la Duchesse, qui se trouva là, de le traîner et le porter presque et tout tremblant dans le carrosse. Le roi arriva à Saint-Cloud avant trois heures du matin. Monsieur n'avoit pas eu un moment de connoissance depuis qu'il s'étoit trouvé mal. Il n'en eut qu'un rayon d'un instant, tandis que sur le matin le P. du Trévoux étoit allé dire la messe, et ce rayon même ne revint plus.

Les spectacles les plus horribles ont souvent des instants de contrastes ridicules. Le P. du Trévoux revint et crioit à Monsieur : « Monsieur, ne connoissez-vous pas votre confesseur? Ne connoissez-vous pas le bon petit père du Trévoux qui vous parle? » et fit rire assez indécemment les moins affligés.

Le roi le parut beaucoup; naturellement il pleuroit aisément, il étoit donc tout en larmes. Il n'avoit jamais eu lieu que d'aimer Monsieur tendrement; quoique mal ensemble depuis deux mois, ces tristes moments rappellent toute la tendresse; peut-être se reprochoit-il d'avoir précipité sa mort par la scène du matin; enfin il étoit son cadet de deux ans, et s'étoit toute sa vie aussi bien porté que lui et mieux. Le roi entendit la messe à Saint-Cloud, et sur les huit heures du matin, Monsieur étant sans aucune espérance, Mme de Maintenon et Mme la duchesse de Bourgogne l'engagèrent de n'y pas demeurer davantage, et revinrent avec lui dans son carrosse. Comme il alloit partir et qu'il faisoit quelques amitiés à M. de Chartres, en pleurant fort tous deux, ce jeune prince sut profiter du momont. « Eh! sire, que deviendrai-je? lui dit-il en lui embrassant les cuisses; je perds Monsieur, et je sais que vous ne m'aimez point. » Le roi surpris et fort touché l'embrassa, et lui dit tout ce qu'il put de tendre. En arrivant à Marly, il entra avec Mme la duchesse de Bourgogne chez Mme de Maintenon. Trois heures après, M. Fagon, à qui le roi avoit ordonné de ne point quitter Monsieur qu'il ne fût mort ou mieux, ce qui ne pouvoit arriver que par miracle, lui dit dès qu'il l'aperçut : « Eh bien! monsieur Fagon, mon frère est mort? — Oui, sire, répondit-il, nul remède n'a pu agir. » Le roi pleura beaucoup. On le pressa de manger un morceau chez Mme de Maintenon, mais il voulut dîner à l'ordinaire avec les dames, et les larmes lui coulèrent souvent pendant le repas, qui fut court, après lequel il se renferma chez Mme de Maintenon jusqu'à sept heures, qu'il alla faire un tour dans ses jardins. Il travailla avec Chamillart, puis avec Pontchartrain pour le cérémonial de la mort de Monsieur, et donna là-dessus ses ordres à Desgranges, maître des cérémonies, Dreux, grand maître, étant à l'armée d'Italie. Il soupa une heure plus tôt qu'à l'ordinaire, et se coucha fort tôt après. Il avoit eu sur les cinq heures la visite du roi et de la reine d'Angleterre, qui ne dura qu'un moment.

Au départ du roi la foule s'écoula de Saint-Cloud peu à peu, en sorte que Monsieur mourant, jeté sur un lit de repos dans son cabinet, demeura exposé aux marmitons et aux bas officiers, qui la plupart, par affection ou par intérêt, étoient fort affligés. Les premiers officiers et autres qui perdoient charges et pensions faisoient retentir l'air de leurs cris, tandis que toutes ces femmes qui étoient à Saint-Cloud, et qui perdoient leur considération et tout leur amusement, couroient çà et là, criant échevelées comme des bacchantes. La duchesse de La Ferté, de la seconde fille de qui on a vu plus haut l'étrange mariage, entra dans ce cabinet, où considérant attentivement ce pauvre prince qui palpitoit encore : « Pardi, s'écria-t-elle dans la profondeur de ses réflexions, voilà une fille bien mariée ! — Voilà qui est bien important aujourd'hui, lui répondit Châtillon qui perdoit tout lui-même, que votre fille soit bien ou mal mariée ! »

Madame étoit cependant dans son cabinet qui n'avoit jamais eu ni grande affection ni grande estime pour Monsieur, mais qui sentoit sa perte et sa chute, et qui s'écrioit dans sa douleur de toute sa force : « Point de couvent ! qu'on ne me parle point de couvent ! je ne veux point de couvent. » La bonne princesse n'avoit pas perdu le jugement; elle savoit que, par son contrat de mariage, elle devoit opter, devenant veuve, un couvent, ou l'habitation du château de Montargis. Soit qu'elle crût sortir plus aisément de l'un que de l'autre, soit que sentant combien elle avoit à craindre du roi, quoiqu'elle ne sût pas encore tout, et qu'il lui eût fait les amitiés ordinaires en pareille occasion, elle eut encore plus de peur du couvent. Monsieur étant expiré, elle monta en carrosse avec ses dames, et s'en alla à Versailles suivie de M. et de Mme la duchesse de Chartres, et de toutes les personnes qui étoient à eux.

Le lendemain matin, vendredi, M. de Chartres vint chez le roi, qui étoit encore au lit et qui lui parla avec beaucoup d'amitié. Il lui dit qu'il falloit désormais qu'il le regardât comme son père; qu'il auroit soin de sa grandeur et de ses intérêts; qu'il oublioit tous les petits sujets de chagrin qu'il avoit eus contre lui; qu'il espéroit que de son côté il les oublieroit aussi; qu'il le prioit que les avances d'amitié qu'il lui faisoit servissent à l'attacher plus à lui, et à lui redonner son cœur comme il lui redonnoit le sien. On peut juger si M. de Chartres sut bien répondre.

Après un si affreux spectacle, tant de larmes et tant de tendresse, personne ne douta que les trois jours qui restoient du voyage de Marly ne fussent extrêmement tristes;

lorsque ce même lendemain de la mort de Monsieur, des dames du palais entrant chez Mme de Maintenon où étoit le roi avec elle et Mme la duchesse de Bourgogne sur le midi, elles l'entendirent de la pièce où elles se tenoient, joignant la sienne, chantant des prologues d'opéra. Un peu après le roi, voyant Mme la duchesse de Bourgogne fort triste en un coin de la chambre, demanda avec surprise à Mme de Maintenon ce qu'elle avoit pour être si mélancolique, et se mit à la réveiller, puis à jouer avec elle et quelques dames du palais qu'il fit entrer pour les amuser tous deux. Ce ne fut pas tout que ce particulier. Au sortir du dîner ordinaire, c'est-à-dire un peu après deux heures, et vingt-six heures après la mort de Monsieur, Mgr le duc de Bourgogne demanda au duc de Montfort s'il vouloit jouer au brelan. « Au brelan! s'écria Montfort dans un étonnement extrême, vous n'y songez donc pas, Monsieur est encore tout chaud. — Pardonnez-moi, répondit le prince, j'y songe fort bien, mais le roi ne veut pas qu'on s'ennuie à Marly, m'a ordonné de faire jouer tout le monde, et de peur que personne ne l'osât faire le premier, d'en donner moi l'exemple. » De sorte qu'ils se mirent à faire un brelan, et que le salon fut bientôt rempli de tables de jeu.

Telle fut l'affliction du roi, telle celle de Mme de Maintenon. Elle sentoit la perte de Monsieur comme une délivrance; elle avoit peine à retenir sa joie : elle en eût eu bien davantage à paroître affligée. Elle voyoit déjà le roi tout consolé, rien ne lui seyoit mieux que de chercher à le dissiper, et ne lui étoit plus commode que de hâter la vie ordinaire pour qu'il ne fût plus question de Monsieur ni d'affliction. Pour des bienséances, elle ne s'en peina point. La chose toutefois ne laissa pas d'être scandaleuse, et tout bas d'être fort trouvée telle. Monseigneur sembloit aimer Monsieur, qui lui donnoit des bals et des amusements avec toutes sortes d'attention et de complaisance; dès le lendemain de sa mort, il alla courre le loup, et au retour trouva le salon plein de joueurs, tellement qu'il ne se contraignit pas plus que les autres. Mgr le duc de Bourgogne et M. le duc de Berry ne voyoient Monsieur qu'en représentation, et ne pouvoient être fort sensibles à sa perte. Mme la duchesse de Bourgogne la fut extrêmement. C'étoit son grand-père, elle aimoit tendrement Mme sa mère, qui aimoit fort Monsieur, et Monsieur marquoit toutes sortes de soins, d'amitié et d'attentions à Mme la duchesse de Bourgogne, et l'amusoit de toutes sortes de divertissements. Quoiqu'elle n'aimât pas grand'chose, elle aimoit Monsieur, et elle souffrit fort de contraindre sa douleur, qui dura assez longtemps dans son particulier. On a vu ci-dessus en deux mots quelle fut la douleur de Madame.

Pour M. de Chartres la sienne fut extrême, le père et le fils s'aimoient tendrement. Monsieur étoit doux, le meilleur homme du monde, qui n'avoit jamais contraint ni retenu M. son fils. Avec le cœur, l'esprit étoit aussi fort touché. Outre la grande parure dont lui étoit un père frère du roi, il lui étoit une barrière derrière laquelle il se mettoit à couvert du roi, sous la coupe duquel il retomboit en plein. Sa grandeur, sa considération, l'aisance de sa maison et de sa vie en alloient dépendre sans milieu. L'assiduité, les bienséances, une certaine règle, et pis que tout cela pour lui, une conduite toute différente avec Mme sa femme, alloient devenir la mesure de tout ce qu'il pouvoit attendre du roi. Mme la duchesse de Chartres, quoique bien traitée de Monsieur, fut ravie d'être délivrée d'une barrière entre le roi et elle qui laissoit à M. son mari toute liberté d'en user avec elle comme il lui plaisoit, et des devoirs qui la tiroient plus souvent qu'elle ne vouloit de la cour pour suivre Monsieur à Paris ou à Saint-Cloud, où elle se trouvoit tout empruntée comme en pays inconnu, avec tous visages qu'elle ne voyoit jamais que là, qui tous étoient pour la plupart fort sur le pied gauche avec elle, et sous les mépris et les humeurs de Madame qui ne les lui épargnoit pas. Elle compta donc ne plus quitter la cour, n'avoir plus affaire à la cour de Monsieur, et que Madame et M. le duc de Chartres seroient obligés à l'avenir d'avoir pour elle des manières et des égards qu'elle n'avoit pas encore éprouvés.

Le gros de la cour perdit en Monsieur : c'étoit lui qui y jetoit les amusements, l'âme, les plaisirs, et quand il la quittoit tout y sembloit sans vie et sans action. A son entêtement près pour les princes, il aimoit l'ordre des rangs, des préférences, des distinctions ; il les faisoit garder tant qu'il pouvoit, et il en donnoit l'exemple ; il aimoit le grand monde, il avoit une affabilité et une honnêteté qui lui en attiroient foule, et la différence qu'il savoit faire, et qu'il ne manquoit jamais de faire, des gens suivant ce qu'ils étoient, y contribuoit beaucoup. A sa réception, à son attention plus ou moins grande ou négligée, à ses propos, il faisoit continuellement toute la différence qui flattoit de la naissance et de la dignité, de l'âge et du mérite, et de l'état des gens, et cela avec une dignité naturellement en lui, et une facilité de tous les moments qu'il s'étoit formée. Sa familiarité obligeoit, et se conservoit sa grandeur naturelle sans repousser, mais aussi sans tenter les étourdis d'en abuser. Il visitoit et envoyoit où il le devoit faire, et il donnoit chez lui une entière liberté sans que le respect et le plus grand air de cour en souffrît aucune diminution. Il avoit appris et bien retenu de la reine sa mère l'art de la tenir. Aussi la vouloit-il pleine, et y réussissoit. Par ce maintien la foule étoit toujours au Palais-Royal.

A Saint-Cloud où toute sa nombreuse maison se rassembloit, il avoit beaucoup de dames qui à la vérité n'auroient guère été reçues ailleurs, mais beaucoup de celles-là du haut parage, et force joueurs. Les plaisirs de toutes sortes de jeux, de la beauté singulière du lieu que mille calèches rendoient aisé aux plus paresseuses pour les promenades, des musiques, de la bonne chère, en faisoient une maison de délices, avec beaucoup de grandeur et de magnificence, et tout cela sans aucun secours de Madame, qui dînoit et soupoit avec les dames de Monsieur, se promenoit quelquefois en calèche avec quelques-unes, boudoit souvent la compagnie, s'en faisoit craindre par son humeur dure et farouche, et quelquefois par ses propos, et passoit toute la journée dans un cabinet qu'elle s'étoit choisi, où les fenêtres étoient à plus de dix pieds de terre, à considérer les portraits des palatins et d'autres princes allemands dont elle l'avoit tapissé, et à écrire des volumes de lettres tous les jours de sa vie et de sa main, dont elle faisoit elle-même les copies qu'elle gardoit. Monsieur n'avoit pu la ployer à une vie plus humaine et la laissoit faire, et vivoit honnêtement avec elle, sans se soucier de sa personne avec qui il n'étoit presque point en particulier. Il recevoit à Saint-Cloud beaucoup de gens qui de Paris et de Versailles lui alloient faire leur cour les après-dînées. Princes du sang, grands seigneurs, ministres, hommes et femmes n'y manquoient point de temps en temps, encore ne falloit-il pas que ce fût en passant, c'est-à-dire en allant de Paris à Versailles, ou de Versailles à Paris. Il le demandoit presque toujours, et montroit si bien qu'il ne comptoit pas ces visites en passant, que peu de gens l'avouoient.

Du reste Monsieur, qui avec beaucoup de valeur avoit gagné la bataille de Cassel, et qui en avoit toujours montré une fort naturelle en tous les siéges où il s'étoit trouvé, n'avoit d'ailleurs que les mauvaises qualités des femmes. Avec plus de monde que d'esprit, et nulle lecture, quoique avec une connoissance étendue et juste des maisons, des naissances et des alliances, il n'étoit capable de rien. Personne de si mou de corps et d'esprit, de plus foible, de plus timide, de plus trompé, de plus gouverné, ni de plus méprisé par ses favoris, et très-souvent de plus malmené par eux. Tracassier et incapable de garder aucun secret, soupçonneux, défiant, semant des noises dans sa cour pour brouiller, pour savoir, souvent aussi pour s'amuser, et redisant des uns aux autres. Avec tant de défauts destitués de toutes vertus, un goût abominable que ses dons et les fortunes qu'il fit à ceux qu'il avoit pris en fantaisie avoient rendu public avec le plus grand scandale, et qui n'avoit point de bornes pour le nombre ni pour les temps. Ceux-là avoient tout de lui, le traitoient souvent avec beaucoup d'insolence, et lui donnoient souvent aussi de fâcheuses occupations pour arrêter les brouilleries de jalousies horribles; et tous ces gens-là ayant leurs partisans rendoient cette petite cour très-orageuse, sans compter les querelles de cette troupe de femmes décidées de la cour de Monsieur, la plupart fort méchantes, et presque toutes plus que méchantes, dont Monsieur se divertissoit, et entroit dans toutes ces misères-là.

Le chevalier de Lorraine et Châtillon y avoient fait une grande fortune par leur figure, dont Monsieur s'étoit entêté plus que de pas une autre. Le dernier, qui n'avoit ni pain, ni sens, ni esprit, s'y releva, et y acquit du bien. L'autre prit la chose en guisard qui ne rougit de rien pourvu qu'il arrive, et mena Monsieur le bâton haut toute sa vie, fut comblé d'argent et de bénéfices, fit pour sa maison ce qu'il voulut, demeura toujours publiquement le maître chez Monsieur, et comme il avoit avec la hauteur des Guise leur art et leur esprit, il sut se mettre entre le roi et Monsieur, et se faire ménager, pour ne pas dire craindre de l'un et de l'autre, et jouir d'une considération, d'une distinction et d'un crédit presque aussi marqué de la part du roi que de celle de Monsieur. Aussi fut-il bien touché, moins de sa perte que de celle de cet instrument qu'il avoit su si grandement faire valoir pour lui. Outre les bénéfices que Monsieur lui avoit donnés, l'argent manuel qu'il en tiroit tant qu'il vouloit, les pots-de-vin qu'il taxoit et qu'il prenoit avec autorité sur tous les marchés qui se faisoient chez Monsieur, il en avoit une pension de dix mille écus, et le plus beau logement du Palais-Royal et de Saint-Cloud. Les logements, il les garda à prière de M. le duc de Chartres, mais il ne voulut pas accepter la continuation de la pension par grandeur, comme par grandeur elle lui fut offerte.

Quoiqu'il fût difficile d'être plus timide et plus soumis qu'étoit Monsieur avec le roi, jusqu'à flatter ses ministres et auparavant ses maîtresses, il ne laissoit pas de conserver avec un grand air de respect, l'air de frère et des façons libres et dégagées. En particulier il se licencioit bien davantage, il se mettoit toujours dans un fauteuil, et n'attendoit pas que le roi lui dît de s'asseoir. Au cabinet, après le souper du roi, il n'y avoit aucun prince assis que lui, non pas même Monseigneur ; mais pour le service, et pour s'approcher du roi ou le quitter, aucun particulier ne le faisoit avec plus de respect, et il mettoit naturellement de la grâce et de la dignité en toutes ses actions les plus ordinaires. Il ne laissoit pas de faire au roi par-ci par-là des pointes, mais cela ne duroit pas ; et comme son jeu, Saint-Cloud et ses favoris lui coûtoient beaucoup, avec de l'argent que le roi lui donnoit il n'y paroissoit plus. Jamais pourtant il n'a pu se ployer à Mme de Maintenon, ni se passer d'en lâcher de temps en temps quelques bagatelles au roi, et quelques brocards au monde. Ce n'étoit pas sa faveur qui le blessoit, mais d'imaginer que la Scarron étoit devenue sa belle-sœur : cette pensée lui étoit insupportable.

Il étoit extrêmement glorieux, mais sans hauteur, fort sensible et fort attaché à tout ce qui lui étoit dû. Les princes du sang avoient fort haussé dans leurs manières à l'appui de tout ce qui avoit été accordé aux bâtards, non pas trop M. le prince de Conti qui se contentoit de profiter sans entreprendre, mais M. le Prince, et surtout M. le Duc, qui de proche en proche évita les occasions de présenter le service à Monsieur, ce qui n'étoit pas difficile, et qui eut l'indiscrétion de se vanter qu'il ne le serviroit point. Le monde est plein de gens qui aiment à faire leur cour aux dépens des autres, Monsieur en fut bientôt averti ; il s'en plaignit au roi fort en colère, qui lui répondit que cela ne valoit pas la peine de se fâcher, mais bien celle de trouver occasion de s'en faire servir, et s'il le refusoit de lui faire un affront. Monsieur, assuré du roi, épia l'occasion. Un matin qu'il se levoit à Marly, où il logeoit dans un des quatre appartements bas, il vit par sa fenêtre M. le Duc dans le jardin, il l'ouvre vite et l'appelle. M. le Duc vient, Monsieur se recule, lui demande où il va, l'oblige toujours reculant d'entrer et d'avancer pour lui répondre, et de propos en propos dont l'un n'attendoit pas l'autre, tire sa robe de chambre. A l'instant le premier valet de chambre présente la chemise à M. le Duc, à qui le premier gentilhomme de la chambre de Monsieur fit signe de le faire. Monsieur cependant défaisant la sienne, et M. le Duc, pris ainsi au trébuchet, n'osa faire la moindre difficulté de la donner à Monsieur. Dès que Monsieur l'eut reçue, il se mit à rire, et à dire : « Adieu, mon cousin, allez-vous-en, je ne veux pas vous retarder davantage. » M. le Duc sentit toute la malice et s'en alla fort fâché, et le fut après encore davantage par les propos de hauteur que Monsieur en tint.

C'étoit un petit homme ventru, monté sur des échasses tant ses souliers étoient hauts, toujours paré comme une femme, plein de bagues, de bracelets, de pierreries partout avec une longue perruque tout étalée en devant, noire et poudrée, et des rubans partout où il en pouvoit mettre, plein de toutes sortes de parfums, et en toutes choses la propreté même. On l'accusoit de mettre imperceptiblement du rouge. Le nez fort long, la bouche et les yeux beaux, le visage plein mais fort long. Tous ses portraits lui ressemblent. J'étois piqué à le voir qu'il fît souvenir qu'il étoit fils de Louis XIII à ceux de ce grand prince, duquel, à la valeur près, il étoit si complétement dissemblable.

Le samedi 11 juin, la cour retourna à Versailles, où, en arrivant, le roi alla voir Madame, M. et Mme de Chartres, chacun dans leur appartement. Elle, fort en peine de la situation où elle se trouvoit avec le roi dans une occasion où il y alloit du tout pour elle, et avoit engagé la duchesse de Ventadour de voir Mme de Maintenon. Elle le fit; Mme de Maintenon ne s'expliqua qu'en général, et dit seulement qu'elle iroit chez Madame au sortir de son dîner, et voulut que Mme de Ventadour se trouvât chez Madame et fût en tiers pendant sa visite. C'étoit le dimanche, le lendemain du retour de Marly. Après les premiers compliments ce qui étoit là sortit, excepté Mme de Ventadour. Alors Madame fit asseoir Mme de Maintenon, et il falloit pour cela qu'elle en sentît tout le besoin. Elle entra en matière sur l'indifférence avec laquelle le roi l'avoit traitée pendant toute sa maladie, et Mme de Maintenon la laissa dire tout ce qu'elle voulut; puis lui répondit que le roi lui avoit ordonné de lui dire que leur perte commune effaçoit tout dans son cœur, pourvu que dans la suite il eût lieu d'être plus content d'elle qu'il n'avoit eu depuis quelque temps, non-seulement sur ce qui regardoit ce qui s'étoit passé à l'égard de M. le duc de Chartres, mais sur d'autres choses encore plus intéressantes dont il n'avoit pas voulu parler, et qui étoient la vraie cause de l'indifférence qu'il avoit voulu lui témoigner pendant qu'elle avoit été malade. A ce mot, Madame, qui se croyoit bien assurée, se récrie, proteste, qu'excepté le fait de son fils elle n'a jamais rien dit ni fait qui pût déplaire, et enfile des plaintes et des justifications. Comme elle y insistoit le plus, Mme de Maintenon tire une lettre de sa poche et là lui montre, en lui demandant si elle en connoissoit l'écriture. C'étoit une lettre de sa main à sa tante la duchesse d'Hanovre, à qui elle écrivoit tous les ordinaires, où après des nouvelles de cour elle lui disoit en propres termes : qu'on ne savoit plus que dire du commerce du roi et de Mme de Maintenon, si c'étoit mariage ou concubinage; et de là tomboit sur les affaires du dehors et sur celles du dedans, et s'étendoit sur la misère du royaume qu'elle disoit ne s'en pouvoir relever. La poste l'avoit ouverte, comme elle les ouvroit et les ouvre encore presque toutes, et l'avoit trouvée trop forte pour se contenter à l'ordinaire d'en donner un extrait, et l'avoit envoyée au roi en original. On peut penser si, à cet aspect et à cette lecture, Madame pensa mourir sur l'heure. La voilà à pleurer, et Mme de Maintenon à lui représenter modestement l'énormité de toutes les parties de cette lettre, et en pays étranger; enfin Mme de Ventadour à verbiager pour laisser à Madame le temps de respirer et de se remettre assez pour dire quelque chose. Sa meilleure excuse fut l'aveu de ce qu'elle ne pouvoit nier, des pardons, des repentirs, des prières, des promesses.

Quand tout cela fut épuisé, Mme de Maintenon la supplia de trouver bon qu'après s'être acquittée de la commission que le roi lui avoit donnée, elle pût aussi lui dire un mot d'elle-même, et lui faire ses plaintes de ce que, après l'honneur qu'elle lui avoit fait autrefois de vouloir bien désirer son amitié et de lui jurer la sienne, elle avoit entièrement changé depuis plusieurs années. Madame crut avoir beau champ. Elle répondit qu'elle étoit d'autant plus aise de cet éclaircissement, que c'étoit à elle à se plaindre du changement de Mme de Maintenon, qui tout d'un coup l'avoit laissée et abandonnée et forcée de l'abandonner à la fin aussi, après avoir longtemps essayé de la faire vivre avec elle comme elles avoient vécu auparavant. A cette seconde reprise, Mme de Maintenon se donna le plaisir de la laisser enfiler comme à l'autre les plaintes et de plus les regrets et les reproches, après quoi elle avoua à Madame qu'il étoit vrai que c'étoit elle qui la première s'étoit retirée d'elle, et qui n'avoit osé s'en rapprocher, que ses raisons étoient telles qu'elle n'avoit pu moins que d'avoir cette conduite; et par ce propos fit redoubler les plaintes de Madame, et son empressement de savoir quelles pouvoient être ses raisons. Alors Mme de Maintenon lui dit que c'étoit un secret qui jusqu'alors n'étoit jamais sorti de sa bouche, quoiqu'elle en fût en liberté depuis dix ans qu'étoit morte celle qui le lui avoit confié sur sa parole de n'en parler à personne, et de là raconte à Madame mille choses plus offensantes les unes que les autres qu'elle avoit dites d'elle à Mme la Dauphine, lorsqu'elle étoit mal avec cette dernière, qui dans leur raccommodement les lui avoit redites de mot à mot. A ce second coup de foudre Madame demeura comme une statue. Il y eut quelques moments de silence. Mme de Ventadour fit son même personnage pour laisser reprendre les esprits à Madame, qui ne sut faire que comme l'autre fois, c'est-à-dire qu'elle pleura, cria, et pour fin demanda pardon, avoua, puis repentirs et supplications. Mme de Maintenon triompha froidement d'elle assez longtemps, la laissant s'engouer de parler, de pleurer et lui prendre les mains. C'étoit une terrible humiliation pour une si rogue et fière Allemande. A la fin, Mme de Maintenon se laissa toucher, comme elle avoit bien résolu, après avoir pris toute sa vengeance. Elles s'embrassèrent, elles se promirent oubli parfait et amitié nouvelle. Mme de Ventadour se mit à en pleurer de joie, et le sceau de la réconciliation fut la promesse de celle du roi, et qu'il ne lui diroit pas un mot des deux matières qu'elles venoient de traiter, ce qui plus que tout soulagea Madame. Tout se sait enfin dans les cours, et si je me suis peut-être un peu étendu sur ces anecdotes, c'est que je les ai sues d'original, et qu'elles m'ont paru très-curieuses.

Le roi qui n'ignoroit ni la visite de Mme de Maintenon à Madame, ni ce qu'il s'y devoit traiter, donna quelque temps à cette dernière de se remettre, puis alla le même jour chez elle ouvrir en sa présence, et de M. le duc de Chartres, le testament de Monsieur, où se trouvèrent le chancelier et son fils comme secrétaires d'État de la maison du roi, et Terat, chancelier de Monsieur. Ce testament étoit de 1690, simple et sage, et nommoit pour exécuteur celui qui se trouveroit premier président du parlement de Paris le jour de son ouverture. Le roi tint la parole de Mme de Maintenon, il ne parla de rien, et fit beaucoup d'amitiés à Mme et à M. le duc de Chartres qui fut, et le terme n'est pas trop fort, prodigieusement bien traité.

Le roi lui donna, outre les pensions qu'il avoit et qu'il conserva, toutes celles qu'avoit Monsieur, ce qui fit six cent cinquante mille livres; en sorte qu'avec son apanage et ses autres biens, Madame payée de son douaire et de toutes ses reprises, il lui restoit un million huit cent mille livres de rente avec le Palais-Royal, en sus Saint-Cloud et ses autres maisons. Il eut, ce qui ne s'étoit jamais vu qu'aux fils de France, des gardes et des Suisses, les mêmes qu'avoit Monsieur, sa salle des gardes dans le corps du château de Versailles où étoit celle de Monsieur, un chancelier, un procureur général, au nom duquel il plaideroit et non au sien propre, et la nomination de tous les bénéfices de son apanage excepté les évêchés, c'est-à-dire que tout ce qu'avoit Monsieur lui fut conservé en entier. En gardant ses régiments de cavalerie et d'infanterie, il eut aussi ceux qu'avoit Monsieur, et ses compagnies de gens d'armes et de chevau-légers, et il prit le nom de duc d'Orléans. Des honneurs si grands et si inouïs, et plus de cent mille écus de pension au delà de celles de Monsieur, furent uniquement dus à la considération de son mariage, aux reproches de Monsieur si récents qu'il n'en auroit que la honte et rien de plus, et à la peine que ressentit le roi de la situation où lui et Monsieur étoient ensemble, qui avoit pu avancer sa mort.

On s'accoutume à tout; mais d'abord ce prodigieux traitement surprit infiniment. Les princes du sang en furent extrêmement mortifiés. Pour les consoler, le roi incontinent après donna à M. le Prince tous les avantages pour lui et pour sa maison, sa vie durant, de premier prince du sang, comme M. son père les avoit, et augmenta de dix mille écus sa pension, qui étoit de quarante, pour qu'il en eût cinquante, qui est celle de premier prince du sang.

M. de Chartres avoit tout cela du vivant de Monsieur, quoique petit-fils de France, mais devenu fort au-dessus par tout ce qui lui fut donné à la mort de Monsieur, M. le Prince en profita. Les pensions de Madame et de la nouvelle duchesse d'Orléans furent augmentées. Après qu'elles eurent reçu les visites et les ambassadeurs, et que les quarante jours furent passés, pendant lesquels le roi visita souvent Madame, elle alla chez lui, chez les fils de France, chez Mme la duchesse de Bourgogne, qui l'avoient, excepté le roi, été tous voir en grand manteau et en mante, et à Saint-Germain en grand habit de veuve, après quoi elle eut permission de souper tous les soirs en public avec le roi à l'ordinaire, d'être de tous les Marlys et de paroître partout sans mante, sans voile, sans bandeau, qui, à ce qu'elle disoit, lui faisoit mal à la tête. Pour le reste de cet équipage lugubre, le roi le supprima pour ne point voir tous les jours des objets si tristes. Il ne laissa pas de paroître fort étrange de voir Madame en public, et même à la messe de Monseigneur en musique, à côté de lui, où étoit toute la cour, enfin partout en tourière de filles de Sainte-Marie à leur croix près, sous prétexte qu'étant avec le roi et chez lui elle étoit en famille. Ainsi il ne fut pas question un instant de couvent ni de Montargis, et elle garda à Versailles l'appartement de Monsieur avec le sien. Il n'y eut donc que la chasse de retranchée pour un temps et les spectacles ; encore le roi la fit-il venir souvent chez Mme de Maintenon l'hiver suivant, où on jouoit devant lui des comédies avec de la musique, et toujours sous prétexte de famille, et là de particulier. Le roi lui permit d'ajouter à ses dames, mais sans nom, pour être seulement de sa suite, la maréchale de Clérembault et la comtesse de Beuvron, qu'elle aimoit fort. Monsieur avoit chassé l'une et l'autre du Palais-Royal ; la première étant gouvernante de ses filles, à la place de laquelle il mit la maréchale de Grancey, et Mme de Maré, sa fille, dans la suite. L'autre étoit veuve d'un capitaine de ses gardes, frère du marquis de Beuvron et de la duchesse d'Arpajon. Madame leur donna quatre mille livres de pension à chacune, et le roi deux logements à Versailles auprès de celui de Madame, et les mena toujours depuis toutes deux à Marly, ce qui fut réglé une fois pour toutes. Avant cela, elle voyoit peu la maréchale de Clérembault, que Monsieur haïssoit, et point du tout la comtesse de Beuvron, qu'il haïssoit encore davantage pour des tracasseries et des intrigues du Palais-Royal. Très-rarement elle la voyoit dans quelque intérieur de couvent à Paris en cachette ; mais à découvert elle lui écrivoit tous les jours de sa vie par un page qu'elle lui envoyoit de quelque lieu où elle fût.

Le roi drapa six mois et fit tous les frais de la superbe pompe funèbre. Le lundi, 13 juin, toute la cour parut en long manteau devant le roi. Monseigneur, qui étoit venu le matin de Meudon, quitta le sien seulement pour le conseil, au sortir duquel il alla à Saint-Cloud en long manteau donner l'eau bénite avec tous les princes du sang, et M. de Vendôme, et force ducs, tous en rang d'ancienneté, et fut reçu au carrosse par M. le duc d'Orléans et la maison de Monsieur. L'abbé de Grancey, premier aumônier de Monsieur, lui présenta le goupillon et aux deux fils de France ses fils ; un autre aumônier à tous les autres.

L'après-dînée du même jour, toutes les dames vinrent en mante chez Mme la duchesse de Bourgogne, qui y étoit aussi avec toutes les princesses du sang. Le cercle assis il ne dura qu'un moment, et Mme la duchesse de Bourgogne, suivie de toute cette cour, alla chez le roi, chez Madame, chez M. et chez Mme la duchesse d'Orléans, puis monta en carrosse au derrière avec Mme la grande-duchesse, trois princesses du sang au devant, Mme la Duchesse à une portière et la duchesse du Lude à l'autre, suivie de cinquante dames dans ses carrosses ou dans des carrosses du roi. Tout y fut en confusion. Il plut aux princesses du sang, dont chacune devoit avoir un des carrosses, de se mettre toutes dans celui de Mme la duchesse de Bourgogne. On ne pouvoit s'y attendre, parce que c'étoit la première fois que cela étoit arrivé, et je ne sais quel avantage elles crurent y trouver. Cela dérangea l'ordre des autres carrosses qui étoient réglés à l'avantage des duchesses sur les princesses, dont Mme d'Elbœuf se jeta de dépit dans le dernier carrosse. La princesse d'Harcourt avoit fait tant de vacarme à Mme de Maintenon que, pour la première fois encore, le roi ordonna que, s'il y avoit des princesses, personne ne donneroit d'eau bénite que les princesses du sang; et cela fut exécuté. Les cris furent horribles, et Mme la duchesse de Bourgogne, qui huit jours auparavant avoit été à Saint-Cloud, où Monsieur lui avoit donné une grande collation et une espèce de fête, fut si affligée qu'elle s'en trouva mal, et fut longtemps dans l'appartement de M. le duc d'Orléans avant de pouvoir aller donner l'eau bénite. M. le Duc, qui devoit mener le corps pour prince du sang avec M. de La Trémoille pour duc, aima mieux conduire le cœur au Val-de-Grâce pour en être plus tôt quitte, et laissa mener le corps à M. le prince de Conti et à M. de Luxembourg. Le service fut superbe, où les cours assistèrent, et où Mgr le duc de Bourgogne, M. le duc de Berry, et M. le duc d'Orléans furent les princes du deuil, parce que Monseigneur, peu éloigné encore de l'accident qu'il avoit eu, ne voulut pas s'exposer à la longueur et à la chaleur de la cérémonie. M. de Langres fit l'oraison funèbre, et s'en acquitta assez bien. Cela lui convenoit. Le comte de Tonnerre, son frère, avoit passé presque toute sa vie dans la charge de premier gentilhomme de la chambre de Monsieur.

Je ne puis finir sur ce prince sans raconter une anecdote, qui a été sue de bien peu de gens, sur la mort de Madame[1]

---

1. Henriette d'Angleterre. Voy. notes à la fin du volume.

que personne n'a douté qui n'eût été empoisonnée, et même grossièrement. Ses galanteries donnoient de la jalousie à Monsieur. Le goût opposé de Monsieur indignoit Madame. Les favoris qu'elle haïssoit semoient tant qu'ils pouvoient la division entre eux, pour disposer de Monsieur tout à leur aise. Le chevalier de Lorraine, dans le fort de sa jeunesse et de ses agréments, étant né en 1643, possédoit Monsieur avec empire, et le faisoit sentir à Madame comme à toute la maison. Madame, qui n'avoit qu'un an moins que lui, et qui étoit charmante, ne pouvoit à plus d'un titre souffrir cette domination; elle étoit au comble de faveur et de considération auprès du roi, dont elle obtint enfin l'exil du chevalier de Lorraine. A cette nouvelle Monsieur s'évanouit, puis fondit en larmes et s'alla jeter aux pieds du roi pour faire révoquer un ordre qui le mettoit au dernier désespoir. Il ne put y réussir; il entra en fureur, et s'en alla à Villers-Cotterets. Après avoir bien jeté feu et flammes contre le roi et contre Madame qui protestoit toujours qu'elle n'y avoit point de part, il ne put soutenir longtemps le personnage de mécontent pour une chose si publiquement honteuse. Le roi se prêta à le contenter d'ailleurs, il eut de l'argent, des compliments, des amitiés, il revint le cœur fort gros, et peu à peu vécut à l'ordinaire avec le roi et Madame.

D'Effiat, homme d'un esprit hardi, premier écuyer de Monsieur, et le comte de Beuvron, homme liant et doux, mais qui vouloit figurer chez Monsieur, dont il étoit capitaine des gardes, et surtout tirer de l'argent pour se faire riche en cadet de Normandie fort pauvre, étoient étroitement liés avec le chevalier de Lorraine dont l'absence nuisoit fort à leurs affaires, et leur faisoit appréhender que quelque autre mignon ne prît sa place, duquel ils ne s'aideroient pas si bien. Pas un des trois n'espéroit la fin de cet exil, à la faveur où ils voyoient Madame, qui commençoit même à entrer dans les affaires et à qui le roi venoit de faire faire un voyage mystérieux en Angleterre, où elle avoit parfaitement réussi, et en venoit de revenir plus triomphante que jamais. Elle étoit de juin 1644, et d'une très-bonne santé[1], qui achevoit de leur faire perdre de vue le retour du chevalier de Lorraine. Celui-ci étoit allé promener son dépit en Italie et à Rome. Je ne sais lequel des trois y pensa le premier, mais le chevalier de Lorraine envoya à ses deux amis un poison sûr et prompt par un exprès qui ne savoit peut-être pas lui-même ce qu'il portoit.

Madame étoit à Saint-Cloud, qui, pour se rafraîchir, prenoit depuis quelque temps, sur les sept heures du soir, un verre d'eau de chicorée. Un garçon de sa chambre avoit soin de la faire. Il la mettoit dans une armoire d'une des antichambres de Madame, avec son verre, etc. Cette eau de chicorée étoit dans un pot de faïence ou de porcelaine, et il y avoit toujours auprès d'autre eau commune, en cas que Madame trouvât celle de chicorée trop amère, pour la mêler. Cette antichambre étoit le passage public pour aller chez Madame, où il ne se tenoit jamais personne, parce qu'il y en avoit plusieurs. Le marquis d'Effiat avoit épié tout cela. Le 29 juin 1670, passant par cette antichambre, il trouva le moment qu'il cherchoit, personne dedans, et il avoit remarqué qu'il n'étoit suivi de personne qui allât aussi chez Madame ; il se détourne, va à l'armoire, l'ouvre, jette son boucon, puis entendant quelqu'un, s'arme de l'autre pot d'eau commune, et comme il le remettoit, le garçon de la chambre, qui avoit le soin de cette eau de chicorée, s'écrie, court à lui, et lui demande brusquement ce qu'il va faire à cette armoire. D'Effiat, sans s'embarrasser le moins du monde, lui dit qu'il lui demande pardon, mais qu'il crevoit de soif, et que sachant qu'il y avoit de l'eau là dedans, lui montrant le pot d'eau commune, il n'a pu résister à en aller boire. Le garçon grommeloit toujours, et l'autre

---

1. Voy. à la fin du volume la note sur la mort de Madame.

toujours l'apaisant et s'excusant, entre chez Madame, et va causer comme les autres courtisans, sans la plus légère émotion. Ce qui suivit, une heure après, n'est pas de mon sujet, et n'a que trop fait de bruit par toute l'Europe.

Madame étant morte le lendemain 30 juin, à trois heures du matin, le roi fut pénétré de la plus grande douleur. Apparemment que dans la journée il eut des indices, et que ce garçon de chambre ne se tut pas, et qu'il y eut notion que Purnon, premier maître d'hôtel de Madame, étoit dans le secret, par la confidence intime où, dans son bas étage, il étoit avec d'Effiat. Le roi couché, il se relève, envoie chercher Brissac, qui dès lors étoit dans ses gardes et fort sous sa main, lui commande de choisir six gardes du corps bien sûrs et secrets, d'aller enlever le compagnon, et de le lui amener dans ses cabinets par les derrières. Cela fut exécuté avant le matin. Dès que le roi l'aperçut, il fit retirer Brissac et son premier valet de chambre, et prenant un visage et un ton à faire la plus grande terreur : « Mon ami, lui dit-il en le regardant depuis les pieds jusqu'à la tête, écoutez-moi bien : si vous m'avouez tout, et que vous me répondiez vérité sur ce que je veux savoir de vous, quoi que vous ayez fait, je vous pardonne, et il n'en sera jamais mention. Mais prenez garde à ne me pas déguiser la moindre chose, car si vous le faites, vous êtes mort avant de sortir d'ici. Madame n'a-t-elle pas été empoisonnée? — Oui, sire, lui répondit-il. — Et qui l'a empoisonnée, dit le roi, et comment l'a-t-on fait? » Il répondit que c'étoit le chevalier de Lorraine qui avoit envoyé le poison à Beuvron et à d'Effiat, et lui conta ce que je viens d'écrire. Alors, le roi redoublant d'assurance de grâce et de menace de mort : « Et mon frère, dit le roi, le savoit-il? — Non, sire, aucun de nous trois n'étoit assez sot pour le lui dire : il n'a point de secret; il nous auroit perdus. » A cette réponse, le roi fit un grand ha! comme un homme oppressé, et qui tout d'un coup respire. « Voilà, dit-il, tout ce que je voulois savoir.

Mais m'en assurez-vous bien? » Il rappela Brissac et lui commanda de remener cet homme quelque part, où tout de suite il le laissât aller en liberté. C'est cet homme lui-même qui l'a conté, longues années depuis, à M. Joly de Fleury, procureur général du parlement, duquel je tiens cette anecdote.

Ce même magistrat, à qui j'en ai reparlé depuis, m'apprit ce qu'il ne m'avoit pas dit la première fois, et le voici : Peu de jours après le second mariage de Monsieur, le roi prit Madame en particulier, lui conta ce fait, et ajouta qu'il la vouloit rassurer sur Monsieur et sur lui-même, trop honnête homme pour lui faire épouser son frère s'il étoit capable d'un tel crime. Madame en fit son profit. Purnon, le même Cl. Bonneau, étoit demeuré son premier maître d'hôtel. Peu à peu elle fit semblant de vouloir entrer dans la dépense de sa maison, le fit trouver bon à Monsieur, et tracassa si bien Purnon, qu'elle le fit quitter, et qu'il vendit sa charge, sur la fin de 1674, au sieur Michel Viel de Suranne.

CHAPITRE X.

Guerre de fait en Italie. — Ségur gouverneur du pays de Foix; son aventure et celle de l'abbesse de la Joye. — Ses enfants. — Maréchal d'Estrées gouverneur de Nantes, et lieutenant général et commandant en Bretagne. — Chamilly commandant à la Rochelle et pays voisins. — Briord conseiller d'État d'épée. — Abbé de Soubise sacré. — Mariage de Vassé avec Mlle de Beringhen. — Mariage de Renel avec une sœur de Torcy. — Mort du président Le Bailleul. — Mort de Bartillat. — Mort du marquis de Rochefort. — Mort de la duchesse douairière de Ventadour. — Armenonville et Rouillé directeurs des finances. — Le roi d'Espagne reçoit le collier de la Toison et l'envoie aux ducs de Berry et d'Orléans, à qui le roi le donne. — Marsin ambassadeur en Espagne; son caractère et son extraction. — Raison du duc d'Orléans de désirer la Toison. — Menées domestiques en Italie. — Situation de Chamillart. — Mlle de Lislebonne et Mme d'Espinoy, et leur éclat solide. — Position de Vaudemont. — Tessé et ses vues. — Combat de Carpi. — Maréchal de Villeroy va en Italie; mot à lui du maréchal de Duras. — Le pape refuse l'hommage de Naples, et y reconnoît et fait reconnoître Philippe V, où une révolte est étouffée dès sa naissance.

Après s'être tant tâtés et regardés par toute l'Europe, la guerre enfin se déclara de fait par les Impériaux en Italie par quelques coups de fusil qu'ils tirèrent sur une vingtaine de soldats, à qui Pracontal avoit fait passer l'Adige au-dessous de Vicence, près d'Albaredo, où ils étoient, pour amener un bac de notre côté. Ils tuèrent un Espagnol, et prirent presque tous les autres, et ne les voulurent pas rendre, quoiqu'on les eût envoyé répéter, et dirent qu'ils ne les rendroient point que le cartel ne fût fait.

Le roi fit donc partir les officiers généraux. Tallard, qui en fut un, avoit fait de l'argent des petites charges que le roi lui avoit données à vendre en revenant d'Angleterre, entre autres le gouvernement du pays de Foix, que la mort de Mirepoix avoit fait vaquer, à Ségur, capitaine de gendarmerie, bon gentilhomme de ce pays-là, et fort galant homme, qui avoit perdu une jambe à la bataille de la Marsaille.

Il avoit été beau en sa jeunesse, et parfaitement bien fait, comme on le voyoit encore, doux, poli et galant. Il étoit mousquetaire noir, et cette compagnie avoit toujours son quartier à Nemours pendant que la cour étoit à Fontainebleau. Ségur jouoit très-bien du luth; il s'ennuyoit à Nemours, il fit connoissance avec l'abbesse de la Joye, qui est tout contre, et la charma si bien par les oreilles et par les yeux, qu'il lui fit un enfant. Au neuvième mois de la grossesse, madame fut bien en peine que devenir, et ses religieuses la croyoient fort malade. Pour son malheur, elle ne

prit pas assez tôt ses mesures, ou se trompa à la justesse de
son calcul. Elle partit, dit-elle, pour les eaux, et comme les
départs sont toujours difficiles, ce ne put être que tard, et
n'alla coucher qu'à Fontainebleau, dans un mauvais cabaret
plein de monde, parce que la cour y étoit alors. Cette couchée lui fut perfide, le mal d'enfant la prit la nuit, elle
accoucha. Tout ce qui étoit dans l'hôtellerie entendit ses
cris; on accourut à son secours, beaucoup plus qu'elle n'auroit voulu, chirurgien, sage-femme, en un mot, elle en but
le calice en entier, et le matin ce fut la nouvelle.

Les gens du duc de Saint-Aignan la lui contèrent en l'ha-
billant, et il en trouva l'aventure si plaisante, qu'il en fit
une gorge chaude au lever du roi, qui étoit fort gaillard
en ce temps-là, et qui rit beaucoup de Mme l'abbesse et de
son poupon, que, pour se mieux cacher, elle étoit venue
pondre en pleine hôtellerie au milieu de la cour, et ce
qu'on ne savoit pas, parce qu'on ignoroit d'où elle étoit
abbesse, à quatre lieues de son abbaye, ce qui fut bientôt
mis au net.

M. de Saint-Aignan, revenu chez lui, y trouva la mine
de ses gens fort allongée; ils se faisoient signe les uns aux
autres, personne ne disoit mot; à la fin il s'en aperçut, et
leur demanda à qui ils en avoient; l'embarras redoubla, et
enfin M. de Saint-Aignan voulut savoir de quoi il s'agissoit. Un valet de chambre se hasarda de lui dire que cette
abbesse dont on lui avoit fait un si bon conte étoit sa
fille, et que depuis qu'il étoit allé chez le roi, elle avoit
envoyé chez lui au secours pour la tirer du lieu où elle
étoit. Qui fut bien penaud? ce fut le duc qui venoit d'apprendre cette histoire au roi et à toute la cour, et qui,
après en avoir bien fait rire tout le monde, en alloit devenir
lui-même le divertissement. Il soutint l'affaire comme il
put, fit emporter l'abbesse et son bagage; et, comme le
scandale en étoit public, elle donna sa démission, et a
vécu plus de quarante ans depuis, cachée dans un autre

couvent. Aussi n'ai-je presque jamais vu Ségur chez M. de
Beauvilliers, qui pourtant lui faisoit politesse comme à tout
le monde.

C'est le père de Ségur qui étoit à M. le duc d'Orléans, et
qui, pendant la régence, épousa une de ses bâtardes, qui a
servi avec distinction et est devenu lieutenant général, et
d'un aumônier du roi, qui fut fait et sacré évêque de Saint-
Papoul, et qui le quitta en 1739, pour un mandement qui a
tant fait de bruit dans le monde, et dont la vérité et l'humilité l'ont couvert d'honneur et de gloire, comme la vie
pénitente, dépouillée et cachée qu'il mène depuis, en fera
vraisemblablement un de ces saints rares, et dont le sublime exemple sera un terrible jugement pour bien des
prélats.

Le gouvernement de Nantes et la lieutenance générale de
cette partie de Bretagne fut donnée au maréchal d'Estrées,
pour commander en chef dans la province. Il y avoit longtemps qu'il vaquoit par la mort de Rosmadec. Beaucoup de
gens l'avoient demandé, et M. le comte de Toulouse fortement pour d'O, qui, avec son importance, se donnoit pour
être à portée de tout. Chamillart, dont la femme étoit parente
et amie de Mme de Chamilly, fit donner le commandement
de la Rochelle, Aunis, Poitou, etc., que le maréchal d'Es-
rées quittoit, à Chamilly, et remit ainsi à flot cet ancien
lieutenant général, illustré par bien des siéges, et surtout
par la célèbre défense de Grave, mais noyé par Louvois et
par Barbezieux, son fils. Briord qui avoit fort bien fait en
son ambassade de Hollande, où il avoit pensé mourir, eut
une des trois places vacantes depuis fort longtemps de conseiller d'État d'épée, qui fut une belle fortune pour un
écuyer de M. le Prince.

Enfin les bulles et tout ce qu'il falloit pour l'abbé de Soubise étant arrivées, il fut sacré le dimanche 26 juin, à
vingt-sept ans tout juste, par le cardinal de Fürstemberg,
dans Saint-Germain des Prés, assisté des évêques-ducs de

Laon et de Langres, tous deux Clermont, en présence de la plus grande et de la plus illustre compagnie. Il n'y avoit point de plus beaux visages, chacun pour leur âge, que ceux du consécrateur et du consacré; ceux des deux assistants y répondoient; les plus belles dames et les mieux parées y firent cortége à l'Amour, qui ordonnoit la fête avec les Grâces, les Jeux et les Ris; ce qui la fit la plus noble, la plus superbe, la plus brillante et la plus galante qu'il fût possible de voir.

Avant de quitter les particuliers, il faut dire que le premier écuyer avoit marié depuis peu sa fille à Vassé, dont la mère, seconde fille du maréchal d'Humières, s'étoit remariée à Surville, cadet d'Hautefort, et en fut longtemps sans que sa famille la voulût voir; et Torcy maria aussi sa seconde sœur à Renel, dont le père avoit été tué mestre de camp général de la cavalerie, et qui étoit Clermont-Gallerand; il y avoit longtemps que l'aînée de celle-ci avoit épousé Bouzols.

Deux hommes de singulière vertu moururent en même temps : Le Bailleul, retiré depuis longtemps à Saint-Victor dans une grande piété; étant l'ancien des présidents à mortier, il avoit cédé sa charge à son fils, qu'il avoit longuement exercée avec grande probité. Il étoit fils du surintendant des finances, et frère de la mère du marquis d'Huxelles et de celle de Saint-Germain-Beaupré. C'étoit un homme rien moins que président à mortier; car il étoit doux, modeste et tout à fait à sa place. D'ailleurs, obligeant et gracieux autant que la justice le lui pouvoit permettre. Aussi étoit-il aimé et estimé, au point que personne n'ayant plus besoin de lui, et n'y ayant chez lui ni jeu ni table, il étoit extrêmement visité à Saint-Victor, et de quantité de gens considérables, quoiqu'il ne sortît guère de cette retraite. Il fut aussi fort regretté; je l'allois voir assez souvent, parce qu'il avoit toujours été fort des amis de mon père. L'autre fut le bonhomme Bartillat, homme de peu, et qui, dans sa charge de garde du trésor royal, s'étoit illustré par sa fidélité, son exactitude, son désintéressement, sa frugalité et sa bonté. Aussi étoit-il demeuré pauvre. Le roi qui l'aimoit le vouloit voir de temps en temps et lui faisoit toujours amitié. Il avoit été trésorier de la reine mère, et je l'ai toujours vu fort accueilli de ce qu'il y avoit de principal à la cour. Il avoit près de quatre-vingt-dix ans, et laissa un fils qu'il eut la joie de voir aussi applaudi dans le métier de la guerre, où il devint lieutenant général avec un gouvernement, qu'il l'avoit été dans celui des finances.

La maréchale de Rochefort perdit aussi son fils unique qui n'étoit point marié, et qui à force de débauches avoit, à la fleur de son âge, quatre-vingts ans. Il étoit menin de Monseigneur; on a vu comment en son temps ce n'étoit rien du tout.

La maréchale de Duras perdit sa mère la vieille duchesse de Ventadour-La Guiche qu'on ne voyoit plus guère à l'hôtel de Duras, où elle logeoit, et qui depuis longtemps vivoit chez elle en basse Normandie en très-grande dame qu'elle étoit et qu'elle savoit bien faire.

Chamillart ne put enfin suffire au travail des finances et à celui de la guerre à la fois, que celle où on alloit entrer augmentoit très-considérablement l'un et l'autre; mais il avoit peine à réduire le roi qui n'aimoit pas les visages nouveaux. Pour réussir à se faire soulager, il en fit une affaire de finance qui valut au roi un million cinquante mille livres d'argent comptant. Pour cela on fit deux charges nouvelles qu'on appela directeurs des finances, qui payèrent huit cent mille livres chacune, et eurent quatre-vingt mille livres de rente, qui furent données à deux personnages fort dissemblables, Armenonville et Rouillé.

Le premier, qui ne donna que quatre cent mille livres, parce qu'on supprima sa charge d'intendant des finances qui lui avoit coûté autant, étoit un homme léger, gracieux, respectueux quoique familier, toujours ouvert, toujours accessible, qu'on voyoit peiné d'être obligé de refuser, et ravi de pouvoir accorder, aimant le monde, la dépense et surtout la bonne compagnie, qui étoit toujours nombreuse chez lui. Il étoit frère très-disproportionné d'âge de la femme de Pelletier le ministre d'État, qui l'avoit fait intendant des finances pendant qu'il étoit contrôleur général. Outre cet accès et la faveur publique, Saint-Sulpice le portoit auprès de Mme de Maintenon à cause du supérieur de tous ses séminaires, qui étoit fils de Pelletier, le ministre, et il avoit auprès du roi le crédit des jésuites à cause du P. Fleuriau son frère qui l'étoit.

Rouillé, procureur général de la chambre des comptes, dont il accommoda son beau-frère, Bouvard de Fourqueux, petit-fils du premier médecin de Louis XIII, étoit un rustre brutal, bourru, plein d'humeur, qui, sans vouloir être insolent, en usoit comme font les insolents, dur, d'accès insupportable, à qui les plus secs refus ne coûtoient rien, et qu'on ne savoit comment voir ni prendre; au reste, bon esprit, travailleur, savant et capable, mais qui ne se déridoit qu'avec des filles et entre les pots, où il n'admettoit qu'un petit nombre de familiers obscurs. M. de Noailles qui tout dévotement étoit sournoisement dans le même goût sous cent clefs, étoit son ami intime, et la débauche avoit fait cette liaison. Il cultivoit fort tout ce qui sentoit le ministère, surtout celui de la finance et lui, ou plutôt sa femme qui avoit plus d'esprit et de vrai manége que lui, avoient toujours affaire à ceux qui s'en mêloient. Ils n'étoient pas encore riches; leur fille de Guiche mouroit de faim; ils avoient si bien fait auprès de Mme de Maintenon, que le roi avoit ordonné à Pontchartrain, puis à Chamillart, quand il lui succéda aux finances, de faire en faveur de la mère et de la fille toutes les affaires qu'elles présenteroient, et de lui en procurer tant qu'ils pourroient, et il est incroyable ce qu'elles en ont tiré. Ce fut donc pour M. de Noailles un coup de partie et d'intérêt et d'amitié, de porter Rouillé en cette place, et c'est ce qui lui donna la protection de Mme de Maintenon. La fonction des deux directeurs fut de faire au conseil des finances tous les rapports dont le contrôleur général étoit chargé, après le lui avoir fait en particulier, tellement que cela le déchargea de l'examen et du rapport d'une infinité d'affaires, et de travailler avec lui. La charge d'intendant des finances, qu'avoit eue pour rien Breteuil, conseiller d'État, fut supprimée en lui donnant pourtant cinquante mille écus ; il ne laissa pas d'en être bien fâché. Ainsi il n'en demeura que quatre, qui de garçons du contrôleur général qu'ils étoient le devinrent des directeurs chez qui il leur fallut aller porter le portefeuille, dont Caumartin pensa enrager, lui qui avoit espéré d'être contrôleur général après Pontchartrain, et qui sous lui étoit le seul maître des finances; mais à force de bonne chère, de bonne compagnie et de faire le grand seigneur, il s'étoit mis hors d'état de se passer de sa charge, de sorte qu'il fallut en boire le calice. Pelletier de Sousy eut le choix d'une des deux places de directeur en supprimant sa charge d'intendant des finances, mais en homme sage, qui étoit conseiller d'État, et qui étoit devenu une manière de tiercelet de ministre par son emploi de directeur général des fortifications qui le faisoit travailler seul avec le roi une fois toutes les semaines, et qui lui donnoit un logement à Versailles et à Marly tous les voyages, avec la distinction de n'avoir plus de manteau, mais seulement le rabat et la canne, il aima mieux quitter sa charge d'intendant des finances, et la donner à son fils qui, par ce début à l'âge de vingt-cinq ans, fut en chemin d'aller à tout, comme il lui est arrivé dans la suite.

Le roi d'Espagne qui se préparoit au voyage d'Aragon et de Catalogne pour y prêter et y recevoir les serments accoutumés aux avénements à la couronne d'Espagne, reçut en cérémonie le collier de l'ordre de la Toison des mains du duc de Montéléon, le plus ancien chevalier de cet ordre qui se trouvât lors en Espagne, et tout de suite y nomma M. le duc de Berry et M. le duc d'Orléans, à qui quelque temps après le roi le donna par commission du roi son petit-fils. La cérémonie s'en fit à la messe, en la même façon et en même temps que les évêques nouvellement sacrés y prêtent au roi leur serment de fidélité. Torcy y fit la fonction de chancelier de la Toison. Comme il n'y avoit ici aucun chevalier de cet ordre, il n'y eut point de parrains, et les grands habits de cérémonie qui appartiennent à l'ordre et non aux chevaliers, étant demeurés en Flandre, ils ne se portoient point en Espagne, où on recevoit, et puis on portoit le collier sur ses habits ordinaires, ce qui fit que ces deux princes le reçurent de même de la main du roi.

M. d'Harcourt un peu rétabli, mais hors d'état de supporter aucune fatigue ni aucun travail, obtint son rappel. Marsin[1], qui servoit sous le maréchal Catinat et qui étoit en Italie, fut choisi pour l'aller relever en la même qualité. C'étoit un très-petit homme, vif, sémillant, ambitieux, bas complimenteur sans fin, babillard de même, dévot pourtant, et qui par là avoit plu à Charost avec qui il avoit fort servi en Flandre, s'étoit fait son ami, et par lui s'étoit fait goûter à M. de Cambrai et aux ducs de Chevreuse et de Beauvilliers. Il ne manquoit ni d'esprit ni de manége, ne laissoit pas, malgré ce flux de bouche, d'être de bonne compagnie et d'être mêlé à l'armée avec la meilleure, et toujours bien avec le général sous qui il servoit. Tout cela le fit choisir pour cette ambassade fort au-dessus de sa capacité et de son maintien. Il étoit pauvre et fils de ce Marsin qui a tant fait parler de lui dans le parti de M. le Prince, et à qui son mérite militaire et son manége entre les diverses factions valurent enfin la Jarretière de Charles II au scandale universel, parce que c'étoit un Liégeois de très-peu de

---

1. Saint-Simon écrit tantôt Marchin, tantôt Marsin; nous avons suivi, pour ce nom, la forme ordinairement adoptée

chose. C'étoit en 1658 qu'il commandoit l'armée d'Espagne aux Pays-Bas, et que l'empereur le fit aussi comte de l'empire. Il eut des gouvernements et des établissements qui lui firent épouser une Balzac-Entragues, cousine germaine de la marquise de Verneuil qui devint héritière, mais dont le fils, qui est celui dont je parle, n'en fut pas plus riche : aussi étoit-ce un panier percé. Il rendit compte au roi assez au long des affaires militaires d'Italie. Il eut les mêmes appointements et traitements pécuniaires qu'Harcourt; le roi voulut même qu'il eût en tout un équipage et une maison pareille, lui dit de les commander, et paya tout. Aussi Marsin n'étoit-il pas en état d'y fournir. Je l'avois fort connu à l'armée et à la cour, et il venoit souvent chez moi; Charost aussi, qui étoit intimement de mes amis, avoit fait cette liaison entre nous, et Marsin l'avoit fort désirée et la cultivoit soigneusement à cause de la mienne, si intime avec les ducs de Beauvilliers et de Chevreuse, laquelle n'étoit plus ignorée de personne, mais non encore sue au point d'intimité où elle étoit déjà, et de confiance qui, de leur part, commençoit à poindre.

Dès que le bagage de Marsin fut prêt, et il le fut bientôt, parce que le roi payoit, on le fit partir d'autant plus vite que le Portugal se joignit alors à l'Espagne, et que M. de Savoie signa le traité du mariage de sa fille avec le roi d'Espagne, et celui de la jonction de ses troupes avec les nôtres et celles d'Espagne en Italie qu'il devoit commander en chef, avec Catinat sous lui pour les nôtres, et Vaudemont pour les espagnoles.

Je m'aperçois qu'en parlant de la Toison de M. le duc de Berry et de M. le duc d'Orléans, j'ai oublié une chose importante. Le testament du roi d'Espagne en faveur de la postérité de la reine sa sœur, épouse du roi, n'avoit point, à son défaut, rappelé celle de la reine sa tante, mère du roi, mais au contraire M. de Savoie et sa postérité, plus éloignée que celle de la reine mère. Monsieur et M. le duc d'Orléans firent donc leurs protestations contre cette disposition seconde, et Louville vers ce temps-ci les fit enregistrer au conseil de Castille. C'est ce qui fit désirer à M. le duc d'Orléans d'avoir la Toison en même temps que M. le duc de Berry, comme étant de droit appelé par sa ligne, du chef de la reine sa grand'mère, à la couronne d'Espagne au défaut de toute celle de la feue reine, épouse du roi. Retournons maintenant en Italie.

Pour bien entendre ce qui s'y passoit dès lors et tout ce qui arriva depuis, il en faut expliquer les ressorts et les manéges qui de l'un à l'autre s'étendirent bien au delà dans la suite, et mirent l'État à deux doigts de sa perte. Il faut se souvenir de ce qui a été dit de la fortune et du caractère de Chamillart, et ajouter que jamais ministre n'a été si avant, non dans l'esprit du roi par l'estime de sa capacité, mais dans son cœur par un goût que, dès les premiers temps du billard, il avoit pris pour lui, qu'il lui avoit continuellement marqué depuis par toutes les distinctions, les avancements et les privances qu'il lui pouvoit donner; qu'il combla par les deux emplois des finances et de la guerre dont il l'accabla, et qui s'augmentoit tous les jours par les aveux de Chamillart au roi de son ignorance sur bien des choses, et par le petit et l'orgueilleux plaisir dans lequel le roi se baignoit de former, d'instruire et de conduire son ministre en deux fonctions si principales. Mme de Maintenon n'avoit pas moins de tendresse pour lui, car c'est de ce nom que cette affection doit s'appeler. Sa dépendance parfaite d'elle la charmoit, et son amitié pour lui plaisoit extrêmement au roi. Un ministre dans cette position est tout-puissant : cette position étoit visible; il n'y avoit personne qui ne se jetât bassement à lui. Ses lumières, des plus courtes, étoient abandonnées à elles-mêmes par sa famille telle que je l'ai représentée, et se trouvoient incapables d'un bon discernement. Il se livra à ses anciens amis, à ceux qui l'avoient produit à la cour, et aux personnes qu'il

estima avoir une considération et un éclat qui méritoit d'être
ménagé.

Matignon étoit des premiers : il avoit vu son père intendant de Caen et lui de Rouen ; il avoit été leur ami et, tout
Normand très-intéressé qu'il étoit, il avoit fait l'amitié à
celui-ci de lui céder la mouvance d'une terre qui relevoit de
Torigny. Cela avoit tellement gagné le cœur à Chamillart
qu'il ne l'oublia jamais, que Matignon eut tout pouvoir sur
lui dans tout le cours de son ministère, et qu'il en tira des
millions, lui et Marsan son beau-frère et son ami intime,
qu'il lui produisit, et qui par ses bassesses se le dévoua.
Aussi M. le Grand, son frère, qui aimoit fort Chamillart,
qui étoit un de ceux qui l'avoient produit au billard, et
pour qui Chamillart avoit la plus grande et la plus respectueuse déférence, appeloit publiquement son frère de Marsan
le chevalier de La Proustière, et lui tomboit rudement
dessus pour la cour indigne mais très-utile qu'il faisoit à
Chamillart.

Des seconds étoient le même M. le Grand et le maréchal
de Villeroy, dont le grand air de faveur et celui d'autorité
qu'ils prirent aisément sur lui, et ces manières de supériorité qu'ils usurpoient à la cour, lui imposoient et l'étourdis-
soient ; et il leur étoit d'autant plus soumis que ce n'étoit
pas pour de l'argent comme les deux autres. Par ceux-là il
se trouva peu à peu lié avec la duchesse de Ventadour,
amie intime et de tout temps quelque chose de plus du
maréchal de Villeroy, et très-unie aussi par là avec M. le
Grand. De là résulta une autre liaison qui devint bientôt
après directe et la plus intime ; ce fut celle de Mlle de Lislebonne et de sa sœur Mme d'Espinoy, qui n'étoient ensemble
qu'un cœur, qu'une âme et qu'un esprit. La dernière étoit
une personne douce, belle, qui n'avoit d'esprit que ce qu'il
lui en falloit pour aller à ses fins, mais qui l'avoit au dernier point, et qui jamais ne faisoit rien que par vues ; d'ailleurs naturellement bonne, obligeante et polie. L'autre avoit

tout l'esprit, tout le sens et toutes les sortes de vues qu'il est possible; élevée à cela par sa mère, et conduite par le chevalier de Lorraine, avec lequel elle étoit si anciennement et si étroitement unie qu'on les croyoit secrètement mariés. On a vu en plus d'un endroit de ces Mémoires quel homme c'étoit que ce Lorrain, qui, du temps des Guise, eût tenu un grand coin parmi eux. Mlle de Lislebonne ne lui étoit pas inférieure, et sous un extérieur froid, indolent, paresseux, négligé, intérieurement dédaigneux, brûloit de la plus vaste ambition avec une hauteur démesurée, mais qu'elle cachoit sous une politesse distinguée, et qu'elle ne laissoit se déployer qu'à propos.

Sur ces deux sœurs étoient les yeux de toute la cour. Le désordre des affaires et de la conduite de leur père, frère du feu duc d'Elbœuf, avoit tellement renversé leur marmite, que très-souvent elles n'avoient pas à dîner chez elles, M. de Louvois leur donnoit noblement de l'argent que la nécessité leur faisoit accepter. Cette même nécessité les mit à faire leur cour à Mme la princesse de Conti, d'avec qui Monseigneur ne bougeoit alors; elle s'en trouva honorée, elle les attira fort chez elle, les logea, les nourrit à la cour, les combla de présents, leur procura tous les agréments qu'elle put, que toutes trois surent bien suivre et faire valoir. Monseigneur les prit toutes trois en affection, puis en confiance; elles ne bougèrent plus de la cour, et comme compagnie de Monseigneur, furent de tous les Marlys, et eurent toutes sortes de distinctions. La mère, âgée et retirée de tout cela avec bienséance, ne laissoit pas de tenir le timon de loin, et rarement venoit voir Monseigneur, pour qui c'étoit une fête. Tous les matins il alloit prendre du chocolat chez Mlle de Lislebonne. Là se ruoient les bons coups : c'étoit à cette heure-là un sanctuaire où il ne pénétroit personne que Mme d'Espinoy. Toutes deux étoient les dépositaires de son âme, et les confidentes de son affection pour Mlle Choin, qu'elles n'avoient eu garde d'abandonner, lorsqu'elle fut chassée de la cour, et sur qui elles pouvoient tout.

A Meudon elles étoient les reines : tout ce qui étoit la cour de Monseigneur la leur faisoit presque avec le même respect qu'à lui ; ses équipages et son domestique particulier étoient à leurs ordres. Jamais Mlle de Lislebonne n'a appelé du Mont *monsieur*, qui étoit l'écuyer confident de Monseigneur et pour ses plaisirs et pour ses dépenses et pour ses équipages, et l'appeloit d'un bout à l'autre d'une chambre à Meudon, où Monseigneur et toute sa cour étoit, pour lui donner ses ordres, comme elle eût fait à son écuyer à elle ; et l'autre, avec qui tout le monde jusqu'aux princes du sang comptoit à Meudon, accouroit et obéissoit avec un air de respect, plus qu'il ne faisoit à Monseigneur, avec lequel il avoit des manières plus libres ; et les particuliers, longtemps si secrets de Monseigneur et de Mlle Choin, n'eurent dans ces premiers temps pour tiers que ces deux sœurs. Personne ne doutoit donc qu'elles ne gouvernassent après la mort du roi, qui lui-même les traitoit avec une distinction et une considération la plus marquée, et Mme de Maintenon les ménageoit fort.

Un plus habile homme que Chamillart eût été ébloui de cet éclat. Le maréchal de Villeroy, si lié avec M. le Grand, et encore plus intimement, s'il se pouvoit, avec le chevalier de Lorraine, l'étoit extrêmement avec elles. Par lui, elles furent bien aises de ranger Chamillart sous leur empire, et lui désira fort de pouvoir compter sur elles, d'autant qu'elles étoient sûres. Ils avoient tous leurs raisons : celles de Chamillart se voient par les choses mêmes qui viennent d'être expliquées ; celles des deux sœurs, outre la faveur de Chamillart, étoient de servir par lui Vaudemont, frère de leur mère, dans les rapports continuels que la guerre d'Italie alloit leur donner. Le maréchal de Villeroy donc, tout à elles, fit cette union avec Chamillart, et ce qui n'étoit que la même chose, par une suite nécessaire, celle de Vaudemont que

Villeroy avoit vu autrefois à la cour, qui s'étoit fait un honneur de bel air et de galanterie de se piquer d'être de ses amis, qui, malgré leur éloignement d'attachement et de lieux, s'en étoit toujours piqué, et qui étoit entretenu dans cette fantaisie par ses nièces qui, dans la faveur et les emplois où étoit Villeroy, le regardoient avec raison comme pouvant être fort utile à leur oncle. De M. de Vendôme qui tint un si grand coin dans cette cabale, j'en parlerai en son temps, et cabale d'autant plus dangereuse, que jamais le maréchal ni Chamillart, presque aussi courts l'un que l'autre, ne s'en aperçurent. Ces liaisons étoient déjà faites avant la mort du roi d'Espagne; cette époque ne fit que les resserrer et y faire entrer Vaudemont de l'éloignement où il étoit, qui, dans la place qu'il occupoit, sut bientôt seconder ses nièces, et sous leur direction y entrer directement par le commerce nécessaire de lettres et d'affaires avec le ministre de France, qui disposoit, avec toute la confiance et le goût du roi, de tout ce qui regardoit la guerre et les finances. Voilà pour la cour; voici pour l'Italie :

Vaudemont, fils bâtard de ce Charles IV, duc de Lorraine, si connu par ce tissu de perfidies qui le rendirent odieux à toutes les puissances, qui lui fit passer une vie si misérable et si errante, qui le dépouillèrent, et lui coûtèrent la prison en Espagne, étoit, avec plus de conduite, de prudence et de jugement, le très-digne fils d'un tel père. J'ai assez parlé de lui plus haut pour l'avoir fait connoître; il ne s'agit plus ici que de le suivre dans ce grand emploi de gouverneur et de capitaine général du Milanois, qu'il devoit à l'amitié intime du roi Guillaume, et par lui à la poursuite ardente que l'empereur en avoit faite en Espagne. Avec un tel engagement de toute sa vie acquis par les propos les plus indécents sur le roi, qui le firent chasser de Rome, comme je l'ai raconté, et fils et frère bâtard de deux souverains toute leur vie dépouillés par la France, il étoit difficile qu'il changeât d'inclination. Pour se conserver dans ce grand emploi et si lucratif, lui fils de la fortune, sans biens, sans être, sans établissement que ce qu'elle lui donnoit, il s'étoit soumis aux ordres d'Espagne, en faisant proclamer Philippe V duc de Milan, avec toutes les grâces qu'il y sut mettre pour en tirer le gré qui lui étoit nécessaire pour sa conservation et sa considération dans son emploi; en quoi il fut merveilleusement secondé par l'art et les amis de ses nièces, les Lorrains, Villeroy, les dames, Monseigneur et Chamillart, qui en engouèrent tellement le roi, qu'il ne se souvint plus de rien de ce qui s'étoit passé jusque-là, et qu'il se coiffa de cette pensée que le roi son petit-fils devoit le Milanois à Vaudemont.

Ancré de la sorte, il n'oublia rien, comme je l'ai déjà remarqué, pour s'attacher Tessé comme l'homme de confiance que notre cour lui envoyoit pour concerter avec lui tout ce qui regardoit le militaire, et à qui, à force d'honneurs et d'apparente confiance, il tourna la tête. Tessé, court de génie, de vues, d'esprit, non pas d'ambition, et qui, en bon courtisan, n'ignoroit pas les appuis de Vaudemont en notre cour, et prévenu par lui au point qu'il le fut en tout, ne chercha qu'à lui plaire et à le servir pour s'accréditer en Italie, et y faire un grand saut de fortune par les amis de Vaudemont à la cour, qui, sûr de lui, l'auroit mieux aimé que tout autre pour commander notre armée. C'eût bien été en effet la rapide fortune de l'un, et toute l'aisance de l'autre, qui l'auroit mené comme un enfant avec un bandeau sur les yeux. Louvois, dont il avoit été fort accusé d'être un des rapporteurs, et auquel il s'étoit servilement attaché, l'avoit mené vite et fait faire chevalier de l'ordre en 1688, quoique jeune et seulement maréchal de camp. Il savoit ce que valoit la protection des ministres et des gens en grand crédit, et s'y savoit ployer avec une basse souplesse. Il avoit donc fort courtisé Chamillart, qui par sa décoration de la paix de Savoie et du mariage de Mme la duchesse de Bourgogne, et les accès de sa charge, y avoit assez répondu pour faire tout espérer à Tessé.

Ce ne fut donc pas merveille s'il vit avec désespoir arriver un maître en Italie, quelque obligation qu'il lui eût du traité de Turin, de sa charge qui en fut une suite, et de tout ce qui en résulta pour lui d'avantageux; et s'il résolut de s'en défaire pour tâcher à lui succéder, en lui faisant toutes les niches possibles pour le décréditer et faire avorter toutes ses entreprises. Il y fut d'autant plus encouragé qu'il sentoit avoir affaire à un homme qui n'avoit d'appui ni d'industrie que sa capacité, et dont la vertu et la simplicité étoient entièrement éloignées de toute intrigue et de tout manége pour se soutenir; homme de peu, d'une robe toute nouvelle, qui, avec beaucoup d'esprit, de sagesse, de lumière et de savoir, étoit peu agréable dans le commandement, parce qu'il étoit sec, sévère, laconique, qu'il étoit exact sur la discipline, qu'il se communiquoit peu, et que, désintéressé pour lui, il tenoit la main au bon ordre sans craindre personne, d'ailleurs, ni filles, ni vin, ni jeu, et, partant, fort difficile à prendre. Vaudemont ne fut pas longtemps à s'apercevoir du chagrin de Tessé, qu'il flatta tant qu'il put sans se commettre avec Catinat, qu'il reçut avec tous les honneurs et toutes les grâces imaginables, mais qui en savoit trop pour lui, et dont, pour d'autres raisons que Tessé, il n'avoit pas moins d'envie que lui de se défaire.

Le prince Eugène commandoit l'armée de l'empereur en Italie, et les deux premiers généraux après lui, par leur rang de guerre, étoient le fils unique de Vaudemont et Commercy, fils de sa sœur de Lislebonne. La moindre réflexion auroit engagé à tenir les yeux bien ouverts sur la conduite du père, et la moindre suite d'application auroit bientôt découvert quelle elle étoit, et combien plus que suspecte. Catinat la démêla bientôt. Il ne put jamais rien résoudre avec lui que les ennemis n'en fussent incontinent avertis, en sorte qu'il ne sortit jamais aucun parti qu'il ne fût rencontré par un des ennemis plus fort du double, jusque-là même que cela étoit grossier.

Catinat s'en plaignoit souvent; il le mandoit à la cour, mais sans oser conclure. Il n'y étoit soutenu de personne, et Vaudemont y avoit tout pour lui. Il captoit nos officiers généraux par une politesse, une magnificence, et surtout par d'abondantes subsistances; tout l'utile, tout l'agréable venoit de son côté; tout le sec, toute l'exactitude venoit du maréchal. Il ne faut pas demander qui des deux avoit les volontés et les cœurs. L'état de Vaudemont, qui ne pouvoit se soutenir, ni guère se tenir à cheval, et les prétextes d'être à Milan ou ailleurs à donner des ordres, le délivroient de beaucoup de cas embarrassants vis-à-vis d'un général aussi éclairé que Catinat, et par des subalternes affidés de ses troupes les avis mouchoient à Commercy et à son fils. Avec de si cruelles entraves, Tessé, qui, bien qu'à son grand regret roulant avec les lieutenants généraux, étoit pourtant dans l'armée avec une distinction fort soutenue, et qui avoit dès l'arrivée de Catinat rompu lance contre lui, excitoit les plaintes de tous les contre-temps qui ne cessoient point, et finement appuyé de Vaudemont bandoit tout contre lui, et mandoit à la cour tout ce qu'il croyoit pouvoir lui nuire davantage. Vaudemont, de concert, écrivoit des demi-mots en homme modeste qui tâte le pavé, qui ménage un général qu'il voudroit qui n'eût point de tort, et qui en fait penser cent fois davantage, et il se ménageoit là-dessus avec tant de sobriété et d'adresse qu'il s'en attiroit les reproches qu'il désiroit pour s'expliquer davantage et avoir plus de confiance. Avec tant et de telles contradictions tout étoit impossible à Catinat, qui voyoit de reste ce qu'il y avoit à faire, et qui ne pouvoit venir à bout de rien.

Avec ces beaux manéges ils donnèrent le temps aux Impériaux, d'abord fort foibles et fort reculés, de grossir, d'avancer peu à peu, et de passer toutes les rivières sans obstacle, de nous approcher, et, avertis de tout comme ils l'étoient de point en point, de venir le 9 juillet attaquer Saint-Frémont logé à Carpi, entre l'Adige et le Pô, avec cinq régiments de cavalerie et de dragons. Le prince Eugène y amena de l'infanterie, du canon et le triple de cavalerie, sans qu'on en eût le moindre avis, et tomba brusquement sur ce quartier. Tessé, qui n'en étoit pas éloigné, avec quelques dragons, accourut au bruit. Le prince Eugène, qui comptoit enlever cela d'emblée, y trouva une résistance sur laquelle il ne comptoit pas, et qui fut belle et longue; mais il fallut enfin céder au nombre et se retirer. Ce fut en si bon ordre que la retraite ne fut pas inquiétée. On y perdit beaucoup de monde, et de gens de marque : le dernier fils du duc de Chevreuse, colonel de dragons, et du Cambout, brigadier de dragons, parent du duc de Coislin, bon officier et fort galant homme. Tel fut notre début en Italie, dont toute la faute fut imputée à Catinat, en quoi Vaudemont, en pinçant seulement la matière, et Tessé, à pleine écritoire, ne s'épargnèrent pas [1].

Le roi, piqué de ces désavantageuses prémices, et continuellement prévenu contre un général modeste et sans défenseurs, manda au maréchal de Villeroy, qui étoit sur la Moselle, de partir sans dire mot, aussitôt son courrier reçu, et de venir recevoir ses ordres, tellement qu'il arriva à Marly, où tout le monde se frotta les yeux en le voyant et ne se pouvoit persuader que ce fût lui. Il fut quelque temps chez Mme de Maintenon avec le roi, Chamillart y vint ensuite, et comme le roi sortit suivi du maréchal de Villeroy pour se mettre à table, on sut qu'il alloit commander l'armée d'Italie. Jamais on ne l'eût pris pour le réparateur des fautes de Catinat. La surprise fut donc complète, et, quoique ce choix fût peu approuvé, le génie courtisan se déborda en compliments et en louanges. A la fin du souper, M. de Duras, qui étoit en quartier, vint à l'ordinaire se

---

1. On trouvera des extraits des lettres de Tessé à Chamillart contre Catinat, dans l'ouvrage intitulé : *Mémoires militaires relatifs à la succession d'Espagne*, t. Ier, p. 591 et suivantes. Cet ouvrage fait partie de la collection des *Documents inédits relatifs à l'histoire de France*.

mettre derrière le roi. Un instant après un brouhaha qui se fit dans le salon annonça le maréchal de Villeroy, qui avoit été manger un morceau et revenoit voir le roi sortir de table. Il arriva donc auprès de M. de Duras avec cette pompe dans laquelle on le voyoit baigné. Le maréchal de Duras qui ne l'aimoit point et ne l'estimoit guère, et qui ne se contraignoit pas même pour le roi, écoute un instant le bourdon des applaudissements, puis se tournant brusquement au maréchal de Villeroy et lui prenant le bras : « Monsieur le maréchal, lui dit-il tout haut, tout le monde vous fait des compliments d'aller en Italie, moi j'attends à votre retour à vous faire les miens; » se met à rire et regarde la compagnie. Villeroy demeura confondu sans proférer un seul mot, et tout le monde sourit et baissa les yeux. Le roi ne sourcilla pas.

Le pape, fort en brassière par les troupes impériales en Italie, n'osa recevoir l'hommage annuel du royaume de Naples, que le connétable Colonne se préparoit à lui rendre à l'accoutumée comme ambassadeur extraordinaire d'Espagne pour cette fonction; mais, sur les plaintes qui lui en furent faites, il fit dire à Naples et par tout le royaume que, encore qu'il eût des raisons de différer à recevoir cet hommage, il reconnoissoit réellement Philippe V pour roi de Naples, qu'il enjoignoit à tous les sujets du royaume, et particulièrement aux ecclésiastiques, de lui obéir et de lui être fidèles; et il expédia sans difficulté, sur les nominations du roi d'Espagne, les bénéfices du royaume de Naples, au grand mécontentement de l'empereur, qui eut encore la douleur d'y voir avorter une révolte dès sa première naissance, qui avoit été assez bien ménagée.

CHAPITRE XI.

Dangereuse maladie de Mme la duchesse de Bourgogne. — Malice du roi à M. de Lauzun. — Spectacle singulier chez Mme la duchesse de Bourgogne convalescente. — Mort de Saint-Herem; singularité de sa femme. — Mort de la maréchale de Luxembourg. — Mort de Mme d'Épernon, carmélite. — Mort du marquis de Lavardin. — Villars de retour de Vienne, et d'Avaux de Hollande, — Matignon gagne un grand procès contre un faussaire. — Villeroy en Italie. — M. de Savoie à l'armée. — Combat de Chiari. — Étrange mortification du maréchal de Villeroy par M. de Savoie. — Villeroy et Phélypeaux fort brouillés. — Frauduleuse inaction en Flandre. — Castel Rodrigo ambassadeur à Turin pour le mariage, et grand écuyer de la reine. — San-Estevan del Puerto majordome-major de la reine. — Choix, fortune et caractère de la princesse des Ursins, camarera-mayor de la reine. — Mme des Ursins évite Turin. — Légat *a latere* à Nice vers la reine d'Espagne. — Philippe V proclamé aux Indes, va en Aragon et à Barcelone. — Louville chef de la maison françoise du roi d'Espagne et gentilhomme de sa chambre. — La reine d'Espagne, charmante, va par terre en Catalogne. — Épouse de nouveau le roi à Figuères. — Scène fâcheuse. — Ducs d'Arcos et de Baños à Paris, puis en Flandre.

Mme la duchesse de Bourgogne, qui, par ses caresses, son enjouement, sa soumission, ses attentions continuelles à plaire au roi et à Mme de Maintenon, qu'elle appeloit toujours sa tante, leur avoit entièrement gagné le cœur, et usurpé une familiarité qui les amusoit, pour s'être baignée imprudemment dans la rivière après avoir mangé beaucoup de fruit, tomba dans une grande fièvre vers les premiers jours d'août, comme on étoit sur le point d'aller à Marly. Le roi, dont l'amitié n'alloit pas jusqu'à la contrainte, ne voulut ni retarder son voyage ni la laisser à Versailles. Le mal augmenta à tel point qu'elle fut à l'extrémité. Elle se confessa deux fois, car en huit jours elle eut une dangereuse rechute. Le roi, Mme de Maintenon, Mgr le duc de Bourgogne étoient au désespoir et sans cesse auprès d'elle. Enfin elle revint à la vie à force d'émétique, de saignées et d'autres remèdes. Le roi voulut retourner à Versailles au temps qu'il l'avoit résolu, et ce fut avec toutes les peines du monde que les médecins de Mme de Maintenon l'arrêtèrent encore huit jours, au bout desquels il fallut partir. Mme la duchesse de Bourgogne fut longtemps si foible qu'elle se couchoit les après-dînées, où ses dames et quelques privilégiées faisoient un jeu pour l'amuser. Bientôt il s'y en glissa d'autres, et incontinent après toutes celles qui avoient de l'argent pour grossir le jeu. Mais pas un homme n'y entra que les grandes entrées[1] avec le roi, qui y alloit le matin et les après-dînées pendant ce jeu, en sortant ou rentrant de la chasse ou de la promenade.

M. de Lauzun, à qui, à son retour en ramenant la reine d'Angleterre, les grandes entrées avoient été rendues, et qui alors les avoit seul sans charge qui les donne, suivit un jour le roi chez Mme la duchesse de Bourgogne. Un huissier ignorant et fort étourdi le fut tirer par la manche et lui dit de sortir. Le feu lui monta au visage, mais, peu sûr du roi, il ne répondit rien et s'en alla. Le duc de Noailles, qui par hasard avoit le bâton ce jour-là, s'en aperçut le premier et le dit au roi, qui malignement ne fit qu'en rire et eut encore le temps de se divertir à voir Lauzun passer la porte. Le roi se permettoit rarement les malices, mais il y avoit des gens pour lesquels il y succomboit, et M. de Lauzun, qu'il avoit toujours craint et jamais aimé depuis son retour, en étoit

---

1. On appelait les *grandes entrées* les seigneurs qui avaient droit d'entrer chez le roi dès qu'il était éveillé et d'assister à sa toilette. Le grand chambellan, les premiers gentilshommes de la chambre du roi, et, en général, les officiers attachés à la chambre et à la garde-robe du roi avaient de droit les grandes entrées. Pour les autres seigneurs, il fallait un brevet spécial.

un. La duchesse du Lude, qui en fut avertie, entra en grand émoi. Elle craignoit fort Lauzun, ainsi que tout le monde, mais elle craignoit encore plus les valets, tellement qu'au lieu d'interdire l'huissier elle se contenta de l'envoyer le lendemain matin demander pardon de sa sottise à Lauzun, qui ne fut que plus en colère d'une si légère satisfaction. Cependant le roi, content de s'être diverti un moment à ses dépens, lui fit une honnêteté le lendemain à son petit lever sur son aventure, et l'après-dînée l'envoya chercher pour qu'il le suivît chez Mme la duchesse de Bourgogne.

Le spectacle y étoit particulier pour un lieu de pleine cour, puisque toutes les dames y entroient et y étoient en grand nombre, et qu'il n'y avoit que les hommes d'exclus. A une ruelle étoit le jeu et tout ce qu'il y avoit de dames; à l'autre, au chevet du lit, Mme de Maintenon dans un grand fauteuil; à la quenouille du pied du lit, du même côté, vis-à-vis de Mme de Maintenon, le roi sur un ployant; autour d'eux les dames familières et privilégiées, à les entretenir, assises ou debout selon leur rang, excepté Mme d'Heudicourt, qui étoit auprès du roi sur un petit siége tout bas et presque à ras de terre, parce qu'elle ne pouvoit se tenir sur ses hautes et vieilles jambes; et tous les jours cet arrangement étoit pareil, qui ne laissa pas de surprendre et de scandaliser assez pour qu'on ne pût s'accoutumer à ce fauteuil public de Mme de Maintenon.

Le bonhomme Saint-Herem mourut à plus de quatre-vingts ans, chez lui, en Auvergne, où il s'étoit avisé d'aller. Il avoit été grand louvetier, et avoit vendu à Heudicourt pour le recrépir, lorsque le maréchal d'Albret lui fit en 1666 épouser sa belle et chère nièce de Pons, et il en avoit acheté la capitainerie, etc., de Fontainebleau. Tout le monde l'aimoit, et M. de La Rochefoucauld reprocha au roi en 1688 de ne l'avoir pas fait chevalier de l'ordre. Il étoit Montmorin, et le roi le croyoit un pied plat, parce qu'il étoit beau-frère de Courtin, conseiller d'État, avec qui le roi l'avoit confondu. Ils avoient épousé les deux sœurs. Le roi, quoique avisé sur sa naissance, ne l'a pourtant point fait chevalier de l'ordre, quoiqu'il en ait fait plusieurs depuis. Cette Mme de Saint-Herem étoit la créature du monde la plus étrange dans sa figure et la plus singulière dans ses façons. Elle se grilla une fois une cuisse au milieu de la rivière de Seine, auprès de Fontainebleau, où elle se baignoit; elle trouva l'eau trop froide, elle voulut la chauffer, et pour cela elle en fit bouillir quantité au bord de l'eau qu'elle fit verser tout auprès d'elle et au-dessus, tellement qu'elle en fut brûlée à en garder le lit, avant que cette eau pût être refroidie dans celle de la rivière. Quand il tonnoit, elle se fourroit à quatre pattes sous un lit de repos, puis faisoit coucher tous ses gens dessus, l'un sur l'autre en pile, afin que si le tonnerre tomboit il eût fait son effet sur eux avant de pénétrer jusqu'à elle. Elle s'étoit ruinée elle et son mari qui étoient riches, par imbécillité, et il n'est pas croyable ce qu'elle dépensoit à se faire dire des évangiles sur la tête.

La meilleure aventure, entre mille, fut celle d'un fou, qui, une après-dînée que tous ses gens dînoient, entra chez elle à la place Royale, et, la trouvant seule dans sa chambre, la serra de fort près. La bonne femme, hideuse à dix-huit ans, mais qui étoit veuve et en avoit plus de quatre-vingts, se mit à crier tant qu'elle put. Ses gens à la fin l'entendirent, et la trouvèrent, ses cottes troussées, entre les mains de cet enragé, qui se débattoit tant qu'elle pouvoit. Ils l'arrêtèrent et le mirent en justice, pour qui ce fut une bonne gorge chaude, et pour tout le monde qui le sut et qui s'en divertit beaucoup. Le fou fut trouvé l'être, et il n'en fut autre chose que le ridicule d'avoir donné cette histoire au public. Son fils avoit la survivance de Fontainebleau. Le roi leur donna quelque pension, car ils étoient fort mal dans leurs affaires. Ce fils étoit un très-galant homme et fort de mes amis. Parlant de Fontainebleau, ce fut cette année qu'on doubla la galerie de Diane, ce qui donna de beaux appartements, et, au-dessus, quantité de petits.

La maréchale de Luxembourg finit sa triste et ténébreuse vie dans son château de Ligny, où M. de Luxembourg l'avoit tenue presque toute sa vie sans autre cause que d'être importuné d'elle, après en avoir tiré sa fortune, en grands biens et en dignité, comme je l'ai expliqué en son temps, et qui elle étoit. Elle n'avoit presque jamais demeuré à Paris, où pourtant j'eus une fois en ma vie la fortune de me rencontrer auprès d'elle à un sermon. On me dit qui elle étoit et à elle qui j'étois, et tout aussitôt elle m'entreprit sur notre procès de préséance en attendant le prédicateur. Je me défendis d'abord avec le respect et la modestie qu'on doit à une femme, puis voyant le toupet s'échauffer, je me tus et me laissai quereller, mais fortement, sans dire une parole. Il est vrai que je trouvai le temps long en attendant le prédicateur, et que je me sentis bien soulagé lorsque je le vis paroître. Mme de Luxembourg ressembloit d'air, de visage et de maintien à ces grosses vilaines harengères qui sont dans un tonneau avec leur chaufferette sous elles. Elle avoit été fort maltraitée, fort méprisée, et avoit passé sa vie dans une triste solitude à Ligny, où son mari lui donnoit peu de ses nouvelles.

Mme d'Épernon mourut aussi aux Carmélites du faubourg Saint-Jacques, dans une éminente sainteté. Elle étoit petite-fille et le seul reste de ce fameux duc d'Épernon, et fille du second et dernier duc d'Épernon, colonel général de l'infanterie après son père et gouverneur de Guyenne, et de sa première femme, bâtarde d'Henri IV et de la marquise de Verneuil, sœur du duc de Verneuil. Mme d'Épernon, par la mort de ce galant duc de Candale, son frère qui mourut à la fleur de son âge colonel général de l'infanterie, en survivance de son père, et général de l'armée de Catalogne, hérita de son père de la dignité de duchesse d'Épernon, mais renonça à l'éclat de ce grand héritage, et aux plus grands partis qui la voulurent épouser, pour faire profession aux Carmélites, dans un âge où elle avoit vu et connu le monde et tout ce qu'il avoit d'attrayant pour elle. La reine, Mme la Dauphine et Mme la duchesse de Bourgogne, allant de temps en temps aux Carmélites, étoient toujours averties par le roi de la demander et de la faire asseoir. Elle répondoit modestement qu'elle n'étoit plus que carmélite, et qu'en se la faisant elle avoit renoncé à tout, et il ne falloit pas moins que l'autorité de ces princesses pour la faire asseoir, elle et Mme de La Vallière, à leur grand regret.

M. de Lavardin, lieutenant général de Bretagne, si connu par l'étrange ambassade où il se fit excommunier par Innocent XI, sans avoir jamais pu obtenir audience de lui, mourut à cinquante-cinq ans. Il étoit chevalier de l'ordre. C'étoit un gros homme extrêmement laid, de beaucoup d'esprit et fort orné, et d'une médiocre conduite. Il avoit épousé en premières noces une sœur du duc de Chevreuse, dont il n'eut que Mme de La Châtre. Il s'étoit remarié à la sœur du duc et du cardinal de Noailles, dont il étoit veuf. Il en laissa une fille et un fils jeunes, auquel il défendit au lit de la mort, sous peine de sa malédiction, d'épouser jamais une Noailles, et le recommanda ainsi au cardinal de Noailles son beau-frère. Nous verrons dans la suite qu'il fut mal obéi, mais que sa malédiction n'eut que trop son effet. On l'accusoit d'être fort avare, difficile à vivre, et d'avoir hérité de la lèpre des Rostaing, dont étoit sa mère. Il disoit que de sa vie il n'étoit sorti de table sans appétit, et assez pour bien manger encore. Sa goutte, sa gravelle, et l'âge où il mourut, ne persuadèrent personne d'imiter son régime.

Villars, envoyé du roi à Vienne, parut à Versailles le 20 août, qui rendit compte de tous les efforts que l'empereur faisoit pour la guerre. Il avoit laissé président du conseil de guerre, à la place du fameux comte de Staremberg, qui avoit défendu Vienne et qui est la plus grande charge et la plus puissante de la cour de Vienne, ce même comte de Mansfeld qui, pendant son ambassade en Espagne, s'étoit servi de la comtesse de Soissons, mère du prince Eugène, pour empoisonner la reine d'Espagne, fille de Monsieur, et qui s'enfuit aussitôt après sa mort. D'Avaux, notre ambassadeur en Hollande, lassé de toutes les amusettes avec lesquelles on le menoit, salua le roi le lendemain. Le roi Guillaume étoit arrivé à la Haye, après avoir tiré de son parlement tout ce qu'il avoit voulu pour nous faire la guerre, et rien de tout ce qu'il en désiroit d'ailleurs; il ne tint pas à lui, malgré sa harangue à ce parlement, de retenir encore d'Avaux à la Haye, à qui il dit lorsqu'il en prit congé, qu'en l'état où il le voyoit il étoit aisé de juger qu'il ne souhaitoit point la guerre, mais que, si le roi la lui commençoit, il emploieroit le peu de vie qui lui restoit à défendre ses sujets et ses alliés. Pouvoit-on, pour un habile homme, pousser la dissimulation plus loin et plus gratuitement, lui qui étoit l'âme, le boute-feu, et le constructeur de cette guerre? Il avoit alors les jambes ouvertes, il ne pouvoit marcher sans le secours de deux écuyers, et il falloit le mettre entièrement à cheval, et prendre ses pieds pour les mettre dans les étriers. Aussi ne comptoit-il pas apparemment de commander d'armée, mais bien de tout diriger de son cabinet. Le lendemain, 22 août, Zinzendorf, envoyé de l'empereur, prit congé du roi, et s'en retourna à Vienne. C'est le même qui y a fait depuis une si grande fortune, chancelier de la cour, c'est-à-dire ministre des affaires étrangères, conseiller de conférences, c'est-à-dire ministre d'État, et il n'y en a que trois, au plus quatre, chevalier de la Toison d'or, et des millions, et voir son fils cardinal tout jeune et évêque d'Olmütz.

Matignon avoit alors une très-fâcheuse affaire. Un va-nu-pieds lui fit un procès au parlement de Rouen, et y produisit des pièces qui mirent Matignon au moment d'être condamné à lui payer un million deux cent mille livres, malgré tout son crédit dans la province, soutenu de celui de Chamillart. Ce procès dura longtemps, et ce va-nu-pieds avoit tant d'argent et de recommandations qu'il vouloit de tous les dévots et dévotes, à force de crier à l'oppression; à la fin, les pièces furent reconnues fausses, il avoua tout et fut pendu.

Vaudemont fut satisfait d'avoir le maréchal de Villeroy en Italie, ce fut un nouveau crève-cœur pour Tessé, d'autant plus grand qu'il n'espéra plus de bricoles pour arriver au commandement de l'armée, et qu'il n'y avoit pas moyen de se jouer à ce nouveau général comme avec Catinat, avec lequel ses démêlés devinrent scandaleux à l'armée, et firent ici beaucoup de bruit. Il n'y eut souplesses qu'il ne fît à Villeroy pour le mettre de son côté. Catinat reçut cette mortification en philosophe, et fit admirer sa modération et sa vertu. La tranquillité avec laquelle il remit le commandement au maréchal de Villeroy, et la conduite qu'il tint après à l'armée la lui ramena. On s'y souvint enfin des lauriers qu'il avoit cueillis en Italie. On n'en trouvoit aucuns chez Villeroy. Les manéges, l'ingratitude, le succès de Tessé révoltèrent. Mais ce fut tout. Tessé, venu seul avec son fils et un aide de camp au secours de Saint-Frémont, à Carpi, au lieu de se faire suivre par tout son quartier, ou du moins de l'envoyer chercher après avoir vu de quoi il étoit question, fut fort accusé d'avoir voulu laisser rompre le cou à Saint-Frémont, et donner lieu à un passage des Impériaux au milieu de tous les postes de l'armée, qui, pour garder inutilement un trop grand pays, étoient trop nombreux, se pouvoient trop peu entre-secourir, et dispersoient trop l'armée. C'est ce dont Tessé se plaignoit aux dépens de Catinat, comme si Vaudemont n'en eût pas été de moitié; mais ces plaintes et les souterrains de Tessé firent tant d'effet à Paris et à la cour, que personne n'osoit défendre Catinat, et que ses parents du parlement cessèrent quelque temps d'y aller pour éviter les discours trop désagréables dont ils étoient assaillis. Catinat offrit sa maison et ses équipages à Villeroy, en attendant les siens, mais il fut descendre chez son ami Vaudemont, qui le reçut avec les grâces et la magnificence d'un homme qui sent le besoin qu'il a d'un autre, et qui connoît les moyens de l'aveugler. En effet, il en fit tout ce qu'il voulut, et eut de plus en lui un favori du roi, et un ami du ministre tout occupé à le faire valoir.

Tessé ne pouvant abattre Villeroy, espéra une part principale dans sa confiance, et par lui, aidé de Vaudemont et appuyé du généralissime, se donner un crédit et une autorité principale dans l'armée. Mais son débordement sur Catinat donna des soupçons, puis de la jalousie à Villeroy, qui le traita plus sèchement, et M. de Savoie même ne put s'empêcher d'en parler publiquement à Tessé d'une manière assez forte, qui lui rabattit fort le ton. On disputa sur la conduite de Catinat sans femme ni enfants, et libre par conséquent de se retirer pour n'entendre jamais parler de cour ni de guerre, ou de demeurer, comme il fit, à l'armée, ne se mêlant presque de rien avec une rare modestie.

M. de Savoie enfin la joignit avec ses troupes après de longs délais, et très-suspects. Son arrivée ne changea rien à l'exactitude avec laquelle les ennemis étoient avertis de tous les desseins, de toutes les mesures, et des moindres mouvements qui se faisoient dans notre armée. L'intelligence entre lui et Vaudemont fut parfaite. Le besoin d'un gouverneur du Milanois aussi soutenu que l'étoit Vaudemont du temps du feu roi d'Espagne, l'avoit commencée par les plus grandes avances, jusque-là que M. de Savoie l'alla rencontrer en chemin lorsqu'il arriva dans le Milanois, et qu'il lui donna l'Altesse : au fond, quoique françois de parti en apparence, leurs liaisons fondamentales étoient les mêmes à l'un et à l'autre. M. de Savoie, quoique peu content de l'empereur, qui ne lui avoit pas tenu tout ce qu'il lui avoit promis, ni du roi Guillaume, qui l'avoit fort maltraité, pour s'être détaché d'eux par le traité de Turin, ne voyoit qu'avec un extrême regret la monarchie d'Espagne devenue françoise, et lui enfermé entre le grand-père et le petit-fils, par le Milanois et la France. Il ne se prêtoit donc que pour tirer parti de ce qu'il ne pouvoit empêcher, et il désiroit avec ardeur le rétablissement de l'empereur en Italie; comme il ne parut que trop tôt. En attendant, il parut faire avec soin toutes les fonctions de généralissime.

Les armées cependant s'approchoient, celle des Impériaux gagnant toujours du terrain, et elles en vinrent au point que ce fut à qui s'empareroit les premiers du poste de Chiari. Le prince Eugène fut le plus diligent. C'étoit un gros lieu fermé de murailles, sur un tertre imperceptible, mais qui déroboit la vue de ce qui étoit derrière, au bas d'un ruisseau qui couloit tout auprès. M. de Savoie, trop bon général pour tomber dans la même faute que le maréchal d'Humières avoit faite à Valcourt, l'imita pourtant de point en point, et avec un plus fâcheux succès, parce qu'il s'y opiniâtra davantage. Il fit attaquer ce poste le 1er septembre, par huit brigades d'infanterie. Il augmenta toujours, et s'exposa extrêmement lui-même pour gagner estime et confiance, et montroit qu'il y alloit avec franchise; mais il attaquoit des murailles et une armée entière qui rafraîchissoit toujours, tellement qu'après avoir bien fait tuer du monde il fallut se retirer honteusement. Cette folie dans un prince qui savoit le métier de la guerre, et à qui le péril personnel ne coûtoit rien, fut dès lors très-suspecte. Villeroy s'y montra fort partout, et Catinat, sans se mêler de rien, sembla y chercher la mort, qui n'osa l'atteindre. Nous y perdîmes cinq ou six colonels peu marqués, et quantité de monde, et eûmes force blessés. Cette action, où la valeur françoise parut beaucoup, étonna fort notre armée, et encouragea beaucoup celle des ennemis, qui firent à peu près tout ce qu'ils voulurent le reste de la campagne. Nos troupes étoient si accoutumées, dès qu'on en envoyoit dehors, à rencontrer toujours le double d'Impériaux bien avertis qui les attendoient, que la timidité s'y mit, et que les troupes de M. de Vaudemont surent bien dire plus d'une fois qu'elles ne savoient encore qui de l'archiduc ou du duc d'Anjou étoit leur maitre, et qu'il en fallut enfermer entre les nôtres.

Dans la fin de cette campagne, les grands airs de familiarité que le maréchal de Villeroy se donnoit avec M. de Savoie lui attirèrent un cruel dégoût, pour ne pas dire un affront. M. de Savoie, étant au milieu de tous les généraux et de la fleur de l'armée, ouvrit sa tabatière en causant et allant prendre une pincée de tabac, le maréchal de Villeroy qui se trouva auprès de lui allonge la main et prend dans la tabatière sans mot dire. M. de Savoie rougit, et à l'instant renverse sa tabatière par terre, puis la donne à un de ses gens à qui il dit de lui rapporter du tabac. Le maréchal ne sut que devenir, et but sa honte sans oser proférer une parole, M. de Savoie continuant toujours la conversation qu'il n'interrompit même que par ce seul mot pour avoir d'autre tabac.

La vanité du maréchal de Villeroy eut à souffrir de la présence de Phélypeaux, ambassadeur auprès de M. de Savoie, qui le suivit à l'armée. Par ce caractère il avoit la même garde, les mêmes saluts et tous les mêmes honneurs militaires que le général de l'armée du roi, et il avoit de plus la préférence du logement et de la marche de ses équipages, comme il avoit aussi le pas sur lui partout. Cela étoit insupportable au maréchal dans un homme comme Phélypeaux, qui étoit à peine lieutenant général, et Phélypeaux, qui avoit de l'esprit comme cent diables, et autant de malice qu'eux, se plaisoit à désespérer le maréchal en prenant partout sur lui ses avantages. Cela mit une telle pique entre eux qu'il en résulta beaucoup de mal. Phélypeaux, qui en tout voyoit clair, se lassa d'aviser un homme qui de dépit n'en faisoit aucun usage, et qui se plaisoit à mander à la cour tout le contraire de Phélypeaux, qui s'aperçut bientôt de la perfidie de M. de Savoie, et dont les avis furent détruits par les lettres du maréchal de Villeroy, dont la faveur prévalut à toutes les lumières de l'autre.

Ainsi s'écoula la campagne, nous toujours reculant, et les Impériaux avançant avec tant de facilité et d'audace, et leurs troupes grossissant, tandis que les nôtres diminuoient tous les jours par un détail journalier de petites pertes et par les maladies, qu'on en vint à craindre le siége de Milan, c'est-à-dire du château, auquel néanmoins le prince Eugène ne songea jamais sérieusement. Lui et le maréchal de Villeroy prirent leur quartier d'hiver chacun de leur côté, et le passèrent sur la frontière. M. de Savoie se retira à Turin, et Catinat s'en alla à Paris. Le roi le reçut honnêtement, mais il ne lui parla que des chemins et de son voyage, et ne le vit point en particulier ; lui aussi ne se mit en aucun soin d'en obtenir une audience.

En Flandre on ne fit que se regarder sans hostilités, qui fut une grande faute, sortie toujours de ce même principe de ne vouloir pas être l'agresseur, c'est-à-dire de laisser bien arranger, dresser et organiser ses ennemis, et attendre leur bon point, et aisément, et leur signal pour entrer en guerre qu'on ne doutoit plus qu'ils ne nous voulussent faire. Si, au lieu de cette fausse et pernicieuse politique, l'armée du roi eût agi, elle auroit pénétré les Pays-Bas où rien n'étoit prêt ni en état de résistance, eût fait crier miséricorde aux Hollandois au milieu de leur pays, les eût mis hors d'état de soutenir la guerre, déconcerté cette grande alliance dont leur bourse fut l'âme et le soutien, mis l'empereur hors d'état de pousser la guerre faute d'argent, et avec les princes du Rhin et M. de Bavière alliés avec la Souabe et ces cercles leurs voisins pour leur tranquillité et leur neutralité, l'empire n'auroit pas pris forcément, comme il fit, parti pour l'empereur, et, malgré la faute d'avoir rendu les vingt-deux bataillons hollandois, on auroit eu encore la paix par les armes d'une campagne, avec la totalité de la monarchie d'Espagne assurée à Philippe V.

Ce prince avoit envoyé un ambassadeur extraordinaire à Turin pour signer son contrat de mariage, et porter au prince de Carignan, ce fameux muet si sage et si capable, sa procuration pour épouser en son nom la princesse de Savoie. Cet ambassadeur étoit un homme de beaucoup d'esprit, de sens et de conduite, et fort propre dans les cours. Il étoit Omodeï, frère du cardinal de ce nom, et avoit porté celui de marquis d'Almonacid jusqu'à son mariage avec Éléonore de Moura, fille aîné du marquis de Castel Rodrigo, gouverneur des Pays-Bas. Son père l'avoit été aussi, et son grand-père, qui étoit Portugais et qui avoit fort bien servi Philippe II, en avoit été fait comte. Il fut le premier vice-roi de Portugal pour l'Espagne, et Philippe III le fit grand d'Espagne. Almonacid le fut donc en 1671 par la mort de son beau-père sans enfants mâles, et prit le nom de Castel Rodrigo.

Il fut en même temps chargé de la conduite de la nouvelle reine en Espagne, de laquelle il fut aussi grand écuyer. Et le comte de San-Estevan del Puerto dont j'ai fort parlé à propos du testament de Charles II, et qui avoit quitté la reine sa veuve dont il étoit majordome-major, le fut de la nouvelle reine.

Rien n'étoit meilleur que ces deux choix pour ces deux grandes charges, mais il y en avoit un troisième à faire bien plus important, et par lequel il falloit élever et former la jeune reine. C'étoit celui de sa camarera-mayor. Une dame de notre cour ne pouvoit y convenir; une Espagnole n'étoit pas sûre et eût aisément rebuté la reine; on chercha un milieu et on ne trouva que la princesse des Ursins. Elle étoit Françoise, elle avoit été en Espagne, elle avoit passé la plus grande partie de sa vie à Rome et en Italie, elle étoit veuve sans enfants, elle étoit de la maison de La Trémoille ; son mari étoit chef de la maison des Ursins, grand d'Espagne et prince du Soglio, et, par son âge plus avancé que celui du connétable Colonne, il étoit reconnu le premier laïque de Rome avec de grandes distinctions. Mme des Ursins n'étoit pas riche depuis la mort de son mari ; elle avoit passé des temps assez longs en France pour être fort connue à la cour et y avoir des amis. Elle étoit liée d'un grand commerce d'amitié avec les deux duchesses de Savoie, et avec la reine de Portugal sœur de la douairière. C'étoit le cardinal d'Estrées, leur parent proche et leur conseil, qui avoit formé cette union ; que les passages à Turin avoient fort entretenue, avec Mmes de Savoie ; enfin ce cardinal qui avoit fait sa fortune en la mariant aussi grandement à Rome où elle étoit veuve de Chalais, sans bien, sans enfants et comme sans être, étoit demeuré depuis ce temps-là son ami intime après lui avoir été quelque chose de plus en leur jeunesse, conseilla fort ce choix, et ce qui y détermina peut-être tout à fait, c'est qu'on fut informé par lui que le cardinal Portocarrero en avoit été fort amoureux à Rome, et qu'il en étoit demeuré depuis une grande liaison d'amitié entre eux. C'étoit avec lui qu'il falloit tout gouverner, et ce concert si heureusement trouvé entre lui et elle emporta son choix pour une place si importante, et d'un rapport si nécessaire et si continuel avec lui.

Elle étoit fille du marquis de Noirmoutiers qui fit tant d'intrigues dans les troubles de la minorité de Louis XIV, et qui en tira un brevet de duc et le gouvernement de Charleville et du Mont-Olympe. Sa mère étoit une Aubry, d'une famille riche de Paris. Elle épousa en 1659 Adrien-Blaise de Talleyrand, qui se faisoit appeler le prince de Chalais, mais sans rang ni prétention quelconque. Son fameux duel avec un cadet de Noirmoutiers, Flamarens et le frère aîné de M. de Montespan contre Argenlieu, les deux La Frette, et le chevalier de Saint-Aignan, frère du duc de Beauvilliers, obligea

Chalais aussitôt après, et c'étoit en 1663, de sortir du royaume; et sa femme le suivit en Espagne et de là par mer en Italie, où il mourut sans enfants en février 1670 auprès de Venise, en allant trouver sa femme, qui l'attendoit à Rome. Dans ce désastre, les cardinaux de Bouillon et d'Estrées prirent soin d'elle; le reste on l'a vu épars dans ces Mémoires.

L'âge et la santé convenoient, et la figure aussi. C'étoit une femme plutôt grande que petite, brune avec des yeux bleus qui disoient sans cesse tout ce qui lui plaisoit, avec une taille parfaite, une belle gorge, et un visage qui, sans beauté, étoit charmant; l'air extrêmement noble, quelque chose de majestueux en tout son maintien, et des grâces si naturelles et si continuelles en tout, jusque dans les choses les plus petites et les plus indifférentes, que je n'ai jamais vu personne en approcher, soit dans le corps, soit dans l'esprit, dont elle avoit infiniment et de toutes les sortes; flatteuse, caressante, insinuante, mesurée, voulant plaire pour plaire, et avec des charmes dont il n'étoit pas possible de se défendre, quand elle vouloit gagner et séduire; avec cela un air qui avec de la grandeur attiroit au lieu d'effaroucher, une conversation délicieuse, intarissable et d'ailleurs fort amusante par tout ce qu'elle avoit vu et connu de pays et de personnes, une voix et un parler extrêmement agréables, avec un air de douceur; elle avoit aussi beaucoup lu, et elle étoit personne à beaucoup de réflexion. Un grand choix des meilleures compagnies, un grand usage de les tenir, et même une cour, une grande politesse, mais avec une grande distinction, et surtout une grande attention à ne s'avancer qu'avec dignité et discrétion. D'ailleurs la personne du monde la plus propre à l'intrigue, et qui y avoit passé sa vie à Rome par son goût; beaucoup d'ambition, mais de ces ambitions vastes, fort au-dessus de son sexe, et de l'ambition ordinaire des hommes, et un désir pareil d'être et de gouverner. C'étoit encore la personne du monde qui avoit le plus de finesse dans l'esprit, sans que cela parût jamais, et de combinaisons dans la tête, et qui avoit le plus de talents pour connaître son monde et savoir par où le prendre et le mener. La galanterie et l'entêtement de sa personne fut en elle la foiblesse dominante et surnageante à tout jusque dans sa dernière vieillesse; par conséquent, des parures qui ne lui alloient plus et que d'âge en âge elle poussa toujours fort au delà du sien; dans le fond haute, fière, allant à ses fins sans trop s'embarrasser des moyens, mais tant qu'elle pouvoit sous une écorce honnête; naturellement assez bonne et obligeante en général, mais qui ne vouloit rien à demi, et que ses amis fussent à elle sans réserve; aussi étoit-elle ardente et excellente amie, et d'une amitié que les temps ni les absences n'affoiblissoient point, et conséquemment cruelle et implacable ennemie, et suivant sa haine jusqu'aux enfers; enfin, un tour unique dans sa grâce, son art et sa justesse, et une éloquence simple et naturelle en tout ce qu'elle disoit, qui gagnoit au lieu de rebuter par son arrangement, tellement qu'elle disoit tout ce qu'elle vouloit et comme elle le vouloit dire, et jamais mot ni signe le plus léger de ce qu'elle ne vouloit pas; fort secrète pour elle et fort sûre pour ses amis, avec une agréable gaieté qui n'avoit rien que de convenable, une extrême décence en tout l'extérieur, et jusque dans les intérieures même qui en comportent le moins, avec une égalité d'humeur qui en tout temps et en toute affaire la laissoit toujours maîtresse d'elle-même. Telle étoit cette femme célèbre qui a si longtemps et si publiquement gouverné la cour et toute la monarchie d'Espagne, et qui a fait tant de bruit dans le monde par son règne et par sa chute, que j'ai cru me devoir étendre pour la faire connoître et en donner l'idée qu'on en doit avoir pour s'en former une qui soit véritable.

 Une personne de ce caractère fut fort sensible à un choix qui lui ouvroit une carrière si fort à son gré; mais elle eut le bon esprit de sentir qu'on ne venoit à elle que faute de pouvoir trouver un autre sujet qui rassemblât en soi tant de parties si manifestement convenables à la place qu'on lui offroit, et qu'une fois offerte, on ne la lui laisseroit pas refuser. Elle se fit donc prier assez pour augmenter le désir qu'on avoit d'elle, et non assez pour dégoûter ni rien faire de mauvaise grâce, mais pour qu'on lui sût gré de son acceptation. Quoique désirée par la Savoie encore plus s'il se pouvoit que par la France, et si étroitement bien et en commerce de lettres avec les deux duchesses, elle évita Turin, parce que le cérémonial l'avoit toujours empêchée de les voir autrement qu'incognito (qu'elle pouvoit garder aisément dans ses voyages en passant à Turin), ce qui ne pouvoit plus se faire dans l'occasion qui la menoit, tellement que tout se traita par lettres entre elles, et qu'elle alla droit de Rome à Gênes, et de Gênes à Villefranche, y attendre la nouvelle reine.

Son mariage se fit à Turin, le 11 septembre, avec assez peu d'appareil. Elle en partit le 13 pour venir en huit jours à Nice s'y embarquer sur les galères d'Espagne, commandées par le comte de Lémos, qui la devoit porter à Barcelone. Elle reçut à Nice le cardinal Archinto, légat *a latere* exprès pour la fonction de lui faire les compliments du pape sur son mariage. Cette démarche du pape fâcha extrêmement l'empereur, et la cour de Savoie demeura fort piquée de ce que, passant par ses États, elle n'en avoit reçu aucun compliment. M. de Savoie, justement ennuyé du cérémonial des cardinaux, n'en voyoit aucun depuis fort longtemps. Ceux qui ont le caractère de légats *a latere* ont des prétentions immenses; apparemment que le cardinal fut mécontent et qu'il les paya de cette incivilité.

Le roi d'Espagne eut nouvelle des Indes qu'il avoit été proclamé au Pérou et au Mexique avec beaucoup d'unanimité et de tranquillité, et avec beaucoup de cérémonies et de fêtes. Il partit le 5 septembre de Madrid pour son voyage d'Aragon et de Catalogne, et aller attendre la reine sa femme à Barcelone. Il laissa le cardinal Portocarrero gouverneur de la monarchie d'Espagne, avec ordre à tous les conseils, à tous ses officiers de tous États, et à tous ses ambassadeurs et ministres dans les cours étrangères, de recevoir ses ordres et leur obéir comme aux siens mêmes. En partant il donna à Louville une clef de gentilhomme de la chambre en service, et le titre de chef de sa maison française, c'est-à-dire l'autorité sur tous les officiers françois de sa bouche, pour en être mieux servi. Il fit force grâces sur sa route. Saragosse lui fit une magnifique entrée. Il confirma tous les priviléges de l'Aragon et de la Catalogne. Quelques réjouissances que fissent les provinces dépendantes de l'Aragon, et surtout la Catalogne, il n'y parut pas la même franchise et la même affection que dans celles qui dépendent de la couronne de Castille, quoique le roi, qui ne fit pas semblant de le remarquer, se les attirât par toutes sortes de bienfaits.

La reine d'Espagne, que les galères de France avoient amené à Nice, se trouva si fatiguée de la mer, qu'elle voulut achever son voyaye par terre à travers la Provence et le Languedoc. Ses grâces, sa présence d'esprit, la justesse et la politesse de ses courtes réponses, sa judicieuse curiosité surprit dans une princesse de son âge, et donna de grandes espérances à la princesse des Ursins.

Sur les premières frontières du Roussillon, Louville vint lui faire les compliments, et lui apporter les présents du roi, qui vint au-devant d'elle jusqu'à Figuères, à deux journées de Barcelone. On avoit envoyé au-devant d'elle toute sa maison au delà, d'où Louville la joignit, et on avoit renvoyé toute sa maison piémontoise. Elle parut plus sensible à cette séparation que Mme la duchesse de Bourgogne. Elle pleura beaucoup, et se trouva fort étonnée au milieu de tous visages dont le moins inconnu lui étoit celui de

Mme des Ursins, avec qui la connoissance ne pouvoit pas être encore bien faite depuis le bord de la mer où elle l'avoit rencontrée. En arrivant à Figuères, le roi, impatient de la voir, alla à cheval au-devant d'elle et revint de même à sa portière, où, dans ce premier embarras, Mme des Ursins leur fut d'un grand secours, quoique tout à fait inconnue au roi, et fort peu connue encore de la reine.

En arrivant à Figuères, l'évêque diocésain les maria de nouveau avec peu de cérémonie, et bientôt après ils se mirent à table pour souper, servis par la princesse des Ursins et par les dames du palais, moitié de mets à l'espagnole, moitié à la françoise. Ce manége déplut à ces dames et à plusieurs seigneurs espagnols, avec qui elles avoient comploté de le marquer avec éclat; en effet, il fut scandaleux. Sous un prétexte ou un autre, de la pesanteur ou de la chaleur des plats, ou du peu d'adresse avec laquelle ils étoient présentés aux dames, aucun plat françois ne put arriver sur la table, et tous furent renversés, au contraire des mets espagnols, qui y furent tous servis sans malencontre. L'affectation et l'air chagrin, pour ne rien dire de plus, des dames du palais étoient trop visibles pour n'être pas aperçus. Le roi et la reine eurent la sagesse de n'en faire aucun semblant, et Mme des Ursins, fort étonnée, ne dit pas un mot.

Après un long et fâcheux repas, le roi et la reine se retirèrent. Alors ce qui avoit été retenu pendant le souper debonda. La reine se mit à pleurer ses Piémontoises. Comme un enfant qu'elle étoit, elle se crut perdue entre les mains de dames si insolentes, et quand il fut question de se coucher, elle dit tout net qu'elle n'en feroit rien et qu'elle vouloit s'en retourner. On lui dit ce qu'on put pour la remettre, mais l'étonnement et l'embarras furent grands quand on vit qu'on n'en pouvoit venir à bout. Le roi déshabillé attendoit toujours. Enfin la princesse des Ursins, à bout de raisons et d'éloquence, fut obligée d'aller avouer au roi et à Marsin

tout ce qui se passoit. Le roi en fut piqué et encore plus
fâché. Il avoit jusque-là vécu dans la plus entière retenue,
cela même avoit aidé à lui faire trouver la princesse plus à
son gré; il fut donc sensible à cette fantaisie, et par même
raison aisément persuadé qu'elle ne se pousseroit pas au delà
de cette première nuit. Ils ne se virent donc que le lendemain, et après qu'ils furent habillés. Ce fut un bonheur que
la coutume d'Espagne ne permette pas d'assister au coucher
d'aucuns mariés, non pas même les plus proches, en sorte
que ce qui auroit fait un très-fâcheux éclat demeura étouffé
entre les deux époux, Mme des Ursins, une ou deux caméristes, et deux ou trois domestiques françois intérieurs,
Louville et Marsin.

Ces deux-ci cependant se mirent à consulter avec Mme des
Ursins comment on pourroit s'y prendre pour venir à bout
d'un enfant dont les résolutions s'exprimoient avec tant de
force et de tenue. La nuit se passa en exhortations et en
promesses aussi sur ce qui étoit arrivé au souper, et la reine
enfin consentit à demeurer reine. Le duc de Medina-Sidonia
et le comte de San-Estevan furent consultés le lendemain. Ils
furent d'avis qu'à son tour le roi ne couchât point avec elle
la nuit suivante pour la mortifier et la réduire. Cela fut
exécuté. Ils ne se virent point en particulier de tout le jour.
Le soir, la reine fut affligée. Sa gloire et sa petite vanité
furent blessées, peut-être aussi avoit-elle trouvé le roi à son
gré. On parla ferme aux dames du palais, et plus encore aux
seigneurs qu'on soupçonna d'intelligence avec elles, et à
ceux de leurs parents qui se trouvèrent là. Excuses, pardons, craintes, promesses, tout fut mis en règle et en respect, et le troisième jour fut tranquille, et la troisième nuit
encore plus agréable aux jeunes époux. Le quatrième,
comme tout se trouva dans l'ordre où il devoit être, ils retournèrent tous à Barcelone, où il ne fut question que d'entrées, de fêtes et de plaisirs.

Avant de partir de Madrid, le roi d'Espagne avoit ordonné

aux ducs d'Arcos et de Baños frères, dont j'ai expliqué la naissance ci-dessus, d'aller servir en Flandre pour les punir. Ils avoient été les seuls d'entre les grands d'Espagne qui avoient trouvé mauvais l'égalité, convenue entre le roi et le roi son petit-fils, entre les ducs et les grands pour les rangs, honneurs, distinctions et traitements des uns et des autres en France et en Espagne. Au moins tous en avoient témoigné leur approbation et leur joie, qu'ils le pensassent ou non, et ces deux jeunes gens seuls, non contents de marquer tout le contraire, présentèrent au roi d'Espagne un écrit de leurs raisons. Ce mémoire étoit bien fait, respectueux pour le roi, mesuré même sur la chose, mais il ne fit d'autre effet que de leur attirer cette punition, et le blâme de leurs confrères, dont quelques-uns en eussent peut-être fait autant s'ils en eussent espéré un autre succès. Ils obéirent, ils virent le roi dans son cabinet qui les traita fort bien, furent peu à Paris et à la cour où on les festoya fort, et où ils furent les premiers grands d'Espagne qui baisèrent Mme la duchesse de Bourgogne, et qui jouirent de tout ce dont jouissent les ducs.

CHAPITRE XII[1].

Digression sur la dignité de grands d'Espagne et sa comparaison avec celle de nos ducs. — Son origine. — *Ricos-hombres*, et leur multiplication. — Idée dès lors de trois sortes de classes. — Leur part aux affaires et comment. — Parlent couverts au roi. — Ferdinand et Isabelle dits les *rois catholiques*. — Philippe Ier ou le Beau. —

1. Les chapitres suivants XII-XVI ont été transposés par les anciens éditeurs qui les ont reportés au tome XIX, et en ont surchargé le récit de l'ambassade du duc de Saint-Simon en Espagne. Nous les rétablissons à la place que l'auteur leur a assignée dans son manuscrit.

DIGRESSION SUR LES GRANDS D'ESPAGNE.

Flatterie des *ricos-hombres* sur leur couverture. — Affoiblissement de ce droit et de leur nombre. — Première gradation. — Charles-Quint. — Deuxième gradation : *ricos-hombres* abolis en tout. — Grands d'Espagne commencent et leur sont substitués. — Grandeur de la grandesse au dehors des États de Charles-Quint. — Troisième gradation : couverture et seconde classe de grands par Philippe II. — Trois espèces de grands et deux classes jusqu'alors. — Quatrième gradation : patentes d'érection et leur enregistrement de Philippe III. — Nulle ancienneté observée entre les grands, et leur jalousie sur ce point et sa cause. — Troisième classe de grands. — Grands à vie de première classe. — Nul autre rang séculier en Espagne en la moindre compétence avec ceux du pays. — Seigneurs couverts en une seule occasion sans être grands. — Cinquième gradation : certificat de couverture. — Suspension de grandesse en la main du roi. — Exemple entre autres du duc de Medina-Sidonia. — Sixième gradation : grandesses devenues amovibles et pour les deux dernières classes en besoin de confirmation à chaque mutation — Grandesse ôtée au marquis de Vasconcellos et à sa postérité. — Septième gradation : tributs pécuniaires pour la grandesse. — Mystère affecté des trois différentes classes.

L'occasion de parler un peu de la dignité de grand d'Espagne et de la comparer avec celle de nos ducs est ici trop naturelle pour n'y pas succomber. Ce n'est pas un traité que je prétends donner ici de ces dignités, mais, à l'occasion du mécontentement et du mémoire des ducs d'Arcos et de Baños, donner une idée des grands d'Espagne, d'autant plus juste que je me suis particulièrement appliqué à m'en instruire par eux-mêmes en Espagne, et que je n'ai pas vu qu'on se l'ait formée telle qu'elle est. Quoique les digressions soient d'ordinaire importunes, celle-ci s'excusera elle-même par sa curiosité.

La dignité des grands d'Espagne tire son origine des grands fiefs relevant immédiatement de la couronne, et comme la totalité de ce que nous appelons aujourd'hui l'Espagne étoit divisée en plusieurs royaumes, tantôt indépendants, tantôt tributaires, tantôt membres les uns des autres, selon le sort des armes ou celui du partage des familles des rois, chaque royaume avoit ses grands ou premiers vassaux relevant immédiatement du grand fief qui étoit le royaume même, et qui de tout temps avoient le droit de bannière et de chaudière. Le premier est trop connu dans nos histoires et dans notre France pour avoir besoin d'être expliqué. Celui de chaudière marquoit les richesses suffisantes pour fournir à l'entretien de ceux qui étoient sous la bannière levée par le seigneur banneret. Ces seigneurs étoient plus ou moins considérables, non-seulement par leur puissance particulière, mais encore par celle des royaumes dont ils étoient vassaux immédiats. C'est ce qui a fait que la couronne de Castille ayant toujours tenu le premier lieu dans les Espagnes depuis que de comté dépendant du royaume de Navarre elle devint royaume elle-même, et bientôt supérieure à tous les autres, même à celui dont elle étoit sortie, et encore à celui de Léon, ses premiers vassaux furent aussi les plus considérés parmi les premiers vassaux des autres royaumes, et par la même raison ceux d'Aragon après eux.

Les fréquentes révolutions arrivées dans les Espagnes par les différentes divisions et réunions qui se firent sous tant de rois séparés, et qui furent encore augmentées par l'espèce de chaos que l'invasion des Maures y apporta, par la rapidité de leurs conquêtes, et les événements divers de l'étendue de leur puissance, altéra l'économie des fiefs immédiats à proportion de celle des dynasties, trop souvent plus occupées à s'agrandir aux dépens les unes des autres que de se défendre ensemble de l'ennemi commun de leur religion et de leur État, tandis que cet ennemi en profitoit avec autant d'adresse que de force. Cette confusion, qui dura jusque bien près du temps des rois qui ont usurpé le nom de *catholiques* par excellence, qu'ils ont transmis à leurs successeurs, ne laisse voir rien de bien clair ni de bien réglé parmi ces premiers vassaux des divers royaumes des Espagnes, sinon la part qu'ils avoient aux affaires, plus par l'autorité de leur personne, soit mérite, soit grandes alliances, soit grands biens, que par la dignité de ces biens mêmes. Le nom de *grand* étoit inconnu dans les Espagnes, celui de *ricos-hombres* passoit pour la seule grande distinction, comme qui diroit *puissants hommes*, et ce nom, devenu commun à tous ceux des familles des ricos-hombres, s'étoit peu à peu extrêmement multiplié. La foiblesse et le besoin des rois les obligeoit à souffrir cet abus dans les cadets subdivisés de ces ricos-hombres, ou dans des sujets dont le mérite ou les services ne permettoient pas de leur refuser un titre que l'exemple de ces cadets avoit détaché de la possession des fiefs immédiats, enfin aux premières charges de leur maison ; ce qui a peut-être donné la première idée, dans la suite, de la distinction des trois classes des grands que nous y voyons aujourd'hui.

Soit que l'usage de parler couvert aux rois pour les gens d'une certaine qualité fût de tout temps établi dans les Espagnes, comme il l'étoit constamment dans notre France d'être couvert devant eux jusqu'au milieu pour le moins des règnes de la branche des Valois ; soit que cet honneur, d'abord réservé aux premiers vassaux pères de famille, eût peu à peu été communiqué à leurs cadets et aux enfants des cadets avec leurs armes si souvent chargées de bannières et de chaudières en Espagne, pour marque de leur ancien droit, et qui ont passé avec les filles dans des familles étrangères à ces premiers ricos-hombres à l'infini, qui écartelèrent[1] ces armes, et souvent les prirent pleines ; il est certain qu'il y avoit un grand nombre de ces ricos-hombres dans les Espagnes, et qui, avec le nom, jouissoient de cet honneur de parler couverts au roi, par droit, par abus, ou par la nécessité de s'attacher les familles puissantes et d'éviter les mécontentements, lorsqu'y parurent les rois catholiques.

---

1. On appelle *écarteler*, en terme de blason, partager un écu en quatre et mettre dans deux divisions ses propres armes et dans les deux autres les armes de la famille à laquelle on veut se rattacher.

Les deux principales couronnes des Espagnes, la Castille et l'Aragon, qui peu à peu s'étoient réuni les autres, s'unirent entre elles par le mariage de Ferdinand et d'Isabelle, et se confondirent dans leur successeur pour n'être plus séparées que par certaines lois, usages et priviléges propres à chacune d'elles. Ce sont ces deux époux qui, apportant chacun leur couronne, en conservèrent le domaine et toute l'administration indépendamment l'un de l'autre, et qui de là furent indistinctement appelés *les rois*, nonobstant la différence de sexe, ce qui a passé depuis eux jusqu'à nous dans l'usage espagnol pour dire ensemble le roi et la reine régnants, et qui enfin ne sont guère plus connus dans les histoires par leurs propres noms, et même dans le langage ordinaire, que par celui de *rois catholiques*, que Ferdinand obtint à bon marché des papes, et transmit à ses successeurs jusqu'à aujourd'hui, moins par la conquête de tout ce qu'il restoit aux Maures dans le continent des Espagnes, que par la proscription des juifs, la réception de l'inquisition, le don des papes, qu'il reconnut, des Indes et des royaumes de Naples et de Navarre, avec aussi peu de droit à eux de les conférer, qu'à lui de les occuper par adresse et par force.

Devenu veuf d'Isabelle, il eut besoin de toute son industrie pour éluder l'effet du peu d'affection qu'il s'étoit concilié. L'Aragon et tout ce qui y étoit annexé avoit des lois qui tempéroient beaucoup la puissance monarchique et en vouloit reprendre tous les usages, que l'union du sceptre de Castille avec le sien avoit affoiblis en beaucoup de façons. La Castille avec ses dépendances ne reconnoissoit plus guère Ferdinand que par cérémonie et par vénération pour son Isabelle qui l'avoit fait régent par son testament, et tous ne respiroient qu'après l'arrivée de Philippe Ier, dit le Beau, fils de l'empereur Maximilien Ier et mari de la fille aînée des rois catholiques, à qui la tête avoit commencé à tourner d'amour et de jalousie de ce prince, et à laquelle la Castille étoit déjà dévolue du chef d'Isabelle, en attendant que l'Aragon lui tombât aussi par la mort de Ferdinand, qui n'eut point d'enfants de Germaine de Grailly, dite de Foix, sa seconde femme, sœur de ce fameux Gaston de Foix, duc de Nemours, tué victorieux à la bataille de Ravenne, sans alliance, à la fleur de son âge, tous deux enfants de la sœur de Louis XII.

Tout rit donc à Philippe, à ce soleil levant, dès qu'il parut dans les Espagnes, et presque tous les seigneurs abandonnèrent le soleil couchant; lorsque le beau-père et le gendre allèrent se rencontrer. Dans le dessein de plaire à Philippe, les ricos-hombres ne voulurent point user à la rigueur du droit ou de l'usage de se couvrir devant lui, et il en profita pour le diminuer, ou du moins pour éclaircir le nombre de ceux qui en prétendoient la possession.

Tel fut le premier pas qui commença à limiter, et tout d'un temps à réduire en quelque forme, ce qui bientôt après devint une dignité réglée par différents degrés, sous le nom de *grands d'Espagne*. Philippe le Beau introduisit sans peine, par la facilité des ricos-hombres, qu'ils ne se couvrissent plus qu'il ne le leur commandât, et il affecta de ne le commander qu'aux grands seigneurs d'entre eux par les fiefs ou par le mérite, c'est-à-dire à ceux dont il ne pouvoit aisément se passer. La douceur de son gouvernement, le mérite de sa vertu, les charmes de sa personne, sa qualité de gendre et d'héritier d'Isabelle, si chère aux Castillans, leur haine pour Ferdinand, sous l'empire duquel ils ne vouloient pas retomber, les rendit flexibles à cette nouveauté, qui prévalut sans obstacle. Mais Ferdinand, ne pouvant supporter sa propre éclipse, y mit bientôt fin. Il fut accusé d'avoir empoisonné son gendre, qui ne la fit pas longue après ce brillant voyage de prise de possession de la couronne de Castille. Jeanne son épouse acheva d'en perdre l'esprit de douleur. Leurs enfants étoient en bas âge, et

Ferdinand reprit les rênes du gouvernement de la Castille, avec la qualité de régent. Sa mort les remit au grand cardinal Ximénès, dont le nom est immortel dans tout genre de vertus et de qualités éminentes, et que les Espagnols ne connoissent que sous le nom de Cisneros. On sait avec quelle justice et quelle capacité il gouverna en chef après les avoir tant montrées sous les rois catholiques, et avec quelle force et quelle autorité il sut contenir et réprimer les plus puissants seigneurs des Espagnes, dont toutes les couronnes, excepté celle de Portugal, étoient réunies sur la tête de Charles, fils aîné de Philippe Ier le Beau et Jeanne la folle et enfermée, lequel devint si célèbre sous le nom de Charles-Quint.

Ximénès mourut comme il se préparoit à remettre le gouvernement entre les mains de ce jeune prince, qui étoit déjà abordé en Espagne, mais qu'il ne vit jamais. On prétendit que sa mort n'avoit pas été naturelle, et que le mérite prodigieux et la fermeté d'âme de ce grand homme épouvantèrent les Flamands, qui à la suite et à l'abri d'un jeune roi élevé chez eux et par eux-mêmes, venoient partager les dépouilles de l'Espagne. C'est à cette époque que disparurent les noms de Castille et d'Aragon, comme les leurs avoient absorbé ceux des autres royaumes des Espagnes. Charles fut le premier qui se nomma roi d'Espagne, dont il ne porta pas le titre depuis un an qu'il y eut débarqué. Le court espace qu'il y demeura ne fut rempli que de troubles, d'où naquit une guerre civile, pendant laquelle il perdit son aïeul paternel, l'empereur Maximilien Ier. Cette mort l'obligea de repasser la mer pour recueillir la couronne impériale qu'il emporta sur notre François Ier.

Voici la seconde gradation de la dignité de grand d'Espagne : plusieurs ricos-hombres qui s'étoient introduits à la cour de Charles-Quint en Espagne, le suivirent quand il en partit. D'autres furent invités à l'accompagner d'une manière à ne s'en pouvoir défendre, par honneur en apparence, en effet pour la tranquillité de l'Espagne, laissée à des lieutenants. Les ricos-hombres qui avoient suivi Charles-Quint prétendirent se couvrir à son couronnement impérial. Les principaux princes d'Allemagne en firent difficulté, et Charles-Quint, déjà habile, sut en profiter contre des gens éloignés de leur patrie, et qui, par ce comble de grandeur de toute la succession de Maximilien I*er* arrivée à leur jeune monarque, se crurent hors d'état de lui résister. C'est ici qu'a disparu le nom de *ricos-hombres*, et que s'éleva en son lieu celui de *grands*, nom pompeux dont Charles-Quint voulut éblouir les Espagnols, dans le dessein d'abattre en eux une grandeur innée, pour en substituer une autre qui ne pût être qu'un présent de sa main. La facilité que les ricos-hombres avoient eue pour Philippe le Beau fraya le chemin de leur destruction à son fils, qui dès lors en effaça les droits et jusqu'au nom, et qui rendit le titre de grand aux plus distingués d'entre eux, mais en petit nombre et avec grand choix, tant de ceux qui l'avoient suivi, que de ceux qui étoient demeurés en Espagne, et qui conservèrent l'usage de se couvrir, le traitement de cousin et d'autres prérogatives.

Charles-Quint n'osa pourtant faire expédier de patentes à aucun. Il se contenta d'avoir changé le nom, l'usage et restreint infiniment le grand nombre de ces seigneurs privilégiés, mis leur dignité dans sa main, et exécuté cette hardie mutation comme par une transition insensible pour ceux qui étoient conservés dans leurs distinctions, tandis qu'il les laissa se repaître du vain nom, qui, sous une idée trop vaste, ne renfermoit rien de propre, et de l'imagination de se trouver d'autant plus relevés qu'ils étoient en plus petit nombre. Soit surprise, soit nécessité, comme il y a lieu de le croire, du moins de ceux qui, cessant d'être ricos-hombres, virent des grands sans l'être eux-mêmes, soit appât et flatterie, ce grand changement se fit sans obstacle et sans trouble; à peine en fut-il parlé, même en Espagne, où les lieutenants de l'empereur avoient conquis ou soumis toutes les places et toutes les provinces, et réduit tous les seigneurs.

Charles-Quint fit dans la suite de nouveaux grands en Espagne et dans les autres pays de sa domination, tant pour s'attacher de grands seigneurs et donner de l'émulation, que pour anéantir toute idée de ricos-hombres, et pour marquer en effet et que la dignité de grand d'Espagne étoit la seule de la monarchie, et que cette dignité unique étoit uniquement en ses mains.

Mais par une politique qui alloit à flatter toute la nation, et qui, à l'exemple de celle des papes sur les cardinaux, tournoit toute à sa propre grandeur, il l'établit dans un rang, des honneurs et des distinctions les plus grandes qu'il lui fut possible, et en même temps [qu'il lui fut] facile de faire admettre en Italie et en Allemagne, dictateur comme il étoit de celle-ci, et presque roi de celle-là, par les exemples éclatants que son bonheur et sa puissance surent faire des princes, des électeurs et des papes même, et plus encore des princes d'Italie qui ne respiroient qu'à l'ombre de sa protection, l'empire, l'Allemagne et l'Italie étant demeurés jusqu'à nos jours, depuis Charles-Quint, comme entre les mains de la maison d'Autriche, suivant le partage qu'il en fit lui-même en abdiquant ; et cette maison toujours restée parfaitement unie, le même esprit a toujours conservé dans tous ces pays-là la même protection à la dignité de grand d'Espagne, et la même autorité au moins à cet égard, et pour des choses déjà établies, a maintenu les grands dans tout ce dont Charles-Quint les avoit mis en possession partout, dont l'enflure a semblé, même aux Espagnols, les dédommager de ce qui leur a été ôté de plus réel.

Philippe II, sous prétexte d'honneur, porta une atteinte à cette dignité pour se l'approprier davantage. Ce fut lui qui introduisit la cérémonie de la couverture, comme ils parlent en Espagne, ou de l'honneur de se couvrir. J'en remets la description et de ses différences pour ne pas interrompre le gros de cette matière. S'il n'osa tenter de donner des patentes, il exécuta pis : c'est que, laissant les grands qu'il trouva dans la possession de l'honneur qu'ils avoient de se couvrir avant de commencer à lui parler, il voulut que ceux qu'il fit commençassent découverts à lui parler, et n'en créa aucun que de cette sorte. Ce fut ainsi qu'il donna l'être à la seconde classe des grands, et par même moyen qu'il forma la première classe de ceux de Charles-Quint, qui jusqu'alors avoit été l'unique.

Pour résumer un moment avant de passer outre, jusqu'ici trois espèces et deux classes de grands. Trois espèces : la première, ceux qui au couronnement impérial de Charles-Quint passèrent par insensible manière de l'état de ricos-hombres à celui de grands, en conservant sous un autre nom, le rang et les usages dont ils étoient en possession, et continuant à se couvrir devant Charles-Quint sans qu'il leur dit le *cobrios* [1], ni qu'il parût de sa part aucune marque de concession, tandis que le reste des ricos-hombres demeura anéanti quant à ce titre, et à tout le rang, honneurs et usages qu'ils y prétendoient être attachés.

La seconde espèce, ceux tant Espagnols qu'étrangers, sujets de Charles-Quint, qu'il fit grands par ce seul mot *cobrios*, qu'il leur dit une fois pour toutes, sans cérémonie s'ils étoient présents, ou s'ils étoient absents par une simple lettre missive d'avis, par quoi ceux-là redevinrent ce qu'ils n'étoient plus, s'ils avoient été ricos-hombres, ou s'ils ne l'avoient pas été, ils devinrent ce qu'ils n'avoient jamais été : ces deux espèces, aussi sans concession en forme, ce qui vient d'être expliqué pour la deuxième n'en étant pas une, et la première encore moins, puisque ce ne fut que par une simple tolérance d'usage qu'elle continua de jouir des

---

1. Couvrez-vous.

prérogatives dont elle se trouvoit en possession. La troisième espèce se trouvera ci-dessous.

Deux classes donc de grands : la première, tous ceux de Charles-Quint ; la seconde, ceux de Philippe II, lesquels forment notre troisième espèce, et la troisième gradation de la dignité de grand d'Espagne.

Philippe III alla plus loin, et fit la quatrième gradation en donnant le premier des patentes. Il prit le prétexte que, trouvant deux classes de grands établies, et voulant se réserver d'en faire de l'une et de l'autre, il étoit nécessaire de pouvoir les discerner par un instrument public. Il fit en effet des grands des deux classes, mais aucun sans patentes, et il n'y en a point eu depuis sans leur en expédier. Elles déclarent la classe, et contiennent l'érection en grandesse d'une terre de l'impétrant ; à quoi le plus petit fief suffit, pourvu qu'il soit nûment mouvant [1] du roi, ou si l'impétrant l'aime mieux, déclarent la grandesse sans terre, sous le simple nom dudit impétrant, après quoi il les fait enregistrer au conseil de Castille, de quelque pays qu'il soit et en quelque lieu que sa grandesse soit située.

C'est de l'établissement de ces patentes qu'est venue, je ne dirai pas simplement l'incurie qui pouvoit avoir quelque usage antérieur fondé sur le mélange de politesse et d'indolence de la nation ou du dépit secret de la destruction de la *rico-hombrerie*, mais l'aversion si marquée des grands d'Espagne à observer entre eux, en quelque occasion que ce puisse être, aucun rang d'ancienneté. Ils n'en pourroient garder qu'à titre de dates. Ceux de Charles-Quint et de Philippe II n'ont point de patentes, par conséquent point de date écrite qui les puisse régler. Ceux des règnes postérieurs, qui ont tous des patentes. ne veulent point montrer cette diversité qu'ils ne s'estiment pas avantageuse, et croient se trouver mieux de la confusion ; tous veulent faire croire

---

1. Fief relevant directement du roi.

l'origine de leur dignité obscure par une antiquité reculée, et disent qu'étant une pour tous, même de différentes classes, tous ceux qui en sont revêtus sont égaux entre eux, et ne se peuvent entre-précéder ni suivre que par l'ordre qu'y met le hasard.

Ils sont en effet si jaloux de n'y point observer d'autre ordre, que, y ayant eu chapelle au sortir de la couverture de mon second fils, il voulut laisser des places au-dessus de lui sur le banc des grands, et y faire passer ceux qui arrivèrent après lui, sans qu'aucun le voulût faire. Il prit garde, par mon avis, à n'arriver que des derniers, et le dernier même aux chapelles suivantes. On s'en aperçut ; plusieurs grands de ceux avec qui j'avois le plus de familiarité me dirent franchement qu'ils sentoient bien que c'étoit politesse, mais qu'elle ne les accommodoit point, m'en expliquèrent la raison, et me prièrent que mon fils ne prît plus du tout garde à la manière de se placer, et qu'il se mît désormais parmi eux au hasard, comme ils le pratiquoient tous, ce qu'il fit aussi après que j'eus connu leur désir. Il arriva même qu'à la cérémonie de la Chandeleur, où les ambassadeurs ne se trouvent point, comme je l'expliquerai ailleurs, et où j'assistai comme grand d'Espagne, le hasard fit que mon fils me précéda à recevoir le cierge et à marcher à la procession, singularité dont les grands parurent assez aises.

La troisième classe, fort différente des deux premières en certaines choses essentielles, et surtout à la couverture, mais qui leur est pareille dans tout ce qui se présente le plus souvent dans les fonctions et dans l'ordinaire du courant de la vie, est d'une date que je n'ai pu découvrir. S'il étoit permis de donner des conjectures en ce genre, je l'attribuerois à Philippe III, sur l'exemple de Philippe II son père, qui inventa la seconde. Ce qui me la persuaderoit est l'inclination galante et facile de Philippe III, qui eut beaucoup de maîtresses et de favoris, et qui ne pouvant refuser ses grâces aux sollicitations des unes et aux empressements des autres, aura inventé cette classe, qui les satisfit pour l'extérieur sans mécontenter les autres grands, par la disproportion effective qu'il mit entre les deux premières et cette dernière, qui souvent n'est qu'à vie, et ne va au plus qu'à deux générations de l'impétrant. Les autres différences entre les trois classes se trouveront en leur lieu.

Les rois d'Espagne ont fait aussi des grands de première classe à vie en quelques occasions particulières, et le plus souvent pour se débarrasser des difficultés de rang en faveur des princes étrangers, auxquels, comme tels, on n'en accorde aucun en Espagne, et qui s'y trouvent au-dessus de toutes prétentions quand ils peuvent obtenir celui de grands, et parmi eux et mêlés, sans nulle idée, qui n'en seroit pas soufferte, de se distinguer d'eux en quoi que ce soit. Sans en aller chercher des exemples bien loin, le prince Alexandre Farnèse, le duc Joachim-Ernest d'Holstein et en dernier lieu le landgrave Georges de Hesse-Darmstadt, tué à Barcelone, général de l'armée de Charles II, furent ainsi faits grands de la première classe pour leur personne seulement.

Il est arrivé aussi des occasions singulières qui ont engagé les rois d'Espagne de permettre à un seigneur de se couvrir en cette occasion-là seulement sans le faire grand d'Espagne, et c'est, entre autres exemples, mais ceux-là fort rares, ce qui arriva lors du passage de l'archiduchesse Marie-Anne d'Autriche par le Milanois, allant en Espagne épouser Philippe IV. Elle étoit accompagnée de sa part des ducs de Najara et de Terranova, grands d'Espagne, qui se couvroient devant elle. Le marquis de Caracène étoit pour lors gouverneur du Milanois et point grand. Philippe IV lui envoya ordre de se couvrir, mais pour cette seule occasion, à cause de la dignité du grand emploi qu'il remplissoit, et sans le faire grand.

La distinction des classes des grands, qui fut le prétexte de leur expédier des lettres patentes pour l'érection de leurs différentes sortes de grandesses, en servit encore pour une autre sorte d'expédition aussi favorable à l'autorité royale que funeste à la dignité de grand, qui y trouva une cinquième gradation par les suites qu'elle eut, et pour lesquelles elle fut établie, sans rien paroître d'abord de ce qui arriva de cette expédition.

Cette autre sorte d'expédition est un certificat que le secrétaire de l'estampille expédie à chaque grand de la date de sa couverture, et suivant quelle classe il a été admis, qui marque le parrain qui l'y a présenté, et la plupart des grands qui y ont assisté, de sorte que cette expédition se donne nécessairement à tous les grands, non-seulement nouvellement faits, mais devenus tels par succession directe ou indirecte, parce que tous indistinctement ont une fois en leur vie à faire leur couverture.

C'est de cette couverture que dépendent tellement le rang et toute espèce de prérogatives de la grandesse de toute classe, que le grand de succession, même de père à fils, et non contestée, ne peut jouir d'aucune des distinctions attachées à cette dignité qu'il n'ait fait sa couverture, par quoi il devient vrai par l'usage que les héritiers des grands de toute classe, même leurs fils, ne le deviennent en effet que par la volonté du roi qui, à la vérité, accorde presque toujours cette couverture dans la même semaine qu'elle lui est demandée, mais qui peut si bien la refuser, et par conséquent suspendre tout effet de la dignité dans celui qui a cette cérémonie à faire, que le refus n'en est pas sans exemple, et pour confirmer cette étrange vérité, j'en choisirai le plus récent et peut-être en tout le plus marqué.

J'ai suffisamment parlé ci-dessus du duc de Medina-Sidonia à propos du testament de Charles II, pour n'avoir rien à y ajouter. Il mourut grand écuyer, chevalier du Saint-Esprit et conseiller d'État, dans la faveur, l'estime et la considération qu'il méritoit; et d'une sœur du comte de Benavente ne laissa qu'un fils unique, gendre du duc de l'Infantado. Ce fils avoit des amis, de l'esprit, de la lecture et du savoir, avec le défaut de la retraite et la folie d'aller dans les boucheries faire le métier de boucher, et d'un attachement à son sens et à ses coutumes, que rien ne pouvoit vaincre; il conserva donc la golille et l'habit espagnol, quoiqu'on fît sa cour au roi d'être vêtu à la françoise. La plupart des seigneurs s'y étant accoutumés, le roi vint à défendre tout autre habit, excepté à la magistrature et à la bourgeoisie chez qui la golille et l'habit espagnol furent relégués, et interdit à tous autres de paroître devant lui vêtus autrement qu'à la françoise. C'étoit avant la mort du duc de Medina-Sidonia, grand écuyer, qui, aidé de l'exemple général, ne put jamais obtenir cette complaisance de son fils, lequel s'abstint d'aller au palais. C'étoit au fort de la guerre; il y suivit constamment le roi et son père, campant à distance, ne le rencontrant jamais, et servant comme volontaire, se trouvant et se distinguant partout. Son père mort, et lui devenu duc de Medina-Sidonia, il fut question de sa couverture. De s'y présenter en golille, il n'y avoit pas d'apparence; vêtu à la françoise, il ne le voulut jamais. Conclusion, qu'il a vécu douze ou quinze ans de la sorte, et est mort peu avant que j'allasse en Espagne, ayant autour de cinquante ans, sans avoir jamais joui d'aucune prérogative de la grandesse, qui, à la cour et hors de la cour, sont également suspendues sans difficulté à quiconque n'a pas fait sa couverture. C'est son fils qui a épousé la fille du comte de San-Estevan de Gormaz, qui n'a pas eu la folie de son père, et qui a été fait chevalier de la Toison d'or avec son beau-père, en la promotion que fit Philippe V en abdiquant.

On va aisément de l'un à l'autre; telle est la nature des progrès quand ils ne trouvent point de barrières. Sixième gradation de la grandesse pour arriver au point où elle se trouve aujourd'hui. De cette puissance de suspendre tout effet de la grandesse, les rois ont prétendu les grandesses même amovibles à leur volonté, encore que rien d'approchant ne se trouve dans pas une de leurs patentes. De cette prétention s'est introduite une coutume qui l'établit puissamment, et qui est une des différences de la première classe d'avec les autres. Le temps précis de son commencement, je ne l'établirai pas, mais s'il n'est pas de Philippe II, auquel il ressemble fort, et qui a établi les denx classes en inventant la seconde, il ne passe point Philippe III. C'est que toutes les fois que l'on succède à une grandesse qui n'est pas de la première classe, fût-ce de père à fils, l'héritier donne part au roi par une lettre, même de Madrid à Madrid, de la mort du grand auquel il succède, et la signe sans prendre d'autre nom que le sien accoutumé, et point celui de grand qu'il doit prendre, ni faire sentir, en quoi que ce soit de la lettre, qu'il se répute déjà grand. Le roi lui fait réponse, et dans cette réponse, le nomme non de son nom accoutumé, mais de celui de la grandesse qui lui est échue, et le traite de cousin et avec toutes les distinctions qui appartiennent aux grands. Après cette réponse, et non plus tôt, l'héritier prend le nom de sa grandesse et les manières des grands; mais il attend pour le rang et toutes les prérogatives la cérémonie de sa couverture. Ainsi le roi est non-seulement le maître de suspendre tant qu'il lui plaît l'effet de la grandesse de toute classe, en suspendant ou refusant la couverture (comme il vient d'être montré par l'exemple du dernier duc de Medina-Sidonia, grand de première classe et de Charles-Quint), mais encore le nom et le titre, dont les héritiers les plus incontestables, même de père à fils, pour les grandesses qui ne sont pas de première classe, font nécessairement un acte si authentique de reconnoître qu'il ne leur appartient pas de le prendre, jusqu'à ce qu'il ait plu au roi par sa réponse de le leur donner, quoique sans concession nouvelle. De ce que ceux de la première classe n'y sont point assujettis, je me persuade encore davantage que cet usage est né sous Philippe II, avec la distinction des classes, et que Philippe III, qui, pour faire passer les patentes, se servit du prétexte de faire des grands des deux classes, n'osa envelopper dans cet usage les grands qu'il fit de la première à l'instar de ceux de Charles-Quint, qui n'avoit connu ni cet usage ni plus d'une classe de grands.

Voilà pour du possible; mais du possible à l'effet il n'y a qu'un pas pour les rois, et cet effet s'est vu sous la dernière régence. Les histoires sont pleines des orages qui agitèrent le gouvernement de la reine mère de Charles II pendant sa minorité, et de ses démêlés avec don Juan d'Autriche, bâtard du roi son mari et d'une comédienne, qui, soutenu d'un puissant parti, la força de se défaire du jésuite Nitard qui, sous le nom de son confesseur, s'étoit fait l'arbitre de l'État, et qui, par un nouveau prodige, de proscrit, de chassé qu'il étoit à Rome, y devint ambassadeur extraordinaire d'Espagne, et en fit publiquement toutes les fonctions avec son habit de jésuite jusqu'à ce qu'il le changea en celui de cardinal. A sa faveur en Espagne succéda le célèbre Vasconcellos, fameux par son élévation et par sa chute, plus fameux par sa modération dans sa fortune et par son courage dans sa disgrâce, qui le fit plaindre même par ses ennemis. Don Juan, qui vouloit être le maître, et ne pouvoit souffrir de confidents serviteurs ni de ministres accrédités auprès de la reine, s'irrita contre celui-ci, comme il avoit fait contre le confesseur, et il en vint pareillement à bout. Vasconcellos, qui venoit d'être fait grand, et dont la naissance, sans être fort illustre, n'étoit pourtant pas inférieure à celle de quelques autres grands, fut dépouillé de sa dignité, sans crimes, et fut relégué aux Philippines, où il dépensa tout ce qu'il avoit en fondations utiles et en charité, y vécut longtemps et content, et y mourut saintement, sans que, depuis tant de temps et tant de différents gouvernements en Espagne, il ait été question de grandesse pour sa postérité à qui elle devoit passer, qui dure encore, et qui vit obscure dans sa province.

Telles ont été les différentes gradations de la grandesse, qui ne sont pas encore épuisées, sur lesquelles il faut remarquer que les étrangers, je veux dire les grands d'Espagne qui sont en Flandre et en Italie, y jouissent de toute leur dignité sans être obligés d'en aller prendre possession en Espagne; mais s'ils y font un voyage, alors ils sont soumis à la cérémonie de la couverture, et en attendant suspendus de tout rang. Cette triste aventure arriva sous Philippe V au dernier comte d'Egmont, en qui cette illustre maison s'est éteinte, lequel, pour avoir perdu son certificat de couverture du secrétaire de l'estampille, fut obligé de la réitérer.

Mais ce n'est pas encore tout ce que l'autorité des rois s'est peu à peu acquise sur les grands d'Espagne. En voici une septième gradation. Ils y ont ajouté un tribut d'autant plus humiliant, que c'est celui de leur dignité même; cela s'appelle l'*annate* et la *médiannate*. Celle-ci se paye à l'érection d'une grandesse, et va toujours à plus de douze mille écus argent fort. Quelquefois le roi la remet, et c'est une véritable grâce qui s'insère dans les patentes, en sorte que l'honneur de la dignité et la honte du tribut qui y est attaché se rencontrent dans le même instrument, dont mes patentes de grand d'Espagne de la première classe sont un exemple récent. Mais rien de plus ordinaire que le refus de cette grâce, et du temps que j'étois en Espagne, le duc de Saint-Michel de la maison de Gravina, l'une des plus grandes de Sicile, qui y avoit perdu ses biens lorsque l'empereur s'empara de ce royaume, et qui venoit d'être fait grand pour les services qu'il y avoit rendus, postuloit cette remise, et ne fit point sa couverture tant que je fus en Espagne, parce qu'elle ne lui fut point accordée, et qu'il ne se trouvoit point en pouvoir de payer. Je ne parle point encore des autres frais qui se font à l'occasion d'une érection de grandesse, qui ne vont guère loin moins en salaires et en gratifications indispensables, mais dont la remise de la mediannate, quand le roi la fait, supprime de droit les deux tiers.

L'annate est un tribut qui se doit tous les ans à cause de la grandesse, et si le revenu en est trop petit, parce qu'un simple fief mouvant nûment du roi suffit pour l'établissement d'une grandesse, ou nul comme celles qui sont seulement attachées au nom et point à une terre, comme récemment celle du duc de Bournonville; alors cela s'abonne à tant par an. Quelquefois encore celui qui est fait grand en est exempté pour sa vie, et alors cette grâce s'insère aussi dans les patentes, et les miennes en sont encore un exemple, mais jamais aucun des successeurs, dont l'annate est toujours plus forte que celle de l'impétrant, et il est arrivé à plusieurs d'être saisis, faute de payement d'années accumulées, et d'être encore suspendus de tout rang jusqu'à parfait payement. Outre ces deux sortes de droits, il y en a un troisième, faute duquel saisie et suspension de rang se font aussi. C'est un droit plus fort que l'annate ordinaire à chaque mutation de grand. De l'époque précise de ces usages, je n'en suis pas instruit, mais il y a toute apparence que, si elle n'est pas la même que celle de l'établissement des patentes, pour le moins se sont-ils suivis de près.

Il ne faut pas oublier que la diversité des classes est une espèce de mystère parmi les grands, qu'ils n'aiment pas à révéler, ou par vanité d'intérêt ou par politesse pour les autres, et d'autant plus difficile à démêler que la différence ne s'en développe qu'aux couvertures, qui s'oublient bientôt après; car pour les distinctions qu'y fait le style de chancellerie, c'est un intérieur qui demeure dans leurs papiers.

De prétendre maintenant que le nom et la dignité de grand fût connue avant Charles-Quint, c'est ce que je crois sans aucun fondement, d'autant qu'il ne paroît rien qui distinguât le grand du rico-hombre, ou, si l'on veut, les ricos-hombres entre eux, du côté des prérogatives. J'ai donc lieu de me persuader que c'est une idée de vanité, destituée de toute réalité, pour donner plus d'antiquité à la dignité de grand, en faire perdre de vue l'origine, et la relever au-dessus de celle des ricos-hombres, lesquels étoient les plus grands seigneurs en naissance et en puissance, relevant immédiatement de la couronne, et avec droit de bannière et de chaudière, qu'ils mirent souvent dans leurs armes, d'où on en trouve tant dans celles des maisons d'Espagne; or, comme le titre de ricos-hombres, leurs armes et ces marques passèrent peu à peu à leurs cadets, et ensuite dans d'autres maisons par les filles héritières, c'est de là, comme je l'ai remarqué, que les ricos-hombres étoient devenus si multipliés par succession de temps, lorsqu'ils disparurent jusqu'au nom même à l'invention de celui de grand par l'adresse et la puissance de Charles-Quint.

Comme ce prince ne donna point de patentes pour cette dignité, il est très-difficile de distinguer, parmi les premiers grands espagnols, ceux qui, pour ainsi dire, le demeurèrent, c'est-à-dire, qui de ricos-hombres devinrent insensiblement grands, conservant simplement sous ce titre les prérogatives que leur donnoit celui qu'ils avoient eu jusque-là, d'avec ceux qui, n'étant point du nombre des ricos-hombres, furent néanmoins faits grands dans la suite par le même Charles-Quint. J'aurois du penchant à croire que ce prince eut le ménagement de n'élever à la grandesse que ceux de ce rang parmi les Espagnols, pour les flatter davantage dans ce grand changement, quoique je n'aie aucun autre motif de cette opinion que celui de la convenance. Si elle étoit vraie, cette distinction à faire seroit peu importante, puisqu'il ne s'agiroit entre eux que de n'avoir point cessé de jouir de leurs prérogatives, par un passage comme insensible d'un titre ancien à un nouveau, ou d'avoir cessé d'en jouir un temps, et d'y avoir été rétablis après par ce mot *cobrios*, dit sans cérémonie, ou par une lettre missive sans forme de patentes, ni de vraie nouvelle concession. Quoi qu'il en soit, la commune opinion en Espagne, et qui usurpe l'autorité de la notoriété publique, admet en ce premier ordre de grands, devenus insensiblement tels de ricoshombres qu'ils étoient lors de l'établissement du titre de grand, les ducs de Medina-Celi, d'Escalona, del Infantado, d'Albuquerque, d'Albe, de Bejar et d'Arcos, les marquis de Villena et d'Astorga, les comtes de Benavente et de Lémos, pour la couronne de Castille; et pour celle d'Aragon les ducs de Segorbe et de Montalte, et le marquis d'Ayetone. Plusieurs y ajoutent pour la Castille, les ducs de Medina-Sidonia et de Najara, les ducs de Frias et de Rioseco, l'un connétable, l'autre amirante héréditaire de Castille, et le marquis d'Aguilar, tous à la vérité si anciennement et si fort en tout des plus grands et des plus distingués seigneurs, surtout Medina-Celi, qu'on a peine à leur disputer cette même origine. On verra dans les états des grands d'Espagne quelles maisons portoient ces titres, et de celles-là où ils ont passé.

CHAPITRE XIII.

Indifférence pour les grands des titres de duc, marquis ou comte. — Titre de prince encore plus indifférent. — Succession aux grandesses. — Majorasques. — Étrange chaos de noms et d'armes en Espagne, et sa cause. — Bâtards; leurs avantages et leurs différences en Espagne. — Récapitulation sur la grandesse. — Étrange coutume en faveur des juifs et des Maures baptisés. — Nulle marque de dignité aux armes, aux carrosses, aux maisons, que le dais. — Honneurs dits en France du Louvre. — Distinctions de quelques personnes par-dessus les grands. — Démission de grandesse inconnue en Espagne. — Exemples récents de grands étrangers expliqués. — Successeurs à grandesse ont rang et honneurs.

Il y a maintenant deux choses à expliquer : l'indifférence des titres de duc, marquis et comte; la succession à la dignité.

Pour la première, il faut encore en revenir aux ricos-hombres, tige, pour ainsi dire, de la dignité des grands. On a vu que ce titre de ricos-hombres, avec toutes les distinctions qui y étoient attachées, ne fut d'abord que pour les grands vassaux immédiats à bannière et à chaudière, et que dans la suite de leur multiplication, usurpée ou concédée à la nécessité du temps ou à la confusion des affaires des divers royaumes qui ont si longtemps composé les Espagnes, les cadets de ces ricos-hombres, leurs gendres et la postérité des uns et des autres se maintint peu à peu dans la possession de ce titre, sans posséder ces premiers grands fiefs, qui dans leurs auteurs en avoient été le fondement. Lorsque les titres de duc, de marquis et de comte commencèrent à s'introduire dans les Espagnes, ce ne fut que pour les grands vassaux effectifs, qui étoient ces ricos-hombres premiers, dont le titre s'étant multiplié dans la suite par la voie qui vient d'être expliquée, elle servit de même pour la multiplication des titres de duc, de marquis et de comte; et ces derniers-ci, comme bien plus modernes, et comme n'ayant en soi dans les Espagnes aucune distinction de prérogative attachée, n'étoit qu'un accompagnement indifférent au titre de rico-hombre; il fut aussi dès lors indifférent d'être duc, marquis ou comte, parce que l'unique distinction éclatante et supérieure à toute autre, n'étoit attachée qu'au titre de rico-hombre. Bien est vrai que le duché manquoit et fut effectivement une terre plus noble et plus grande que le marquisat et le comté, et c'est ce qui fit que tous les ducs espagnols d'alors, se trouvant les plus distingués seigneurs et les plus riches d'entre les ricos-hombres, passèrent tous de ce titre à celui de grand, sous Charles-Quint, sans concession et comme insensiblement; or comme il n'y eut plus alors que la grandesse à qui le rang et les prérogatives fussent attachés comme ils l'étoient uniquement auparavant à la rico-hombrerie, à laquelle les titres de duc, marquis et comte étoient indifférents parce qu'ils ne lui donnoient rien, ces mêmes titres, ne donnant rien aussi à la grandesse, lui furent également indifférents. Il est pourtant vrai que, dans les Espagnols naturels, duc et grand sont synonymes; non pas seulement en tant seulement que duc ait aucune prérogative au-dessus du marquis et du comte comme tels, mais bien parce que depuis Charles-Quint tous les ducs espagnols passèrent de la rico-hombrerie à la grandesse; et ce prince et ses successeurs ont si peu érigé de duchés en Espagne sans y joindre en même temps la grandesse, que de ce peu-là même il n'y en a plus aucun qui ne soit devenu grandesse ou qui ne soit tombé à des grands.

Le titre de prince est si peu connu en Espagne, et en même temps si peu goûté, qu'aucun Espagnol ne l'a jamais porté, jusqu'aux enfants des rois, si on en excepte quelques-uns des héritiers présomptifs de la couronne, à qui le titre de prince des Asturies est affecté en reconnoissance de l'attachement de cette province à ses rois du temps des Maures, et par laquelle ils recommencèrent à régner, et à s'opposer à ces infidèles. Encore fort peu d'aînés l'ont-ils porté, la singularité du nom d'infant et d'infante, qui ne signifie pourtant que l'enfant, jointe à l'usage, ayant toujours prévalu pour ceux des rois. Les étrangers sujets d'Espagne, qui dans leur pays portent le titre de prince, l'ont apporté avec eux en Espagne, sans rang aucun pour les sujets ou non-sujets, s'ils ne sont grands, et sans donner aux Espagnols naturels la moindre envie de s'accoutumer pour eux-mêmes à ce titre, quelques droits qu'ils y puissent prétendre, suivant d'autres manières qui ont prévalu chez leurs voisins à bien meilleur marché.

La manière de succéder à la dignité de grand n'a rien de distinct de la manière de succéder aux biens; et comme ils passent tous sans distinction en quenouille et de femelle en femelle à l'infini, aussi font les grandesses, avec la confusion de noms et d'armes qu'entraîne ce même usage, établi parmi les Espagnols, de joindre à son nom tous les autres noms de ceux des biens desquels on devient héritier, surtout avec les grandesses, qui se substituent ainsi à l'infini, à la proximité du sang, sans distinction de mâle et de femelle, sinon du frère à la sœur, ou en quelques maisons ou occasions peu communes, de l'oncle paternel à la nièce.

Ce sont, pour le dire en passant, ces substitutions de terres érigées ou non en grandesses qu'ils appellent *majorasques*, et qui ne peuvent jamais être vendues pour dettes ni pour aucun cas que ce soit, mais qui se saisissent par les créanciers pour les revenus seulement, et jusqu'à une certaine concurrence, dont une partie plus ou moins légère, selon la dignité des terres et leurs revenus, demeure au propriétaire pour aliment avec les casuels. C'est ce qu'ils croient être le salut des maisons, et c'est par cette raison que presque toutes les terres sont substituées en Espagne; de là vient que, n'y ayant point de fin à ces substitutions, il y a si peu de terres dans le commerce, et que ce peu qui y pourroient être n'y sont plus en effet, parce qu'elles deviennent le seul gage des créanciers, et qu'elles ne se peuvent acheter en sûreté. J'eus la permission du roi et du roi d'Espagne d'en acheter une en Espagne et d'y établir ma grandesse. Je me bornai même au plus petit fief relevant nûment du roi. Je me retranchai après à l'acheter cher sans aucun revenu. En deux années de recherches il me fut impossible d'en trouver, quoique plusieurs personnes de considération et du conseil même s'y soient soigneusement employées. Je ne dis pas que cela ne se puisse trouver, mais je dis que cela est extrêmement difficile. Il ne faut pas oublier que les héritiers de ces substitutions héritent aussi de tous les domestiques, femmes et enfants de ceux dont ils héritent, qui se trouvent chez eux ou entretenus par eux; de manière que, par eux-mêmes ou par ces successions, ils s'en trouvent infiniment chargés. Outre leur logement, chez eux ou ailleurs, ils leur donnent à chacun une ration par jour, suivant l'état et le degré de chaque domestique, et à tout ce qui en peut loger chez eux deux tasses de chocolat à chacun tous les jours. Du temps que j'étois en Espagne, le duc de Medina-Celi, qui, à force de substitutions accumulées dont il avoit hérité, étoit onze fois grand, et qui depuis a hérité encore de plusieurs autres grandesses, avoit sept cents de ces rations à payer par jour. C'est aussi ce qui les consume.

Mais pour revenir à ces héritages, il arrive souvent que les héritiers par femmes des grandes maisons et par plusieurs degrés femelles laissent tout à fait leurs propres noms et armes, que dans la suite un cadet reprend quelquefois, tellement que, dans la multitude des noms et des armes, qui souvent ne se suivent pas, quelquefois même dans l'unicité, ce n'est pas une petite difficulté parmi les Espagnols, même entre eux, de démêler le vrai nom d'avec ceux qui ont été ajoutés, ou de savoir si tel nom qui se porte seul est le véritable. Ainsi des armes; de celles-ci je n'en ai pu avoir le temps que fort en gros. Pour les noms, c'est ce qui m'a donné le plus de peine à bien éclaircir sur les lieux avec ceux qui passoient pour être les plus instruits sur ces matières et sur celles de la grandesse, d'aucun desquels je n'ai été plus satisfait ni plus pleinement que du profond savoir du duc de Veragua, fils de celui dont j'ai fait mention en parlant du testament de Charles II, qui m'a fait la grâce de vouloir bien m'en instruire avec une bonté, une simplicité, une patience et une exactitude peu communes. Je dois encore à la vérité cette justice aux *Recherches historiques et généalogiques*, d'Imhof[1], *des grands d'Espagne*, que j'y portai exprès, qu'elles y sont estimées des connoisseurs, et qu'elles m'ont infiniment aplani de difficultés, soit en m'apprenant un grand nombre de choses que j'ai trouvées vraies par l'information la plus scrupuleuse et la plus multipliée que j'en ai pu prendre, soit par m'avoir donné lieu à des questions nombreuses qui m'ont beaucoup instruit dans le peu que je le suis; soit encore en m'apprenant à me défier des meilleurs livres par trouver des fautes en celui-ci, en recherchant exactement en mes conversations la vérité ou la fausseté, et le mélange de toutes les deux de plusieurs choses qu'il avance, mais non bien importantes. Avec un plus long séjour, moins de fonctions et d'occupations, et le *Tizon d'Espagne* à discuter comme j'ai fait les *Recherches* d'Imhof, j'aurois pu rapporter de bonnes choses; mais ce livre, jamais je ne l'ai pu recouvrer. Ils l'ont bien quelques-uns en Espagne, et sourient quand on leur en parle, sans s'en expliquer jamais. Ils l'ont fait supprimer tant qu'ils ont pu partout à force de soins, d'autorité où elle a eu lieu, et même d'argent, parce qu'il prétend prouver que presque toutes les maisons considérables et les plus distinguées d'Espagne sont bâtardes, et souvent plus d'une fois, en quoi presque tous les grands et les plus hauts seigneurs d'Espagne sont enveloppés. Quoique leur bâtardise cachée, s'ils en ont, m'ait échappé, et ce *s'ils en ont* n'est pas douteux en général, il faut néanmoins dire un mot de leurs sentiments et de leurs usages pour la grandesse et pour les successions par rapport aux bâtards.

Convenons de bonne foi qu'à cet égard l'Espagne se sent encore d'avoir été pendant plusieurs siècles sous la domination des Maures, et du commerce de mélange qu'elle eut depuis avec eux presque jusqu'au règne des rois catholiques.

1. *Recherches historiques et généalogiques des grands d'Espagne*, par Imhof. Amsterdam, 1707, in-12.

Car il est très-vrai qu'elle ne sent pas assez toute la différence d'une naissance légitime d'avec une naturelle provenue de deux personnes libres. Ces sortes de bâtards héritent sans difficulté presque comme les légitimes, et sont grands par succession, s'il ne survient un légitime par le mariage du père; en ce cas, le bâtard a sa part de droit qui peut même être grossie jusqu'à un certain point par la volonté du père. De ceux-là sont sorties des maisons puissantes et très-difficiles à démêler d'avec les légitimes. Ils deviennent grands, non-seulement par succession directe, à faute de légitime, mais encore par succession féminine et collatérale; et si cette sorte de bâtard est fils d'un fort grand seigneur, et aimé de lui, il trouve à se marier très-souvent aussi bien que s'il étoit légitime. Lui passé, il n'y a plus de différence.

Les bâtards d'une fille et d'un homme marié ont aussi leur part, mais très-légère; s'il y a un légitime, ils sont tout à fait sous sa main, le père alors ayant les siennes bien plus liées à l'égard du bâtard. Ceux-ci n'ont pas la même part aux successions femelles et collatérales que ceux de deux libres, lesquels, à faute de frères et de sœurs légitimes, les recueillent entièrement. Néanmoins cette espèce adultérine ne laisse pas de trouver des partis avantageux, s'ils sont sans frères et sans sœurs légitimes, ou s'ils sont fils de fort grands seigneurs qui les aiment, leur postérité perd avec le temps la flétrissure de son origine, et supplée quelquefois en tout à la légitime, quoique bien plus rarement que l'autre espèce de simples bâtards. On en a vu de toutes les deux, ayant des frères légitimes, être faits grands par le crédit de leurs pères, et fonder alors de plain-pied des maisons presque pareilles à celles dont ils sortoient par bâtardise, et dans la suite, leur postérité et la légitime tout à fait confondues. Il y a encore des exemples récents de ces sortes de grands. Tel est aujourd'hui un bâtard du duc d'Abrantès, frère du duc de Liñarès, mort sans enfants vice-roi du Mexique, sous le commencement du règne de Philippe V, et frère de l'évêque de Cuença, devenu duc d'Abrantès par la mort de ce frère et de son père, duquel j'ai parlé à propos du plaisant adieu qu'il fit à l'ambassadeur de l'empereur le jour de l'ouverture du testament de Charles II. Cet évêque, qu'on n'appelle jamais que le duc d'Abrantès, a trouvé le crédit à mon départ d'Espagne, c'est-à-dire fort peu après, de faire faire grand ce frère bâtard, pour soutenir la maison éteinte, que j'ai expliquée plus haut, et on le nomme le duc de Liñarès. Ce sont ces usages plus qu'abusifs qui ont donné cette distinction aux grands mariés comme aux non mariés, que leurs bâtards, et comme tels, sont admis dans l'ordre de Malte, comme chevaliers de justice, sans différence des légitimes. Il faut sur cela remarquer qu'après la perte de Rhodes, cet ordre, devenu errant et prêt à se dissiper, fut protégé et recueilli par Charles-Quint, qui lui donna l'île de Malte en toute souveraineté, fors l'hommage annuel de quelques oiseaux pour la chasse, et qu'encore aujourd'hui l'ambassadeur de Malte ne se couvre point en aucun cas devant le roi d'Espagne, bien qu'il le reçoive en audience publique où les grands assistent couverts, et où je me suis trouvé comme grand avec eux, quoique cet ambassadeur jouisse à Madrid, et par toute l'Espagne, de toutes les autres prérogatives du caractère d'ambassadeur, excepté aux chapelles, où il n'a ni place ni fonction. Or, cette obligation envers la couronne d'Espagne, jointe aux usages particuliers à ce seul pays sur les bâtards, peut avoir eu grande part à l'admission de ceux des grands dans l'ordre de Malte. Je dis ce seul pays, les comtes de Guldenlew ne pouvant faire exemple dans ce recoin du Nord, demi-païen encore dans sa domination, puisque ces bâtards des rois de Danemark n'en font pas même pour la Suède, ni pour tout le reste du Nord, qui n'abhorre pas moins la bâtardise qu'on la déteste et qu'on l'anéantit dans toute l'Allemagne.

Pour les doubles adultérins, ils demeurent dans toute l'Espagne dans une entière obscurité, faute de ne pouvoir nommer leur mère, et d'avoir trouvé un jurisconsulte comme Harlay, lors procureur général du parlement de Paris, qui ait appris à faire reconnoître des enfants sans mère. Quels que soient ces restes de mœurs morisques[1] qui infectent encore l'Espagne, elles n'y vont pas jusqu'à connoître ceux-ci, pour lesquels toute l'horreur et le néant dû à la naissance illégitime s'est rassemblé sur les doubles adultérins, dont la monstrueuse espèce ne peut être censée[2] dans aucune sorte d'existence.

Les exemples des don Juan, bâtards de filles et de leurs rois, confirment ce que je viens d'expliquer, et qui s'entendra et s'expliquera mieux encore par là, en se souvenant que ceux des particuliers ont les mêmes droits, proportion gardée, qui est ce qui élève tant ceux des grands, et qui met ceux des rois comme au niveau des princes légitimes.

Ramassons en deux mots ce qui vient d'être expliqué de l'essence de la dignité de grand d'Espagne.

Nulle mention d'elle avant Charles-Quint.

Ricos-hombres, ou puissants hommes qui étoient grands et immédiats feudataires des divers royaumes des Espagnes avec droit de bannière et de chaudière, y étoient la seule dignité connue jusqu'à nous, parloient couverts à leurs rois, et se mêloient des grandes affaires. Si à titre de droit ou de puissance, d'usage ou de concession, si de succession ou de besoin que les rois avoient d'eux, obscurité entière. Pareille obscurité sur leurs autres prérogatives et fonctions.

Se multiplièrent cadets, même collatéraux par femmes, et de femmes en femmes, par mérite, après service ou besoin, enfin par grandes charges, sans posséder ces grands

---

1. Mœurs *morisques* ou mœurs *mauresques*, des Maures.
2. Comptée.

fiefs immédiats ; devenus ricos-hombres, prirent bannières et chaudières ; d'où si fréquentes aux armoiries.

Tels étoient-ils devenus sous les rois catholiques.

Leur complaisance pour Philippe le Beau en haine de Ferdinand, coup mortel à leur dignité.

Puissance de Charles-Quint ; son adresse à son couronnement impérial les anéantit, et comme par insensible transpiration, leur substitua sans concession, sans cérémonie, la nouvelle dignité de grand d'Espagne, d'abord d'entre les ricos-hombres, puis d'autres ; leur conserva le droit de lui parler couverts et leur en procura de grands en Allemagne et en Italie par politique, et qui subsistent encore par l'appui de cette même puissance de la maison d'Autriche et de cette même politique.

Cérémonie de la couverture et distinction de deux classes de Philippe II.

Concessions et patentes de Philippe III, auteur vraisemblable de la troisième classe, d'où mystère des classes, aisé parmi les grands, et leur aversion d'aucun rang d'ancienneté entre eux.

Prétention des rois, née des patentes, de la nécessité de leur consentement pour succéder à la grandesse, même en directe, établie par l'usage, et la manière de donner part au roi, et d'en recevoir la réponse, dont la première classe est seule exempte.

De là encore prétention des rois d'en suspendre le rang passée en usage, dont divers exemples, tant en refusant d'admettre à la couverture, qu'en autres cas.

Certificat de couverture sans lequel nul rang, même l'ayant faite si le certificat est perdu, et alors la réitérer, dont exemples. Grands étrangers habitant hors de l'Espagne exceptés, si ce n'est qu'ils y aillent, même en passant : alors soumis.

Prétention des rois, née des précédentes, de pouvoir priver de la grandesse sans crime d'État, ni autre grave, dont exemple en Vasconcellos et de sa postérité jusqu'à aujourd'hui.

Des patentes et de l'établissement successif de ces prétentions sont nés les tributs à raison de la dignité. Ils sont trois :

Mediannate, qui au moins va à plus de quarante mille livres pour le roi seul, sans les autres sortes de salaires et d'autres droits; se paye au roi à chaque érection de grandesse; se remet quelquefois, et alors la remise s'exprime dans les patentes mêmes; se demande quelquefois, et est refusée, dont exemples;

Annate, qui est un droit annuel plus ou moins fort, mais moindre que la mediannate; il ne se paye point par l'impétrant, et ne se remet jamais aux successeurs;

Mutation, autre droit, moins fort que le premier, plus fort que le dernier, qui se paye par tout successeur à son avénement à la grandesse, et ne se remet jamais. Droits contraints par saisie et par suspension de rang quand il plaît au roi, jusqu'à parfait payement, dont plusieurs exemples.

Fief le plus petit en tout genre, mais relevant immédiatement du roi, suffit pour établir une grandesse; elle s'établit quelquefois sur le nom, sans fief, dont exemples existants, à l'imitation des ricos-hombres, cadets, sans grands fiefs dans leurs décadences : en ces cas, abonnement pour fixer la quotité des tributs susdits.

Indifférence entière, parmi les grands, des titres de duc, marquis et comte, venue de ce que ces titres s'établirent en Espagne vers la fin des ricos-humbres, dont la dignité, étant unique, ne reçut rien de ces titres que la simple dénomination; la grandesse ayant été substituée à la rico-hombrerie pour unique dignité d'Espagne, les titres de duc, marquis et comte y sont restés de même condition qu'auparavant, encore que, dans le fait, il ne reste plus aucun duc espagnol qui, par succession de temps, ne soit devenu grand, espagnol s'entend, et dont le duché soit en Espagne. De pareille condition de ces trois titres est celui de prince, qui ne donne et n'ajoute quoi que ce soit par lui-même en Espagne, et que nul Espagnol naturel n'a encore porté.

Rien de dictinct en la succession aux grandesses de la manière de succéder à tous les autres biens. Les femelles en sont capables en tout temps en Espagne, et sont préférées aux mâles par la proximité du sang, et ainsi de femelles en femelles. Appelées de même aux substitutions des terres ou majorasques, qui sont très-fréquentes et toujours à l'infini; d'où naît la difficulté du commerce des terres de toute espèce qui se trouvent presque toutes substituées, et les autres soumises aux créances. De là encore cette obscurité presque impénétrable des vrais noms et des vraies armoiries, qui tombent aux appelés avec les biens.

Ce qui ajoute encore avec indécence à cette obscurité est l'ancienne coutume de donner aux Maures et maintenant encore aux juifs qui se convertissent, et que les grands seigneurs tiennent au baptême, non-seulement leur nom de baptême, mais celui de leur maison, avec leurs armes qui passent pour toujours dans ces familles infimes, et qui, avec le temps, les confondent avec les véritables, et les leur substituent encore plus aisément lorsqu'elles viennent à s'éteindre.

Bâtards en Espagne ont des avantages inconnus chez toutes les autres nations chrétiennes, venus du mélange avec les Maures qui y a si longtemps duré.

Peu de différence des bâtards de deux libres d'avec les légitimes, un peu plus de ceux d'une fille et d'un homme marié. Ils héritent et sont capables de recueillir les substitutions. De là plusieurs maisons de cette origine, et quelquefois redoublée, qui n'en sont guère moins considérables. D'autres en nombre dont ce défaut est obscur. Pour ceux d'une femme mariée, ou les doubles adultérins, leur proscription et l'infamie de leur origine est telle en Espagne qu'elle devroit être partout, c'est-à-dire sans espérance et sans exemple d'exception. Ils y sont sans nom, sans biens, sans existence.

Du fond de la dignité même de grand d'Espagne que je viens d'essayer d'expliquer, il en faut venir aux usages, et commencer par ceux qui nous sont connus et qu'ils n'ont pas.

Les grands ni leurs femmes n'ont aucune marque de dignité sur leurs carrosses ni à leurs armes; ce n'est point l'usage en Espagne pour aucune charge ni dignité que ce soit. Si quelques-uns d'eux conservent ces anciennes distinctions des bannières et des chaudières des ricos-hombres, elles sont communes à tous ceux de leur maison qui ne sont point grands, et se mettent dans l'écu en bordure ou en écartelure. Il n'y a pas jusqu'aux petits hommes armés et à cheval du connétable de Castille, et aux ancres de l'amirante qui ne soient en bordure. Il est pourtant vrai que quelques-uns, en petit nombre, portent les bannières en dehors de l'écu, et quelquefois même l'en environnent; mais cela ne tient point lieu de marque de dignité en Espagne. Pour la Toison d'or, ceux qui l'ont en portent le collier autour de leurs armes, et pareillement celui du Saint-Esprit, ceux à qui on l'a donné. Depuis que les ducs de France et les grands d'Espagne fraternisent en rang et en honneurs, il y a plusieurs de ceux-ci qui, en Espagne et sans en être jamais sortis, ont pris le manteau ducal; peu de grands espagnols naturels l'ont encore fait. La reine même n'a point de housse.

Les balustres[1] et les autres distinctions extérieures y sont inconnues, même chez le roi et la reine, excepté le dais; mais ce dais descend chez tous les *titulados*, dont il y en a

---

1. Les lits et tables des rois et des grands étaient entourés de balustres ou balustrades, qui en fermaient l'accès.

quelquefois de fort étranges : j'expliquerai ce que c'est en son temps. Toute la différence est que les dais de ceux-ci ne sont que de damas tout simple, avec un portrait du roi dessus, et que ceux des grands sont de velours et riches, sans portrait, avec quelquefois leurs armes brodées dans la queue. Ainsi les dais des uns paroissent être pour le portrait, et celui des autres pour leur dignité et pour eux-mêmes. A l'égard des balustres, peut-être que l'usage de coucher en des lieux retirés qu'on ne voit point, et de n'avoir point de ces lits qui ne sont que pour la parade, en a banni la distinction.

La manière de bâtir en Espagne fait que ce que nous appelons en France les honneurs du Louvre[1] n'y peut exister. Les palais du roi, et tous les autres, ont une grande porte cochère, à condition qu'aucun carrosse n'y peut entrer ; mais il y en a une image. Après cette porte il y a, au palais de Madrid, un grand vestibule noir et obscur, couvert, court, mais qui s'étend en deux petites ailes, et qui aboutit à quelques marches d'une galerie qui sépare deux cours pavées de grandes pierres plates, avec un grand escalier tout en dehors au bout de cette galerie. Dans ce vestibule couvert entrent les carrosses des grands et de leurs femmes, des cardinaux et des ambassadeurs, et en ressortent dès qu'ils sont descendus à la galerie ; ils rentrent de même pour les prendre quand ils veulent remonter pour s'en aller. Tous les autres hommes et femmes descendent et remontent devant la grande porte, et tous les carrosses se rangent dans la grande place du palais. Au Buen-Retiro, entre plusieurs cours, il y en a deux de suite, comme au Palais-Royal à Paris, mais infiniment plus grandes. Tous les carrosses

---

1. Les *honneurs du Louvre* étaient le privilége accordé à certains personnages d'entrer dans la cour du Louvre en carrosse ou à cheval. Favin prétend, dans son *Théâtre d'honneur et de chevalerie* (t. Ier, p. 371), que les honneurs du Louvre n'étaient accordés primitivement qu'aux princes et princesses du sang. Dans la suite, on les étendit aux princes étrangers. au connétable, aux cardinaux, enfin à tous les ducs.

entrent dans la première et y restent. Les seuls grands et leurs femmes, les cardinaux et les ambassadeurs entrent dans les leurs sous le corps de logis qui sépare les deux cours, et y descendent dans une galerie ouverte qui conduit au bas du degré, et leurs carrosses passent outre dans la deuxième cour pour y tourner. Ils les alloient attendre après dans la première, et entroient comme en arrivant quand leurs maîtres ou maîtresses vouloient y remonter pour s'en aller. Maintenant, c'est-à-dire longtemps avant que j'allasse en Espagne, et je ne sais sous quel règne, leurs carrosses demeurent dans la seconde cour, et ne font plus qu'avancer pour reprendre leurs maîtres ou leurs maîtresses où ils les ont descendus. Ce dernier petit avantage étoit encore nouveau de mon temps, peut-être sur l'exemple des ambassadeurs qui l'ont toujours eu.

Il faut se souvenir ici des distinctions extrêmes qu'on a vues plus haut du président et même du gouverneur du conseil de Castille par-dessus les grands qui arrêtent devant lui dans les rues, qui n'en ont pas la main chez lui, et qui n'en sont point visités en quelque occasion que ce soit, qui est reçu et conduit au carrosse par un majordome quand il va au palais, et qui y est seul assis en troisième avec le majordome-major et le sommelier du corps, en attendant que le roi paroisse ou qu'il soit appelé dans le cabinet, en présence de tous les grands debout;

De celle du majordome-major du roi, qui partout les précède tous, et en place distinguée, et qui est assis à côté du roi, au bal, à la comédie, aux audiences singulières, les grands debout, et qu'il est comme leur chef;

De celle du majordome-major de la reine, qui chez elle, aux audiences, les précède tous;

De celle des cardinaux, sur eux qui, en présence du roi, sont extrêmes, mais nulles en son absence. J'aurai occasion d'en parler ailleurs.

Enfin, de celles des ambassadeurs qui, à la vérité, sont peu sensibles et ne se rencontrent pas souvent.

J'ai remarqué celles des conseillers d'État, même point grands, qui à leur exclusion, ont le droit d'aller en chaise à porteurs comme les dames.

A l'égard de celles-ci, toutes celles d'une qualité distinguée, sans distinction des femmes de grands, se font souvent porter en chaise par la ville et même au palais, dans l'escalier, jusqu'à la porte extérieure de l'appartement de la reine, où leurs chaises et leurs porteurs les attendent, sans le *mezzo-termine*, trouvé à Versailles, de payer pour faire porter les livrées du roi aux porteurs des personnes qui n'ont pas les honneurs du Louvre. La vérité est qu'il n'y a guère que les dames du palais, et fort peu d'autres grandes dames, femmes de grands, à qui je l'ai vu faire. A propos de livrée, souvent on n'en a point, puis on en reprend, et jamais presque les mêmes. Jusqu'au fond de la couleur de la livrée, on la change presque tous les ans dans la même maison. Elles sont la plupart sombres et toutes fort simples, et les carrosses et les chaises au-dessous de la simplicité. Les boues de Madrid l'hiver, sa poussière l'été, et l'air qui résulte de la quantité et de la nature étrange de ces boues, qui ternit les meubles et jusqu'à la vaisselle d'argent, est cause de cette grande simplicité, mais qui n'est pas pour les ambassadeurs.

Les grands n'ont point l'usage de se démettre de leur dignité comme les ducs en France; mais en Espagne, le successeur direct d'une grandesse et sa femme ont des honneurs et un rang, en attendant qu'elle leur soit échue par la mort de celui à qui ils ont droit de succéder. Le comte de Tessé, en faveur duquel le maréchal son père eut la permisson d'en user comme les ducs à leur exemple ne seroit pas traité ni reconnu comme grand en Espagne du vivant de son père. La chose faite et le rang pris ici, on en tira un consentement du roi d'Espagne, parce qu'il ne devoit point avoir d'usage en Espagne, où le comte de Tessé ne devoit point aller, et encore ce consentement fut-il difficile et tardif. Philippe V a pourtant fait deux exceptions à cette règle, que nul autre roi n'avoit enfreinte avant lui.

La première fut en faveur du duc de Berwick, auquel, en récompense de ses services après la bataille d'Almanza, il donna la grandesse de première classe, les duchés de Liria et de Quirica, anciens apanages des infants d'Aragon, pour y établir sa grandesse et jouir, en propriété, de ses terres de quarante mille livres de rente; la liberté d'y appeler tel de ses enfants qu'il voudroit, pour en jouir même de son vivant et sa postérité ensuite; la faculté de changer ce choix pendant toute sa vie, et le pouvoir de le changer encore par son testament, toutes grâces inouïes et proportionnées à l'importance de la victoire d'Almanza. En conséquence, son fils aîné eut en Espagne la grandesse, les duchés, et porta le nom du duc de Liria où il s'établit, puissant par son mariage avec la sœur du duc de Veragua qui en recueillit depuis le vaste et riche héritage.

L'autre exception fut faite en faveur de la fonction dont je fus honoré d'aller ambassadeur extraordinaire en Espagne faire la demande de l'infante pour le roi, conclure le futur mariage, en signer le contrat et assister de sa part au mariage du prince des Asturies avec une fille de M. le duc d'Orléans, lors régent du royaume. A l'instant que la cérémonie en fut achevée, le roi d'Espagne s'avança à moi dans la chapelle même du château de Lerma, et avec mille bontés me fit l'honneur de me dire qu'il me donnoit la grandesse de la première classe pour moi, et en même temps pour celui de mes deux fils que je voudrois choisir pour en jouir dès à présent avec moi, et la Toison d'or à l'aîné. Comme j'avois la permission de l'accepter, je choisis sur-le-champ le cadet, et les lui présentai tous deux pour le remercier, avec moi, de ses grandes grâces, puis à la reine qui ne me témoigna pas moins de bontés, auxquelles j'eus le bonheur de voir toute la cour applaudir, à laquelle aussi j'avois tâché de plaire. Comme on retournoit deux jours après à Madrid, on remit à y faire la réception de l'un et la couverture de l'autre.

Il est bon toutefois de remarquer que ces deux exemples ont été faits en deux occasions uniques en faveur de deux étrangers à l'Espagne, pour deux personnes dont la démission ne multiplioit rien, parce que, comme ducs de France, nous avions déjà les mêmes rangs, honneurs et prérogatives en Espagne que les grands, droit et usage de nous trouver partout avec et parmi eux, qui étoient bien aises que j'en profitasse souvent. Ce fut aussi ce qui nous empêcha, M. de Berwick et moi, de faire pour nous-mêmes la cérémonie de la couverture, parce qu'elle ne nous donnoit rien dont nous ne fussions en possession entière ; aussi assistai-je parmi les grands, et couvert comme eux, à la couverture de mon fils, qui est une cérémonie où les ambassadeurs ne se trouvent point.

CHAPITRE XIV.

Cérémonie de la couverture, et ses différences pour les trois différentes classes chez le roi d'Espagne, et son plan. — La même cérémonie chez la reine d'Espagne, et son plan. — Tout ancien prétexte de galanterie pour se couvrir aboli. — Distinction de traits et d'attelages. — Femmes et belles-filles aînées de grands seules et diversement assises. — Séance à la comédie et au bal. — Grands, leurs femmes, fils aînés et belles-filles aînées expressément et seuls invités à toute fête, plaisir et cérémonie, et à quelques-unes les ambassadeurs.

Après avoir parlé des usages que nous connaissons et que les grands d'Espagne n'ont pas, il faut venir au rang, honneurs et prérogatives dont ils jouissent, et conclure après, tant de celles qu'ils ont que de celles qu'ils n'ont pas, quelle idée juste on doit avoir de leur dignité. Comme la clef du rang et des honneurs dont les grands d'Espagne jouissent est la cérémonie de leur couverture, comme on l'a vu plus haut, et que c'est encore où la différence des classes des grands est presque uniquement sensible, il faut commencer par sa description. Elles sont toutes semblables suivant leurs classes, tout y est tellement réglé qu'il n'y a point à s'y méprendre, ni à y accorder ou retrancher quoi que ce soit. Comme je n'ai vu que celle de mon fils, on ne trouvera donc pas étrange que ce soit celle-là que je décrive, puisque, de même classe, toutes sont en tout parfaitement semblables.

D'abord le nouveau grand ou celui qui succède à un autre, car cela est pareil pour la couverture, visite tous les grands; j'y menai mon fils. Ensuite il en choisit un pour être son parrain. L'amitié, la parenté et d'autres raisons semblables en font faire le choix, et ce choix lui est honorable. Je crus en devoir prier un grand et principal seigneur, bien avec le roi d'Espagne et qui fût agréable à notre cour; c'est ce qui m'engagea à prier le duc del Arco, grand écuyer et favori du roi, qu'il avoit fait grand, de faire cet honneur à mon fils. C'est au parrain à prendre l'ordre du roi du jour de la cérémonie, d'en faire les honneurs, tant au palais que chez le nouveau grand, de l'avertir du jour marqué, et d'en avertir aussi le majordome-major du roi, qui a soin d'envoyer un billet d'avis à tous les grands. Ce dernier, à l'occasion de mon fils, prétendit que c'étoit à lui à demander le jour au roi et m'en fit faire quelque insinuation. J'évitai de l'entendre pour ne pas blesser un si grand et si respectable seigneur, ni le grand écuyer aussi, et avec lui tous les grands; j'en avertis néanmoins ce dernier qui s'éleva d'abord, mais qui, en ma considération, l'ignora, et prit cependant l'ordre du roi d'Espagne qui le donna pour le [1]..., et c'est toujours le matin.

Le jour venu, le parrain invite un, deux ou trois grands comme tels, et qui bon lui semble, pour l'accompagner chez le nouveau grand qu'il va prendre et qu'il mène au palais dans son carrosse avec eux, et l'en ramène de même, où tous lui donnent la première place. Ces autres grands aident au parrain à faire les honneurs, et le nouveau grand se fait accompagner en cortége.

Le duc del Arco ne prit avec lui que le duc d'Albe, oncle paternel et héritier de celui qui est mort ambassadeur d'Espagne à Paris, à cause des places du carrosse que nous remplissions mon fils et moi. Il eut, comme je l'ai dit ailleurs, la politesse de venir dans son carrosse, et non dans un du roi dont il se servoit toujours, parce que dans celui-là il ne pouvoit donner la main à personne. Je ne pus jamais empêcher, quoi que je fisse, qu'ils ne se missent tous deux sur le devant, mon fils et moi eûmes le derrière. Je crus plaire aux Espagnols de marcher à cette cérémonie avec tout l'appareil de ma première audience, et j'y réussis. Six de mes carrosses, entourés de ma livrée à pied, suivoient celui du duc del Arco, où nous étions, et personne autour; quinze ou dix-huit autres seigneurs de la cour marchèrent après les miens remplis de ma suite : tout Madrid étoit aux fenêtres ou dans les rues.

Nous trouvâmes les gardes espagnoles et wallones en bataille dans la place du Palais, qui rappelèrent à notre passage en arrivant et en retournant.

A la descente du carrosse nous fûmes reçus par ce qui s'appelle en Espagne la famille du roi, c'est-à-dire une grosse troupe de bas officiers de sa maison et une autre d'officiers plus considérables, au milieu du degré, avec le

---

1. Le mot est en blanc dans le manuscrit.

majordome de semaine, qui étoit le marquis de Villagarcias, qui étoit Guzman et a été depuis vice-roi du Mexique.

L'escalier depuis le bas jusques en haut bordé des hallebardiers sous les armes avec leurs officiers. Tous ces honneurs ne sont que pour la première classe. Au haut du degré quelques grands, qui par cette même distinction descendirent deux marches. Beaucoup de personnes distinguées dans l'escalier et jusqu'à la porte de l'appartement, et une foule de grands et de seigneurs nous attendoient dans la première pièce, mais cela n'est que de civilité; la vérité est qu'elle fut extrême, et que tous me dirent qu'ils ne se souvenoient pas d'avoir vu tant de concours de grandesse et de noblesse à aucune couverture, et, à ce que j'y vis, il fallut le croire.

Les gardes du corps étoient en haie sous les armes à notre passage dans leur salle et à notre retour. Dans cette première pièce au delà de la salle des gardes on attend que le roi soit arrivé dans celle qui suit, et cependant compliments sans fin, et invitation au repas qui suit chez le nouveau grand; lui, son parrain et ses amis particuliers vont invitant le monde, il fait prier tous les grands, tous leurs fils aînés, et les maris des filles aînées de ceux qui n'ont point de fils. Cela est de règle. On peut prier aussi d'autres seigneurs amis ou distingués : on le fait d'ordinaire, et nous en invitâmes plusieurs.

Le roi arrive, la cérémonie commence. Le majordome de semaine sort et vient avertir le nouveau grand que le roi est entré par l'autre côté. Tous les grands entrent, saluent le roi et se placent. Les gens de qualité en font autant; les portes s'investissent de curieux; et le nouveau grand entre tout le dernier, ayant son parrain à sa droite et le majordome de semaine à sa gauche. La marche est fort lente: ils font presque en entrant tous trois de front et tous trois ensemble une profonde révérence au roi, qui ôte à demi son chapeau et le remet. Il est debout sur un tapis de pied sous un dais, son capitaine des gardes en quartier derrière lui, couvert parce qu'il est toujours grand, le dos à la muraille. Personne du même côté où est le roi que le majordome-major du roi, qui est couvert, le dos à la muraille, vers le bout du côté des grands; en retour des deux autres côtés jusqu'à la cheminée qui est vis-à-vis du roi, les grands couverts le dos à la muraille, d'un seul rang qui ne se redouble point et personne devant eux. Devant la cheminée, qui est grande, les trois autres majordomes découverts.

Depuis la porte par où les grands et la cour est entrée, jusqu'à l'autre vis-à-vis par où le roi est entré, qui fait le quatrième côté de la pièce où sont les fenêtres, qui sont fort enfoncées et fort larges, sont tous les gens de qualité de la cour, découverts, pêle-mêle, les uns devant les autres, tant qu'il y en peut tenir, et le reste regarde par les deux portes en foule sans avancer dans la pièce. Cette première révérence faite, le parrain quitte le nouveau grand et se va mettre après tous les grands, entre la porte par où il vient d'entrer et la cheminée, le dos à la muraille, et s'y couvre, et fait ainsi aux autres grands les honneurs pour le nouveau grand. Celui-ci s'avance lentement avec le majordome à sa gauche. Au milieu de la pièce ils font en même temps, et de front, une deuxième révérence profonde au roi, qui à celle-là ne branle pas; puis, sans partir de la place, salue le majordome-major et les autres côtés des grands, prenant garde de ne pas tourner tout à fait le dos au roi. Le majordome-major, le capitaine des gardes et tous les grands se découvrent entièrement, mais ne laissent pas tomber leur chapeau fort bas, puis tout de suite se recouvrent.

Le majordome, qui conduit le nouveau grand et qui a fait la même révérence que lui aux grands, le quitte dès qu'elle est achevée, et se retire vis-à-vis d'où il se trouve, du côté des fenêtres, un pas au plus en avant des gens de qualité, à qui le nouveau grand ni lui n'ont point fait de salut. Le nouveau grand, demeuré seul au milieu de la place, s'avance de nouveau avec la même lenteur jusqu'au bord du tapis de pied où est le roi, à qui en arrivant près de lui il fait une profonde et troisième révérence, à laquelle le roi ne remue pas. Si le grand est de première classe, le roi prend l'instant qu'il commence à se relever de sa révérence pour prononcer *cobrios*. Si de la seconde, il le laisse relever et parler, et faire ensuite la révérence; en se relevant, il prononce *cobrios*, et quand il est couvert le roi lui répond. Si de la troisième, le roi ne prononce *cobrios* qu'après avoir répondu, il se couvre un instant, puis se découvre, baise la main du roi, et le reste comme il va être expliqué. A ceux de première classe, le roi ayant prononcé *cobrios* comme le grand se relève de sa troisième révérence, il s'incline de nouveau profondément du corps à ce mot, mais sans révérence, et en se relevant se couvre avant de commencer à parler. Les ambassadeurs ne se trouvent point à cette cérémonie, ni aucune dame.

J'étois à la muraille comme duc de France, ou comme déjà grand, parmi eux et couvert. On peut croire que je regardois de tous mes yeux par la curiosité de la cérémonie, et beaucoup plus dans l'inquiétude comment mon fils s'en tireroit, qui avec un grand air de respect et de modestie n'en eut point du tout d'embarras, et fit tout de fort bonne grâce et à propos, il faut que cela m'échappe. Je remarquai la bonté du roi, qui, en peine qu'il manquât à se couvrir à temps, lui fit deux fois de suite signe de le faire comme il se relevoit de son inclination après le *cobrios*. Il obéit, et s'étant couvert, il fit, comme c'est l'usage, un remercîment au roi de demi-quart d'heure, pendant lequel il mit quelquefois la main au chapeau et le souleva deux fois, à une desquelles le roi mit la main au sien. A toutes ces démonstrations qui ne sont pas pourtant prescrites et qui ne se font qu'en nommant notre roi, ou quelquefois disant Votre Majesté au roi d'Espagne, tous les grands les imitèrent en même temps que lui. Il finit en se découvrant, fit une révérence profonde, et se couvrit en se relevant. Tous les grands se découvrirent et se recouvrirent en même temps. Aussitôt après, le roi, toujours couvert, lui répondit en peu de mots [1].

Lorsqu'il finit de parler, le nouveau grand se découvre, ploie un genou tout à fait à terre, prend la main droite du roi, qui est exprès dégantée, avec la sienne, la baise, se relève et fait une profonde révérence au roi, qui alors se découvre tout à fait et se recouvre à l'instant, et le nouveau grand passe au coin du tapis de pied, salue tous les côtés des grands qui sont découverts et s'inclinent un peu à lui, et il va pour cette unique fois se placer à la muraille au-dessus d'eux tous, à côté et au-dessous du majordome-major, sans aucune façon ni compliment. Là il se couvre et eux tous, et après quelques moments, le roi se découvre, s'incline un peu aux trois côtés des grands, et se retire. Tous vont chez la reine, excepté le nouveau grand, sa famille, son parrain et ses amis particuliers, qui suivent le roi parmi les félicitations, et à la porte de son cabinet lui font leurs remercîments de nouveau, mais sans discours en forme, après quoi le nouveau grand, avec ce qui l'a accompagné, va aussi chez la reine. Le plan fera mieux entendre toute la cérémonie.

---

1. Le personnage dont parle Saint-Simon dans ce passage est son fils cadet, Armand-Jean de Saint-Simon, marquis de Ruffec, né le 12 août 1699, et reçu grand d'Espagne le 1er février 1722, comme on le verra dans la suite de ces Mémoires. Ce fut pour faire obtenir la grandesse à ce fils que Saint-Simon demanda à être envoyé ambassadeur extraordinaire en Espagne. Il raconte lui-même, à l'année 1721, qu'il dit au duc d'Orléans, alors régent de France, qu'il le suppliait « de lui donner cette ambassade avec sa protection et sa recommandation auprès du roi d'Espagne pour faire grand d'Espagne le marquis de Ruffec. »

PLAN DE LA COUVERTURE D'UN GRAND D'ESPAGNE CHEZ LE ROI.

```
┌─ 4   3   4 ─────────────────────────────────────┐
│        0         6         7       8       9    │
│  14          SALLE D'AUDIENCE.              9    │
│  14              5                          9    │
│  14             l8                          9    │
│  14   15                                    10   │
│  14                                         9    │
│  14                                         9    │
│  14             17                          9    │
│  14                                         9    │
│  14                                         9    │
│  14                                         9    │
│  14                                         9    │
│  14             16                          9    │
│  14                                         9    │
│  14             11                          9    │
│            12    13   9   9   9   9   9         │
└─────── 2 ───────────────────────────────────────┘
         4   4
      1     1    1    1    1
```
(FENÊTRE. FENÊTRE.)

1. Pièce où l'on attend que le roi arrive dans la salle d'audience.
2. Porte par où la cour entre ⎫
3. Porte par où le roi entre ⎬ fermées avant son arrivée.
4. Curieux entassés regardant par les portes.
5. Le roi debout sous un dais sur un tapis de pied.
6. Le capitaine des gardes du corps en quartier.
7. Le majordome-major.
8. Le nouveau grand lorsqu'il se retire à la muraille.
9. Les grands d'Espagne aux murailles.
10. La place à peu près où je me trouvai.
[11. Cheminée.]
12. Le parrain.
13. Les trois majordomes du roi.
14. Gens de qualité.
15. Le quatrième majordome du roi lorsque, après la deuxième révérence, il a quitté le nouveau grand.
16. Première révérence du nouveau grand, après laquelle son parrain le quitte et se retire à la muraille.
17. Deuxième révérence, après laquelle le majordome de semaine quitte le grand, et se va mettre du côté des seigneurs, et prend garde qu'ils ne s'avancent pas dans la salle, et que l'enfilade des deux portes demeure libre et vide.

18. Troisième révérence du nouveau grand seul; il se couvre, parle au roi, l'écoute, lui baise enfin la main dans cette même place, puis se retire à la muraille.

0 Personne entre la porte et le roi qui sort par cette même porte, et tout ce qui veut sortir par là après lui, au lieu qu'il entre seul par là avec ses officiers seulement qui par leurs charges le peuvent.

Chez la reine on attend comme chez le roi dans la pièce qui précède celle de l'audience, qui est fort singulière au palais de Madrid; elle est fort longue et peu large; c'est le double d'une galerie intérieure qui entre par un bout dans l'appartement de la reine, et par l'autre dans celui de la princesse des Asturies et dans celui des infants. Cette salle d'audience communique avec la galerie dans toute leur longueur par de grandes arcades ouvertes dont elle tire tout son jour, et qui en font presque une même pièce avec la galerie, qui est pourtant plus longue que la salle d'audience du côté de l'appartement de la princesse des Asturies et des infants. Un quart de la longueur de cette salle est retranché par des barrières à hauteur d'appui et couvertes de tapis du côté d'en bas, qui ne se mettent que pour ces cérémonies, et qui ne se mettent que pour ce moment-là. Vis-à-vis au haut de la salle, assez près de la muraille et en face de la porte et de la barrière, la reine est assise dans un fauteuil plus haut que les fauteuils ordinaires, avec un extrêmement gros carreau de velours à grands galons d'or sous ses pieds, un dais et un grand tapis de pied, ayant derrière son fauteuil un exempt des gardes du corps découvert, et qui n'est point grand; s'il l'étoit, car il y en a, il seroit couvert. A sa gauche en retour, qui est le côté de la muraille, une haie de grands couverts, le majordome-major de la reine à leur tête, et une place vide entre lui et le premier des grands, pour le nouveau grand quand il se retire à la muraille. Les grands ne redoublent point, et personne devant eux jusqu'à la barrière. A la droite, vis-à-vis du majordome-major de la reine, la camarera-mayor, les dames du palais et d'autres dames. Les femmes et les belles-filles aînées des grands au-dessus des autres, et à la différence d'elles ayant chacune un gros carreau devant elles, et les autres, pour grandes dames qu'elles soient, n'en ont point. Ceux des femmes des grands sont de velours en toute saison, ceux de leurs belles-filles aînées de damas ou de satin en toute saison, avec ordinairement de l'or à la plupart, toutes debout à ces couvertures. Après les dames sont de suite les *señoras de honor*. Dans l'entrée de la barrière, mais très-peu avant et en face de la reine, des seigneurs et gens de qualité découverts, les uns devant les autres, et derrière les barrières ceux de moindre condition. Dans les arcades qui joignent la galerie à la salle d'audience les caméristes de la reine derrière les dames du palais, et dans les autres les officiers de la reine.

En attendant que la reine soit arrivée, tous les hommes attendent dans la pièce qui précède la salle d'audience, où les invitations se continuent au repas à ceux à qui on pourroit avoir manqué de les faire chez le roi.

La reine arrivée avec les dames et placée, celui de ses trois majordomes qui est de semaine ouvre par dedans la porte de la salle d'audience et vient avertir. Alors tous les grands entrent, se placent à la muraille et se couvrent. Le parrain n'a point là de fonction, il entre avec les autres grands, et se place indifféremment parmi eux. Plusieurs seigneurs et gens de qualité entrent aussi après, mais les uns devant, les autres après le grand nouveau, à qui on laisse un grand passage libre; il entre lentement avec le majordome de semaine à sa gauche, ils dépassent la barrière, et quand il s'est avancé quelques pas, il fait à la reine une profonde révérence avec le majordome, qui aussitôt après le quitte, et se retire quelques pas vers les gens de qualité à gauche. A cette première révérence la reine se lève en pied et se rassoit incontinent; et lors les grands se découvrent et se recouvrent. Ensuite le nouveau grand s'avance lentement au milieu de la pièce, où il fait à la reine la deuxième révérence, qui s'incline un peu sans se lever ; puis, sans partir de la place, il fait une révérence aux dames entièrement tourné vers elles, et montrant l'allonger en toute la longueur de leur ligne du haut en bas, mais pourtant par une seule révérence. Toutes s'inclinent beaucoup, qui est leur révérence.

Le nouveau grand se tourne ensuite par-devant la reine vers les grands, toujours sans bouger de la même place, et leur fait une révérence moins profonde qu'aux dames. Sitôt qu'il se tourne aux grands, ils se découvrent et se recouvrent lorsque le nouveau grand se tourne vers la reine après les avoir salués. Il s'avance après jusque sur le tapis de la reine, et tout auprès de son carreau ; il y fait sa troisième révérence, et en se relevant se couvre et fait son compliment et le reste comme chez le roi, suivant la même différence des classes, mais il se couvre au temps que la classe dont il est le demande, sans que la reine le lui dise, parce qu'elle ne fait pas les grands. Il lui baise la main dégantée comme au roi, un genou à terre, et s'avance pour cela à côté du carreau. La reine s'incline après à lui, et il se retire à la muraille[1]. Quelques moments après, la reine s'incline aux grands et aux dames, et se retire, et les grands se découvrent et s'en vont.

Le plan fera mieux entendre la cérémonie.

---

1. On peut consulter sur les grands d'Espagne, outre Imhof que Saint-Simon a indiqué plus haut, les auteurs suivants : J. A. de Tapia y Robles, *Ilustracion del nombre de grande, principio, grandeza y etimologia, pontífices, santos, emperadores, reyes y varones ilustres, que le merecieron en la voz pública de los hombres* (Madrid, 1638, in-4); J. M. Marquez, *Tesoro militar de cavalleria, s. de ortu statuque equestrium in primis Hispanicorum commentarius* (Madrid, 1642, in-folio); Muños, *Discurso sobre la antigüedad de la rica ombria* (Madrid, 1739, in-4); J. Berni, *Creacion, antigüedad y privilegios de los titulos de Castilla* (Valence, 1769, in-folio); enfin l'ouvrage intitulé : *Noticia de las ordenes de caballeria de España, cruzes y medallas de distincion* (Madrid, 1815, 4 vol. in-16).

PLAN DE LA COUVERTURE D'UN GRAND D'ESPAGNE CHEZ LA REINE.

PORTE — de l'appartement de la reine par où elle entre avec ses dames et ses grands officiers, et par où elle se retire.

Celle-ci par où la reine entre.

BARRIÈRES.

Pièce où on attend que la reine soit arrivée et placée, et les dames à sa suite.

PORTE — qui va à l'appartement de la princesse des Asturies et à celui des infants.

A. Place à peu près où j'étais parmi les grands à la couverture de mon fils.

1 L'exempt des gardes du corps de semaine chez la reine.
2 La reine.
3 Son majordome-major.
4 Place où le nouveau grand se retire à la muraille.
5 Grands.
6 La camarera-mayor.
7 Les dames du palais et les femmes et belles-filles aînées de grands.
8 Les *señoras de honor* et autres dames de qualité.
9 Seigneurs et gens de qualité.
10 Curieux de moindre distinction.
11 Caméristes.
12 Officiers de la reine.
13 Première révérence du nouveau grand avec le majordome de semaine.
14 Place où se retire le majordome après la première révérence.
15 Deuxième révérence du nouveau grand seul.
16 Troisième révérence du nouveau grand, et place où il se couvre et parle.
0 Personne en toutes ces places.

Il faut remarquer que toutes les révérences que le nouveau grand, son parrain et le majordome de semaine, font à la couverture chez le roi et chez la reine, sont toutes à la françoise, même pour les Espagnols, ce qui s'est apparemment introduit lorsque Philippe V a défendu la golille et l'habit espagnol en sa présence à tout ce qui n'est ni robe ni bourgeoisie ni marchands et au-dessous.

Au moment que la reine s'ébranle pour se retirer, le nouveau grand va faire la révérence et un compliment à chacune de toutes les dames qui sont à la cérémonie et qui ont l'*excellence*, et point aux autres, commençant par la camarera-mayor, et ne s'arrêtant qu'un instant devant chacune, pour avoir le temps d'aller à toutes. Cette nécessité de se hâter a mis en usage le même compliment, très-bref, qui se répète à toutes, en glissant de l'une à l'autre on leur dit : *A los piès de Vuestra Excelencia* et rien que cela ; la dame sourit et s'incline : cela se fait plus posément aux unes qu'aux autres suivant leur qualité, leur faveur ou leur âge. Si la reine n'est pas encore rentrée, et on se hâte d'avoir fait auparavant, le nouveau grand court à la porte de la galerie qui donne dans son appartement intérieur et lui fait là encore un remercîment. Je pris la liberté d'abuser peut-être de celle qu'elle m'avoit bien voulu donner auprès d'elle, je l'appelai pour l'arrêter, lui faire mon remercîment, et donner le temps à mon fils de lui venir faire le sien. Cela ne lui déplut pas, et elle nous reçut et nous répondit avec beaucoup de bonté. Dès qu'elle est rentrée, compliments pêlemêle, et félicitations d'hommes et de dames, comme on feroit en notre cour. Cela dure quelque temps, puis les dames suivent la reine, d'autres s'en vont chez elles, et les hommes s'écoulent.

Il ne reste plus à la cour d'Espagne trace aucune de cette tolérance de la vanité prétextée de la galanterie espagnole de l'ancien temps, de personne qui s'y couvre sans autre droit que celui de son entretien avec la dame qu'il sert, dont l'amour le transporte au point de ne savoir ce qu'il fait, si le roi ou la reine sont présents, et s'il est couvert ou non. Cette tolérance étoit abolie longtemps avant l'avénement de Philippe V à la couronne d'Espagne. Il n'en reste pas même d'idée. Il n'y a occasion ni prétexte qui laisse couvrir personne que les grands, les cardinaux et les ambassadeurs.

De chez la reine nous allâmes chez le prince des Asturies; il n'y a là aucune sorte de cérémonie. On l'environne en foule, ni lui ni personne ne se couvre; mais le nouveau grand, son parrain, le grand ou les grands qu'il a menés le prendre, et ses plus familiers qui font les honneurs de la cérémonie sont les plus près du prince. Cela dure quelques moments. Il s'y trouva et s'y trouve toujours en ces occasions beaucoup de grands et d'autres seigneurs; on nous dit que chez la princesse des Asturies cela se seroit passé de même; mais un érésipèle la retenoit au lit, et on n'y voit ni princesses ni dames. On ne va point chez les infants, et nous n'y fûmes point.

Je ne sais si la conduite que nous fit le duc de Popoli, grand d'Espagne et gouverneur du prince, jusque vers la fin de son appartement, fut un honneur de politesse pour moi au caractère d'ambassadeur, ou une distinction due au nouveau grand, car il s'adressa toujours également à mon fils et à moi sur les compliments de cette reconduite; mais je pense qu'il y eut mélange de tout cela.

Quoique l'appartement du prince soit en bas de plain-pied à la cour, à quatre ou cinq marches près, nous passâmes en y entrant et en sortant à travers une longue haie de hallebardiers sous les armes, et la famille du roi nous attendoit et nous conduisit au carrosse qu'elle vit partir, comme elle nous avoit reçus à la descente, qui sont deux honneurs de la seule première classe, ainsi que les gardes espagnoles et wallones que nous trouvâmes encore sous les armes dans la place.

Nous retournâmes chez moi en la même manière que nous étions venus, et parmi tout autant de spectateurs. Il s'y étoit déjà rendu bonne et nombreuse compagnie par d'autres rues, presque tous les grands, beaucoup de leurs fils aînés, quantité de seigneurs et de gens de qualité. Nous étions plus de cinquante à table, et il y en eut plusieurs autres et nombreuses d'amis, de familiers et même de grands, de seigneurs et de gens de qualité qui voulurent s'y mettre. Je me mis à la dernière place. Le duc del Arco, le duc d'Albe, mon deuxième fils, car l'aîné étoit malade, et ceux qui voulurent bien nous aider à faire les honneurs, comme le duc de Lira, le duc de Veragua, le prince de Masseran, le prince de Chalais, et d'autres, se placèrent en différents endroits pour en être plus à portée. On fut content du repas. On y mangea, on y but, on y parla, on y fit du bruit, comme on auroit pu faire en France. Il dura plus de trois heures. Un grand nombre s'amusa chez moi jusque fort tard, et on servit force chocolat et force rafraîchissements. Les jours suivants tous les grands, leurs fils aînés, et quantité d'autres seigneurs et de gens de qualité nous vinrent rendre visite, c'est la coutume; et le lendemain, mon fils et moi allâmes remercier le duc del Arco et le duc d'Albe.

Il faut maintenant venir aux autres distinctions et prérogatives du rang des grands d'Espagne. Je n'y entamerai rien d'étranger qu'autant qu'il sera nécessaire pour les mieux expliquer.

Madrid est une belle et grande ville, dont la situation inégale et souvent en pentes fort roides, a peut-être donné lieu aux sortes de distinctions dont je vais parler.

J'ai déjà dit que personne, sans exception, hors le roi, la reine, les infants et le grand écuyer dans les équipages du roi, ne peut aller à plus de quatre mules dans la ville, mules ou chevaux c'est de même; mais presque personne ne s'y sert de chevaux pour les carrosses. Si on va ou si on revient de la campagne, on envoie à la porte de la ville deux ou quatre mules attendre, qu'on y prend et qu'on y laisse de même lorsqu'on y rentre. Le commun et peu au-dessus ne peut aller qu'à deux mules, l'étage d'au-dessus à quatre mules, mais sans postillon. Les *titulados* et plusieurs sortes d'emplois ont un postillon; mais rien n'est plus réglé que ces manières d'aller, et personne ne peut empiéter au delà de ce qui lui appartient. Ce grand nombre de personnes qui ont des postillons a peut-être été cause d'une autre sorte de distinction : c'est d'avoir des traits de corde très-vilains pour toutes conditions, mais qui sont courts pour les moindres de ceux qui ont un postillon; longs pour l'étage supérieur, et très-longs pour les grands, les cardinaux et les ambassadeurs, et fort peu d'autres, comme les conseillers d'État, les chefs des conseils, et, je crois, les chevaliers de la Toison, etc.; encore ne les ont-ils pas si longs que les grands. C'est uniquement à la qualité de l'attelage qu'on reconnoît la qualité des personnes que l'on rencontre dans les rues, et cela s'aperçoit très-distinctement, et les cochers ont une adresse qui me surprenoit toujours à tourner court et dans les lieux les plus étroits, sans jamais empêtrer ni embarrasser leurs traits les plus longs. Je n'ai point vu que les cochers des grands les menassent tête nue, sinon en cérémonie, comme à une couverture, ou quelque autre semblable ; bien l'ai-je remarqué de ceux des femmes des grands, et du porteur de chaise de devant des grands, de leurs femmes et de leurs belles-filles aînées.

Chez la reine, les femmes des grands ont un carreau de velours, et leurs belles-filles aînées un de damas ou de satin, sans or ni argent. Elles s'asseyent dessus. Toutes les autres, de quelque distinction qu'elles soient, sont debout ou s'assoient nûment par terre. Mais en Espagne on ne voit jamais de plancher nulle part ; tous sont couverts de belles nattes de jonc qui y sont particulières ; le feu n'y prend point, elles sont fort fines, souvent ouvragées de paysages en noir et en jaune, et d'autres choses faites exprès pour les lieux ; elles durent toutes une infinité d'années, et il y en a de fort chères ; on les balaye, quelquefois on les ôte pour les secouer, rien n'est plus propre ni plus commode. Les pièces intérieures ont en tout temps des tapis par-dessus. Ceux du palais sont de la plus grande beauté, et c'est sur ces tapis que les dames qui n'ont point de carreau s'assoient et s'en relèvent avec une souplesse, une grâce et une promptitude, jusque dans les plus vieilles et sans aucun appui, qui me surprenoit toujours.

La coutume de s'asseoir ainsi, même dans les maisons particulières, avoit commencé fort à céder à l'usage de nos siéges du temps de mon ambassade. A la comédie, je n'ai vu que des carreaux et les dames qui en ont droit assises dessus, et les autres tout de suite par terre sur le tapis après elles. Elles sont comme à Versailles des deux côtés, et le roi, la reine et les infants sur une ligne vis-à-vis du théâtre, tous dans des fauteuils, le roi à la droite de tout, puis la reine ; après, les infants de suite par rang, le majordome-major du roi, sur un ployant, joignant le roi à sa droite; la camarera-mayor joignant le dernier infant, à sa gauche, sur un carreau. Derrière les fauteuils, le capitaine des gardes du corps en quartier, le majordome-major de la reine, le gouverneur du prince des Asturies, la gouvernante des infants, assis sur des tabourets. Pas un autre siége, et tous les hommes debout, grands et autres, quoique les comédies soient fort longues. A la droite du roi il y a une niche dans la muraille, fermée de jalousies, où on entre par derrière. Il n'y a là que les ambassadeurs qui y sont assis, et le nonce du pape, en rochet et camail, à côté duquel j'ai assisté plus d'une fois à ces comédies, lui jamais vêtu autrement. Au bal, qui est rangé comme les nôtres à la cour, et qui sont là fort beaux, les fauteuils et les tabourets derrière sont comme à la comédie ; le majordome-major et la camarera-mayor sur son carreau de même, mais il n'y a point d'autres carreaux, ce sont des tabourets rangés sur une ligne de chaque côté. Les femmes des grands et leurs belles-filles aînées sont assises dessus. Après elles et sans mélange toutes les autres dames ; les grandes dames entre elles, comme elles arrivent les premières, puis les *señoras de honor*, enfin les caméristes, mais toutes assises par terre, le dos appuyé contre les tabourets vides derrière elles. Les vieilles de tout âge sont là, comme à la comédie, au premier rang ; il n'y en a point de second, et on y danse, hommes et femmes, à tout âge, excepté la véritable vieillesse. Les hommes sont derrière les tabourets et en face des fauteuils ; pas un n'est assis, ni grands ni danseurs. On ménage quelque embrasure de fenêtre, hors de la vue du roi et de la reine, où il y a des tabourets pour les ambassadeurs, et, autant qu'on peut, personne ne se tient entre eux et la vue du bal.

La reine ne danse qu'avec le roi et les infants ni danse réglée ni contredanse ; la princesse des Asturies de même. Il est vrai qu'aux contredanses elles dansent avec tous, mais celui qui est son danseur, qui la mène, et avec qui principalement elle figure, est le roi ou un infant. De bal en masques, je n'en ai vu aucun.

Il n'y a point de bal public chez le roi, et il y en avoit souvent, [point] de comédies au palais, et elles n'y sont pas ordinaires comme dans notre cour ; [point] d'audience publique à des ministres étrangers, d'audiences publiques aux sujets, et il y en a deux fois la semaine; c'est comme nos placets, excepté que chacun parle au roi; je les expliquerai ailleurs; point de fêtes publiques, soit au palais ou ailleurs auxquelles le roi assiste, point de cérémonie ou de fonction quelle qu'elle soit, ni que le roi fasse ou qu'il s'y trouve, que les grands, leurs fils aînés, et leurs femmes n'y soient à chacune expressément conviés. Si c'est une occasion où on se couvre, les fils aînés ne le sont pas, ni aux chapelles, parce qu'ils n'y ont point de place. L'invitation est si fréquente, et en tant de lieux par Madrid, parce que nul de ceux qui le doivent être n'est omis, même su malade, que cela se fait assez peu décemment. Le majordome de semaine fait les billets d'avertissement, datés sans les signer, et les envoie porter par les hallebardiers de la garde qui en sont chargés. Ils se partagent par quartiers. Il n'y a que la chose en deux mots, sans compliment ni cachet, et le dessus mis pour chacun. Lorsqu'il y a quelque cérémonie purement de grandesse hors du palais, où le roi ne se trouve point, ce qui est fort rare, quoique j'en aie vu une depuis que je fus grand, l'avertissement se porte de même en la même forme et par les mêmes ordres. Je l'étois toujours ainsi comme duc de France, avant que je fusse grand, même de celles où le roi me faisoit lui-même l'honneur de me commander de me trouver, et de celles encore où je devois assister par mon caractère et en place d'ambassadeur, hors d'avec les grands, comme aux chapelles; et depuis que mon second fils eut fait sa couverture, lui et moi fûmes toujours invités, et nous nous sommes trouvés ensemble parmi les grands, comme grands : de cela il résulte que les grands sont l'accompagnement du roi partout, et son plus naturel comme son plus illustre cortége. Personne autre n'est jamais invité, si ce n'est les ambassadeurs en beaucoup d'occasions, comme les fêtes et les chapelles, et de celle-ci, le plan en expliquera mieux tout.

ASSIETTE ET SÉANCES LORSQUE LE ROI D'ESPAGNE TIENT CHAPELLE.

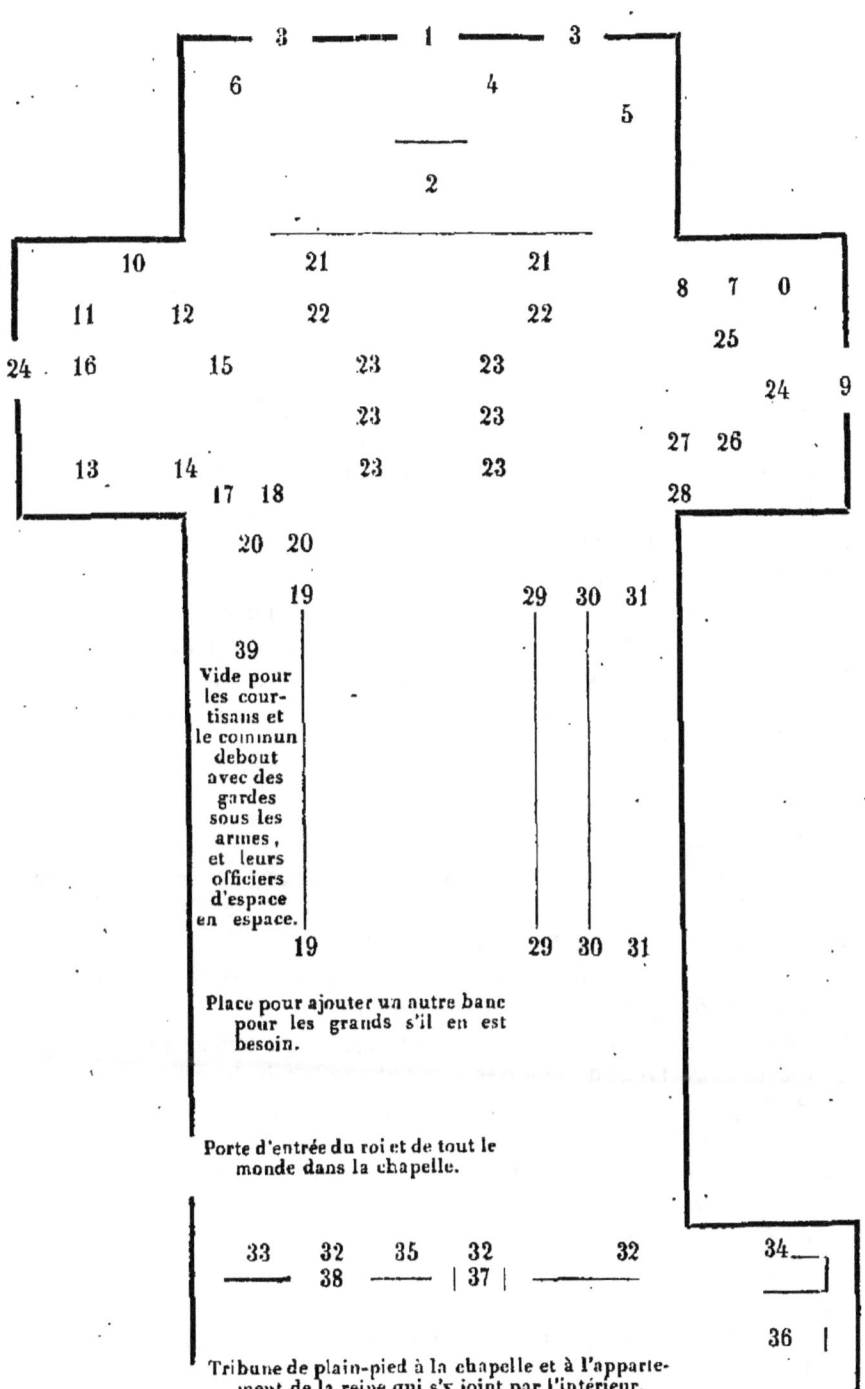

1 Sanctuaire fort magnifique derrière l'autel.
2 L'autel, ses marches, son tapis et au-dessous, les trois marches comme du chœur.
3 Portes du sanctuaire.
4 Table pour le service de l'autel.
5 Bancs nus pour les célébrants.
6 Banc avec un petit tapis pour les évêques.
7 Fauteuil du cardinal patriarche des Indes. 0 Son aumônier.
8 Son petit banc ras de terre avec son tapis et son carreau.
9 Porte de la sacristie.
10 Sommelier de courtine en semaine, debout, c'est-à-dire aumônier.
11 Fauteuil du roi.
12 Son prie-Dieu avec son drap de pied et ses deux carreaux pour les coudes et pour les genoux.
13 Fauteuil du prince des Asturies.
14 Son prie-Dieu, *idem*, mais qui n'a point de carreau pour les coudes.
15 Grand tapis commun sous les fauteuils et les prie-Dieu.
16 Grand dais avec sa queue qui les couvre.
17 Banc avec son tapis du capitaine des gardes en quartier.
18 Ployant de velours avec de l'or pour le majordome-major du roi.
19 Banc des grands avec son tapis.
20 Gardes sous les armes.
21 Deux grands chandeliers d'argent qui brûlent jour et nuit.
22 Deux autres pareils qu'on ajoute lorsque le saint-sacrement est exposé.
23 Deux, quatre ou six pages du roi, suivant la solennité, qui viennent au *Sanctus*, et s'en vont après la communion du prêtre avec de grands flambeaux allumés de cire blanche.
24 Espèce de croisée de la chapelle.
25 Les quatre majordomes du roi debout.
26 Banc des ambassadeurs.
27 [Banc] de chapelle avec leur petit banc ras de terre et le tapis de l'un et de l'autre.
28 La chaire du prédicateur et son petit degré.
29 Banc nu pour les ecclésiastiques et les religieux du premier ordre.
30 Banc, *idem*, pour ceux du deuxième ordre.
31 Vide pour les ecclésiastiques et les religieux du commun debout.
32 Glaces qui servent de fenêtres à la tribune à voir dans la chapelle.
33 Petite porte par où la reine sort de la tribune lorsqu'elle va aux processions et y rentre.
34 Autre porte de communication pour le prêtre qui vient dire la messe à la tribune.
35 Place dans la chapelle pour le majordome de la reine en semaine, debout.
36 Autel de la tribune.
37 Place de la reine sur un prie-Dieu entre deux balustrades.
38 Place des infants.

CHAPITRE XV.

Séance et cérémonie de tenir chapelle en Espagne. — Cérémonie de la Chandeleur et celle des Cendres. — Banquillo du capitaine des gardes en quartier. — Raison pourquoi les capitaines des gardes sont toujours grands. — Places distinguées à toutes fêtes et cérémonies pour les grands, leurs femmes, fils aînés et belles-filles aînées. — Parasol des grands aux processions en dehors où le roi assiste et la reine. — Cortès ou états généraux. — Traitement par écrit dans les églises, hors Madrid. — Baptême de l'infant don Philippe. — Honneurs civils et militaires partout. — Honneurs à Rome. — Rangs étrangers inconnus en Espagne. — Égalité chez tous les souverains non rois. — Supériorité de M. le Prince sur don Juan aux Pays-Bas, et son respect pour le roi fugitif d'Angleterre, Charles II. — Bâtards des rois d'Espagne. — Grands nuls en toutes affaires. — Point de couronnement. — Nul habit de cérémonie, ni pour les rois d'Espagne, ni pour les grands. — Nulle préférence de rang dans les ordres d'Espagne, ni dans celui de la Toison d'or. — Grands acceptent des emplois fort petits. — Grandesses s'achètent quelquefois. — Autre récapitulation. — Nul serment pour la grandesse. — Grand nombre de grands d'Espagne. — Indifférence d'avoir une ou plusieurs grandesses.

Lorsque le roi d'Espagne tient chapelle, ce qui arrive très-fréquemment, dont je parlerai ailleurs, sa cour l'attend à la porte de son appartement secret. Il passe environ deux pièces, puis se couvre. Les grands qui marchent sans ordre devant et autour de lui, le prince des Asturies qui le suit, le capitaine des gardes en quartier qui est toujours grand, et le patriarche des Indes, s'il est cardinal, qui marche à côté du capitaine des gardes, se couvrent tous. On fait un long chemin par de grands et magnifiques appartements, et on arrive ainsi à la chapelle, où chacun fait la révérence à la reine qui est dans la tribune; puis s'avançant, on la fait à l'autel; celle-là est toujours à l'espagnole, c'est-à-dire comme sont les révérences de nos chevaliers du Saint-Esprit et de toutes nos cérémonies. Les ambassadeurs seuls la font à l'ordinaire; le roi la fait à l'espagnole vis-à-vis de sa place, et chacun prend la sienne. Le patriarche, s'il est cardinal, vis-à-vis du roi, laquelle [place] j'expliquerai ailleurs, sinon sur le banc des évêques où il n'y en a presque jamais, parce que tous résident très-exactement, et que la difficulté de la croix, que la chapelle ne veut pas souffrir, empêche l'archevêque de Tolède de s'y trouver. De mon temps c'étoit le cardinal Borgia qui étoit patriarche des Indes.

Tandis que le célébrant commence la messe au bas de l'autel, le cardinal sort de sa place, où il n'a qu'un aumônier près de lui, debout à sa droite en surplis, et suivi des quatre majordomes du roi, de front derrière lui, va au milieu de l'autel sans monter aucune marche, le salue, puis le roi et le prince des Asturies de suite, se retourne le dos à l'autel, salue la reine, puis les ambassadeurs qui se lèvent et s'inclinent à lui, en dernier lieu les grands qui en font de même, et pour ne le plus répéter, toutes les fois qu'il sort de sa place et qu'il y revient, il fait les mêmes saluts en se baissant, comme font nos évêques, et les majordomes derrière lui à l'espagnole dans le même temps. Il va au prie-Dieu du roi qui est debout, dire l'*Introït* à voix médiocre, puis revient. Il lui porte l'Évangile à baiser, et au prince; il va les encenser sans en être salué, et il leur porte la paix, puis à la reine. Lorsqu'il y va et en revient, et c'est toute la longueur de la chapelle, les ambassadeurs et les grands sont debout. En sortant de la chapelle, le roi se couvre et les grands, et retournent comme ils sont venus. Les pages qui portent les flambeaux au *Sanctus* font, en arrivant à leur place, la révérence à l'autel, au roi, et au prince en même temps, à la reine, au cardinal et aux ambassadeurs en même temps, enfin aux grands. C'est à l'espagnole, en baissant leurs flambeaux tous en même temps et comme en cadence : c'est un vrai exercice. Il y a toujours sermon en espagnol. Le prédicateur sort de la sacristie, et vient recevoir à genoux la bénédiction du cardinal, puis fait les révérences susdites, et monte en chaire, en s'en retournant de même.

Lorsqu'il y a procession, comme à la Chandeleur, il n'y a point d'ambassadeurs, parce qu'ils ne pourroient marcher que devant le roi ou après le roi, comme ils font en suite du capitaine des gardes quand on va et revient des chapelles ordinaires. En avant n'est donc point leur place. En arrière ils couperoient la reine ou au moins les dames de sa suite, tellement que ces jours-là ils ne sont point avertis, et ne s'y trouvent jamais. La bénédiction des cierges finie par le cardinal, le roi, suivi du prince et de son capitaine des gardes, va au milieu de l'autel, où le cardinal est dans un fauteuil sur la plus basse marche, en sorte que le roi n'en monte aucune. Le majordome-major marche seul à sa droite, suivi d'un bas officier. Il trouve un majordome vers où est le cardinal qui lui présente un carreau. Le majordome-major le met devant le roi, qui reçoit à genoux le cierge du cardinal, le prince ensuite, puis le majordome-major ôte le carreau, et le rend au majordome, se met à genoux, reçoit le cierge, après lui le capitaine des gardes, et retournent en leurs places. Le roi étant déjà en la sienne, tous les grands ensuite, suivant qu'ils se trouvent placés sur leur banc, vont prendre le cierge à genoux, et tout de suite le clergé, à qui il en a été distribué avant le roi, sort de dessus ses bancs, et sort processionnellement, puis le clergé qui est à l'autel et le cardinal, après les grands deux à deux, enfin le roi ayant presque de front le majordome major à sa droite, le prince derrière à côté du capitaine des gardes ; tout cela trouve la reine à la porte de sa tribune en dedans, à qui le cardinal en passant a donné un cierge, et à tout ce qui est dans la tribune. Les grands saluent la reine profondément. Le roi la salue aussi; elle laisse un court intervalle entre elle et le prince, et suit la procession entre son majordome-major et son grand écuyer, suivie des infants. Après eux marche seule la camarera-mayor, les dames de la reine deux à deux, puis celles des infants. Le roi et les grands se couvrent hors la chapelle. Les seigneurs et les gens de qualité côtoient, les uns les grands les plus près du roi, la plus grande partie les dames; puis le commun suit. Il y a des officiers des gardes du corps des deux côtés du roi, et celui qui sert auprès de la reine lui porte la queue. On fait le tour des corridors du palais, ce que j'expliquerai ailleurs. En toutes les processions c'est le même ordre de marche. A celle-là mon fils et moi étions sur le banc des grands, plusieurs entre nous deux, et c'est là où j'ai dit que le hasard fit qu'il me précéda. Le roi et tous baisent l'anneau du cardinal après avoir reçu le cierge.

Le jour des Cendres, les ambassadeurs y sont. La bénédiction faite, le cardinal, suivi du nonce et des majordomes, va au milieu de l'autel, comme ci-dessus, où tous deux prennent une étole d'un des assistants à l'autel; le célébrant donne des cendres au cardinal seulement incliné, qui lui en donne ensuite, mais le célébrant à genoux, puis au nonce incliné qui revient à sa place, après à tout le clergé. Le roi vient accompagné comme à la distribution des cierges, et le carreau lui est présenté de même. Lui et le prince en ayant reçu, et le carreau ôté comme lors des cierges, les ambassadeurs viennent recevoir les cendres, puis le majordome-major qui étoit resté là; ensuite le capitaine des gardes, puis tous les grands, après quoi le cardinal en va porter à la reine, aux infants et à tout ce qui est dans la tribune. Elle n'assiste jamais ailleurs à aucune chapelle, les jours ordinaires c'est où le roi et elle entendent la messe, et où ils communient leurs jours marqués, et personne n'y entre que leurs grands officiers intérieurs et les dames de la reine et des infants. Au-dessus est une grande tribune pour la musique, qui est excellente et nombreuse, et, au-dessus de celle-là, une autre pour les duègues et les *criadas*[1] du palais, où nul homme n'entre. Les caméristes sont à l'entrée et au fond de la tribune de la reine.

Il faut remarquer que les ambassadeurs ni les grands n'ont point de carreau à la chapelle ; le tapis de leur banc et de celui des évêques, et du petit banc ras de terre devant les ambassadeurs, sont jusqu'à terre et d'assez vilaine tapisserie, la même pour tous. Le petit banc ras de terre, qui est devant le cardinal, est de velours rouge, et n'est pas plus étendu que les autres. Son fauteuil est de bois uni avec les bras tout droits ; le siège et le dossier, qui ne lui appuie que les épaules, est de velours rouge avec un galon d'or et d'argent usé autour, de forme carrée, avec de larges clous dorés dessus, d'espace en espace, environné de petits, comme ces anciens fauteuils de château ; son carreau est de velours rouge à ses pieds ; les fauteuils, carreaux et drap de pied du prie-Dieu du roi et du prince, sont de velours avec beaucoup d'or ou d'argent, ou d'étoffe magnifique. Ils changent souvent, mais ceux du roi sont toujours beaucoup plus riches que ceux du prince, et tournés en biais vers l'autel.

La place du capitaine des gardes du corps fit une grande difficulté. Philippe V est le premier qui ait eu des gardes du corps et des capitaines des gardes, sur le modèle de la France. Ses prédécesseurs n'avoient que des hallebardiers, tels qu'il les a conservés, mais dont le capitaine n'a point de place nulle part comme tel, et des lanciers en petit nombre et fort misérables, dont le capitaine n'étoit rien. Les grands, qui sont les seuls laïques assis aux chapelles, ne voulurent pas souffrir que le capitaine des gardes en quartier le fût, ou s'il étoit grand, le fût hors de leur banc. Cette

---

1. Mot espagnol qui signifie *servantes* ou *suivantes*.

difficulté fut réglée pour ne jamais prendre de capitaine des gardes que parmi les grands. Mais cela ne les satisfit pas ; ils vouloient que celui de quartier fût indifféremment assis avec eux sur leur banc, et le roi d'Espagne, qui s'en faisoit servir sur le modèle de notre cour, prétendit l'avoir assis derrière son fauteuil. Enfin, par composition, après beaucoup de bruit, il fut convenu qu'il auroit un *banquillo*, c'est-à-dire un petit banc à une seule place, couvert comme celui des grands, adossé en biais à la muraille, à la place où il est marqué dans le plan. A vêpres c'est la même séance, et au Retiro comme au palais, et en quelque lieu que le roi tienne chapelle. Il n'y a que la tribune de la reine qui ne peut être partout placée, ni de plain-pied ni au bout de l'église ; mais elle est toujours dans une tribune, et ce changement de sa place n'en apporte aucun autre. J'ai grossièrement expliqué la chapelle par rapport seulement aux grands ; je la détaillerai plus curieusement ailleurs. Lorsque le roi va en pompe à Notre-Dame d'Atocha, qui est à un dernier bout de Madrid, il est censé n'y être accompagné que de ses grands officiers, qui le précèdent ou le suivent dans ses carrosses, et la reine de même de ses dames. Les grands n'y sont point invités et n'y ont point de places.

Les fêtes dans la place Mayor, qui est fort grande et qui a cinq étages égaux, tous à balcons à toutes les fenêtres, sont assez rares. J'y en ai vu plusieurs à cause des deux mariages, et toutes admirables. J'en parlerai en leur temps. Il suffit ici de dire qu'il y a au milieu une maison distinguée pour le roi et sa cour ; vis-à-vis la largeur de la place, entre-deux, sont les ambassadeurs, et ce même étage, qui est le premier, est distribué tout autour de la place aux grands et à leurs femmes, à tous séparément, de façon qu'un grand a du moins quatre balcons de suite, à quatre ou cinq places chacun, c'est-à-dire quatre au large et cinq assez aisément, car ils sont tous égaux et sortent en dehors trois pieds. Si un grand a une ou plusieurs charges, qui lui donnent droit de places, on les ajoute de suite à ses balcons comme grand ; mais cela est assez rare. Le deuxième, et, s'il le faut, le troisième étage, sont distribués de même. C'est le majordome-major qui en donne les ordres, et les balcons désignés dans les billets, en sorte que chacun sait où aller sans se méprendre. Ce qui reste après de places jusqu'au cinquième étage est à la disposition du corrégidor de Madrid, tellement que ceux qui n'ont point de places par grandesses, ou, ce qui est fort rare, par charges, n'en ont qu'après tous les grands et les charges, ce qui fait qu'ils en ont de médiocres ou de mauvaises, et même difficilement par le peu qui en reste pour toute la cour et la ville, de manière que la plupart des personnes de qualité, hommes et femmes, en demandent aux grands de leurs amis sur leurs balcons. Les ministres étrangers en ont avant les seigneurs qui ne sont pas grands, par le majordome-major. Cela se passe de la sorte dès que la fête est hors du palais. Quand elle se fait dans la place du palais, où j'en ai vu aussi d'admirables, les fenêtres se donnent par places aux mêmes, mais avec moins d'ordre et de commodité, et toujours par les majordomes sous les ordres du majordome-major. Aux unes et aux autres la règle y est telle, qu'il n'y a jamais la plus légère dispute, et qu'on y arrive et qu'on en sort avec une grande facilité, quoique la foule n'y soit pas moindre que celle qui fait toujours repentir de la curiosité des spectacles et des fêtes en France.

Les grands sont invités aux cérémonies avec la même exactitude. Comme il est des fêtes où on n'en invite point d'autres, encore que toute la cour s'y trouve, ainsi que je l'ai vu arriver aux bals et aux comédies du mariage, excepté les ambassadeurs qui le furent aussi, aussi est-il des cérémonies où on n'invite qu'eux ou presque qu'eux. J'appelle inviter d'autres, leur faire dire de s'y trouver ; car, pour l'avertissement en forme, il ne s'adresse jamais qu'à eux. Ils l'eurent pour la cérémonie de la signature du contrat de mariage du roi et de l'infante, que je décrirai en son lieu. Il n'y entra qu'eux et les seigneurs les plus distingués, et les gens de qualité en foule virent entrer et sortir le roi et les grands du lieu où elle se fit, et le très-petit nombre de charges ou de places indispensables; outre les grands qui y furent admis hors du rang des grands, et bien plus éloigné pour eux de la table et du roi. Il en fut de même au mariage du prince des Asturies, quoique célébré à Lerma près de Burgos. Le roi n'y voulut d'abord que sa suite ordinaire, parce qu'il y alla chasser six semaines auparavant. Mais, pour le mariage, tous les grands y furent invités; eux, leurs femmes, fils aînés et belles-filles, eurent tous des logements marqués, et furent les plus près de la cérémonie; les femmes et les belles-filles des grands sur leurs carreaux. Je décrirai en son lieu cette cérémonie. On y verra aussi, en son temps les audiences publiques aux sujets et aux ministres étrangers, où les grands sont invités et couverts. Aux processions, qui se font dehors, où le roi assiste, et où ils sont aussi invités, ils ont l'*ombrello*, c'est-à-dire le parasol.

Ils sont toujours aussi invités aux *cortès*, c'est ce que nous appelons en France les états généraux; mais ceux d'Espagne ne font guère que prêter des reconnoissances, des hommages et des serments, et n'ont pas même les prétentions de ceux de France. Ainsi, y assister, n'est pas se mêler d'affaires, encore moins prêter du poids et de l'autorité. En ces assemblées, qui d'ordinaire se font dans la belle église des Hiéronimites du Buen-Retiro à Madrid, qui sert de chapelle à ce palais, les grands précèdent tous les députés dans la séance et dans tout le reste.

Le roi, écrivant à un grand, le traite de cousin, et son fils aîné, de parent; de même à leurs femmes.

Dans toutes les villes et lieux où le roi n'est pas, les grands ont à l'église un tapis à leur place, la première du chœur, un carreau pour les genoux, et un pour les coudes;

les fils aînés des grands un carreau. J'en eus ainsi, et mon deuxième fils, dans la cathédrale de Tolède, à la grand'-messe et au sermon, et le comte de Lorges un carreau. Mon fils aîné étoit demeuré malade à Madrid. Ce carreau du comte de Lorges m'en fit demander pour le comte de Céreste, frère du marquis de Brancas, pour l'abbé de Saint-Simon et pour son frère, et je ne les eus qu'à grand'peine et par considération pour moi, comme ils me le dirent nettement. Tous les chanoines étoient en place. On connoît la dignité et les richesses de cette première église d'Espagne; j'en parlerai ailleurs.

Je remets aussi en son temps à expliquer la cérémonie du baptême de l'infant don Philippe, où tous les grands et grandes, leurs fils aînés et belles-filles, furent invités, et les plus près du roi et de la cérémonie. Je me contenterai ici de remarquer qu'ils eurent le dégoût, et qui fit du bruit et de grandes plaintes, d'y porter les honneurs, qui ne le devoient être que par les majordomes.

Ils ont partout les honneurs civils, c'est-à-dire ce que nous appelons en France le vin, les présents et les compliments des villes et des notables. Ils ont le canon, la garde et tous les honneurs militaires, la première visite des vice-rois et capitaines généraux des armées et des provinces, et la main chez eux pour une seule fois, s'ils sont officiers ou sujets du pays où le vice-roi commande, chez lequel ils conservent d'autres sortes de distinctions sur les autres seigneurs des mêmes pays non grands, et servent suivant leur grade militaire. J'ai expliqué cela plus haut, ainsi que les honneurs qu'ils ont chez le pape, pareils à ceux des souverains d'Italie, et dans Rome, semblables en tout aux distinctions des deux princes du Soglio, qui eux-mêmes sont grands.

Le rang, qui s'est peu à peu introduit en France tel que nous l'y voyons de prince étranger, soit en faveur des cadets de maisons souveraines, soit en faveur de maisons de seigneurs françois qui l'ont obtenu pièce à pièce, est entièrement inconnu en Espagne aussi bien que dans tous les autres pays de l'Europe, qui ont des premières dignités et des charges qui répondent à nos offices de la couronne. Il n'y a donc de rang en Espagne que celui des cardinaux, des ambassadeurs et des grands d'Espagne, celui du chef ou du président du conseil de Castille étant une chose tout à fait à part, quoique supérieur à tous. On a vu ci-dessus des princes de maison souveraine attachés au service d'Espagne, faits grands pour leur vie. C'étoit le seul moyen de leur donner un rang dont ils ont joui sans jamais avoir prétendu aucune distinction particulière ni quoi que ce soit parmi les autres grands. Ceux-ci se sont soutenus avec le même avantage à l'égard des souverains qui ont été à Madrid, même les ducs de Savoie. Ceux-là, à la vérité, ne furent pas faits grands, aussi n'avoient-ils pas à y demeurer, mais ils n'en précédèrent aucun, et n'osèrent se trouver avec eux. Le seul fils de Savoie, qui fut depuis le célèbre duc Charles-Emmanuel, y eut quelque distinction, mais ce ne fut qu'après que son mariage fut arrêté avec l'infante, et en cette considération; encore ces distinctions au-dessus des grands furent-elles assez médiocres. Du prince de Galles, qui fut depuis l'infortuné Charles Ier, on n'en parle pas : l'héritier présomptif et direct de la couronne de la Grande-Bretagne est au-dessus de toutes les règles. La comtesse de Soissons, mère du fameux prince Eugène, ne put jamais paroître en public à Madrid, ni voir la reine que dans le dernier particulier malgré sa faveur, ses manéges et ses privances, qui à la fin aboutirent à l'empoisonner, et à s'enfuir pour éviter le supplice dû à son crime. Lorsque le prince et la princesse d'Harcourt accompagnèrent la même reine en Espagne, ils n'y purent obtenir aucun rang, parce que le prince d'Harcourt n'eut le caractère d'ambassadeur que pour la cérémonie du mariage qui se fit dans un méchant village, un peu au deçà de Burgos, où j'ai passé. Aucun seigneur non grand d'Espagne même, ni aucune femme de qualité, ne leur voulut céder. Charles II ni la fille de Monsieur, sa nouvelle épouse, n'y trouvèrent rien à reprendre, elle à représenter, ni lui à ordonner. Ainsi le prince et la princesse d'Harcourt furent contraints de revenir brusquement pour se tirer de ce qu'ils trouvoient de mortifiant pour eux. Aussi cette princesse d'Harcourt si insolente de la faveur de Mme de Maintenon, si entreprenante, si forte en gueule, ne parloit-elle jamais de ce voyage.

Les électeurs et les princes régents d'Allemagne et ceux d'Italie les traitent en tout chez eux d'égaux et leur donnent la main, et même les ducs de Savoie, jusqu'au dernier qui, longtemps avant de s'être fait roi, cessa de les voir ainsi que les cardinaux.

La politique et la puissance de Charles-Quint leur procura tous ces avantages dans les pays étrangers, que celle de la maison d'Autriche a su leur y maintenir depuis, comme je l'ai déjà dit. Ils ne se pouvoient prétexter que par ceux qui leur furent donnés dans leur pays même, et Charles-Quint et ses successeurs ont toujours cru, à l'exemple des papes sur les cardinaux, que leur respect et leur grandeur s'accroissoit et se maintenoit à la mesure de celle qui émanoit d'eux. Tout n'est qu'exemple, non-seulement pour les papes, mais pour ces princes, de la justesse de cette pensée, que ce n'est pas ici le lieu de pousser.

La stérilité des reines d'Espagne depuis Charles-Quint n'a point laissé de princes du sang depuis le règne de Charles V. A peine quelque infant cadet est-il sorti de l'enfance; à peine un seul a-t-il atteint l'adolescence qu'il a été cardinal-archevêque de Tolède, et est mort promptement après. On n'y a donc vu que presque l'héritier de la couronne, et jamais de seconde génération. Les nôtres n'ont point voyagé en Espagne, de manière qu'il n'y a ni règle ni exemple des princes du sang aux grands. M. le Prince le héros est le seul qu'on puisse citer, qui, malgré sa situation forcée en

Flandre, sut toujours maintenir toute sa supériorité sur don Juan, gouverneur général des Pays-Bas, général des troupes, et qui tranchoit du prince du sang d'Espagne, quoiqu'il ne fût que bâtard ; il la conserva de même sur tous les autres, avec la gradation de plus de ce qu'il emportoit sur le chef des Pays-Bas et des armées, qui le souffroit très-impatiemment, mais qui n'osa jamais lui rien disputer. Il en usoit plus familièrement avec le roi d'Angleterre, dont l'état, sous l'usurpation de Cromwell, étoit encore bien plus gêné et plus réduit à fermer les yeux aux avantages que don Juan en osoit usurper. Cela impatienta M. le Prince, qui, non content de lui avoir appris à vivre avec lui, lui voulut donner encore la mortification de lui montrer ce qu'il devoit au roi d'Angleterre. Peu de jours après que ce prince fut arrivé à Bruxelles et qu'il eut remarqué la familiarité peu décente que don Juan s'avisoit de prendre avec lui, il les pria l'un et l'autre à dîner avec tout ce qui étoit de plus considérable à Bruxelles. Tous s'y trouvèrent, et quand il fut servi, M. le Prince le dit au roi d'Angleterre, et le suivit à la salle du repas. Qui fut bien étonné? ce fut don Juan, quand, arrivé en même temps avec la compagnie qui suivoit le roi d'Angleterre et M. le Prince, il ne vit sur une très-grande table qu'un unique couvert avec un cadenas, un fauteuil, et pas un autre siége. Sa surprise augmenta, si elle le put, quand il vit M. le Prince présenter à laver au roi d'Angleterre, puis prendre une serviette pour le servir. Dès qu'il fut à table, il pria M. le Prince de s'y mettre avec la compagnie. M. le Prince répondit qu'ils auroient à dîner dans une autre pièce, et ne se rendit que sur ce que le roi d'Angleterre le commanda absolument. Alors M. le Prince dit que le roi ordonnoit qu'on apportât des couverts. Il se mit à distance, mais à la droite du roi d'Angleterre, don Juan à sa gauche, et tous les invités ensuite. Don Juan sentit toute l'amertume de la leçon, et en fut outré de dépit; mais après cet exemple il n'osa plus vivre avec le roi d'Angleterre comme il avoit osé commencer.

On a vu ci-dessus l'état des bâtards en Espagne. Ceux des rois en ont profité. Le premier don Juan eut de grands emplois, s'illustra de la fameuse mais peu fructueuse victoire navale de Lépante, passa de vice-royauté en vice-royauté, parce que Philippe II avoit peur de son mérite, et le tint tant qu'il put éloigné. Avec tant d'éclat il acquit l'altesse comme les infants, en prit presque les manières, eut une maison fort considérable, et alla finir de bonne heure aux Pays-Bas de la manière que personne n'ignore. Cet exemple fraya le chemin de la grandeur au second don Juan, qui n'avoit pas moins de mérite que le premier, quoique resserré dans des bornes plus étroites. Il la sut soutenir par les cabales et un parti qui fit pâlir souvent la reine mère de Charles II, régente, et qui lui arracha ses plus confidents serviteurs; il n'est donc pas surprenant qu'il ait eu l'altesse et presque la maison des infants, et que les imitations de beaucoup de leurs manières lui aient été souffertes par un parti de presque toute l'Espagne, qui ne se maintenoit, ne parvenoit, et ne profitoit contre la régente et le gouvernement qu'à l'ombre de sa protection, et qui, à la majorité de Charles II, chassa cette reine à Tolède, d'où elle ne revint à la cour qu'en 1679, après la mort de don Juan, qui régna toujours sous le nom du roi, et qui n'oublia aucun de tous les avantages que peuvent donner l'exemple et la puissance, et le grand parti qu'il s'étoit fait. Tous les deux don Juan moururent sans enfants après avoir été à la tête des armées et des provinces, le premier à trente-deux ans, l'autre à cinquante. Je parlerai en son temps de l'altesse et du rang que Mme des Ursins et M. de Vendôme usurpèrent en Espagne, et qui leur fut à tous deux diversement funeste.

Tels sont à peu près les rangs, les prérogatives, les distinctions, les honneurs des grands d'Espagne. On n'y voit point leur intervention nécessaire en rien du gouvernement de l'État, ni de sa police intérieure, ni leur voix en aucune délibération ni jugement ; nulle séance en aucune cour ni tribunal, nulle distinction ni pour leurs grandesses ni pour leurs personnes dans la manière d'être jugés en aucun cas. Bien est vrai qu'il y en a toujours eu de conseillers d'État, c'est-à-dire de ministres jusqu'au commencement de Philippe V, mais toujours avec d'autres, toujours par avancement personnel, jamais par nécessité de dignité. Les testaments des rois laissant des fils mineurs ont quelquefois mis un grand dans le conseil qu'ils nommoient pour et au nom de tous les autres, mais par eux exprimé et choisi, et s'il est dit comme grand, ce n'est pas, comme on le voit, par ce qui vient d'être remarqué, qu'un grand comme tel y fût nécessaire, mais par égard pour eux, et ne sembler pas n'en trouver aucun digne d'y être admis.

Dans le fameux testament de Charles II, qu'on peut dire avoir été l'ouvrage de quelques grands qui le signèrent, et d'autres grands qui le surent, et dans la régence qui y fut établie en attendant l'arrivée du successeur nommé, on voit des égards pour les charges, les places, les emplois, les personnages, rien ou presque rien donné à la dignité de grand, dont le concours et l'autorité ne paroît point nécessaire en dispositions de si grand poids, et qui décidoit le sort de cette grande monarchie. On voit les grands appelés à l'ouverture du testament de Charles II après sa mort, qui est peut-être la plus auguste et la plus solennelle action où ils l'aient été. Mais je dis action, et non pas fonction, puisqu'ils n'y en eurent aucune, et qu'il n'y fut question que d'apprendre les premiers, et avec décence pour les premiers seigneurs de la monarchie, en faveur de qui le roi défunt en disposoit, la forme de gouvernement qu'il prescrivoit, ceux qu'il admettoit, et s'y soumettre sans aucune forme d'opiner ni de délibérer. Cela fut fait de la sorte par ceux-là mêmes qui, en les convoquant, savoient bien ce qu'on alloit trouver. Mais un cas unique et sans exemple de la monarchie sans successeur connu demandoit bien une telle formalité en faveur des plus grands, des plus distingués, et des premiers seigneurs de cette même monarchie revêtus de la plus grande dignité, pour livrer cette même monarchie à celui que le testateur y avoit appelé sans les consulter ni leur en parler. Ce cas donc si extraordinaire, ou plutôt si unique, ne constitue point par lui-même aucun droit délibératif ni judiciaire en quoi que ce soit aux grands, qui même n'y jugèrent et n'y délibérèrent, mais écoutèrent, apprirent les dispositions, et s'y soumirent sans qu'aucun entamât aucun discours que d'approbation, et la plupart en un mot, ou par leur silence. Ainsi rien d'acquis par là ni en matière de lois intérieures ni en matière d'État. De ce grand et unique exemple, exemple si signalé, et de tout ce qui a été rapporté auparavant, il faut donc conclure que la dignité de grand consiste uniquement en illustration cérémonielle de rangs, prééminences, prérogatives, honneurs et distinctions, et en accompagnement très-privilégié et nécessaire de décoration du roi.

Depuis les rois catholiques, aucun roi d'Espagne n'a été couronné, aucun n'a porté d'habit royal ni particulier, en aucune occasion. Les rois catholiques, c'est-à-dire Ferdinand et Isabelle, l'avoient été, et avant eux tous les rois particuliers l'étoient dans les Espagnes. Je n'ai aucune notion que les ricos-hombres eussent, en ces occasions, des habits propres à leur dignité, ou des fonctions à eux particulières. Ces royaumes étoient petits, peu puissants, toujours troublés entre eux et par les Maures; il y a lieu de croire que tout s'y passoit militairement et simplement. Quoi qu'il en soit, depuis que le nom et la dignité de grand a aboli, sous le premier commencement de Charles-Quint, les ricos-hombres, il n'y a point eu d'habit particulier en aucune cérémonie ni en aucune occasion, non plus qu'au roi d'Espagne.

Dans les divers ordres d'Espagne et dans celui de la Toison d'or, l'idée de l'ancienne chevalerie a prévalu à leur dignité, même à celle des infants. Ces princes ni les grands n'y ont d'autre préférence de rang que celui de l'ancienneté de la réception, et entre ceux de même réception, que celui de l'âge. Philippe V est le premier qui ait donné au prince des Asturies, mort roi d'Espagne, le rang au-dessus de tous les chevaliers de la Toison, et un carreau sous ses pieds au chapitre, mais assis à la première place du banc à droite avec les chevaliers, et coude à coude, sans distance ni distinction du chevalier son voisin, et faisant la fonction du plus ancien chevalier sans différence, qui est d'accommoder le collier du nouveau chevalier et l'attacher de son côté, tandis que le parrain l'attache sur l'autre épaule, et le chancelier de l'ordre par derrière, puis d'embrasser le nouveau reçu comme tous les autres chevaliers; encore a-t-il fallu que le roi d'Espagne ait demandé cette préséance et ce carreau aux chevaliers qui l'ont accordé, et à qui pourtant cela a paru fort nouveau. Sur cet exemple, les autres infants ont eu le même avantage. J'ai vu ce que je raconte ici à la réception de mon fils aîné; mais il est vrai qu'à celle de Maulevrier, qui fut quelque temps après, le prince des Asturies attacha bien un côté de son collier, mais que, quand ce fut à l'embrassade, il ne se souleva seulement pas, ne l'embrassa ni n'en fit pas même semblant, et se fit baiser la main. Au sortir de la cérémonie, la plupart des chevaliers m'en parlèrent, et s'en parlèrent entre eux comme d'une nouveauté sans exemple et très-offensante, dont ils auroient été bien aises pour Maulevrier qui étoit fort haï, mais dont la conséquence pour les chevaliers qui seroient faits dans la suite, et de là pour l'ordre, les piquoit extrêmement. Je ne sais comme cela se sera passé depuis.

Avec toute la grandeur et la hauteur des grands d'Espagne, ils ne laissent pas de rechercher des emplois qu'on auroit peine à croire et qu'on voie rien à quoi cela les puisse mener. Ils en font même quelquefois des fonctions par eux-mêmes; d'autres fois ils subrogent quelqu'un pour les faire en leur place, en leur absence; enfin, quelques autres ne les ont que par honneur. Ces emplois, sous d'autres noms, ne sont que des échevinages de villes, même médiocres, avec de simples gentilshommes et des bourgeois. Il y aura quelquefois deux ou trois grands, et des plus distingués en tout, échevins de la même ville; il s'en trouve aussi à qui les plus petites défèrent ce bizarre honneur et qui ne le refusent pas. Mais n'en voilà peut-être que trop pour donner simplement une juste idée des grands d'Espagne et de leur dignité, qui n'avoit ce semble que frappé les yeux et les oreilles, sans avoir encore passé fort au delà. Ils reviendront encore plus d'une fois en propos à l'occasion de différentes choses de mon ambassade.

Je n'ose pourtant finir ce qui regarde cette matière sans dire une vérité fâcheuse. C'est qu'il n'est pas inouï, il n'est pas nouveau, que les rois aient accordé la grandesse pour de l'argent. Cette sorte de marché s'est fait plus d'une fois, et sous plus d'un règne, et j'ai vu en Espagne plus d'un grand de cette façon. Quand cela se fait c'est tout uniment. On n'y met ni voile pour le temps ni masque pour l'avenir; on traite tout simplement, on convient de prix, et ce prix est toujours fort; l'argent en est porté dans les coffres du roi, qui, au même instant, confère la grandesse. Il y en [a] même de tels de qualité distinguée, mais ceux de qualité distinguée qui ont acheté ne sont pas Espagnols.

Récapitulons maintenant ce qui vient d'être dit des usages de la grandesse, comme nous avons fait pour ce qui en regarde l'essence et le fond : en joignant l'une et l'autre, on aura le précis en peu de lignes de tout ce qui concerne cette dignité.

Nulle marque extérieure de la grandesse aux carrosses ni aux armes. La reine même n'a point de housse. Depuis la fraternité d'honneurs des ducs et des grands, plusieurs, même de ceux qui ne sont point sortis d'Espagne, ont pris le manteau ducal, mais presque aucun Espagnol naturel. De marques dans leurs maisons, nulles, excepté le dais. Ils l'ont de velours et souvent leurs armes brodées dans la queue, etc. Les conseillers d'État et les *titulados*, et il y en a de fort étranges, en ont aussi, mais de damas, avec un portrait du roi dans la queue, comme le dais étant là pour le portrait; de balustres, le roi et la reine même n'en ont point.

Démissions des grandesses inconnues, mais les fils aînés des grands ont des distinctions, et leurs femmes ne diffèrent presque en rien de celles des grands; toutefois deux exemples sous Philippe V, l'un après la bataille d'Almanza pour le duc de Berwick, l'autre pour moi à l'occasion du double mariage : deux cas uniques, deux étrangers, deux hommes qui, comme ducs de France, jouissoient déjà de tous les honneurs de la grandesse, et ces deux exceptions portées par la concession même; inutilité abusive de celui du comte de Tessé.

Couverture d'un grand majestueuse, semblable à la première audience solennelle d'un ambassadeur.

Différence des trois classes :

La première trouve la famille du roi, c'est-à-dire ses bas officiers, à la descente du carrosse, le majordome de semaine au bas du degré, et le degré entier bordé des hallebardiers de la garde sous les armes jusqu'à l'entrée de l'appartement, quelques grands au haut du degré qui en descendent deux marches; se couvre avant de parler au roi, et ayant fini et fait la révérence, se couvre avant que le roi commence à lui répondre et l'écoute couvert; la garde des régiments des gardes espagnoles et wallones sous les armes dans la place du palais; reçoit les mêmes honneurs en sortant comme en entrant.

La seconde n'en a aucun en entrant ni en sortant, trouve le majordome de semaine au haut du degré et quelques grands un peu plus loin, parle au roi découvert, se couvre avant qu'il lui réponde.

La troisième trouve le majordome de semaine à la porte de l'appartement du roi; nuls grands au-devant de lui; parle au roi et attend sa réponse, découvert, qui ne lui dit *cobrios* qu'après lui avoir baisé la main, et ne se couvre qu'à la muraille. Toutes trois gardent chez la reine les mêmes différences de se couvrir.

Le roi est debout, la reine chez elle est assise dans un fauteuil, et ne dit point *cobrios* parce qu'elle ne fait pas les grands. Point de fonctions de parrain chez elle. Son majordome n'accompagne le grand que jusqu'à sa première révérence, qu'il fait avec lui; à la seconde salue les dames avant les grands, et point les seigneurs ni les gens de qualité, non plus que chez le roi; va faire un compliment aux dames qui ont l'excellence lorsque la reine se retire; chez le prince des Asturies, visite de respect sans se couvrir et sans cérémonie.

Nulle cérémonie, nul acte public, nulle fonction, nulle fête publique que le roi donne au palais ou ailleurs, à laquelle il assiste au dehors, que les grands ne soient invités, leurs femmes, s'il y a des dames, et leurs belles-filles aînées, et s'il n'y a point à se couvrir, les maris de celles-ci, et partout en ces occasions, qui sont très-fréquentes, ils ont tous beaucoup d'avantages en nombre et en distinctions de places.

Eurent, eux et leurs femmes, leurs fils et belles-filles aînées, les premières et plus proches places au mariage du prince des Asturies, et conviés d'y venir à Lerma, pareillement à Madrid au baptême de don Philippe, où j'ai remarqué le dégoût qu'ils eurent d'y porter les honneurs.

Les grands furent tous mandés et assistèrent, seuls, avec le service le plus étroit et le plus indispensable, à la lecture et à la signature du contrat de mariage du roi et de l'infante.

Ont aux chapelles un banc couvert de tapis ensuite du roi, et y sont salués autant de fois que le roi.

Sont couverts aux audiences solennelles et publiques, et toutes les fois partout que le roi l'est, sans qu'il le leur dise.

Sont traités de cousins quand le roi leur écrit; ont avec différence des classes des distinctions dans le style de chancellerie; en ont tous aussi dans les lettres ordinaires. Les fils aînés des grands sont traités par le roi de parents; les femmes le sont comme leurs maris.

Ont, hors Madrid et des lieux où le roi se trouve, un tapis à l'église et double carreau pour les coudes et pour les genoux. Ont tous les honneurs civils et militaires; la première visite du vice-roi et la main chez lui; s'ils sont sujets et habitués dans la vice-royauté, ou officiers de guerre, une fois et puis plus. Pareillement à l'armée, une garde et la main chez le général, une seule fois, puis servent de volontaires ou dans l'emploi qu'ils ont; de même font leur cour au vice-roi avec les honneurs et les distinctions que les grands du pays ont chez lui.

Les femmes des grands ont chez la reine des carreaux de velours en tout temps, et leurs belles-filles aînées de damas ou de satin, de même à l'église pour se mettre à genoux, à la comédie pour s'asseoir; et maintenant des tabourets au bal; toutes les autres debout ou par terre.

Distinction d'aller par la ville à deux et quatre mules avec ou sans postillon, à traits courts, longs, ou très-longs. Ces derniers ne sont que pour les grands, leurs fils aînés, leurs femmes, les cardinaux, les ambassadeurs et le président du conseil de Castille.

Leurs cochers les mènent quelquefois tête nue, toujours leurs femmes et leurs belles-filles aînées, et en chaise, le porteur de devant toujours découvert aussi pour les grands qu'il porte.

Grande précision et distinction à la réception et conduite des visites.

Les grands ne cèdent à personne, excepté ce que j'ai dit du président ou gouverneur du conseil de Castille, du majordome-major du roi, et rarement des cardinaux et des ambassadeurs; nul autre rang que le leur et pour eux, et maintenant donné aux ducs de France. Princes étrangers faits grands à vie à cause de cela. Souverains sans avantages sur eux en Espagne, même ducs de Savoie. Ceux qui y furent accordés au célèbre Charles-Emmanuel, depuis duc de Savoie, médiocres, et en considération de son mariage réglé avec l'infante. Prince de Galles, depuis roi Charles Ier d'Angleterre, hors de pair et d'exemples: Duc d'Orléans visita toutes leurs femmes, eut le traitement d'infant, traita les grands comme il traite les ducs de France. Princes du sang de même, et les infants, comme font les fils de France. On remet à parler de l'usurpation de la princesse des Ursins et du duc de Vendôme, qui ne leur fut pas heureuse, à l'exemple des deux don Juan expliqués. Personne même de ce qui n'étoit point grand ne voulut céder au prince ni à la princesse d'Harcourt, qui menèrent la reine, fille de Monsieur. Ils n'eurent aucuns honneurs particuliers, ni la comtesse de Soissons depuis.

Les grands sont traités d'égaux chez les électeurs et les autres souverains, comme les souverains d'Italie chez le pape, et dans Rome comme les princes du Soglio.

Ont cependant en Espagne plusieurs désavantages qui ont été marqués avec le gouverneur du conseil de Castille, les cardinaux, les ambassadeurs, le majordome-major du roi, et en carrosse avec le grand écuyer.

N'ont ni voix ni séance en aucun tribunal, ni part nécessaire aux lois ni au gouvernement de l'État, ni distinction en la manière d'être jugés en aucun cas.

Ont séance au-dessus de tous les députés aux cortès ou états généraux, lesquels ne font que prêter hommage, et n'ont rien des prétentions de ceux de France. Un seul pour tous, mais sans nécessité, a quelquefois été nommé dans les testaments des rois pour être du conseil de régence. Très-peu ont eu part au testament de Charles II. Tous furent appelés à son ouverture, et tous sans opiner pour s'y soumettre, cas unique en singularité et nécessité qui ne leur ajoute aucun droit.

Nul couronnement des rois d'Espagne depuis les rois catholiques, et nul habillement royal en aucune occasion; nul habit distinctif ni particulier aux grands ni à leurs femmes.

Nul rang ni distinction dans l'ordre de la Toison, ni dans les autres d'Espagne. Rang avec tous par ancienneté dans l'ordre, et en même réception par âge.

Prennent des emplois municipaux fort au-dessous d'eux, et qui ne les mènent à rien.

Bâtards devenus grands.

Exemples, et plusieurs, et de plusieurs règnes, et d'Espagnols et d'étrangers, qui ont acheté et payé fort cher et fort publiquement la grandesse; même entre les étrangers de naissance distinguée, plusieurs encore existants.

Nul serment pour la dignité de grand d'Espagne, parce qu'elle n'a que rang, honneurs, etc., et nulle sorte de fonction.

Le nombre des grands d'Espagne beaucoup plus grand en Espagne même que celui des ducs en France, sans compter les grands établis en Italie et aux Pays-Bas, même avant l'avénement de Philippe V à la couronne, et fort augmenté depuis.

Et nombre qui ne diminue presque jamais par la succession à l'infini par les femelles, en sorte qu'il ne peut guère diminuer que par la chute des grandesses à d'autres grands par héritage, comme le duc de Medina-Celi qui en a recueilli seize ou dix-sept qui toutes sont sur sa tête, et qui toutes ne peuvent passer de lui que sur la même tête, sans que celui qui en a ce grand nombre ait la moindre préférence en rien par-dessus les autres grands ni même parmi eux, en sorte qu'il est entièrement indifférent d'en avoir plusieurs ou de n'en avoir qu'une.

CHAPITRE XVI.

Comparaison des dignités des ducs de France et des grands d'Espagne. — Comparaison du fond des deux dignités dans tous les âges. — Dignité de grand d'Espagne ne peut être comparée à celle de duc de France, beaucoup moins à celle de pair de France. — Comparaison de l'extérieur des dignités des ducs de France et des grands d'Espagne. — Spécieux avantage des grands d'Espagne. — Un seul solide. — Désavantages effectifs et réels des grands d'Espagne. — Désavantage des grands d'Espagne jusque dans le droit de se couvrir. — Abus des grandesses françoises.

Après cette connoissance de la dignité de grand d'Espagne dans son fond, dans son origine, et de son état présent, il faudroit en donner une de celle des ducs de France, pairs, vérifiés et non vérifiés, ou à brevet, comme on appelle improprement ces derniers. Mais ce n'est pas ici le lieu des dissertations et des histoires particulières, quelque obscurcissement qu'on ait pris à tâche de jeter, surtout depuis quelque temps, sur la première dignité du royaume de France. Elle y est encore trop connue pour avoir besoin d'entrer dans un détail qui feroit un volume. Je me contenterai donc de supposer ce qui est vrai, et démontré par tous les auteurs, et par toutes les images qui restent de la grandeur de cette dignité, et que l'ignorance, la jalousie, l'envie, la malice, j'ajouterai la folie de ces derniers temps, n'ont pu étouffer. Il faut se souvenir de l'occasion de cette digression, c'est l'égalité convenue entre le roi et le roi son petit-fils, des ducs de France et des grands d'Espagne, et de leur donner réciproquement les mêmes rangs et honneurs; le mémoire présenté au roi d'Espagne, pour s'en plaindre, par les ducs d'Arcos et de Baños, et la punition que ces deux frères en subirent, et l'examen s'ils ont été bien ou mal fondés dans cette plainte, ce qui ne se peut faire que par la comparaison des deux premières dignités des deux monarchies; mais en même temps qu'il ne s'agit pas de faire un livre, ni de s'écarter trop loin et trop longtemps des matières historiques de ces Mémoires.

En quelque temps que l'on considère la monarchie françoise depuis sa fondation, et les divers États des Espagnes jusqu'à leur réunion, sous Ferdinand et Isabelle, ou plutôt sous Charles-Quint qui hérita d'eux, pour ne faire de toutes les Espagnes, excepté le Portugal, qu'une seule monarchie, elle ne peut entrer en aucune comparaison avec la nôtre. Des provinces séparées, quoique avec titre de royaume, dont aucun ne l'a porté que longtemps après la France, n'ont pas plus de similitude avec ce grand et vaste tout, réuni sous un seul chef, que par la différence d'antiquité de couronne. Conséquemment nulle proportion entre les grands vassaux, les vassaux immédiats de la couronne de France, et ceux des différentes pièces qui composoient les Espagnes sous différents chefs, connus sous le titre de rois beaucoup plus tard que les nôtres. Quelques fonctions qu'aient originairement eues ces premiers grands feudataires des Espagnes, elles n'ont pu être plus importantes et plus relevées que celles de nos premiers grands vassaux, et la différence en a toujours été infinie par celle du cercle étroit de chacun de ces petits États ou royaumes indépendants les uns des autres dans les Espagnes, de la vaste étendue du royaume de France sous un seul roi dans tous les temps, et la part que les uns et les autres ont eue aux affaires, soit intérieures, soit extérieures de l'État dont ils relevoient immédiatement, a été conforme pour le poids et pour le nombre à l'étendue de ces mêmes États, ce qui met encore une différence infinie entre les grands vassaux françois et espagnols.

Si de ces temps reculés on descend au moyen âge, on ne voit dans les Espagnes que la confusion qu'avoit faite la domination des Maures, la nécessité de se défendre et de se soutenir contre eux où étoient les rois des différentes provinces des Espagnes, et trop souvent les usurpations de ces mêmes rois, les uns sur les autres. On ne voit plus que force, que nécessité, que multiplication sans mesure des ricos-hombres sans fiefs. Leur part, je dis nécessaire et par droit, dans les affaires s'évanouit, et depuis il n'en est resté ni ombre ni vestige, en quoi les grands d'Espagne successeurs de leur dignité ne sont pas devenus de meilleure condition qu'eux.

Tout au contraire en France. Les grands vassaux ont toujours eu de droit et de fait part aux grandes affaires du dehors et du dedans. Cette part est demeurée aux pairs par essence, aux officiers de la couronne qui, par leurs offices, étoient grands vassaux, puisqu'ils en rendoient foi et hommage particuliers au roi, à d'autres grands vassaux, mais quand, et à ceux qu'il plaisoit aux rois d'y appeler. Cette transmission dure jusqu'à nos jours, et sans parler de tant de grands actes de pairie des temps anciens, il n'y a point de règne qui n'en fourmille jusqu'au dernier le plus absolu de tous. Témoin tous les lits de justice que le feu roi a tenus, et en dernier lieu la convocation des pairs par le grand maître des cérémonies au nom du feu roi, pour l'acte des renonciations qui a précédé la mort de Sa Majesté de si peu.

De jugement et de nécessité de celui des pairs en certaines affaires, et de droit en presque toutes, c'est encore une chose qui a toujours été et qui subsiste encore ; de même que les formes solennelles pour juger d'une pairie, ou pour faire le procès criminel à un pair. Rien de tout cela en Espagne. On ne le voit point des ricos-hombres, on le voit aussi peu des grands. Leurs grandesses pour la transmission ni pour le jugement, si contestation arrive, ni leurs personnes, si elles se trouvent prévenues de crime, n'ont aucune distinction dans la forme de les juger du moindre héritage ni du moindre particulier. Tout se réduit pour la seule personne des grands à ne pouvoir être arrêtée que par un ordre du roi, après quoi plus de distinction dans tout le reste; et jamais en Espagne il n'a été mention d'être jugé par ses pairs, c'est-à-dire par ses égaux, ce qui, en matière de pairie ou de crime d'un pair, subsiste encore pour les pairs de France.

En voilà sans doute assez pour démontrer la différence entière des pairs de France d'aujourd'hui et des grands d'Espagne, et combien il y auroit peu de justesse de comparer, sous prétexte de convenance, les grands de la première classe avec les pairs.

Si du fond de la substance de la dignité et de son antiquité transmise jusqu'à nous, on passe à son inhérence et à sa stabilité, on est extrêmement surpris de n'en trouver aucune dans la grandesse, et de la voir non-seulement suspendue à chaque mutation, même de père à fils dans toutes celles qui ne sont pas de la première classe, du propre aveu de ces grands, mais suspendue encore par le délai ou le refus de la couverture, tant qu'il plaît au roi, pour toutes les trois classes, et toutes les trois amovibles, et pour toujours, à la volonté du roi, sans forme aucune, sans crime, sans accusation, sans même de prétexte. On ne sauroit nier qu'une dignité aussi en l'air, autant dans la main du roi, et d'une manière si absolue et si totalement dépendante, ne soit fort différente de celles dont l'état est déterminé, fixe, stable, certain à toujours, et qui, une fois accordées, n'ont plus besoin de nouvelles grâces, et ne puissent être ôtées qu'avec la vie, pour crime capital, et avec les formes les plus solennelles.

Il est difficile de n'être pas blessé d'un tribut imposé à

une dignité comme telle, à plus forte raison de tributs redoublés. Ceux qu'on a expliqués ne ressemblent point aux lods et ventes des terres, ni aux autres droits de la suzeraineté. Ce n'est point ici une terre qui paye pour sa mutation, puisque les grandesses attachées aux noms et non aux terres sont sujettes aux mêmes tributs, et que, faute de payement, ce ne sont point les terres qui en répondent, mais la dignité qui est suspendue encore dans ce cas. En France, la noblesse grande, médiocre, petite, doit le service des armes, mais nul tribut pour elle-même. Ce qu'elle paye est sur sa consommation, des droits de terre, en un mot toute autre chose qu'un tribut de noblesse et à cause de sa noblesse. Combien donc y doit-on être surpris de voir la première et la plus haute dignité où la noblesse la plus distinguée puisse parvenir en Espagne, être imposée à divers tributs comme dignité, et pour elle-même, et à peine de suspension jusqu'à parfait payement? Qui peut douter de la différence que cela met encore entre la dignité de nos ducs et celle des grands d'Espagne?

Enfin la vénalité de la grandesse, non entre particuliers, mais du roi à eux, qui l'a quelquefois vendue, depuis Philippe II, sous tous les règnes, et vendue sans voile et sans mystère. Quelque rares qu'en soient les exemples, ils sont, et encore une fois il y en a, et de tous les rois, depuis Philippe II; la dignité des ducs a ignoré jusqu'à nos jours cette manière d'y arriver, qui est commune aux plus petites charges.

Il résulte donc de toutes ces différences si essentielles, que la dignité de grand d'Espagne, pour éclatante qu'elle soit, ne peut être comparée avec celle de nos ducs, et beaucoup moins encore [avec] celle des pairs de France, avec lesquels les grands d'Espagne n'ont aucune similitude, sont sans fonction, sans avis, sans conseil, sans jugement, sans faire essentiellement partie de l'État plus que les autres vassaux immédiats, et sont sans serment et sans foi et hommage pour cause de leur dignité. Il est donc conséquent que ce n'est à aucun d'eux à se trouver blessé de la parité convenue, entre le feu roi et le roi son petit-fils, des ducs de France et des grands d'Espagne, et que les ducs d'Arcos et de Baños y ont été très-mal fondés, et y ont très-peu entendu l'intérêt de leur dignité.

Ce fond des deux premières dignités de France et d'Espagne examiné, il faut venir à leur extérieur.

Si on est ébloui de certaines choses que les grands d'Espagne ont conservées par la sage politique de leurs rois, et que les nôtres ont laissé peu à peu obscurcir dans les ducs, il se trouvera que ceux-ci ont eu les mêmes avantages, qu'ils les ont presque tous conservés jusque vers le milieu du dernier règne, et qu'il y en a d'autres où la dignité des ducs est plus ménagée que ne l'est celle des grands.

Deux choses, l'une au dehors, l'autre au dedans, [font] briller la dignité de grand d'Espagne beaucoup plus que celle des ducs de France. C'est, à qui n'approfondit pas le fond des dignités qui vient d'être examiné, et à qui n'examine que l'usage présent sans remonter plus haut, ce qui éblouit le monde en faveur des grands d'Espagne.

Ces deux choses regardent les princes étrangers. On a vu avec quel soin Charles-Quint établit le rang des grands d'Espagne à Rome, en Italie, en Allemagne, et partout où s'étendit sa puissance, et avec quelle jalousie ce même effet de sa politique a été soutenu depuis par les rois d'Espagne en Italie, à la faveur des grands États qu'ils y ont possédés depuis Charles-Quint jusqu'à Charles II, et en Allemagne, à l'appui des empereurs de la même maison d'Autriche. Il ne se trouvera point qu'il en ait été usé autrement avec les ducs de France jusque vers le milieu du dernier règne. Sans en discuter les exemples, qui mèneroient trop loin, il suffit de voir comment le duc de Chevreuse, fils du duc de Luynes, a été traité à Turin et chez les électeurs, voyageant tout jeune. Ces voyages font une partie de ceux de Montconis, alors son gouverneur, qui sont entre les mains de tout le monde, où il touche ce fait sans la moindre affectation, parce qu'il appartient à ce qu'il raconte. Le duc de Rohan-Chabot, allant voyager à dix-sept ou dix-huit ans, M. de Lyonne lui donna une instruction en forme et signée, pour se conduire avec M. de Savoie également en tout, excepté la main, et pour la prétendre des électeurs, à plus forte raison de tous les autres souverains d'Allemagne et d'Italie, et de ne pas voir les électeurs s'ils en faisoient difficulté. Non-seulement les ducs, comme tels, mais les maréchaux de France, généraux d'armée, ont toujours traité en égalité parfaite avec les électeurs et tous les autres souverains, comme on le voit par les lettres du maréchal de Créqui dernier, qui n'étoit point duc, et de tous les autres. Une méprise du maréchal de Villeroy à l'égard de l'électeur de Bavière fit la planche, et de cette planche il a résulté que ce même électeur, qui ne disputoit pas en Hongrie aux princes de Conti, à ce que M. le prince de Conti m'a dit et raconté plusieurs fois, prétendit, tout incognito qu'il étoit, la main chez Monseigneur, et fit si bien qu'il ne le vit chez lui que dans les jardins de Meudon, sans mettre le pied dans la maison, et qu'ils montèrent en calèche pour s'y promener tous deux en même temps par chacun leur portière. Cette égalité avec le Dauphin n'étoit pas jusqu'alors entrée dans la tête d'aucun souverain non roi, et celui-là même avant le profit qu'il sut tirer de la lourde méprise du maréchal de Villeroy, n'avoit pas imaginé de disputer rien à un prince du sang, non plus que le fameux duc de Lorraine, qui commandoit en chef l'armée de l'empereur, dont il avoit l'honneur d'être le beau-frère, et les princes de Conti volontaires dans cette armée; c'est ainsi que des dignités on entreprend sur leur source, et c'est ce que les papes et les rois d'Espagne ont sagement prévu et prévenu sur les cardinaux et les grands.

Dans l'intérieur, la même prévoyance, mais commune à

tous les États de l'Europe, a refusé avec persévérance jusqu'à aujourd'hui tout rang aux princes étrangers. La seule France les y a établis, et leur a laissé peu à peu usurper toutes sortes d'avantages; ils s'y sont d'abord introduits sans y en prétendre aucun. Après ils ont ambitionné la pairie. Ils en ont obtenu après tant qu'ils ont pu. Ils en ont fait valoir les prérogatives. Devenus puissants, ils ont formé la ligue à la faveur de laquelle ils ont empiété par degrés, laquelle aurait dû donner des leçons à n'être pas oubliées. Bien des événements les ont depuis rafraîchies, mais tout le fruit n'a été que d'augmenter les usurpations en y associant des branches de maisons de gentilshommes françois, de peur de manquer de princes étrangers vrais ou faux. Il est vrai qu'en nul lieu ces derniers n'ont précédé les ducs; il est vrai encore que les princes étrangers véritables ne les précèdent encore nulle part, si ce n'est dans l'ordre du Saint-Esprit, contre les premiers statuts et le premier exemple de la première promotion que la puissance de la Ligue fit réformer en deux fois, et que d'étranges causes ont maintenu sans décision, mais en continuant l'usage. Il est vrai de plus que ceux-là mêmes, quand ils sont pairs, suivent leur rang d'ancienneté en tous actes de pairie. Il est donc vrai qu'ils cèdent aux pairs, et qu'ils ne les précèdent jamais, excepté dans l'ordre, de la façon que je viens de le dire. Cela suffit pour montrer qu'il n'en étoit pas ainsi avant le dernier siècle; qu'il y avoit déjà des ducs gentilshommes, et que ce qui s'est introduit depuis n'est qu'usurpation qui laisse la dignité entière. Mais il faut convenir que la multitude des usurpations, des distinctions, et de ceux qui en jouissent, l'éclat et les avantages qu'ils en retirent, la lutte de préséance qu'ils entretiennent à la cour sur des gens qui s'en lassent et qui n'ont jamais su s'entendre ni se soutenir, est la chose qui donne le plus spécieux prétexte aux grands d'Espagne, chez lesquels ces princes n'ont aucun honneur, aucun rang, aucun établissement, et qui, s'ils s'attachent au service d'Espagne, n'en peuvent prétendre ni espérer aucun que pour être faits grands d'Espagne eux-mêmes. Je n'en dirai pas davantage pour ne pas tomber dans l'inconvénient d'une dissertation contre ces rangs étrangers qui ne sont soufferts nulle autre part qu'en France.

A ces deux avantages dont il faut convenir quoique en écorce et en surface sans fond, les grands en ont encore deux autres que les ducs avoient comme eux : les honneurs militaires et civils, dont M. de Louvois les priva sous prétexte de ménager la poudre, d'où le reste des honneurs militaires et civils se sont peu à peu évanouis pour être appropriés aux ministres qui avant cette insensible époque étoient bien éloignés d'y prétendre. Cet avantage est donc un de ceux que la dignité de duc a perdus par l'usage; mais qui ne lui est pas moins propre qu'aux grands, puisqu'ils en ont constamment joui jusqu'à la toute-puissance de M. de Louvois vers le milieu de son ministère.

Ces quatre avantages que l'usage a conservés aux grands et ôtés aux ducs, et qui leur ont été également propres, ne consistent donc que dans la volonté différente de leurs rois, et dans une différence de volonté si moderne qu'elle laisse voir le droit et le long usage en faveur des ducs, et laisse ainsi leur dignité entière, en cela même que le vouloir des rois y a donné pour la surface l'atteinte dont on ne peut disconvenir, mais qui ne peut rien opérer de solide contre leur dignité en faveur de celle des grands, puisque le droit et l'usage est le même, et qu'il ne tient qu'à nos rois de le remettre comme il a été en partie jusqu'à la violence de la Ligue, et en partie jusqu'à M. de Louvois.

Les grands ont encore deux autres avantages : l'un n'est qu'un agrément et une distinction, qui est d'être seuls conviés, ainsi que leurs épouses, avec leurs fils aînés et les leurs, à tout ce qui se fait de plus ordinaire et d'extraordinaire en fêtes, divertissements et cérémonies à la cour ou ailleurs quand le roi s'y trouve, ou qu'ils se font par ses ordres. Cela fait un accompagnement de grande décoration au roi, et les nôtres en ont usé de même jusque vers les deux tiers du règne de Louis XIV; ainsi je ne m'arrêterai pas à celui-ci, quoiqu'il paroisse beaucoup en Espagne, où pour les chapelles, les audiences publiques et mille occasions, il y en a de continuelles de ces avertissements aux grands, lesquelles presque toutes n'existent point en France et y ont toujours été rares de plus en plus.

L'autre avantage des grands en est un effectif; la bonne foi veut qu'on l'avoue, mais il est l'unique à l'égard des ducs. C'est le rang et les honneurs de leurs fils aînés et des femmes de ces fils aînés, et quand ils n'ont point de fils, de celui ou de celle à qui la grandesse doit aller de droit après eux. Les distinctions des fils sont peu perceptibles, comme l'invitation dont on vient de parler, l'excellence qui s'est fort multipliée, le traitement de parent quand le roi leur écrit, et divers autres ; mais celles de leurs femmes ou de leur fille aînée, s'ils n'ont point de fils, sont pareilles en tout à celles des femmes des grands en tout et partout, à l'exception seule de l'étoffe de leurs carreaux chez la reine pour s'asseoir, ou devant elle à l'église pour se mettre à genoux (je l'ai dit plus haut), de velours pour les femmes des grands en toute saison, et de damas ou de satin en toute saison pour leurs belles-filles aînées. Or, il est vrai que cela n'a aucune comparaison avec les fils aînés des ducs et leurs femmes; cela est sans doute accordé à ce qu'il n'y a jamais de démission en Espagne ; mais quelque anciennes que soient les nôtres qui ont commencé au dernier connétable de Montmorency, la bonne foi veut encore l'aveu que nos démissions ne couvrent point cette différence essentielle, parce que la démission opère un duc, qui par conséquent en a le rang et les honneurs, que le démis conserve aussi, au lieu que, sans démission, les fils aînés des ducs n'ont aucune distinction ni leurs femmes, et que les fils aînés des grands et leurs femmes ont comme tels toutes celles dont on vient de parler. Mais cet avantage, quelque solide qu'il soit, et qui est l'unique effectif que les grands aient au-dessus des ducs, ne change rien au fond de leur dignité; il la laisse telle qu'elle a été montrée; il est même un témoignage et un reste de cette multiplication des ricos-hombres par leurs cadets, et par les cadets de ces cadets, sans fiefs, qui vers les temps de Ferdinand et d'Isabelle en avoient défiguré la dignité, et qui à l'habile refonte que Charles-Quint en fit sous le nom de *grands*, a été restreinte à des bornes plus raisonnables, par cet avantage des seuls fils aînés ou successeurs nécessaires des grandesses au défaut de fils, et de leurs épouses, qui a ôté toute occasion de démissions.

Après avoir exposé dans toute son étendue les six avantages que les grands paroissent avoir sur les ducs, je dis paroissent, puisqu'il n'y a que de l'éblouissant dans les cinq premiers, que les ducs ont eus comme eux jusqu'au milieu du dernier règne, et comme eux les premières places partout, dont le feu roi s'est montré si jaloux jusqu'à sa mort; témoin l'aventure de Mlle de Melun à un bal, et celle de Mme de Torcy à la table du roi à Marly, les deux uniques qui s'y soient exposées; après avoir avoué de bonne foi la solidité du dernier et sixième avantage des grands en la personne de leur fils et belles-filles aînées, il faut venir aux désavantages de ces mêmes grands comparés aux ducs pour l'extérieur.

Quelques usurpations modernes qu'aient essuyées les ducs du chancelier, et même du garde des sceaux de France, elles ne vont qu'à la préséance au conseil, et s'ils ont conservé l'ancienne forme d'écrire et de recevoir chez eux, que les ducs et les officiers de la couronne ont perdue, cela ne regarde point les ducs. Mais le président, ni en son absence le gouverneur du conseil de Castille, ne donne point la main chez lui aux grands, qui de plus sont obligés, comme tous les autres, d'arrêter leur carrosse devant le sien, lorsqu'il ne montre pas, par ses rideaux tirés, qu'il veut être inconnu. Ce respect si grand et si public est tel en France qu'il n'y est rendu par les ducs qu'au roi, à la reine et aux fils et filles de France, bien loin de s'étendre jusqu'à un particulier.

Une seconde différence, et qui est de tous les jours, et n'est pas moins publique, est l'extrême différence du majordome-major du roi, et comme tel de tous les grands, lui-même ne le fût-il pas, comme il est quelquefois arrivé. Non-seulement il les précède partout, sans être jamais mêlé avec eux, mais il a un siége ployant de velours placé à la chapelle, à la tête de leur banc, et ce siége si distingué d'eux y est toujours, et il demeure vide, sans pouvoir être occupé, s'il ne l'est pas par le majordome-major. Il est assis au bal et à la comédie sur ce même siége, à la droite du roi et le joignant, presque sur la même ligne, tandis que les grands sont debout; et lorsque le roi d'Espagne reçoit des ambassadeurs sur un trône, comme des Africains et d'autres nations éloignées, le majordome est assis en pareille place et sur pareil siége sur le trône, tandis que les grands sont au bas du trône et debout. Chez la reine, son majordome-major précède tous les grands sans difficulté, en toutes les cérémonies et les audiences, et le grand écuyer du roi ne leur donne pas la main dans le carrosse du roi qui est à son usage. Toutes ces mortifications de charges, publiques et continuelles, sont entièrement inconnues aux ducs. Bien plus, le majordome-major du roi, comme tel, et sans être grand, je le répète, comme il est arrivé quelquefois, jouit de tout le rang et honneurs des grands; et, ce qui est étrange, c'est qu'il est leur chef, et tellement leur chef, que s'il arrive quelque affaire qui intéresse la dignité des grands, c'est chez le majordome-major qu'ils s'assemblent et qu'ils délibèrent, et que c'est par lui que sont portés et présentés au roi les raisons ou les mémoires qu'ils ont à lui faire entendre, et que pareillement c'est par le même que le roi s'explique aux grands de ses décisions ou de ses volontés. Il ne se trouve rien de semblable en France. J'ai moi-même été témoin de tout cela en Espagne, et pour ce dernier article, il se passa ainsi au baptême de l'infant don Philippe, où j'étois, et où le roi voulut que les honneurs fussent portés par les grands, quoiqu'ils ne l'eussent été jusqu'alors que par les majordomes; les ordres, les remontrances, la décision, tout passa par le marjodome-major, et ce fut chez lui que les grands s'assemblèrent.

Quoique les grands ne cèdent point aux cardinaux, dont j'expliquerai en son temps les divers rangs en Espagne, et qu'ils ne les voient point chez eux en public, à cause de la main, les grands essuient néanmoins une distinction étrange dont la France n'a jamais ouï parler : c'est leur fauteuil à la chapelle, tandis qu'ils n'ont qu'un banc, couvert de tapisserie, sans petit banc bas devant eux, et les cardinaux et les ambassadeurs en ont un, celui de ces derniers couvert de tapisserie comme leur banc, et le petit banc bas des cardinaux couverts de velours rouge.

Au conseil, lorsque le roi s'y trouve, et qu'il y a des cardinaux, ils y ont un fauteuil comme à la chapelle. Ils sont au-dessus des grands, et les grands n'y ont que des siéges ployants.

Les grands et le majordome-major même sont nettement précédés par des ambassadeurs de chapelle à la distribution des cierges à la Chandeleur, en celle des cendres, et aux autres occasions où ils se trouvent ensemble qui sont de cérémonie.

Toutes ces choses, la plupart si marquées, si distinctives, si journalières, sont inconnues aux ducs, et avec raison leur paroîtroient monstrueuses.

Les infants sont en Espagne comme sont ici les fils et filles de France.

De princes du sang, il n'y en a jamais eu tant que la maison d'Autriche a régné en Espagne.

M. le duc d'Orléans, petit-fils de France, fut traité en

Espagne comme un infant; mais il alla chez toutes les femmes des grands, et traita les grands comme il traitoit ici les ducs.

Pour les bâtards des rois, on a vu ce qui a été dit des deux don Juan, les deux seuls reconnus en Espagne, et les grands sont fort éloignés de tout avantage de ce côté-là.

De tout cet extérieur si éblouissant des grands d'Espagne, que leurs rois leur ont jalousement conservé au dehors et au dedans de l'Espagne, à l'égard des princes étrangers, et que les ducs ont eu comme eux, il n'y a de différence que la fermeté des rois d'Espagne par rapport à leur propre dignité, d'avec l'entraînement des rois de France, dont on a vu, par l'exemple de l'électeur de Bavière, que leur dignité même a souffert. Il en est de même des honneurs civils et militaires conservés jusques au milieu du dernier règne, de l'invitation aux fêtes et aux cérémonies qui a été de tout temps, et jusqu'à nos jours, pour les ducs en France, comme en Espagne pour les grands, et de ces distinctions que je viens de raconter, communes en elles-mêmes aux deux dignités, mais qui pour la plupart ont cessé au milieu du règne de Louis XIV. Ainsi dès qu'elles ont été jusqu'alors, rien d'essentiellement distinctif à l'avantage des grands sur les ducs, puisque la cessation à l'égard de ces derniers est si moderne, et que, lorsqu'il plaira au roi de France de penser que sa dignité y est intéressée, toute suréminente qu'elle est, et de faire réflexion qu'il n'appartient qu'à son sang d'avoir chez lui des rangs et des distinctions par naissance, inconnues chez toutes les autres nations, ni à aucune dignité étrangère d'y jouir d'aucun avantage plus grand que n'en ont celles qu'il donne, cet extérieur sera bientôt rétabli, et porté au niveau pour le moins de celui qui éblouit dans les grands d'Espagne, dont le seul avantage réel que n'ont pas les ducs est celui dont jouissent leurs fils aînés et les femmes de ces fils.

Pour les désavantages des grands par comparaison aux

ducs, on ne compte point le défaut d'habits particuliers et de marques de dignité aux armes, quoique cet éclat en soit un fort marqué; ni le défaut de housse, puisque la reine n'en porte point, ni de balustres, parce qu'on ne voit point leurs lits ni leurs chambres à coucher; ni le mélange dans les ordres, puisque les infants mêmes n'en étoient point exempts avant Philippe V.

Mais les distinctions étranges du président et même du gouverneur du conseil de Castille, le fauteuil des cardinaux, la préséance si marquée, la supériorité aux audiences singulières, et journellement aux bals et aux comédies, du majordome-major assis à côté du roi où tous les grands sont debout, sa présidence sur eux par sa charge, même sans être grand, pour tout ce qui concerne leur dignité, ce sont des choses, pour en omettre diverses autres, d'un grand contre-poids, et qui toutes sont parfaitement inconnues aux ducs, et qui ne peuvent pas contribuer à faire trouver les ducs d'Arcos et de Baños bien fondés dans leurs plaintes et leur mémoire.

Venons maintenant à ce qui les a le plus frappés et le plus déterminés à cette démarche : c'est que les grands d'Espagne se couvrent devant leurs rois, et que les ducs de France ne s'y couvrent point; que les princes étrangers s'y couvrent aux audiences des ambassadeurs, et que ceux de la maison de Lorraine, privativement à tous autres, les conduisent à l'audience.

Il faut se souvenir de ce qui a été expliqué ci-dessus de l'ancien usage d'être couvert en France devant le roi sans distinction de dignité, et de la manière imperceptible dont il a changé par le changement de coiffures, du chaperon au bonnet, puis à la toque, enfin aux chapeaux. Lors même qu'on étoit couvert devant nos rois, nul ne leur parloit couvert, non pas même les fils de France. Il n'est donc pas étrange que les ducs n'aient point cet honneur, beaucoup moins depuis que l'usage d'être couvert devant les rois de

France s'est peu à peu aboli, même ne leur parlant pas. Chaque pays a ses usages particuliers qui se trouvent souvent la cause primitive et l'origine des distinctions. En France, ni homme ni femme ne baise la reine; ce n'a été qu'au mariage du roi d'aujourd'hui que cet honneur a été accordé aux princes du sang; mais les duchesses et les princesses étrangères ont celui de s'asseoir devant elle et les *tabourets* de grâce, et pour les hommes, les fils et petits-fils de France et les cardinaux, sans que les princes du sang qui l'ont tenté au mariage du roi d'aujourd'hui y aient pu parvenir, et qui, jusqu'à la mort du feu roi, ne l'ont jamais prétendu; sans qu'en nul lieu que ce soit les dames assises se soient jamais tenues debout un instant en leur présence, ce qui auroit été regardé comme un grand manque de respect, parce qu'il n'y en peut avoir qu'un. Ainsi elles se levoient lorsqu'un prince du sang arrivoit où elles étoient assises, et se rasseyoient sur-le-champ; ce qu'elles faisoient de même pour les principaux seigneurs. En Angleterre toutes les duchesses baisent la reine, et pas une n'est assise devant elle; tellement que, lorsque les reines d'Angleterre, femmes de Charles Ier et de Jacques II, sont venues achever leur vie en France, elles y eurent le choix d'y traiter les Françoises assises à la manière angloise ou françoise, et elles choisirent la dernière; il est donc vrai de dire que ces honneurs sont suivant les pays. Aussi a-t-on vu cette multitude de ricos-hombres cesser de se couvrir devant Philippe le Beau, père de Charles-Quint, par flatterie pour lui et pour faire dépit à Ferdinand son beau-père, et l'usage de se couvrir ne revenir que sous Charles-Quint, qui l'établit en la forme qu'il est demeuré lors de l'abolition de la rico-hombrerie et de l'établissement de la grandesse.

Il faut se souvenir encore plus de quelle façon s'est introduit l'usage de se couvrir devant le roi en France. On le peut voir plus haut et y remarquer que c'est celui des grands d'Espagne qui y donna lieu, par la liberté qu'un ambassadeur d'Espagne, qui étoit grand, prit de se couvrir voyant Henri IV couvert dans ses jardins de Monceaux, et du hasard qui restreignit cet honneur aux princes du sang, aux princes étrangers et au duc d'Épernon si éloigné de l'être, parce qu'Henri IV, piqué de voir cet Espagnol se couvrir, commanda à l'instant de se couvrir à M. le Prince et aux ducs d'Épernon et de Mayenne, qui par hasard se trouvèrent seuls à cette promenade. De là, M. de Mayenne prétendit se couvrir aux audiences où il conduisoit les ambassadeurs, et l'obtint; les princes de la maison de Lorraine, de Savoie, de Longueville et de Gonzague, qui conduisoient aussi les ambassadeurs, se trouvèrent dans le même droit. Dès qu'ils l'eurent obtenu, il s'étendit aisément à ceux de ces maisons qui se trouvèrent à ces audiences sans avoir conduit les ambassadeurs, puisqu'en les conduisant ils se couvroient avec eux; à plus forte raison M. le Prince et les princes du sang, et en même temps M. d'Épernon, par la bonne fortune de s'être trouvé à cette promenade, où il se couvrit avec M. le Prince et M. de Mayenne, et comme M. d'Épernon, ses enfants furent aussi couverts à ces audiences. Ce chapeau vient donc d'Espagne, et s'est trouvé borné à ceux qu'Henri IV fit couvrir à cette promenade, et d'eux à leur maison, et aux maisons qui avoient la conduite des ambassadeurs. Ce n'est que le feu roi qui l'a étendu en divers temps et à diverses reprises à trois branches de maisons de gentilshommes, quoiqu'ils ne conduisent pas les ambassadeurs. Le pourquoi et le comment nous jetteroit ici dans une dissertation trop longue. On en a pu voir ci-dessus quelque chose de MM. de Rohan et de M. de Monaco; de ce dernier il n'a pas passé aux Matignon, qui en ont eu Monaco avec l'héritière, et l'érection nouvelle du duché-pairie de Valentinois.

Mais il ne faut pas oublier que cet honneur de se couvrir est entièrement restreint aux audiences des ambassadeurs, et sans place distinguée, et sans entrer dans le balustre avec les princes du sang et l'ambassadeur; qu'il ne s'étend à pas une autre sorte d'audience ni de cérémonies, comme à celle du doge de Gênes, qui se couvrit seul; à l'hommage de MM. de Lorraine, aux audiences des souverains, etc., en sorte que ce chapeau est uniquement restreint aux audiences des ambassadeurs, où les cardinaux l'ont aussi obtenu, et ne l'ont nulle part ailleurs, non plus que leur bonnet devant le roi.

Quel que soit cet honneur, il ne touche point aux ducs, puisqu'il ne peut être pris en leur présence. Témoin cette audience si solennelle du cardinal Chigi, légat *a latere* du pape son oncle, pour la satisfaction de la fameuse affaire des Corses de la garde du pape qui avoient insulté le duc de Créqui, ambassadeur du roi à Rome. Les princes du sang ne pouvoient être à cette audience, où le légat eut un fauteuil. Les ducs s'y devoient trouver, et furent avertis de la part du roi, par le grand maître des cérémonies, et à cause de leur présence, les princes étrangers eurent défense de s'y couvrir. Les comtes d'Harcourt, grand écuyer, et de Soissons, qui tous deux conduisoient le légat à l'audience, n'oublièrent rien pour avoir permission de se couvrir ou de n'assister pas à l'audience. Ils ne purent obtenir ni l'un ni l'autre, et y demeurèrent tout du long et toujours découverts. On peut voir cela plus au long, et le récit de l'erreur réformée d'une tapisserie (t. II, p. 80, 81), ou plutôt du mensonge qui les y représente couverts. Il est donc vrai que la présence nécessaire des ducs fait tomber ce chapeau. Les deux seuls qui se trouvent aux audiences où on se couvre n'y sont que par la nécessité de leur charge, l'un en qualité de premier gentilhomme de la chambre, qui commande dans la chambre, et qui ne s'en peut absenter alors comme tel; l'autre de capitaine des gardes en quartier, et comme tel, en fonction nécessaire de sa charge, et nullement comme ducs.

Après ces éclaircissements, ne pourroit-on point remarquer que ce grand honneur de parler [couvert] au roi d'Espagne s'affoiblit étrangement par les conditions qui y sont opposées? L'introduction de la nécessité de faire la couverture, avec toute suspension de rang, honneurs et distinctions jusqu'à ce qu'elle soit faite, et cependant le pouvoir et l'usage des rois de la différer tant qu'il leur plaît, et même toujours, est un grand contre-poids ; celui d'avoir un certificat de sa couverture du secrétaire de l'estampille, sous peine, si on le perd, d'avoir à recommencer et de courir les risques des délais du roi, et en attendant d'être suspendu de tout rang, honneurs et prérogatives, n'en est pas moindre, et cela à toute mutation de père même à fils, et même pour la première classe. En France, *le mort saisit le vif*, sans que le roi y intervienne; et à l'égard des pairs, dont la réception au parlement de celui en faveur duquel l'érection fixe le rang d'ancienneté pour lui et pour toute sa postérité, comme l'enregistrement le fixe pour les ducs vérifiés qui ne sont pas pairs, les successeurs à la pairie ne dépendent point de leur réception au parlement, ni d'aucune autre chose pour jouir de tout leur rang, honneurs et prérogatives, soit qu'ils s'y fassent recevoir tard ou point du tout, et ne préjudicie en aucune sorte de choses à leurs successeurs.

En voilà bien assez, ce me semble, pour entendre quelle est la dignité des grands d'Espagne, [tant] dans son origine, son essence et son fond, que dans son écorce et son extérieur; et le peu qui a été dit sur les ducs de France, parce qu'il auroit fallu un volume pour entrer à fond dans leur dignité, et que j'écris en France où on la doit connaître, et où on en trouve force mémoires et traités, suffit, ce me semble, pour montrer que les grands ne peuvent être comparés en rien aux pairs, et que les ducs d'Arcos et de Baños ont ignoré la dignité des ducs quand ils se sont plaints de la parité de rang et d'honneurs donnés aux uns et aux autres dans les deux royaumes.

Mais après cet examen, il faut convenir aussi que l'abus

qui s'en est fait est extrêmement étrange. Lorsque le feu roi et le roi son petit-fils sont convenus de cette parité, il est manifeste qu'ils n'ont entendu qu'une fraternité des grands des deux royaumes pour cimenter mieux celle des deux nations. Au lieu de s'en tenir à un règlement si raisonnable et si commode pour les ducs et les grands qui vont en Espagne ou viennent en France, on en a fait des grands d'Espagne françois et en France : d'abord une reconnoissance digne du roi d'Espagne pour le duc de Beauvilliers son gouverneur; après, le crédit des Noailles et du cardinal d'Estrées, aidé de l'amusement que prenoit le roi des enfances de la comtesse d'Estrées, dans la familiarité des particuliers, des dames du palais, trouve le chausse-pied du passage du roi d'Espagne de Barcelone en Italie sur une escadre commandée par le comte d'Estrées pour le faire faire grand d'Espagne, sans qu'il y ait eu soupçon seulement de la moindre opposition à ce passage. En France, il ne faut que des exemples : sur ceux-là un voyage du comte de Tessé en Espagne, où ses succès furent nuls à l'armée, avec le manége qui l'a si bien servi dans les cours, lui procurèrent la grandesse. Je ne parle point du duc de Berwick, qui, par la bataille d'Almanza, rétablit la couronne sur la tête du roi d'Espagne; c'est en Espagne que les terres de sa grandesse sont situées, et c'est en Espagne que les grands de sa postérité se sont fixés. Trois ou quatre seigneurs flamands, grands d'Espagne, dont les pères ni eux-mêmes n'étoient jamais sortis des Pays-Bas ou d'Espagne, se viennent fixer à Paris, trouvent plus agréable d'y jouir du premier rang de l'État et de s'y établir que de demeurer chez eux. Le duc de Noailles, neveu de Mme de Maintenon, va en Espagne et y est fait grand tout de suite, puis revient disgracié des deux cours, et, longues années après, fait passer sa grandesse à son second fils, à quoi d'abord il n'avoit pas songé; ainsi, en deux voyages courts, la Toison au premier, la grandesse en l'autre. M. de Chalais, neveu du premier mari de Mme des Ursins, sans aucun service en France, se dévoue à elle, et est employé en d'étranges commissions, dont la grandesse est la récompense, malgré le feu roi, qui, loin de lui permettre de l'accepter, s'en irrita jusqu'à déclarer qu'il ne souffriroit jamais qu'il en eût le rang ni les honneurs en France. Croiroit-on, après ses aventures à l'égard de M. le duc d'Orléans, et l'éclat entre ce prince et Mme des Ursins, que ce fut ce prince qui, dans sa régence, lui permit de revenir en France et d'y jouir du rang et des honneurs?

J'avoue que, voyant tant d'abus, je crus en pouvoir profiter comme les autres, mais sans dissimuler à M. le duc d'Orléans combien je les désapprouvois. J'ose dire que si, après les grandesses de MM. de Beauvilliers et de Berwick, il y en a une pardonnable, c'est celle qui me fut donnée à l'occasion de mon ambassade extraordinaire pour demander, conclure et signer le mariage du roi avec l'infante.

De là Mme de Ventadour, qui fut sa gouvernante, obtint une grandesse pour le comte de La Mothe, qu'on avoit mis à même d'être fait maréchal de France, et que son incapacité en repoussa toujours, qui de sa vie n'avoit servi l'Espagne, et qui étoit parfaitement éloigné de devenir duc. Le mariage arrêté de l'infant avec une fille de M. le duc d'Orléans fit le grand prieur de France, son bâtard reconnu, grand d'Espagne. Cette élévation donna de l'émulation à l'électeur de Bavière pour le sien, attaché au service de France. Il fit si bien valoir tout ce que lui avoit coûté son attachement au service des deux couronnes, et l'honneur qu'il avoit d'être frère de Mme la Dauphine, mère du roi d'Espagne, que le comte de Bavière fut fait grand. Le maréchal de Villars n'avoit jamais servi le roi d'Espagne, ni approché de ses frontières; la Toison ne laissa pas de lui être envoyée, à la surprise du feu roi et de tout le monde. Pendant la régence, la grandesse lui plut de même, sans qu'en France ni en Espagne on ait jamais su pourquoi.

Enfin le marquis de Brancas, à qui un voyage en Espagne
avoit valu la Toison, y retourna ambassadeur avec stipulation expresse à M. le cardinal Fleury et à Chauvelin, lors
garde des sceaux et adjoint au principal ministère, de n'être
point grand; mais y ayant trouvé sa belle, il s'y fit faire
grand malgré eux, et s'en tira après comme il put, après
avoir essuyé la plus triste disgrâce. Sur cet exemple, le
comte de La Marck, qui lui succéda, y a obtenu aussi la
grandesse, et toutes de première classe. On peut juger si
d'autres n'y parviendront pas. J'oublie M. de Nevers, dont
le père étoit duc à brevet, et qui, fort mal avec le roi, n'en
put jamais obtenir la continuation. Il épousa la fille unique
de Spinola, qui avoit acheté la grandesse, et qui, heureusement pour lui, survécut un peu le feu roi qui s'étoit déclaré
qu'il ne le laisseroit pas jouir du rang. Le régent fut plus
indulgent à la mort de Spinola, et tôt après fit duc et pair
le même M. de Nevers aux instances de la duchesse Sforze
sa tante.

Indépendamment des grands d'Espagne qui sont ducs de
France, cela fait douze grands d'Espagne établis à Paris et
à la cour, dont pas un n'eût osé songer à être duc. Il est
étrange qu'on parvienne ici au même rang et aux mêmes
avantages par une dignité émanée du roi d'Espagne,
quand on ne peut parvenir à celle que le roi donne, et
qu'il souffre qu'un autre monarque que lui crée, pour ainsi
dire des ducs de ses sujets et dans son royaume. S'il veut
élever à la dignité de duc des sujets qui méritent et qui lui
plaisent, n'en est-il pas le maître? mais ce qu'il ne lui plaît
pas de faire, il le voit opérer par le roi d'Espagne. Est-ce là
le réciproque du rang des grands des deux royaumes dont
les deux rois sont convenus? Cela se présente à l'esprit de
soi-même. Le roi d'Espagne, plus jaloux de ses bienfaits, et
les Espagnols plus retenus, n'ont point encore vu faire de
ducs de France en Espagne. Les Espagnols ont raison de
sentir cette inégalité et une profusion si extraordinaire; elle

n'est pas moins sentie en France, et si on prend garde à la mécanique de l'opération, on la trouvera également incroyable et monstrueuse.

Toutes ces grandesses françoises s'établirent comme les duchés, excepté qu'en France l'érection précède le rang et les honneurs dont l'impétrant ne jouit qu'ensuite et en conséquence, au lieu qu'en Espagne ils précèdent l'érection; mais tout tomberoit à l'impétrant même si l'érection ne suivoit pas, à moins que, comme la grandesse de Bournonville, elle ne fût sur le nom même; ce qui est très-rare en Espagne, et n'existe en aucun grand françois. L'érection faite et passée au conseil de Castille, il faut des lettres patentes du roi enregistrées au parlement et en la chambre des comptes, avec un nouvel hommage de l'impétrant au roi, enfin faire enregistrer ces mêmes lettres patentes au conseil de Castille; la contrariété de ces opérations est inexplicable. Par l'érection, le roi d'Espagne exerce en France le plus grand acte de souveraineté sur une terre de la souveraineté du roi, et se fait un vassal du premier ordre, pour ne pas dire un sujet, d'un sujet du roi; et à quel titre? d'une terre située en France, de la mouvance directe ou indirecte de la couronne, puisque tout fief lui est reporté, et d'une terre de sa pleine souveraineté, qui n'en est point pour cela détachée; en sorte que le possesseur de cette terre, primordialement sujet et vassal du roi son seigneur suzerain et souverain, le devient, au même titre et par la même possession, d'un autre monarque, dans le royaume duquel il ne vit point, et dans le royaume duquel cette terre n'est pas située. C'est néanmoins sur cette opération, à laquelle on ne peut donner de nom, qu'interviennent les lettres patentes du roi pour l'approuver et la ratifier, qui pour la France reçoivent leur dernière consommation de leur enregistrement au parlement et en la chambre des comptes. Ce n'est pas tout, il faut encore que cette approbation, cette permission du roi, cette ratification du parlement et de la chambre des comptes, en un mot, que ces lettres patentes enregistrées soient envoyées en Espagne, pour y être à leur tour approuvées, ratifiées et enregistrées par le conseil de Castille, qui, ayant fait la première opération par l'enregistrement de l'érection, fait aussi la dernière par l'enregistrement de ces lettres patentes, et de leur enregistrement en France.

Ainsi un grand d'Espagne françois fait au roi un nouvel hommage d'une terre érigée par un roi étranger en dignité étrangère, duquel, à ce titre, il devient vassal immédiat, pour ne pas dire sujet, et se trouve avoir deux rois et deux seigneurs suzerains et souverains pour la même terre, il doit donc à l'un et à l'autre le service des armes. Que deviendra-t-il donc si ces deux rois viennent à se faire la guerre, comme il est déjà arrivé, et que deviendroient-ils encore si, à ce qu'à Dieu ne plaise, le cas funeste des renonciations arrivoit?

En voilà trop sur cette matière, mais qu'il étoit bon et curieux de tirer une bonne fois de l'obscurité, de l'ignorance, et de montrer aux François qui admirent tout ce qui est étranger, qui s'en éblouissent, et qui d'ailleurs se laissent aller au torrent de la plus fausse et de la plus folle jalousie, ce que c'est en effet que la dignité des pairs de France, des ducs vérifiés de France, et des trois classes des grands d'Espagne par rapport de l'une à l'autre, ainsi que l'incroyable abus des rangs étrangers en France, des grandesses qui s'y sont érigées, et des François habitant en France faits grands d'Espagne. J'ai regret à la longueur de la digression, mais il n'étoit pas possible de la faire plus courte sans omettre des parties essentielles des connoissances nécessaires à y donner. Revenons maintenant d'où nous sommes partis.

CHAPITRE XVII.

Mort du roi Jacques II d'Angleterre. — Le prince de Galles, son fils, reconnu roi d'Angleterre par le roi, et par le roi d'Espagne et le pape. — Visites sur la mort du roi Jacques II. — Voyage de Fontainebleau. — Jacques III reconnu par Philippe V; effet de ces reconnoissances : signature de la grande alliance contre la France et l'Espagne. — Mouvement à Naples. — Vice-rois changés. — Louville à Fontainebleau pour le voyage du roi d'Espagne en Italie. — Étrange emportement de M. le Duc contre son ami le comte de Fiesque. — La Feuillade; son caractère; son mariage avec une fille de Chamillart. — Fagon taillé. — Harcourt de retour d'Espagne. — Méan, doyen de Liége, son frère, et leurs papiers enlevés, et enfermés à Namur. — Mort de Bissy; sa prophétie sur son fils, depuis cardinal. — Mort de M. de Montespan. — Hardiesse de son fils. — Duc de Montfort capitaine des chevau-légers par la démission du duc de Chevreuse.

Le voyage du roi d'Angleterre lui avoit peu réussi, et il ne traîna depuis qu'une vie languissante. Depuis la mi-août, elle s'affoiblit de plus en plus, et, vers le 8 septembre, il tomba dans un état de paralysie et d'autres maux à n'en laisser rien espérer. Le roi, Mme de Maintenon, toutes les personnes royales le visitèrent souvent. Il reçut les derniers sacrements avec une piété qui répondit à l'édification de sa vie, et on n'attendoit plus que sa mort à tous les instants. Dans cette conjoncture, le roi prit une résolution plus digne de la générosité de Louis XII et de François Ier que de sa sagesse. Il alla de Marly, où il étoit, à Saint-Germain, le mardi 13 septembre. Le roi d'Angleterre étoit si mal que, lorsqu'on lui annonça le roi, à peine ouvrit-il les yeux un moment. Le roi lui dit qu'il étoit venu l'assurer qu'il pouvait mourir en repos sur le prince de Galles, et qu'il le reconnoîtroit roi d'Angleterre, d'Écosse et d'Irlande. Le peu d'Anglois qui se trouvèrent présents se jetèrent à ses genoux, mais le roi d'Angleterre ne donna pas signe de vie. Aussitôt après, le roi passa chez la reine d'Angleterre, à qui il donna la même assurance. Ils envoyèrent chercher le prince de Galles, à qui ils le dirent. On peut juger de la reconnoissance et des expressions de la mère et du fils. Revenu à Marly, le roi déclara à toute la cour ce qu'il venoit de faire. Ce ne fut qu'applaudissements et que louanges.

Le champ en étoit beau, mais les réflexions ne furent pas moins promptes, si elles furent moins publiques. Le roi espéroit toujours que sa conduite si mesurée en Flandre, le renvoi des garnisons hollandoises, l'inaction de ses troupes, lorsqu'elles pouvoient tout envahir, et que rien n'y étoit en état de s'opposer à elles, retiendroient la Hollande et l'Angleterre, dont la première étoit si parfaitement dépendante, de rompre en faveur de la maison d'Autriche. C'étoit alors pousser cette espérance bien loin ; mais le roi s'en flattoit encore, et par là de terminer bientôt la guerre d'Italie, et toute l'affaire de la succession d'Espagne et de ses vastes dépendances, que l'empereur ne pouvoit disputer avec ses seules forces, et celles même de l'empire. Rien n'étoit donc plus contradictoire à cette position, et à la reconnoissance qu'il avoit solennellement faite, à la paix de Ryswich, du prince d'Orange comme roi d'Angleterre, et que jusqu'alors il n'avoit pas moins solennellement exécutée. C'étoit offenser sa personne par l'endroit le plus sensible, et toute l'Angleterre avec lui, et la Hollande à sa suite; c'étoit montrer le peu de fond qu'ils avoient à faire sur ce traité de paix, leur donner beau jeu à rassembler avec eux tous les princes qui y avoient contracté sous leur alliance, et de rompre ouvertement sur leur propre fait, indépendamment de celui de la maison d'Autriche. A l'égard du prince de Galles, cette reconnoissance ne lui donnoit rien de solide ; elle réveilloit seulement la jalousie, les soupçons et la passion de tout ce qui lui étoit opposé en Angleterre, les attachoit de plus en plus au roi Guillaume, et à l'établissement de la succession dans la ligne protestante, qui étoit leur ouvrage ; les rendoit plus vigilants, plus actifs et plus violents contre tout ce qui étoit catholique ou soupçonné de favoriser les Stuarts en Angleterre, et les ulcéroit de plus en plus contre ce jeune prince et contre la France, qui leur vouloit donner un roi, et décider malgré eux de leur couronne, sans que le roi, qui marquoit du moins ce désir par cette reconnoissance, eût plus de moyen de rétablir le prince de Galles qu'il n'en avoit eu de rétablir le roi son père pendant une longue guerre où il n'avoit pas, comme alors, à disputer la succession de la monarchie d'Espagne pour son petit-fils.

Le roi d'Angleterre, dans le peu d'intervalles qu'il eut, parut fort sensible à ce que le roi venoit de faire. Il lui avoit fait promettre de ne pas souffrir qu'il lui fût fait la moindre cérémonie après sa mort, qui arriva sur les trois heures après-midi du 16 septembre de cette année 1701.

M. le prince de Conti s'étoit tenu tous ces derniers jours à Saint-Germain sans en partir, parce que la reine d'Angleterre et lui étoient enfants des deux sœurs Martinozzi, desquelles la mère étoit sœur du cardinal Mazarin. Le nonce du pape s'y étoit pareillement tenu, par l'ordre anticipé duquel il reconnut et salua le prince de Galles comme roi d'Angleterre. Le soir du même jour, la reine d'Angleterre s'en alla aux Filles de Sainte-Marie de Chaillot, qu'elle aimait fort, et lendemain samedi, sur les sept heures du soir, le corps du roi d'Angleterre, fort légèrement accompagné, et suivi de quelques carrosses remplis des principaux Anglois de Saint-Germain, fut conduit aux Bénédictins anglois à Paris, rue Saint-Jacques, où il fut mis en dépôt dans une chapelle comme le plus simple particulier, jusqu'aux temps, apparemment du moins fort éloignés, qu'il puisse être transporté en Angleterre; et son cœur aux Filles de Sainte-Marie de Chaillot.

Ce prince a été si connu dans le monde duc d'York et roi d'Angleterre, que je me dispenserai d'en parler ici. Il s'étoit fort distingué par sa valeur et par sa bonté, beaucoup plus par la magnanimité constante avec laquelle il a supporté tous ses malheurs, enfin par une sainteté éminente.

Le mardi 20 septembre, le roi alla à Saint-Germain, et fut reçu et conduit par le nouveau roi d'Angleterre, comme il l'avoit été par le roi son père la première fois qu'ils se virent; il demeura peu chez lui, et passa chez la reine d'Angleterre. Le roi son fils étoit en grand manteau violet; pour elle, elle n'étoit point en mante, et ne voulut point de cérémonie. Toute la maison royale et toutes les princesses du sang vinrent en robe de chambre faire leur visite pendant que le roi y étoit, qui y resta le dernier, et qui demeura toujours debout. Le lendemain mercredi, le roi d'Angleterre, en grand manteau violet, vint voir le roi à Versailles, qui le reçut et le conduisit, comme il avoit fait la première fois le roi son père, au haut du degré, comme lui-même en avoit été reçu et conduit. Il lui donna toujours la droite; ils furent assis quelque temps dans des fauteuils. Mme la duchesse de Bourgogne le reçut et le conduisit seulement à la porte de sa chambre, comme elle en avoit été reçue et conduite. Il ne vit ni Monseigneur ni les princes ses fils, qui, dès le matin de ce même jour, étoient allés à Fontainebleau. Au sortir de cette visite, le roi s'en alla coucher à Sceaux avec Mme la duchesse de Bourgogne, et de là à Fontainebleau. Incontinent après, le nouveau roi d'Angleterre fut aussi reconnu par le roi d'Espagne.

Le comte de Manchester, ambassadeur d'Angleterre, ne parut plus à Versailles depuis la reconnoissance du prince de Galles comme roi d'Angleterre, et partit, sans prendre congé, quelques jours après l'arrivée du roi à Fontainebleau. Le roi Guillaume reçut en sa maison de Loo, en Hollande, la nouvelle de la mort du roi Jacques II et de cette reconnoissance, pendant qu'il étoit à table avec quelques princes d'Allemagne et quelques autres seigneurs ; il ne proféra pas une seule parole outre la nouvelle, mais il rougit, enfonça son chapeau et ne put contenir son visage. Il envoya ordre à Londres d'en chasser Poussin sur-le-champ, et de lui faire repasser la mer aussitôt après. Il faisoit les affaires du roi en absence d'ambassadeur et d'envoyé, et il arriva incontinent après à Calais.

Cet éclat fut suivi de près de la signature de la grande alliance offensive et défensive contre la France et l'Espagne, entre l'empereur, l'empire, qui n'y avoit nul intérêt, mais qui, sous la maison d'Autriche, n'avoit plus de liberté; l'Angleterre et la Hollande, dans laquelle ensuite ils surent attirer d'autres puissances; ce qui engagea le roi de faire une augmentation dans ses troupes..

En même temps le cardinal d'Estrées, qui n'avoit plus rien à négocier à Venise, ni avec les princes d'Italie, s'en retourna à Rome. On venoit d'étouffer une révolte à Naples : Sassinet, neveu du baron de Lisola, chargé des procurations de l'empereur, l'avoit conduite. Il fut pris. Le prince de Muccia et le duc de Telena en étoient les principaux chefs, et se sauvèrent. Le prince de Montesarchio, à quatre-vingts ans, monta à cheval au premier bruit avec le duc de Popoli, et, avec leurs amis, dissipèrent la canaille qui s'étoit assemblée, par où la révolte devoit commencer. Cela contint ceux qui avoient à perdre, et tout fut étouffé dans l'instant. Le duc de Gaëtano, qui en étoit, sortit de Rome dans le carrosse de l'ambassadeur de l'empereur, quoique le pape le lui eût défendu sous peine de cinquante mille écus d'amende. Le duc de Medina-Celi, vice-roi, s'y conduisit très-bien. Cependant le comte d'Estrées, qui étoit à Cadix, eut ordre de mener son escadre à Naples, où tout fut très-promptement mis en sûreté. Le prince Eugène avoit ordre d'y envoyer dix mille hommes si la révolte avoit réussi; et pour achever de suite, le duc de Medina-Celi fut rappelé en Espagne tout à la fin de l'année, avec la présidence du conseil des Indes, riche et important emploi. Le duc d'Escalona, plus ordinairement nommé marquis de Villena, dont il a été parlé souvent à l'occasion du testament de Charles II, et qui avoit été vice-roi de Catalogne, où on l'a vu battu par M. de Noailles, et après encore par M. de Vendôme, fut envoyé à Naples vice-roi ; et le cardinal del Giudice, frère du duc de Giovenano, grand d'Espagne de troisième classe et conseiller d'État, eut ordre à Rome d'aller par *interim* vice-roi de Sicile, d'où le duc de Veragua fut rappelé.

Tout à la fin du voyage de Fontainebleau, Louville y arriva de Barcelone, où il avoit laissé le roi et la reine d'Espagne avec la princesse des Ursins, et Marsin, ambassadeur de France. Il venoit en apparence pour rendre compte au roi de ce qui s'étoit passé de plus intérieur en Espagne pendant la longue et dangereuse maladie du duc d'Harcourt, surtout du nouveau mariage de Leurs Majestés Catholiques ; mais le but effectif de son voyage étoit d'obtenir que le roi trouvât bon que le roi son petit-fils passât à Naples sur l'escadre du comte d'Estrées, qui alloit revenir à Barcelone, et qu'au printemps il se mît à la tête de l'armée des deux couronnes en Italie. Louville eut plusieurs audiences du roi fort longues, seul avec lui dans son cabinet, quelquefois chez Mme de Maintenon, en sa présence. M. de Beauvilliers et Torcy l'entretinrent beaucoup, et Mgr le duc de Bourgogne. Ce qu'il y avoit de plus distingué à la cour s'empressa de le voir. Je m'en saisis à mon tour, et satisfis avec lui ma curiosité à fond. Je me chargeai de le ramener à Paris le jour que le roi partit, mais avec une plaisante condition. Le roi d'Espagne l'avoit expressément chargé de faire le tour du canal. Pendant les cinq ou six jours qu'il avoit été à Fontainebleau, il n'en avoit pas eu le temps, tellement que le matin du lundi 14 novembre que nous partîmes, je le menai tête à tête faire cette promenade. Au retour, nous prîmes Mme de Saint-Simon et l'archevêque d'Arles, depuis cardinal de Mailly, et nous nous en allâmes d'une traite à Paris en relais. Je fus ravi de la promenade pour m'entretenir avec lui plus à mon aise de choses particulières, et dans le chemin de Paris, je lui fis tant d'autres questions qu'il arriva sans voix et ne pouvant plus parler.

J'ai ci-devant parlé de la déroute de La Touanne et de Saurion, trésorier de l'extraordinaire des guerres, et que le roi fit face pour eux afin de soutenir son crédit. En conséquence, il s'empara de leurs biens. La Touanne avoit à Saint-Maur la plus jolie maison du monde, dont le jardin donnoit dans ceux de la maison de Gourville, que Catherine de Médicis avoit faits, et bâti un beau château. Gourville l'avoit donné à M. le Prince, qui en avoit fait présent à M. le Duc. Rien ne lui convenoit davantage que de joindre les jardins de La Touanne aux siens, et d'avoir sa maison pour en faire à Saint-Maur une petite maison particulière à ses plaisirs, et souvent une décharge au château quand il y étoit avec Mme la Duchesse et bien du monde. Il l'eut donc pour peu de chose du roi pendant Fontainebleau. Peu après qu'on en fut revenu, il y fut coucher avec cinq ou six de ses plus familiers. Le comte de Fiesque en étoit un depuis fort longtemps. A table, et avant qu'il pût y avoir de vin sur jeu, il s'éleva une dispute sur un fait d'histoire entre M. le Duc et le comte de Fiesque. Celui-ci, qui avoit de l'esprit et de la lecture, soutint fortement son opinion, M. le Duc la sienne, à qui peut-être, faute de meilleures raisons, le toupet s'échauffa à un tel excès qu'il jeta une assiette à la tête du comte de Fiesque, et le chassa de la table et du logis. Une scène si subite et si étrange épouvanta les conviés. Le comte de Fiesque, qui était venu là pour y coucher, ainsi que les autres, et qui n'avoit point gardé de voiture, alla demander le couvert au curé, et regagna Paris le lendemain aussi matin qu'il put. On se figure aisément que le reste du souper et du soir furent fort tristes. M. le Duc, toujours furieux, et peut-être contre soi-même sans le dire, ne put être induit à chercher à la chaude à replâtrer l'affront. Il fit grand bruit dans le monde, et les choses en demeurèrent là plusieurs mois. A la fin, les amis de l'un et de l'autre s'en mêlèrent. M. le Duc, revenu tout à fait à soi, ne demanda pas mieux que de faire toutes les avances du raccommodement. Le comte de Fiesque eut la misère de les recevoir, ils se raccommodèrent, et ce qu'il y eut de plus merveilleux, c'est qu'ils vécurent tous deux ensemble depuis comme s'il ne se fût rien passé entre eux.

Le duc de La Feuillade n'avoit pu faire revenir le roi sur son compte. On a vu ci-devant le vol qu'il fit à son oncle; la colère où le roi en fut, qui l'auroit cassé sans Pontchartain, qui par honneur mit tout son crédit à l'empêcher. Ses débauches de toutes les sortes, son extrême négligence pour le service, son très-mauvais et très-vilain régiment, son arrivée tous les ans très-tard à l'armée, qu'il quittoit avant personne, tout cela le tenoit dans une manière de disgrâce très-marquée. Il étoit parfaitement bien fait, avoit un air et les manières fort nobles, et une physionomie si spirituelle qu'elle réparoit sa laideur et le jaune et les bourgeons dégoûtants de son visage. Elle tenoit parole; il avoit beaucoup d'esprit et de toutes sortes d'esprit. Il savoit persuader son mérite à qui se contentoit de la superficie, et surtout avoit le langage et le manége d'enchanter les femmes. Son commerce, à qui ne vouloit que s'amuser, étoit charmant ; il étoit magnifique en tout, libéral, poli, fort brave et fort galant, gros et beau joueur. Il se piquoit fort de toute ses qualités, fort avantageux, fort hardi, grand débiteur de maximes et de morales, et disputoit volontiers pour faire parade d'esprit. Son ambition étoit sans bornes, et comme il étoit sans suite pour rien comme il l'étoit pour tout, cette passion et celle du plaisir prenoient le dessus tour à tour. Il recherchoit fort la réputation et l'estime, et il avoit l'art de courtiser utilement les personnes des deux sexes de l'approbation desquelles il pouvoit le plus espérer, et par cet applaudissement qui en entraînoit d'autres de se faire compter dans le grand monde. Il paroissoit vouloir avoir des amis, et il en trompa longtemps. C'étoit un cœur corrompu à fond, une âme de boue, un impie de bel air et de profession ; pour tout dire, le plus solidement malhonnête homme qui ait paru de longtemps.

Il étoit veuf sans enfants de la fille de Châteauneuf et sœur de La Vrillière, secrétaire d'État, avec qui il avoit très-mal vécu sans aucune cause, et avec un parfait mépris. Ne sachant où se reprendre dans un accès d'ambition, il imagina que Chamillart seroit en état de tout faire pour lui en épousant sa seconde fille, Dreux, mari de l'aînée, ne pouvant par le peu qu'il étoit lui faire ombrage. Il le fit proposer à ce ministre, qui s'en trouva d'autant plus flatté que sa fille étoit cruellement vilaine. Chamillart en parla au roi, qui l'arrêta tout court. « Vous ne connoissez pas La Feuillade, lui dit-il ; il ne veut votre fille que pour vous tourmenter pour que vous me tourmentiez pour lui ; or, je vous déclare que jamais je ne ferai rien pour lui, et vous me ferez plaisir de n'y plus penser. » Chamillart se tut tout court, et demeura fort affligé. La Feuillade ne se rebuta point : plus il se vit sans ressource, plus il sentit que ce mariage seul lui en seroit une unique, et plus il fit presser Chamillart. On ne comprend pas aisément comment, après un tel refus, il osa quelque temps après retourner à la charge, et beaucoup moins comment le roi se rendit à ses instances, à qui l'a connu. Il donna deux cent mille livres à Chamillart, comme il faisoit à ses ministres, pour ce mariage. Chamillart y en ajouta cent [mille] du sien, et le mariage fut conclu. La Feuillade fut mal reçu du roi, lorsque, la permission accordée à Chamillart, il lui en parla. Les noces se firent. La Feuillade vécut encore plus mal, s'il est possible, avec cette seconde femme qu'avec la première, et dès les commencements ; mais il avoit jeté un charme sur Chamillart à qui il manqua étrangement quand il ne lui fut plus nécessaire, et qui n'en demeura pas moins constamment affolé de lui tant qu'il vécut. On verra dans la suite combien ce mariage a coûté cher à la France.

Fagon, premier médecin du roi, fut taillé par Maréchal, chirurgien célèbre de Paris, qu'il préféra à tous ceux de la cour et d'ailleurs. Fagon, asthmatique, très-bossu, très-décharné, très-délicat, et sujet aux atteintes du haut mal, étoit un méchant *sujet* en termes de chirurgie ; néanmoins il guérit par sa tranquillité et l'habileté de Maréchal, qui lui tira une fort grosse pierre. Cette opération le fit quelque temps après premier chirurgien du roi. Sa Majesté marqua une grande inquiétude de Fagon, en qui pour sa santé il avoit mis toute sa confiance. Il lui donna cent mille francs à cette occasion. On a pu voir quel étoit Fagon (tome Ier, page 110), tout au commencement de ces Mémoires.

Le duc d'Harcourt arriva d'Espagne et entretint longtemps le roi et Mme de Maintenon, et dès lors commença à prendre un grand vol, mais il lui falloit peut-être plus de santé et sûrement plus de mesure.

Le comte de Montrevel, qui, à la prière de l'électeur de Cologne, évêque de Liége, s'étoit saisi de la citadelle de Liége et avoit prévenu de fort peu les Hollandois, fit par ordre du roi et du même électeur enlever le baron de Méan, doyen du chapitre de Liége, et son frère avec tous leurs papiers, et les fit conduire dans le château de Namur. C'étoient deux hommes d'une grande ambition, surtout le doyen qui avoit beaucoup d'esprit et de hardiesse, et qui excelloit en projets, en menées et en intrigues. Ils étoient fort attachés au roi Guillaume qui s'en servoit beaucoup, et en dernier lieu il avoit voulu débaucher le gouverneur d'Huy avec sa place, et fait le projet de l'occupation de Liége par les Hollandois. Ce fut un grand cri de tous les alliés contre la France, outrés de se voir privés de deux instruments si utiles, et encore plus de ce qu'on verroit de leurs desseins par leurs papiers. On n'en étoit plus aux mesures, on laissa crier, et on resserra bien les deux prisonniers.

Le vieux Bissy, ancien lieutenant général et commandant depuis longtemps en chef en Lorraine et dans les Trois-Évêchés, mourut à Metz fort regretté par son équité, sa discipline et la netteté de ses mains. Ce fut un de ces militaires de bas aloi que M. de Louvois fit chevalier de l'Ordre à la fin de 1688. Il s'appeloit Thiard, d'une famille qui a donné des conseillers et des présidents aux parlements de Dijon et de Besançon, et un évêque de Châlon-sur-Saône, grand poëte, ami de Ronsard, de Desportes, du cardinal du Perron, et savant d'ailleurs, qui mourut tout au commencement du dernier siècle. Bissy, par ce commandement de Lorraine, trouva à marier son fils aîné à une Haraucourt, qui longues années après devint héritière par la mort de ses frères sans enfants. Il étoit aussi père de l'abbé de Bissy, à qui il procura l'évêché de Toul, et qui depuis est devenu cardinal et a fait un étrange bruit dans le monde. Étant allé tout jeune homme et presque du collège voir son père à Nancy, ce fut à qui le loueroit le plus. Le père qui étoit galant homme, bon citoyen et vrai, s'en impatienta. « Vous ne le connoissez pas, leur dit-il; voyez-vous bien ce petit prestolet-là qui ne semble pas savoir l'eau troubler, c'est une ambition effrénée qui sera capable, s'il peut, de mettre l'Église et l'État en combustion pour faire fortune. » Ce vieux Bissy n'a été que trop bon prophète. Il y aura lieu de parler plus d'une fois de ce prestolet qui en conserva l'air toute sa vie.

M. de Montespan mourut dans ses terres de Guyenne, trop connu par la funeste beauté de sa femme, et par ses nombreux et plus funestes fruits. Il n'en avoit eu qu'un fils unique avant l'amour du roi, qui étoit le marquis d'Antin, menin de Monseigneur, lequel sut tirer un grand parti de la honte de sa maison. Dès que son père fut mort, il écrivit au roi pour lui demander de faire examiner ses prétentions à la dignité de duc d'Épernon. Tous les enfants de sa mère en supplièrent le roi après son souper, ou de le faire duc, M. le duc d'Orléans portant la parole. Cette folie d'Épernon fut en effet son chausse-pied, mais les moments n'en étoient pas venus, un obstacle invincible l'arrêtoit encore : Mme de Montespan vivoit, et Mme de Maintenon la haïssoit trop pour lui donner le plaisir de voir l'élévation de son fils.

Malgré elle, M. de Chevreuse fut plus heureux, par la permission qu'il obtint de donner sa charge de capitaine des chevau-légers de la garde au duc de Montfort son fils. Elle ne put jamais revenir de l'affaire de M. de Cambrai à l'égard de ses anciens et persévérants amis qui l'avoient tant été d'elle-même ; elle haïssoit surtout le duc de Chevreuse et la duchesse de Beauvilliers. M. de Beauvilliers, elle le supportoit davantage quoiqu'elle ne l'aimât guère mieux ; Mme de Chevreuse étoit la moins dans sa disgrâce : mais le roi étoit si parfaitement revenu pour tous les quatre, que Mme de Maintenon ne put jamais leur donner d'atteinte. Ainsi finit cette année et tout le bonheur du roi avec elle.

CHAPITRE XVIII.

1702. — Bals à la cour et comédies chez Mme de Maintenon et chez la princesse de Conti. — Longepierre. — Mort de la duchesse de Sully. — Mort étrange de Lopineau. — Mort et aventures de l'abbé de Vatteville. — Mariage de Villars et de Mlle de Varangeville. — Délibération sur le voyage de Philippe V en Italie. — Brillante situation d'Harcourt qui lui fait espérer d'être ministre. — Position brillante d'Harcourt en Espagne. — Son embarras entre les deux. — Caractère d'Harcourt. — Conférence très-singulière. — Raisons pour et contre le voyage. — Harcourt arrête la promotion des maréchaux de France. — Son imprudence. — Il se perd auprès du roi d'Espagne et se ferme après le conseil. — Mme la duchesse de Bourgogne et Tessé. — Le voyage résolu et Louville dépêché au roi d'Espagne.

L'année commença par des bals à Versailles ; il y en eut quantité en masques. Mme du Maine en donna plusieurs dans sa chambre toujours gardant son lit, parce qu'elle étoit grosse, ce qui faisoit un spectacle assez singulier. Il y en eut aussi à Marly, mais la plupart de ceux-là sans mascarades. Mme la duchesse de Bourgogne s'amusa fort à tous. Le roi vit en grand particulier, mais souvent et toujours chez Mme de Maintenon, des pièces saintes, comme *Absalon*, *Athalie*, etc.; Mme la duchesse de Bourgogne, M. le duc d'Orléans, le comte et la comtesse d'Ayen, le jeune comte de Noailles, Mlle de Melun, poussée par les Noailles, y faisoient les principaux personnages en habits de comédiens fort magnifiques. Le vieux baron, excellent acteur, les instruisoit et jouoit avec eux, et quelques domestiques de M. de Noailles. Lui et son habile femme étoient les inventeurs et les promoteurs de ces plaisirs intérieurs pour s'introduire de plus en plus dans la familiarité du roi, à l'appui de l'alliance de Mme de Maintenon. Il n'y avoit de place que pour quarante spectateurs. Monseigneur et les deux princes ses fils, Mme la princesse de Conti, M. du Maine, les dames du palais, Mme de Noailles et ses filles y furent les seuls admis. Il n'y eut que deux ou trois courtisans en charge et en familiarité, et pas toujours. Madame y fut admise avec son grand habit de deuil : le roi l'y convia, parce qu'elle aimoit fort la comédie, et lui dit qu'étant de sa famille si proche, son état ne la devoit pas exclure de ce qui se faisoit en sa présence dans un si grand particulier. Cette faveur fut fort prisée. Mme de Maintenon voulut lui marquer qu'elle avoit oublié le passé.

Longepierre, celui même qui avoit été chassé de chez

M. du Maine pour avoir entêté M. le comte de Toulouse
d'épouser Mlle d'Armagnac, dont la mère et la fille furent
longtemps exclues de tout, et ne se seroient pas sauvées de
la plus profonde disgrâce sans l'amitié du roi pour M. le
Grand, Longepierre, dis-je, étoit enfin revenu, s'étoit accroché
aux Noailles, et avoit fait une pièce fort singulière sous
le titre d'*Électre* qui fut jouée sur un magnifique théâtre
chez Mme la princesse de Conti à la ville avec le plus grand
succès. Monseigneur et toute la cour qui s'y empressa, la
vit plusieurs fois. Cette pièce étoit sans amour, mais pleine
des autres passions et des situations les plus intéressantes.
Je pense qu'elle avoit été faite ainsi dans l'espérance de la
faire voir au roi, mais il se contenta d'en entendre parler, et
les représentations en furent bornées à l'hôtel de Conti. Longepierre
ne la voulut pas donner ailleurs. C'étoit un drôle,
intrigant de beaucoup d'esprit, doux, insinuant, et qui, sous
une tranquillité, une indifférence et une philosophie fort
trompeuse, se fourroit et se mêloit de tout ce qu'il pouvoit
pour faire fortune. Il fit si bien qu'il entra chez M. le duc
d'Orléans où nous le retrouverons, et où, avec tout son
art et son savoir-faire, il montra vilainement la corde et
se fit honteusement chasser. D'ailleurs il savoit entre autres
[choses] force grec, dont il avoit aussi toutes les mœurs.

La mort de la duchesse de Sully priva les bals du meilleur
et du plus noble danseur de son temps, le chevalier de
Sully, son second fils, et que le roi faisoit danser, quoique
d'âge à y avoir renoncé. Sa mère étoit fille de Servien,
surintendant des finances, à qui étoit Meudon où il avoit
tant dépensé. Elle étoit pauvre, quoiqu'elle eût eu huit cent
mille livres, et que par l'événement elle fût devenue héritière.
Mais Sablé, son frère, s'étoit ruiné dans la plus
vilaine crapule et la plus obscure, quoique fort bien fait et
avec beaucoup d'esprit, et l'abbé Servien, son autre frère,
qui n'en avoit pas moins, et avoit été camérier du pape; ne
fut connu que par ses débauches, et le goût italien qui lui

attira force disgrâces. Ainsi périssent en bref, et souvent avec honte, les familles de ces ministres si puissants et si riches, qui semblent dans leur fortune les établir pour l'éternité.

Lopineau, commis de Chamillart pour dresser les arrêts de finance, étoit perdu depuis trois mois. C'étoit un homme doux et poli, bien que commis principal, et homme à mains nettes, quoique de tout temps employé aux finances. Il étoit aimé et estimé de tout le monde, et n'étoit point marié. Étant à Paris, et sorti une après-dînée seul à pied, il ne revint plus, et son corps fut enfin trouvé près du pont de Neuilly dans la rivière. Ce pauvre homme apparemment fut pris par des scélérats pour le rançonner et détenu longtemps, puis assassiné et jeté dans la rivière, sans que, quelque soin qu'on ait pris de le chercher puis de faire toutes les perquisitions possibles de ce crime, on en ait pu rien apprendre.

La mort de l'abbé de Vatteville fit moins de bruit, mais le prodige de sa vie mérite de n'être pas omis. Il étoit frère du baron de Vatteville, ambassadeur d'Espagne en Angleterre, qui fit à Londres, le 10 octobre 1661, une espèce d'affront au comte, depuis maréchal d'Estrades, ambassadeur de France, pour la préséance, dont les suites furent si grandes, et qui finirent par la déclaration que fit au roi le comte de Fuentès, ambassadeur extraordinaire d'Espagne, envoyé exprès, que les ambassadeurs d'Espagne, en quelque cour que ce fût n'entreroient jamais en concurrence avec les ambassadeurs de France. Cela se passa le 24 mars 1662, en présence de toute la cour et de vingt-sept ministres étrangers, dont on tira acte.

Ces Vatteville sont des gens de qualité de Franche-Comté. Ce cadet-ci se fit chartreux de bonne heure, et après sa profession fut ordonné prêtre. Il avoit beaucoup d'esprit, mais un esprit libre, impétueux, qui s'impatienta bientôt du joug qu'il avoit pris. Incapable de demeurer plus longtemps soumis à de si gênantes observances, il songea à s'en affranchir. Il trouva moyen d'avoir des habits séculiers, de l'argent, des pistolets, et un cheval à peu de distance. Tout cela peut-être n'avoit pu se pratiquer sans donner quelque soupçon. Son prieur en eut, et avec un passe-partout va ouvrir sa cellule, et le trouve en habit séculier sur une échelle, qui alloit sauter les murs. Voilà le prieur à crier; l'autre, sans s'émouvoir, le tue d'un coup de pistolet, et se sauve. A deux ou trois journées de là, il s'arrête pour dîner à un méchant cabaret seul dans la campagne, parce qu'il évitoit tant qu'il pouvoit de s'arrêter dans des lieux habités, met pied à terre, demande ce qu'il y a au logis. L'hôte lui répond : « Un gigot et un chapon. — Bon, répond mon défroqué, mettez-les à la broche. » L'hôte veut lui remontrer que c'est trop des deux pour lui seul, et qu'il n'a que cela pour tout chez lui. Le moine se fâche et dit qu'en payant c'est bien le moins d'avoir ce qu'on veut, et qu'il a assez bon appétit pour tout manger. L'hôte n'ose répliquer et embroche. Comme ce rôti s'en alloit cuit, arrive un autre homme à cheval, seul aussi, pour dîner dans ce cabaret. Il en demande, il trouve qu'il n'y a quoi que ce soit que ce qu'il voit prêt à être tiré de la broche. Il demande combien ils sont là-dessus, et se trouve bien étonné que ce soit pour un seul homme. Il propose en payant d'en manger sa part, et est encore plus surpris de la réponse de l'hôte, qui l'assure qu'il en doute à l'air de celui qui a commandé le dîner. Là-dessus le voyageur monte, parle civilement à Vatteville, et le prie de trouver bon que, puisqu'il n'y a rien dans le logis que ce qu'il a retenu, il puisse, en payant, dîner avec lui. Vatteville n'y veut pas consentir; dispute, elle s'échauffe; bref, le moine en use comme avec son prieur, et tue son homme d'un coup de pistolet. Il descend après tranquillement, et au milieu de l'effroi de l'hôte et de l'hôtellerie, se fait servir le gigot et le chapon, les mange l'un et l'autre jusqu'aux os, paye, remonte à cheval et tire pays.

Ne sachant que devenir, il s'en va en Turquie, et pour le faire court se fait circoncire, prend le turban, s'engage dans la milice. Son reniement l'avance, son esprit et sa valeur le distinguent, il devient bacha, et l'homme de confiance en Morée, où les Turcs faisoient la guerre aux Vénitiens. Il leur prit des places et, et se conduisit si bien avec les Turcs, qu'il se crut en état de tirer parti de sa situation, dans laquelle il ne pouvoit se trouver à son aise. Il eut des moyens de faire parler au généralissime de la république, et de faire son marché avec lui. Il promit verbalement de livrer plusieurs places et force secrets des Turcs, moyennant qu'on lui rapportât, en toutes les meilleures formes, l'absolution du pape de tous les méfaits de sa vie, de ses meurtres, de son apostasie, sûreté entière contre les chartreux, et de ne pouvoir être remis dans aucun autre ordre, restitué plénièrement au siècle avec les droits de ceux qui n'en sont jamais sortis, et pleinement à l'exercice de son ordre de prêtrise, et pouvoir de posséder tous bénéfices quelconques. Les Vénitiens y trouvèrent trop bien leur compte pour s'y épargner, et le pape crut l'intérêt de l'Église assez grand à favoriser les chrétiens contre les Turcs; il accorda de bonne grâce toutes les demandes du bacha. Quand il fut bien assuré que toutes les expéditions en étoient arrivées au généralissime en la meilleure forme, il prit si bien ses mesures qu'il exécuta parfaitement tout ce à quoi il s'étoit engagé envers les Vénitiens. Aussitôt après, il se jeta dans leur armée, puis sur un de leurs vaisseaux qui le porta en Italie. Il fut à Rome, le pape le reçut bien; et pleinement assuré, il s'en revint en Franche-Comté dans sa famille, et se plaisoit à morguer les chartreux.

Des événements si singuliers le firent connoître à la première conquête de la Franche-Comté. On le jugea homme de main et d'intrigue; il en lia directement avec la reine mère, puis avec les ministres, qui s'en servirent utilement à la seconde conquête de cette même province. Il y servit fort utilement, mais ce ne fut pas pour rien. Il avoit stipulé l'archevêché de Besançon, et en effet, après la seconde conquête, il y fut nommé. Le pape ne put se résoudre à lui donner des bulles, il se récria au meurtre, à l'apostasie, à la circoncision. Le roi entra dans les raisons du pape, et il capitula avec l'abbé de Vatteville, qui se contenta de l'abbaye de Baume, la deuxième de Franche-Comté, d'une autre bonne en Picardie, et de divers autres avantages. Il vécut depuis dans son abbaye de Baume, partie dans ses terres, quelquefois à Besançon, rarement à Paris et à la cour, où il étoit toujours reçu avec distinction.

Il avoit partout beaucoup d'équipage, grande chère, une belle meute, grande table et bonne compagnie. Il ne se contraignoit point sur les demoiselles, et vivoit non-seulement en grand seigneur et fort craint et respecté, mais à l'ancienne mode, tyrannisant fort ses terres, celles de ses abbayes, et quelquefois ses voisins, surtout chez lui très-absolu. Les intendants plioient les épaules; et, par ordre exprès de la cour, tant qu'il vécut, le laissoient faire et n'osoient le choquer en rien, ni sur les impositions, qu'il régloit à peu près comme bon lui sembloit dans toutes ses dépendances, ni sur ses entreprises, assez souvent violentes. Avec ces mœurs et ce maintien qui se faisoit craindre et respecter, il se plaisoit à aller quelquefois voir les chartreux, pour se gaudir d'avoir quitté leur froc. Il jouoit fort bien à l'hombre, et y gagnoit si souvent codille[1], que le nom d'*abbé Codille* lui en resta. Il vécut de la sorte, et toujours dans la même licence et dans la même considération, jusqu'à près de quatre-vingt-dix ans. Le petit-fils de son frère a, longues années depuis, épousé une sœur de M. de Maurepas, du second lit.

Villars, aux portes de la fortune, fit un riche mariage. Il épousa Mlle de Varangeville, belle et de fort grand air, sœur

---

1. *Gagner codille*, locution du jeu d'hombre, signifiait gagner sans avoir fait jouer.

cadette de la femme de Maisons président à mortier, fort belle aussi, mais moins agréable. Elles n'étoient qu'elles deux, sans frère; et par l'événement Mme de Villars a tout eu, le fils unique de Mme de Maisons étant mort fort jeune, et son fils unique très-promptement après lui encore en enfance, tellement que cela a joint des biens immenses à ceux que Villars avoit amassés. Varangeville s'appeloit Rocq, étoit de Normandie, et moins que rien. Courtin, doyen du conseil, si bien avec le roi, si connu par ses ambassades, duquel on a souvent parlé ici, n'avoit qu'un fils abbé, qui prit le petit collet par paresse et par débauche, avec lequel il est mort, et deux filles. Le président de Rochefort, du parlement de Bretagne, en épousa une; Varangeville obtint l'autre par ses richesses, belle et vertueuse, avec de l'esprit et de la conduite, qui demeura toujours avec son père veuf, dont elle gouvernoit la maison, et par lui se mit très-agréablement dans le monde.

L'affaire du jour étoit alors la résolution à prendre sur le voyage du roi d'Espagne en Italie. Mais comme le mérite des affaires n'est pas toujours ce qui en forme la décision, l'intrigue avec laquelle celle-ci fut contredite et soutenue mérite bien quelque détail. Louville, plus instruit que personne des affaires d'Espagne par la confiance des deux cours, et par l'influence que lui donnoit sur toutes la faveur et la confiance entière du roi d'Espagne, étoit celui qui avoit imaginé ce voyage d'Italie, qui l'avoit fait goûter à M. de Beauvilliers et à Torcy, et qui, une fois assuré de leur approbation, l'avoit mis en tête au roi d'Espagne dès avant son départ de Madrid. Louville étoit plein d'esprit et de sens, ardent, mais droit, et persuadé une fois, rien ne le faisoit démordre et aussi peu s'arrêter. L'engouement où la vivacité et l'abondance des pensées et des raisons le jetoient quelquefois, exposoit ce feu à des indiscrétions. Il en commit en rendant compte au roi des affaires d'Espagne, et du désir et des raisons du roi d'Espagne pour aller en Italie; il s'échappa sur l'état de l'Espagne, sur les Espagnols et sur quelques personnages considérables. Chargé de rendre compte du mariage du roi d'Espagne, il ne put taire ce qui s'y étoit passé, de l'incartade des dames espagnoles au souper du jour des noces, des pleurs et de l'enfance de la reine, qui cette nuit-là ne voulut jamais coucher avec le roi, et ne parloit que de s'en retourner en Piémont, enfin de tout ce que j'ai raconté sur ces noces. Outre qu'il devoit ce compte au roi, inutilement lui auroit-il voulu cacher une aventure si publique au souper, et le reste connu de tout l'intérieur du palais, en particulier de Mme des Ursins et de Marsin, qui n'auroient osé n'en pas écrire. Mais Louville parloit au roi en présence de Mme de Maintenon, qui de plus savoit par le roi ce qu'il apprenoit de Louville dans son cabinet tête à tête.

Louville étoit créature du duc de Beauvilliers, ami intime de Torcy et très-bien avec le duc de Chevreuse, et il se donnoit pour tel, dans le compte qu'il rendoit et les questions que le roi lui fit entre quantité d'affaires, de choses et de détails particuliers, inconnus la plupart, les autres [connus] seulement par leur superficie au duc d'Harcourt, qui sitôt après l'arrivée à Madrid, et si longtemps, avoit été à la mort et fort longtemps après encore à se remettre à la Sarçuela, éloigné du bruit de la cour et de l'embarras des affaires. Tout cela aliéna Mme la duchesse de Bourgogne, qu'on entêta que Louville avoit rendu de mauvais services à la reine sa sœur. Plusieurs de ses dames, ennemies de M. de Beauvilliers, par des intrigues de cour ou pour plaire à Mme de Maintenon, firent et excitèrent encore plus de bruit contre Louville, et tous les amis de M. d'Harcourt firent chorus.

On a vu en son lieu la haine de Mme de Maintenon pour les ducs de Chevreuse et de Beauvilliers d'autant plus grande que, sur le point de les chasser, elle s'étoit trouvée impuissante, et ces deux seigneurs, peu à peu revenus eux et leurs femmes mieux et plus familièrement que jamais auprès du roi. On a vu encore l'affection que Mme de Maintenon portoit à M. d'Harcourt, et combien elle l'avoit servi; et on en a vu aussi l'impure mais puissante source, et combien il en avoit su profiter. Ce délié courtisan comptoit bien en tirer un plus grand parti. Sa santé moins que ses vues lui avoit fait demander son congé et presser son retour; sa réception les avoit confirmés; il s'agissoit de ne pas laisser refroidir de si favorables dispositions. Mme de Maintenon le conduisoit par la main. Sous prétexte des affaires d'Espagne, elle lui procuroit des entretiens fréquents avec le roi, et comme les affaires d'Espagne influoient sur toutes les autres, Harcourt, par son conseil, passoit avec le roi des unes aux autres, et par cet appui en étoit écouté.

Si Beauvilliers et Torcy étoient dans sa disgrâce, il s'en falloit peu que le chancelier ne se trouvât au même point. On a vu qu'après leur grande liaison il lui étoit devenu pesant aux finances, et que le désir qu'elle eut d'y avoir un contrôleur général tout à elle avoit plus que toute autre raison poussé Pontchartrain à la place de chancelier, qu'il désiroit lui-même infiniment, et pour la grandeur de la charge et pour se défaire des finances qu'il abhorroit. La cessation d'occasion de mécontentement avoit d'autant moins ramené Mme de Maintenon à lui, qu'il ne s'étoit jamais soucié de s'en rapprocher, et que son mépris marqué pour son successeur aux finances, et pour toutes les opérations qu'il y faisoit, avoit formé un éloignement entre eux qui fomenta l'ancien levain de Mme de Maintenon, protectrice déclarée de Chamillart. De cette sorte, de quatre ministres qui formoient le conseil d'État, elle n'en avoit qu'un à elle. Elle vouloit donc y faire entrer Harcourt, accoutumer le roi à lui, et l'y disposer par ces conversations fréquentes qui se tournoient en consultations.

Elle l'avoit lié avec M. du Maine et avec les plus accrédités valets du roi de sa dépendance, et surtout avec Chamillart.

Lui, de son côté, avoit gagné, à force de souplesses et de respects bien ménagés, la roguerie sauvage de M. de La Rochefoucauld, qui, envieux né de tous et de tout, haïssoit MM. de Chevreuse et de Beauvilliers sans savoir pourquoi. Harcourt avoit gagné le peu de gens que leurs privances approchoient du roi, et s'en étoit rendu ainsi tous les accès favorables. Le grand vol qu'on lui voyoit prendre et que nul autre homme de qualité n'avoit pu jusqu'alors atteindre, lui frayoit le chemin à toutes ces unions, et il devenoit d'un air distingué d'être en liaison avec lui. Il n'en faut pas tant dans les cours pour avoir à en choisir. Telle étoit la position de M. d'Harcourt à Versailles.

La sienne à Madrid n'étoit pas moins riante. De Saint-Jean de Luz à Madrid, et dans le peu qu'il fut en santé, le roi d'Espagne l'avoit fort goûté. Un peu avant le départ, il lui avoit confié son désir d'aller en Italie; il l'avoit prié de le servir auprès du roi son grand-père sur ce dessein; enfin, il l'avoit pressé d'y venir lui mettre les armes à la main, et de le conduire pendant la campagne. Non content d'une ouverture si flatteuse, il lui avoit écrit plusieurs fois, depuis, les mêmes choses, et avec le plus grand empressement de l'avoir avec lui à l'armée, et de s'y gouverner par ses conseils, et il le demandoit au roi. Tant de faveurs et de brillante fortune passoit les bornes, non de l'ambition d'Harcourt, qui étoit sans bornes, mais de la route qu'il s'étoit destinée. Rien de plus contradictoire que d'entrer ici dans le conseil, et d'être celui du roi d'Espagne à l'armée d'Italie, commandée sous lui par MM. de Villeroy et de Vaudemont, dont il connoissoit le crédit et les appuis. Ce fut donc un embarras d'autant plus grand pour Harcourt, qu'il se vouloit ménager l'Espagne pour ressource, si les obstacles pour entrer dans le conseil se trouvoient trop forts. En ce cas, son projet étoit de retourner en Espagne quand Philippe V y seroit de retour, et de prendre de là un vol nouveau et des forces nouvelles pour forcer à son retour ici la porte du conseil. Il ne se falloit donc pas montrer contraire au voyage d'Italie, pour ne pas perdre la confiance du roi d'Espagne et la ressource qu'il méditoit ; mais, étant si à portée d'arriver dès lors au comble de ses désirs, il avoit surtout à se garder d'une absence si étrangement à contre-temps, et engagé comme il se trouvoit à ne pas quitter la personne du roi d'Espagne en Italie, il falloit sur toutes choses lui rompre ce voyage, et encore plus le rompre avec assez d'adresse pour qu'il n'en pût pas être accusé ou du moins convaincu. Ce n'étoit pas une conduite aisée, surtout vis-à-vis d'un homme aussi avisé, aussi pénétrant que Louville, convaincu de l'importance de faire faire ce voyage, et chargé de le persuader à notre cour, ardent d'ailleurs et fortement appuyé du duc de Beauvilliers, de Torcy, et du chancelier qu'il avoit gagné par ses raisons, quoique mal avec M. de Beauvilliers et très-enclin aux avis contraires aux siens.

Harcourt, avec les manières les plus polies, les plus affables, les plus engageantes, les plus ouvertes, étoit l'homme du monde le plus haut, le plus indifférent, excepté à sa fortune, le plus méprisant, avec toutefois le bon esprit de consulter, soit pour gagner des gens, soit pour faire sien ce qu'il en tiroit de bon. Il avoit beaucoup d'esprit, juste, étendu, aisé à se retourner et à prendre toutes sortes de formes, surtout séduisant, avec beaucoup de grâces dans l'esprit. Sa conversation la plus ordinaire étoit charmante, personne n'étoit de meilleure compagnie ; ployant, doux, accessible, facile à se faire tout à tous, et par là s'étoit fait extrêmement aimer partout et s'étoit fait une réputation. Il parloit d'affaires avec une facilité et une éloquence naturelle et simple. Les expressions qui entraînoient couloient de source ; la force et la noblesse les accompagnoient toujours. Il ne falloit pas toutefois s'y fier si les affaires étoient mêlées avec ses vues, il ne souffroit pas patiemment ce qui les contredisoit. Le sophisme le plus entrelacé et le mieux poussé lui étoit familier. Il savoit y donner un air simple et vrai, et jeter force poudre aux yeux par des interrogations hardies, et quelquefois par des disparates quand il en avoit besoin. L'écorce du bien public et de la probité, qu'il montroit avec celle de la délicatesse pour persuader sans avoir l'air de s'en parer, n'avoit rien qui le pût contraindre. Jamais elle ne lui passa l'épiderme. Il avoit l'art d'éviter d'y être pris, mais s'il lui arrivoit de se prendre dans le bourbier, une plaisanterie venoit au secours, un conte, une hauteur, en un mot il payoit d'effronterie et ne se détournoit pas de son chemin. Il marioit merveilleusement l'air, le langage et les manières de la cour et du grand monde, avec le propos, les façons et la liberté militaire, qui l'une à l'autre se donnoient du prix. Droit et franc quand rien ne l'en détournoit; au moindre besoin la fausseté même et la plus profonde, et toujours plein de vues pour soi, et de desseins personnels. Naturellement gai, d'un travail facile, et jamais incommode par inquiétude, ni à la guerre, ni dans le cabinet; jamais impatient, jamais important, jamais affairé, toujours occupé et toujours ne paroissant rien à faire; sans nul secours domestique pour le dehors et pour sa fortune : en tout un homme très-capable, très-lumineux, très-sensé; un bel esprit net, vaste, judicieux, mais avare, intéressé, rapportant tout à soi, fidèle uniquement à soi, d'une probité beaucoup plus qu'équivoque, et radicalement corrompu par l'ambition la plus effrénée. Il étoit l'homme de la cour le plus propre à devenir le principal personnage, le plus adroit en détours, le plus fertile en souterrains et en manéges, que le liant de son esprit entretenoit avec un grand art, soutenu par une suite continuelle en tout ce qu'il se proposoit.

Il avoit eu l'habileté de persuader au roi qu'il étoit l'homme le plus instruit de l'Espagne, et le seul qui en connût les affaires et les personnages à fond. Il étoit pourtant vrai que fort délaissé, fort suspect et fort éloigné de tout à sa première ambassade jusqu'au moment que la reine voulut traiter avec lui, ou peut-être l'amuser et le tromper par l'amirante, et qu'ayant eu défense d'écouter rien de cette part, le dépit qu'il eut le fit retirer à la campagne à tirer des lapins jusqu'à son rappel, lorsqu'on voulut faire déclarer le traité de partage à Charles II, et n'y pas exposer la personne et le caractère de l'ambassadeur. M. d'Harcourt n'avoit donc pu revenir de cette première ambassade bien instruit et au fait des choses d'Espagne ; et à sa seconde, à peine fut-il arrivé à Madrid, qu'il tomba dans cette grande maladie qui dura en grand danger, ou à se rétablir à la Sarçuela, loin de la cour et des affaires jusqu'au départ du roi d'Espagne pour la Catalogne, et au sien pour revenir. Ce n'étoit donc pas pour être fort instruit, et néanmoins il persuada au roi tout ce qu'il voulut là-dessus, parce qu'il convenoit aux vues de Mme de Maintenon sur lui que le roi le crût tel qu'il se vantoit à lui d'être.

Dans cette opinion, le roi en peine de se déterminer sur le voyage du roi d'Espagne en Italie entre Louville et le duc d'Harcourt qui l'en dissuadoit de toutes ses forces, chacun soutenu de ses appuis, on vit avec surprise un phénomène nouveau à la cour. Le roi ordonna à ses ministres, c'est-à-dire au duc de Beauvilliers, à Torcy et à Chamillart de s'assembler chez le chancelier, et au duc d'Harcourt de s'y trouver pour y débattre le pour et le contre de ce voyage d'Italie, et lui faire le rapport des avis. Jamais une pareille assemblée de ministres hors du conseil et de la présence du roi, beaucoup moins personne admis à délibérer avec eux, et ce qui étoit de plus surprenant, un seigneur que sa qualité de seigneur en excluoit plus constamment et plus radicalement que nul autre. Aussi une telle distinction apporta-t-elle une extrême considération à Harcourt, et le fit-elle regarder comme celui qui avoit levé le charme, et qui étoit tout contre d'entrer dans le conseil. Louville, avec Mme de Maintenon contraire, n'étoit pas bastant pour être de la conférence. Beauvilliers et Torcy étoient pleins et persuadés de ces raisons; il ne fut pas seulement question de l'y admettre.

En faveur du voyage on alléguoit l'indécence de l'oisiveté d'un prince de l'âge et de la santé du roi d'Espagne, tandis que toute l'Europe s'armoit pour lui ôter ou lui conserver ses couronnes; le peu de prétextes qu'on pouvoit prendre de la nécessité de veiller lui-même au gouvernement de ses États, et son peu d'expérience et de connoissances; l'influence fâcheuse qu'en recevroit sa réputation et le respect de sa personne dans tous les temps; le plein repos où on devoit être sur la fidélité de l'Espagne et des ministres qui gouverneroient en son absence, et sur lesquels tout portoit, même en sa présence, dans la jeunesse de son âge et la nouveauté de son arrivée; l'importance de l'éloigner de bonne heure de l'air de fainéantise et de paresse des trois derniers rois d'Espagne, qui n'étoient jamais sortis de la banlieue de Madrid, et s'en étoient si mal trouvés; l'approcher au contraire de l'activité de Charles-Quint, et le former de bonne heure par le spectacle des différents pays, des divers génies des nations à qui il avoit à commander, et par l'apprentissage de la guerre et de ses différentes parties, dont il auroit à entendre parler et à décider toute sa vie. Enfin l'exemple de tous les rois, dont aucun, excepté ces trois derniers d'Espagne, ne s'étoit dispensé d'aller à la guerre; sur quoi celui du roi n'étoit pas oublié. On ajoutoit la nécessité de montrer à Milan, et surtout à Naples, avec ce qu'il venoit d'y arriver, un jeune roi dont ils n'avoient vu aucun depuis Charles-Quint, et un roi qui commençoit une lignée nouvelle, dont la présence lui attacheroit de plus en plus ces différents États par le soin qu'il prendroit à leur plaire et par quelques bienfaits répandus à propos qui sortiroient sur les lieux immédiatement de sa main.

A ces raisons on opposoit le danger d'abandonner l'Espagne presque aussitôt que le roi s'y étoit montré; l'embarras et le danger de sa personne dans l'armée d'Italie; enfin le peu d'argent à employer à ses dépenses plus indispensables qu'à une pompe de voyage et de campagne qui ne se pouvoit éviter en les faisant faire au roi d'Espagne et qui coûteroit infiniment.

Louville ne demeuroit pas court à ces objections. Il répondoit à la première, que loin qu'il y eût du danger de tirer Philippe V de Madrid, la gloire de l'occasion en plairoit à toute l'Espagne; que dans ce commencement d'arrivée et d'engouement, il y falloit accoutumer les seigneurs, qui dans d'autres temps ne seroient pas si maniables à ce qu'ils regarderoient comme une nouveauté, et qu'il n'étoit que très-bon de faire éprouver à Madrid l'éclipse d'un soleil dont la présence le rendoit heureux et abondant, et dont le retour après et la présence y seroit bien plus goûtée et chérie. A la seconde objection, que la gloire, la réputation, le respect et l'attachement personnel s'acquéroient très-principalement et très-solidement par les travaux et les périls, lesquels étoient bien moindres pour les rois que pour les autres hommes, et qui souvent faisoient un heureux bruit à bon marché; enfin sur la dépense, qu'il n'y en avoit aucune plus utile ni plus nécessaire que celle qui alloit à remplir des vues si principales; que la dépense même se pouvoit beaucoup modérer avec la plus grande bienséance, et qu'un jeune prince n'en étoit que plus aimé et plus estimé, en retranchant les pompes, les fêtes et tout l'inutile pour ne pas fouler ses peuples et employer ses finances à les protéger et à les défendre; qu'un voyage de guerre n'étoit pas celui d'un mariage ou d'une entrevue, et que le simple nécessaire, réduit à la juste mesure de la dignité d'un jeune roi qui ne va qu'en passant visiter ses nouveaux sujets pour se mettre à la tête de son armée et y faire ses premières armes, n'étoit pas si coûteux qu'on se le vouloit persuader.

Ces raisons pour et contre, leurs subdivisions, leurs suites, leurs conséquences, c'est ce qui fut débattu chez le chancelier. Harcourt, à qui il étoit capital d'empêcher ce

voyage, n'y oublia rien dans cette conférence, appuyé de
Chamillart; les deux autres, d'un sentiment contraire, entraînèrent à demi le chancelier, qui ne se soucioit plus de
faire sa cour à Mme de Maintenon. Il avoit toujours ménagé
Monseigneur et lui avoit fait tous les plaisirs qu'il avoit pu
tandis qu'il avoit eu les finances. Harcourt, qui n'oublioit
rien, commençoit à se lier avec les deux sœurs Lislebonne.
Il avoit entretenu Monseigneur, mais ce prince avoit donné
des audiences à Louville; il aimoit le roi d'Espagne; tel qu'il
étoit, il sentoit que son empressement d'aller en Italie étoit
appuyé de bonnes raisons, et que sa gloire personnelle y étoit
intéressée. Il en avoit embrassé le sentiment et l'appuyoit.
Le compte qui fut rendu au roi de la conférence ne lui apprit rien de nouveau. Son goût par son propre exemple
penchoit au voyage. Mme de Maintenon et Chamillart le
retenoient en suspens.

Dans ce même temps, le roi, qui méditoit une grande promotion d'officiers généraux, eut envie de faire des maréchaux de France en même temps. Il est certain qu'il en
écrivit quatre de sa main auxquels il se vouloit borner, qui
étoient Rosen, Huxelles, Tallard et Harcourt. Il s'ouvroit
alors de beaucoup de choses à Harcourt; il lui parla de la
promotion d'officiers généraux, il lui fit sentir quelque chose
de celle des maréchaux de France. Harcourt, qui mouroit
de peur de l'être, parce qu'il sentoit bien qu'on l'enverroit
servir, et qu'il ne vouloit pas s'éloigner, sur le point qu'il
se croyoit d'entrer dans le conseil, dissuada le roi d'en faire.
Ce qui ne se comprend pas d'un homme d'autant d'esprit,
c'est que sa vanité le porta à s'en vanter jusqu'au marquis
d'Huxelles, à qui il en parla dans un coin de la galerie,
peut-être en lui répondant sur ce que l'autre le sondoit pour
hâter cette promotion. Huxelles, surpris et encore plus outré
du propos d'Harcourt : « Mort..., lui dit-il, si vous n'étiez
pas duc, vous vous en seriez bien gardé; » et lui tourna le
dos en furie.

Pendant tous ces manéges, Harcourt avec le meilleur visage du monde se plaignoit de coliques la nuit, d'insomnies et de toutes sortes de maux qui ne paroissoient point, pour se tenir une porte ouverte à refuser de servir et de s'éloigner; et toujours porté par sa protectrice, avoit de fréquents entretiens avec le roi, dans lesquels il frondoit toujours l'avis de ses ministres. La plupart de ces entretiens rouloient sur l'Espagne ou sur la guerre.

Cette opposition d'Harcourt revint souvent par le roi même à Chamillart. Soit que les ducs de Beauvilliers et de Chevreuse, ses amis particuliers, lui fissent faire des réflexions, soit qu'il en fît de lui-même, il ouvrit les yeux sur le risque personnel dont le menaçoit l'entrée d'Harcourt au conseil. Il comprit que, parvenu à ce comble de ses désirs, et n'ayant plus rien à craindre, il ne songeroit qu'à empiéter la principale autorité, qu'étant homme de guerre et surtout de détail, ce seroit à ses dépens qu'il s'autoriseroit; qu'il auroit peine à résister à un homme aussi entreprenant, qui partageoit au moins avec lui la faveur et l'appui de Mme de Maintenon, et qui, avant que de se voir dans le conseil, ne craignoit pas de faire contre aux ministres, et à lui-même dans les entretiens qu'il avoit avec le roi. Il pensa donc sérieusement à éviter ce péril, et à éloigner Harcourt en le faisant maréchal de France, et servir en cette qualité. Mais le roi incertain par ce que Harcourt lui avoit représenté, on prétend qu'un événement fortuit acheva d'empêcher qu'il n'y eût des maréchaux de France ; je dis on prétend, parce que, encore que j'aie eu alors tout lieu de croire l'anecdote que je vais raconter, je n'en suis pas assuré avec certitude. Voici le fait :

Mme la duchesse de Bourgogne qui, par ses grâces, ses manières flatteuses et amusantes, et son attention de tous les instants à plaire au roi et à Mme de Maintenon, s'étoit rendue familière avec eux jusqu'à usurper toutes sortes de libertés, remuant un soir les papiers du roi, sur sa petite table, chez Mme de Maintenon, trouva cette liste des quatre maréchaux de France : en la lisant, les yeux lui rougirent, elle s'écria en s'adressant au roi qu'il oublioit Tessé, qui en mourroit de douleur et elle aussi. Elle se piquoit d'aimer Tessé, parce qu'il avoit fait la paix de Savoie et son mariage, et elle s'apercevoit bien que par cette raison cela plaisoit au roi. Il fut fâché cette fois qu'elle eût vu ce papier, et soit qu'il eût déjà résolu de ne point faire de maréchaux de France, ou qu'il fût buté alors à ne pas faire Tessé, il répondit avec émotion à la princesse qu'elle ne s'affligeroit pas et qu'il n'en feroit aucun.

Cependant le roi d'Espagne écrivoit lettres sur lettres au roi, sur son voyage d'Italie. Le temps s'avançoit. Il falloit se déterminer. Chamillart, tout doucement détaché d'Harcourt, cessa ses oppositions par rapport aux finances, comme entrant dans les raisons du voyage et dans le goût que le roi y montroit. Il fut résolu, et Louville dépêché pour en informer le roi d'Espagne.

Harcourt alors se sentit perdu avec lui, et sa ressource de retourner en Espagne, si besoin lui en étoit, évanouie. Il avoit tergiversé et s'étoit caché tant qu'il avoit pu sur ce voyage; mais la conférence chez le chancelier lui avoit forcé la main; il sentit bien que Louville ne cacheroit pas son opposition au roi d'Espagne, et le refus dont je parlerai bientôt, que le duc de Beauvilliers ne lui laisseroit point ignorer, et beaucoup moins Torcy. Cela le résolut à redoubler d'efforts pour entrer dans le conseil, et profiter de sa situation présente.

Je ne sais si la vanité le trahit, ou s'il crut imposer à ceux qu'il craignoit par un raffinement de politique. Quoi qu'il en soit, il ne craignit pas de plaisanter, avec un air de hauteur et d'assurance, de la peur des ministres de le voir entrer dans le conseil, qui n'en fermoient pas l'œil d'inquiétude, disoit-il, tandis qu'il dormoit les nuits tout d'un somme, et il eut ou l'imprudence, ou la fausse politique de tenir ce propos-là même à Louville, dans les derniers jours qu'il demeura pour recevoir les dernières instructions par rapport au voyage arrêté d'Italie. Harcourt disoit très-vrai pour la moitié, mais pour la tranquillité de son sommeil, elle n'étoit pas aisée à persuader. Ses entretiens continuoient sur le même pied, jusqu'à ce qu'enfin sa trop grande assurance y mit fin, et renversa pour lors son espérance.

Il avoit pris à tâche d'être toujours diamétralement opposé aux avis des ministres ; il avoit commencé à s'expliquer sur eux au roi, avec un mépris moins couvert, et à lui montrer des abus, et à lui proposer des réformes. Un jour que le roi insistoit avec lui sur l'opinion de ses ministres, et qu'Harcourt la contredisoit fortement, il lui échappa de dire que ces gens-là n'étoient pas capables de la moindre bagatelle. Cette parole mit fin aux entretiens et aux consultations du roi avec lui, et lui ferma la porte du conseil déjà entr'ouverte. Le roi, jaloux de ses choix, et qui n'avoit pas dessein de changer son conseil, comprit alors qu'en y admettant Harcourt, il auroit à essuyer une division continuelle, une diversité d'avis sur tout, à la fin des querelles et des prises qui le gêneroient autant que ce qu'il en avoit éprouvé entre Louvois et Colbert. Dès lors il résolut de n'augmenter point son conseil d'un personnage qui y seroit si fâcheux à ses ministres, dont l'importunité retomberoit sur lui, aussi bien que l'embarras à se déterminer entre des avis toujours opposés.

Les matières d'Espagne qui avoient servi de chausse-pied à ces entretiens étoient épuisées avec Harcourt, la confiance sur les autres affaires cessoit avec la pensée de le faire ministre ; avec elle aussi tombèrent les entretiens et les consultations. En vain Harcourt chercha-t-il à se raccrocher, en vain Mme de Maintenon essaya-t-elle de le rapprocher, et tous deux de faire naître des prétextes et des occasions de nouveaux entretiens, tout fut inutile. Le roi avoit pris son parti, et tint ferme à n'avoir plus de particuliers avec lui, mais d'ailleurs le traitant bien et même avec distinction. Ce changement l'affligea au dernier point. Il avoit évité le bâton de maréchal de France, comme le plus dangereux écueil, avec tout le soin possible; il avoit également échoué à s'entretenir avec le roi d'Espagne, et à rompre son voyage d'Italie, et il se voyait frustré de ce grand but auquel il vouloit atteindre, et dont il s'étoit trouvé si longtemps tout près. Mme de Maintenon, qui pour ses vues particulières n'en fut pas moins désolée que lui, le soutint et le consola par l'espérance de profiter plus heureusement, pour ne pas dire plus sagement, d'autres conjonctures qui pourroient naître, et qui pourroient le porter de nouveau au même but, auquel pour lors il n'étoit plus possible de songer.

CHAPITRE XIX.

Retour de Catinat. — Promotion d'officiers généraux. — Ma réception au parlement. — Visites qui la précèdent; piéges que j'y évite. — Je quitte le service. — Bagatelles qui caractérisent. — Bougeoir. — Soupers de Trianon. — Duc de Villeroy arrivé d'Italie. — Journée de Crémone. — Situation de Crémone et qui y commandoit. — Maréchal de Villeroy pris. — Aventure de Montgon. — Villeroy hautement protégé du roi et traité en favori. — Revel chevalier de l'ordre. — Praslin lieutenant général.

Catinat arrivé d'Italie, où sa patience avoit essuyé de si cruels dégoûts, salua le roi à son dîner, un jour qu'il avoit pris médecine; le roi lui fit un air assez gracieux, lui dit quelques mots, mais ce fut tout; nul particulier; le roi ne lui dit pas même qu'il l'entretiendroit, et le modeste maréchal ne montra pas seulement qu'il le désirât, et s'en retourna tranquillement à Paris.

La promotion d'officiers généraux dont j'ai parlé se fit enfin. Elle fut prodigieuse. Dix-sept lieutenants généraux, cinquante maréchaux de camp, quarante et un brigadiers d'infanterie, et trente-huit de cavalerie. Avant que d'expliquer où elle me conduisit, il faut dire que je me fis recevoir ce même hiver au parlement. Le roi qui sur ses bâtards a toujours commencé de fait toutes les distinctions qu'il leur a données, avant que de les leur accorder par des brevets, des lettres, des déclarations et des édits, et qui depuis longtemps avoit établi qu'aucun pair n'étoit reçu au parlement, sans lui en demander la permission, qu'il ne refusoit jamais, s'étoit mis à la différer si le pair n'avoit pas vingt-cinq ans, pour mettre peu à peu une différence d'âge entre ses enfants naturels et eux, par un usage qu'il pût après tourner en règle. Je le savois, et j'avois exprès différé ma réception plus d'une année au delà des vingt-cinq ans, sous prétexte de négligence.

Il fallut aller chez le premier président Harlay qui m'accabla de respects, chez les princes du sang, chez les bâtards. M. du Maine se fit répéter le jour marqué, puis, d'un air de joie mal contenue par celui de la politesse et de la modestie : « Je n'aurai garde d'y manquer, me dit-il, ce m'est un honneur trop grand d'y assister et trop sensible que vous veuilliez bien que j'y sois, pour ne pas m'y trouver, » et avec mille compliments me conduisit jusqu'au jardin, car c'étoit à Marly où j'étois ce voyage. Le comte de Toulouse et M. de Vendôme me répondirent plus simplement, mais ne parurent pas moins contents, ni moins polis ni attentifs à remplir tout ce qu'ils devoient, comme avoit fait M. du Maine. Depuis que le cardinal de Noailles avoit reçu la pourpre romaine, il ne venoit plus au parlement, parce qu'il n'y pouvoit prendre sa place qu'au rang de l'ancienneté de sa pairie. Je pris le temps de son audience publique pour l'aller convier. « Vous savez, me dit-il, que je n'ai plus de place. — Et moi, monsieur, lui répondis-je, qui vous y en connois une fort belle, je viens vous supplier de la venir prendre à ma réception. » Il se mit à sourire et moi aussi. Nous nous entendions bien tous deux; puis me vint conduire au haut de son degré, les battants des portes ouverts, et passant tous deux de front, moi à sa droite. M. de Luxembourg fut le seul duc qui n'entendit pas parler de moi à cette occasion. J'avois toujours sur le cœur l'étrange arrêt qu'il avoit obtenu, et dont j'ai assez parlé ci-devant pour n'en rien répéter. Je me flattois que nous y pourrions revenir quelque jour, et je ne voulus pas donner atteinte à cette espérance, par une reconnoissance solennelle et personnelle du droit qu'il lui avoit acquis. Je n'étois point raccommodé avec lui, ainsi je ne lui en fis faire aucune honnêteté.

Dongois, qui faisoit la fonction de greffier en chef du parlement, à qui ses accès et sa capacité avoit donné autorité en beaucoup de choses dans le parlement, étoit par là connu et recherché. Je le connoissois fort, et pris langue avec lui du détail de ce que j'avois à faire. Tout obligeant et honnête homme qu'il étoit, le bonhomme me tendit trois piéges. Il ne falloit pas s'attendre à moins de sa robe, mais je les sentis tous trois et tout d'abord, et je me préservai de tous les trois. Il me dit donc qu'il convenoit pour le respect du parlement d'y paroître cette première fois en habit tout noir, sans dorure; que pour celui des princes du sang, dont le manteau court descendoit plus bas que l'habit, le mien ne débordât pas mon justaucorps, et que pour celui du premier président, j'allasse, comme c'est la coutume, le matin même après ma réception, le remercier, mais avec mon habit du parlement. Ces trois respects ne me furent pas si grossièrement dits, mais insinués avec esprit Je n'en fis pas semblant, mais je fis directement le contraire, et instruit de la sorte, j'en avertis ceux qui furent reçus dans la suite, qui s'en gardèrent comme j'avois fait, et c'est par ces sortes de ruses, pour le dire en passant, que sont venues tant de choses à l'égard des ducs dont l'accès affermi a de quoi plus que surprendre.

Je devrois ajouter ici ce qu'il se passa en cette occasion entre M. de La Rochefoucauld et moi, qui nous disputions la préséance. Je réserve à le raconter de suite au temps qu'il fut question de la juger. Il ne vint point à ma réception, et tout se passa alors avec toute l'amitié qui s'étoit entretenue entre nous, depuis la liaison que le procès contre M. de Luxembourg y avoit formée, et que la qualité de gendre de M. le maréchal de Lorges, son plus ancien et intime ami, ne gâtoit pas.

Dreux, père du grand maître des cérémonies, nouvellement monté à la grand'chambre, fut le rapporteur que je choisis, parce que c'étoit un vrai et intègre magistrat, que je le connoissois plus que les autres, et qu'ils sont flattés de rapporter nos réceptions. Je lui envoyai le matin même, suivant l'usage, ainsi qu'au premier président et procureur général, un service de vaisselle d'argent. Lamoignon, premier président, commença celui de ne le point accepter qui a toujours duré depuis lui. Dreux, nouveau venu à la grand'-chambre, et tout enterré dans ses sacs, ignoroit parfaitement l'un et l'autre usage. Il trouva fort mauvais que je lui eusse envoyé un présent, et demanda pour qui on le prenoit. Il le renvoya comme une offense qui lui étoit faite, et n'apprit qu'après que ce n'étoit qu'une formalité.

La réforme qui suivit la paix de Ryswick fut très-grande et faite très-étrangement. La bonté des régiments, surtout dans la cavalerie, le mérite des officiers, ceux qui les commandoient, Barbezieux jeune et impétueux n'eût égard à rien, et le roi le laissa le maître. Je n'avois aucune habitude avec lui. Mon régiment fut réformé, et comme il étoit fort bon, il fit présent de ses débris à des royaux, au régiment de Duras, et jusqu'à ma compagnie fut incorporée dans celui du comte d'Uzès, son beau-frère, dont il prenoit un soin particulier. Ce me fut un sort commun avec beaucoup d'autres qui ne m'en consola pas. Ces mestres de camp réformés sans compagnie furent mis à la suite d'autres régiments; j'échus à celui de Saint-Moris. C'étoit un gentilhomme de Franche-Comté que je n'avois vu de ma vie, dont le frère étoit lieutenant général et estimé. Bientôt après, la pédanterie, qui se mêloit toujours avec la réalité du service, exigea deux mois de présence aux régiments à la suite desquels on étoit. Cela me parut fort sauvage. Je ne laissai pas d'y aller, mais comme j'avois eu diverses incommodités, et qu'on m'avoit conseillé les eaux savonneuses de Plombières, je demandai la permission d'y aller, et y passai trois ans de suite le temps d'exil à un régiment où je ne connoissois personne, où je n'avois point de troupes et où je n'avois rien à faire. Le roi ne parut point le trouver mauvais. J'allai souvent à Marly; il me parloit quelquefois, qui étoit chose bien marquée et bien comptée; en un mot il me traitoit bien, et mieux que ceux de mon âge et de ma sorte.

Cependant on remplaça quelques mestres de camp de mes cadets; c'étoient d'anciens officiers qui avoient obtenu des régiments à force de services et de temps; je me payai de cette raison. La promotion dont on parloit ne me réveilla point. On n'étoit plus dans un temps à se prévaloir de dignités ni de naissance. Excepté des actions, et sur-le-champ, personne n'étoit distingué de l'ordre du tableau. J'avois trop d'anciens pour songer à être brigadier; tout mon objet étoit un régiment, et de servir à la tête, puisque la guerre s'ouvroit, pour n'avoir pas le dégoût de la commencer pour ainsi dire aide de camp de Saint-Moris et sans troupes, après avoir été préféré par distinction en arrivant de la campagne de Neerwinden pour en avoir un, l'avoir bien rétabli, et y avoir, je l'ose dire, commandé avec application et réputation les quatre campagnes suivantes qui avoient fini la guerre.

La promotion se déclara, qui surprit tout le monde par le grand nombre ; jamais à beaucoup près il n'y en avoit eu de pareille ; je parcourus avidement les brigadiers de cavalerie pour voir si mon tour approchoit de près. Je fus bien étonné quand j'en vis cinq à la queue mes cadets. Leur nom n'est jamais sorti de ma mémoire et y est toujours demeuré très-présent. C'étoit d'Ourches, Vandeuil, Streff, le comte d'Ayen et Ruffé. Il est difficile de se sentir plus piqué que je le fus. Je trouvois l'égalité confuse de l'ordre du tableau suffisamment humiliante, la préférence du comte d'Ayen malgré son népotisme, et celle de quatre gentilshommes particuliers me parut insupportable. Je me tus cependant, pour ne rien faire de mal à propos dans la colère. M. le maréchal de Lorges fut outré et pour moi et pour lui-même ; M. son frère ne le fut guère moins, et par l'inconsidération pour eux, et telle, qu'il fût volontiers pour tout le monde. Il avoit pris de l'amitié pour moi. Tous deux me proposèrent de quitter. Le dépit m'en donnoit grande envie ; la réflexion de mon âge, de l'entrée d'une guerre, de renoncer à toutes les espérances du métier, l'ennui de l'oisiveté, la douleur des étés à ouïr parler de guerre, de départs, d'avancements de gens qui s'y distinguent, qui s'y élèvent, qui acquièrent de la réputation, me retenoit puissamment. Je passai ainsi deux mois dans ce déchirement, quittant tous les matins, et ne pouvant bientôt après m'y résoudre.

Poussé enfin à bout de cet état avec moi-même, et pressé par les deux maréchaux, je me résolus à prendre des juges à l'avis desquels je me rendrois, et à les prendre en des états différents. Je choisis le maréchal de Choiseul sous qui j'avois servi, et bon juge en ces matières, M. de Beauvilliers, M. le chancelier et M. de La Rochefoucauld. Je leur avois déjà fait mes plaintes ; ils étoient indignés de l'injustice, mais les trois derniers en courtisans. C'étoit mon compte. Ce génie étoit propre à tempérer leur conseil, et comme je n'en cherchois qu'un bon qui fût approuvé dans le monde, de gens de poids et qui approchoient du roi, surtout qui ne fût pas sujet à légèreté, imprudence ni repentir, ce fut à ceux-là que je déterminai d'abandonner la décision de ma conduite.

Je me trompai, les trois courtisans furent du même avis que les trois maréchaux; tous me dirent avec force qu'il étoit honteux et insoutenable [qu'] un homme de ma naissance, de ma dignité, qui avoit servi avec quelque honneur, assiduité et approbation quatre campagnes à la tête d'un beau et bon régiment, réformé jusqu'à sa compagnie, sans raison, demeuré dans une aussi nombreuse promotion, et y voir cinq de ses cadets avec la dernière injustice, recommençât la guerre non-seulement sans brigade, mais sans régiment, mais sans troupes et sans compagnie, avec pour toute fonction d'être à la suite de Saint-Moris; qu'un duc et pair de ma naissance établi d'ailleurs comme je l'étois, et ayant femme et enfants, n'alloit point servir comme un haut-le-pied dans les armées, et y voir tant de gens si différents de ce que j'étois, et qui pis étoit de ce que j'y avois été, tous avec des emplois et des régiments; qu'après une si nombreuse promotion j'attendrois longtemps un régiment vacant aboyé des familles et des officiers, encore plus longtemps une brigade, avec tous les dégoûts de la situation où je me trouvois, que cette injustice faite, mon beau-père et son frère vivants maréchaux de France, ducs et tous deux capitaines des gardes du corps, que pouvois-je espérer quand ils ne seroient plus ? Ils ajoutèrent toute la différence de quitter par paresse ou par pis, d'avec quitter par des raisons aussi évidentes après avoir vu, fait et servi avec distinction; qu'à tout compter il y avoit bien loin et bien des dégoûts et des hasards de fortune à essuyer entre ce que j'étois et le but qui me retiendroit au service, outre que l'injustice qui m'étoit faite me reculoit beaucoup, et influoit sur le délai de tous les autres pas : en un mot, tous six séparément m'accablèrent des mêmes raisons, comme s'ils les avoient concertées ensemble.

Je ne les avois pas pris pour juges, pour appeler après de leur décision. Je pris donc mon parti; mais je crus souvent l'avoir bien pris que je sentois que je balançois encore; j'eus besoin de ma colère et de mon dépit, et de me rappeler encore ce que j'avois vu arriver à M. le maréchal de Lorges à la tête de l'armée du Rhin, par les intendants La Fonds et La Grange, soutenus de la cour, et au maréchal de Choiseul dans le même emploi, que j'ai l'un et l'autre racontés en leur lieu, sans compter tout ce qui se trouve à essuyer de ce genre, avant que d'arriver au commandement des armées. Près de trois mois se passèrent dans ces angoisses intérieures jusqu'à ce que je pusse me déterminer. Finalement je le fis, et lorsqu'il en fallut venir à l'exécution, je suivis encore le conseil des mêmes personnes : je ne laissai point échapper de paroles de mécontentement, et content du public, et surtout du militaire sur mon oubli dans la promotion, je le laissai dire. Pour moi, la colère du roi étoit inévitable. Ces messieurs m'y avoient préparé, et je m'y étois bien attendu. Oserai-je dire qu'elle ne m'étoit pas indifférente? Il s'offensoit quand on cessoit de servir. Il appeloit cela le quitter, encore plus des gens distingués. Mais ce qui le piquoit au vif, c'étoit de quitter sur une injustice, et il le faisoit toujours du moins longtemps sentir. Mais les mêmes personnes ne mirent jamais de proportion entre cette suite de quitter, qui après tout, à mon âge avoit son bout, et la honte et le dégoût de servir dans la situation où j'étois. Ils crurent cependant que le respect et la prudence vouloient également tout le ménagement qui s'y pouvoit apporter.

Je fis donc une lettre courte au roi, par laquelle sans plainte aucune, ni la moindre mention d'aucun mécontentement, et sans parler de régiment ni de promotion, je lui marquois mon déplaisir que la nécessité de ma mauvaise santé m'obligeât à quitter son service, dont je ne pouvois me consoler que par une assiduité auprès de sa personne, qui me procureroit l'honneur de la voir, et de lui faire ma cour plus continuellement. Ma lettre fut approuvée, et le mardi de la semaine sainte, je la lui présentai moi-même à la porte de son cabinet, comme il y rentroit de la messe. J'allai de là chez Chamillart, que je ne connoissois point du tout. Il sortoit pour aller au conseil. Je lui fis de bouche le même compliment, sans le mêler de rien qui pût sentir le mécontentement, et tout de suite je m'en allai à Paris.

J'avois mis gens de plusieurs sortes en campagne, hommes et femmes de mes amis, pour être informé de ce qu'il échapperoit au roi, où que ce fût, sur ma lettre. Je demeurai huit jours à Paris, et ne retournai à Versailles que le mardi de Pâques. Je sus du chancelier que, le conseil appelé et entrant le mardi saint dans le cabinet du roi, qu'il lisoit ma lettre et qu'il appela aussitôt après Chamillart, auquel il parla un moment en particulier. Je sus d'ailleurs qu'il lui avoit dit avec émotion : « Eh bien ! monsieur, voilà encore un homme qui nous quitte, » et que tout de suite il lui avoit raconté ma lettre mot pour mot. D'ailleurs, je n'appris point qu'il lui fût rien échappé. Ce mardi de Pâques, je reparus devant lui, pour la première fois depuis ma lettre, à la sortie de son souper. J'aurois honte de dire la bagatelle que je vais raconter si dans la circonstance elle ne servoit à le caractériser.

Quoique le lieu où il se déshabilloit fût fort éclairé, l'aumônier de jour, qui tenoit, à sa prière du soir, un bougeoir allumé, le rendoit après au premier valet de chambre, qui le portoit devant le roi venant à son fauteuil. Il jetoit un coup d'œil tout autour, et nommoit tout haut un de ceux qui y étoient, à qui le premier valet de chambre donnoit le bougeoir. C'étoit une distinction et une faveur qui se comptoit, tant le roi avoit l'art de donner l'être à des riens. Il ne le donnoit qu'à ce qui étoit là de plus distingué en dignité et en naissance, extrêmement rarement à des gens moindres, en qui l'âge et les emplois suppléoient. Souvent il me le donnoit, rarement à des ambassadeurs, si ce n'est au nonce, et dans les derniers temps à l'ambassadeur d'Espagne. On ôtoit son gant, on s'avançoit, on tenoit ce bougeoir pendant le coucher, qui étoit fort court, puis on le rendoit au premier valet de chambre qui, à son choix, le rendoit à quelqu'un du petit coucher. Je m'étois exprès peu avancé, et je fus très-surpris, ainsi que l'assistance, de m'entendre nommer, et dans la suite je l'eus presque aussi souvent que je l'avois eu jusque-là. Ce n'étoit pas qu'il n'y eût à ce coucher force gens très-marqués à qui le donner, mais le roi fut assez piqué pour ne vouloir pas qu'on s'en aperçût.

Ce fut aussi tout ce que j'eus de lui trois ans durant qu'il n'oublia aucune bagatelle, faute d'occasions plus importantes, de me faire sentir combien il étoit fâché. Il ne me parla plus : ses regards ne tomboient sur moi que par hasard ; il ne dit pas un mot de ma lettre à M. le maréchal de Lorges, ni de ce que je quittois. Je n'allai plus à Marly, et après quelques voyages, je cessai de lui donner la satisfaction du refus.

Il faut épuiser ces misères. Quatorze ou quinze mois après, il fit un voyage à Trianon. Les princesses avoient accoutumé de nommer chacune deux dames pour le souper, et le roi ne s'en mêloit point pour leur donner cet agrément. Il s'en lassa. Les visages qu'il voyoit à sa table lui déplurent, parce qu'il n'y étoit pas accoutumé. Les matins il mangeoit seul avec les princesses et leurs dames d'honneur, et il faisoit une liste lui-même et fort courte des dames qu'il vouloit le soir, et l'envoyoit à la duchesse du Lude chaque jour pour les faire avertir. Ce voyage étoit du mercredi au samedi : ainsi trois soupers. Nous en usâmes, Mme de Saint-Simon et moi, pour ce Trianon-là comme pour Marly ; et ce mercredi que le roi y alloit, nous fûmes dîner chez Chamillart à l'Étang, pour aller de là coucher à Paris. Comme on s'alloit mettre à table, Mme de Saint-Simon reçut un message de la duchesse du Lude pour l'avertir qu'elle étoit sur la liste du roi pour le souper de ce même jour. La surprise fut grande; nous retournâmes à Versailles. Mme de Saint-Simon se trouva seule de son âge à beaucoup près à la table du roi, avec Mmes de Chevreuse et de Beauvilliers, la comtesse de Grammont et trois ou quatre autres espèces de duègnes favorites ou dames du palais nécessaires, et nulle autre. Le vendredi, elle fut encore nommée et avec les mêmes dames; et depuis, le roi en usa toujours ainsi aux rares voyages de Trianon. Je fus bientôt au fait et j'en ris. Il ne nommoit point Mme de Saint-Simon pour Marly, parce que les maris y alloient de droit quand leurs femmes y étoient; ils y couchoient, et personne n'y voyoit le roi que ce qui étoit sur la liste. A Trianon liberté entière à tous les courtisans d'y aller faire leur cour à toutes les heures de la journée; personne n'y couchoit que le service le plus indispensable, pas même aucune dame. Le roi vouloit donc marquer mieux par cette déférence que l'exclusion portoit sur moi tout seul, et que Mme de Saint-Simon n'y avoit point de part.

Nous persévérâmes dans notre assiduité ordinaire sans demander pour Marly : nous vivions agréablement avec nos amis, et Mme de Saint-Simon continua de jouir à l'ordinaire des agréments qui ne se partageoient point avec moi, et que le roi et Mme la duchesse de Bourgogne avoient commencé longtemps avant ceci à lui donner, et qui s'augmentèrent toujours. J'ai voulu épuiser cette matière de suite qui, par rapport au caractère du roi, a sa curiosité : reprenons maintenant où nous en sommes demeurés. J'ajouterai seulement ici qu'après la promotion, le roi donna force pensions militaires, et qu'il fit la galanterie à M. le maréchal de Lorges de lui mander qu'il avoit choisi le plus beau de tous les régiments de cavalerie gris que la promotion mettoit en vente, pour en donner la préférence à son fils, depuis assez peu capitaine de cavalerie.

Le duc de Villeroy arriva, le 6 février, envoyé par son père pour rendre compte au roi de bien des détails et de projets qui auroient emporté trop de temps par des dépêches. Bien lui prit de ce voyage, trois jours après il eut tout lieu de le sentir.

La promotion si nombreuse dont j'ai parlé, et qui me fit quitter vers Pâques, s'étoit faite et déclarée le 29 janvier. Le mercredi 8 février, on alla à Marly, où il y eut des bals. Nous fûmes du voyage, Mme de Saint-Simon et moi, comme souvent nous en étions. Le lendemain jeudi 9, Mahoni, officier irlandois de beaucoup d'esprit et de valeur, arriva d'Italie avec la plus surprenante nouvelle dont on eût ouï parler en ces derniers siècles. L'action s'étoit passée le 1er février.

Le prince Eugène, qui en savoit plus que le maréchal de Villeroy, l'avoit obligé d'hiverner au milieu du Milanois, et l'y tenoit fort resserré, tandis que lui-même avoit établi ses quartiers fort au large avec lesquels il inquiétoit fort les nôtres[1]. Dans cette situation avantageuse il conçut le dessein de surprendre le centre de nos quartiers, et par ce coup de partie qui le mettoit au milieu de notre armée et de notre pays, de dissiper l'une, et de se rendre maître de l'autre, et par là se mettre en état ensuite de prendre Milan et le peu de places de ce pays, toutes en fort mauvais ordre, et d'achever ainsi sûrement et brusquement sa conquête.

Crémone étoit ce centre; il y avoit un gouverneur espagnol et une fort grosse garnison : quelques autres troupes y étoient encore entrées à la fin de la campagne, avec Crenan, lieutenant général, pour y commander tout. Praslin, dont j'ai parlé quelquefois, y commandoit la cavalerie comme

---

1. Voy. page 10 des Pièces la lettre du maréchal de Villeroy au cardinal d'Estrées (*Notes de Saint-Simon.*)

brigadier; il venoit d'être fait maréchal de camp, mais la promotion n'étoit pas encore parvenue jusqu'à eux, et Fimarcon commandoit les dragons. Vers les derniers jours de janvier, Revel, premier lieutenant général de l'armée, étoit arrivé à Crémone, et par son ancienneté y commanda au-dessus de Crenan.

Il reçut ordre du maréchal de Villeroy, qui visitoit ses quartiers, d'envoyer un gros détachement à Parme, que le duc de ce nom lui demandoit pour sa sûreté, et qu'on eut lieu de soupçonner depuis de l'avoir fait de concert avec le prince Eugène, pour dégarnir Crémone d'autant. Sur les nouvelles de différents mouvements des ennemis, Revel, en homme sage, se contenta de faire et de tenir le détachement prêt sans le faire partir. Le maréchal de Villeroy finit sa promenade par Milan, où il conféra avec le prince de Vaudemont, d'où il arriva le dernier janvier à Crémone d'assez bonne heure. Revel alla au-devant de lui, lui rendit compte des raisons qu'il avoit de retenir le détachement qu'il lui avoit ordonné d'envoyer à Parme. Il en fut fort approuvé du maréchal, qui soupa en nombreuse compagnie, où il parut fort rêveur. Il ne laissa pas de jouer après une partie d'hombre, mais on remarqua que ce ne fut pas sans distractions, et il se retira de fort bonne heure.

Le prince Eugène étoit informé qu'il y avoit à Crémone un ancien aqueduc qui s'étendoit loin à la campagne, et qui répondoit dans la ville à une cave d'une maison occupée par un prêtre; que cet aqueduc avoit été nettoyé depuis assez peu de temps, et cependant ne conduisoit que peu d'eau et que la ville avoit été autrefois surprise par ce même aqueduc. Il en fit secrètement reconnoître l'entrée dans la campagne; il gagna le prêtre chez qui il aboutissoit, et qui étoit voisin d'une porte de la ville qui étoit murée et point gardée; il fit couler dans Crémone ce qu'il put de soldats choisis, déguisés en prêtres et en paysans, qui se retirèrent dans la maison amie, où on se pourvut le plus et le plus secrètement qu'on put de haches. Tout bien et promptement préparé, le prince Eugène donna un gros détachement au prince Thomas de Vaudemont, premier lieutenant général de son armée, et fils unique du gouverneur général du Milanois pour le roi d'Espagne : il lui confia son entreprise, et le chargea de s'aller rendre maître d'une redoute qui défendoit la tête du pont du Pô, pour venir par le pont à son secours, quand on seroit aux mains dans la ville. Il détacha cinq cents hommes d'élite avec des officiers entendus pour se rendre par l'aqueduc chez le prêtre, où les gens qu'il y avoit fait couler les attendoient, et devoient avoir bien reconnu les remparts, les postes, les places et les rues de la ville, et avec eux, aller ouvrir la porte murée au reste des troupes : en même temps il marcha en personne et en force pour se rendre à cette porte.

Tout concerté avec justesse fut exécuté avec précision et tout le secret et le bonheur possible. Le premier qui s'en aperçut fut le cuisinier de Crenan, qui, allant à la provision à la première petite pointe du jour, vit les rues pleines de soldats dont les habits lui étoient inconnus. Il se rejeta dans la maison de son maître qu'il courut éveiller; ni lui ni ses valets n'en vouloient rien croire; mais, dans l'incertitude, Crenan s'habilla en un moment, sortit et n'en fut que trop tôt assuré. En même temps le régiment des vaisseaux se mettoit en bataille dans une place, par un bonheur qui sauva Crémone. D'Entragues, gentilhomme particulier de Dauphiné, en étoit colonel : c'étoit un très-honnête garçon, fort appliqué, fort valeureux, qui avoit une extrême envie de faire et de se distinguer, et qui avoit appris et retenu la vigilance du maréchal de Boufflers, dont il avoit été aide de camp, et qui, lui ayant trouvé de l'honneur et des talents, le protégeoit beaucoup. D'Entragues vouloit faire la revue de ce régiment, et la commençoit avec le petit jour. A cette clarté encore foible, et ses bataillons déjà sous les armes et formés, il aperçut confusément des troupes d'infanterie se former au bout de la rue, en face de lui. Il savoit, par l'ordre donné la veille, que personne ne devoit marcher, ni autre que lui faire de revue. Il craignit donc tout aussitôt quelque surprise, marcha sur-le-champ à ces troupes qu'il trouva impériales, les charge, les renverse, soutient le choc des nouvelles qui arrivent, engage un combat si opiniâtre, qu'il donne le temps à toute la ville de se réveiller, et à la plupart des troupes de prendre les armes et d'accourir, qui sans lui eussent été égorgées endormies.

A cette même pointe du jour, le maréchal de Villeroy écrivoit déjà tout habillé dans sa chambre; il entend du bruit, demande un cheval, envoie voir ce que c'est, et, le pied à l'étrier, apprend de plusieurs à la fois que les ennemis sont dans la ville. Il enfile la rue pour gagner la grande place, où est toujours le rendez-vous en cas d'alarme. Il n'est suivi que d'un seul aide de camp et d'un seul page. Au détour de la rue, il tombe dans un corps de garde qui l'environne et l'arrête. Lui troisième sentit bien qu'il n'y avoit pas à se défendre; il se jette à l'oreille de l'officier, se nomme, lui promet dix mille pistoles et un régiment, s'il veut le lâcher, et de plus grandes récompenses du roi. L'officier se montre inflexible, lui répond qu'il n'a pas servi l'empereur jusqu'alors pour le trahir, et de ce pas le conduit au prince Eugène, qui ne le reçut pas avec la même politesse qu'il l'eût été de lui en pareil cas. Il le laissa quelque temps à sa suite, pendant lequel le maréchal voyant amener Crenan prisonnier et blessé à mort, il s'écria qu'il voudroit être en sa place. Un moment après ils furent envoyés tous deux hors de la ville, et ils passèrent la journée à quelque distance, gardés dans le carrosse du prince Eugène.

Revel, seul lieutenant général désormais, et commandant en chef par la prise du maréchal de Villeroy, tâcha de rallier les troupes. Chaque rue fournissoit un combat, [les troupes] la plupart dispersées, quelques-unes en corps, plusieurs à peine armées, et jusqu'à des gens en chemise qui tous combattoient avec la plus grande valeur, mais la plupart repoussées et réduites pied à pied à gagner les remparts, ce qui les y rallia toutes naturellement. Si les ennemis s'en fussent emparés, ou qu'ils n'eussent pas laissé à nos troupes le temps de s'y reconnoître et de s'y former avec toutes leurs forces, le dedans de la ville n'eût jamais pu leur résister. Au lieu donc de faire effort ensemble pour chasser nos troupes des remparts, ils ne s'attachèrent qu'au dedans de la ville.

Praslin, ne voyant point Montgon, maréchal de camp, s'étoit mis à la tête des bataillons irlandois, qui sous lui firent des prodiges. Ils tinrent dans la place et nettoyèrent les rues voisines. Quoique continuellement occupé à défendre et à attaquer, Praslin s'avisa que le salut de Crémone, si on la pouvoit sauver, dépendoit de la rupture du pont du Pô, pour empêcher les Impériaux d'être secourus par là et rafraîchis. Il le répéta tant de fois que Mahoni l'alla dire à Revel qui n'y avoit pas songé, qui trouva l'avis si bon qu'il manda à Praslin de faire tout ce qu'il jugeroit à propos. Lui, à l'instant, envoya retirer ce qui étoit dans la redoute à la tête du pont. Il n'y avoit pas une minute à perdre. Le prince Thomas de Vaudemont paroissoit déjà, tellement qu'on n'eut que le loisir de retirer ses troupes et de rompre le pont, ce qui fut exécuté en présence même du prince Thomas de Vaudemont, qui avec toute sa mousqueterie ne le put empêcher.

Il étoit lors trois heures après midi. Le prince Eugène étoit à l'hôtel de ville à prendre le serment des magistrats. Sortant de là, et en peine de voir ses troupes foiblir en la plupart des lieux, il monta avec le prince de Commercy au clocher de la cathédrale pour voir d'un coup d'œil ce qu'il se passoit dans tous les endroits de la ville, et en peine aussi de ne voir point arriver le secours qu'amenoit le prince Thomas de Vaudemont. A peine furent-ils au haut du clocher qu'ils virent son détachement au bord du Pô, et le pont rompu qui rendoit ce secours inutile. Ils ne furent pas plus satisfaits de ce qu'ils découvrirent dans tous les différents lieux de la ville et des remparts. Le prince Eugène, outré de voir son entreprise en si mauvais état après avoir touché de si près à la conquête, hurloit et s'arrachoit les cheveux en descendant. Il pensa dès lors à la retraite, quoique supérieur en nombre.

Fimarcon faisoit merveilles cependant avec les dragons, qu'il avoit fait mettre pied à terre. En même temps Revel, qui voyoit ses troupes accablées de faim, de lassitude et de blessures, et qui depuis la première pointe du jour n'avoient pas eu un instant de repos ni même de loisir, songeoit aussi de son côté à les retirer, ce qu'il pourroit, au château de Crémone, pour s'y défendre au moins à couvert, et y obtenir une capitulation; de sorte que les deux chefs opposés pensoient en même temps à se retirer.

Les combats se ralentirent donc sur le soir en la plupart des lieux dans cette pensée commune de retraite, lorsque nos troupes firent un dernier effort pour chasser les ennemis d'une des portes de la ville qui leur ôtoit la communication du rempart où étoient les Irlandois, et pour avoir cette porte libre pendant la nuit et pouvoir par là recevoir du secours. Les Irlandois secondèrent si bien cette attaque par leur rempart, que le dessus de la porte fut emporté; les ennemis conservèrent le bas de la porte de plain-pied à la rue. Un calme assez long succéda à ce dernier combat. Revel cependant songeoit à faire retirer doucement les troupes au château, lorsque sur ce long calme Mahoni lui proposa d'envoyer voir ce qui se passoit partout, et se proposa lui-même pour aller aux nouvelles et lui en venir rendre compte. Il faisoit déjà obscur; les batteurs d'estrade en profitèrent. Ils virent tout tranquille, et reconnurent que les ennemis s'étoient retirés. Cette grande nouvelle fut portée à Revel, qui fut longtemps, et beaucoup d'autres avec lui, sans le pouvoir croire. Persuadé enfin, il laissa tout au même état jusqu'au grand jour, qu'il trouva les rues et les places jonchées de morts et remplies de blessés. Il donna ordre à tout, et dépêcha Mahoni au roi, qui y avoit fait merveilles.

Le prince Eugène marcha toute la nuit avec le détachement qu'il avoit amené, et se fit suivre fort indécemment par le maréchal de Villeroy, désarmé et mal monté, qu'il envoya à Ustiano, et, depuis, sur les ordres de l'empereur, à Inspruck, qui le fit après conduire à Gratz, en Styrie. Tous ses gens et son équipage lui fut envoyé à Ustiano et le suivit depuis. Crenan mourut dans le carrosse du maréchal de Villeroy, allant le joindre à Ustiano. D'Entragues, à la revue et à la valeur duquel on fut redevable du salut de Crémone, ne survécut pas à une si glorieuse journée. Le gouverneur espagnol fut tué avec la moitié de nos troupes. Les Impériaux y en perdirent un plus grand nombre et manquèrent un coup qui finissoit en bref en leur faveur la guerre d'Italie.

Montgon, maréchal de camp, essuya là une aventure qui ne rétablit pas sa réputation. Il sortit à pied au premier grand bruit, et il rentra incontinent chez lui. Il prétendit avoir été jeté par terre et foulé aux pieds des chevaux des ennemis. Il se dit fort blessé et se mit au lit, d'où il envoya se rendre prisonnier au plus voisin corps de garde, et demander d'être mis en sûreté. Il passa ainsi cette terrible journée dans le repos entre deux draps. Il y apprit Crémone prise, puis reprise ; alors sa sauvegarde eut besoin qu'il lui en servît, et il obtint de Revel de la renvoyer libre. Le fâcheux fut qu'il ne se trouva sur Montgon aucune blessure. Le prince Eugène le réclama comme prisonnier, et lui ne demandoit pas mieux. Nos généraux prétendirent qu'il avoit recouvré sa liberté avec la place. Le roi voulut avoir l'avis des maréchaux de France, et toutefois avant de l'avoir eu il manda que ce n'étoit pas la peine de disputer. On ne disputoit plus, le prince Eugène s'étoit rendu. Montgon ne laissa pas de l'aller trouver, mais le prince Eugène, qui ne vouloit point de prisonniers incertains, le renvoya libre. Cette aventure qui fit grand bruit et grand tort à Montgon, l'eût perdu auprès du roi sans Mme de Maintenon, protectrice déclarée de tout temps de sa femme, de la vieille Heudicourt, sa belle-mère.

J'appris cette nouvelle, dans ma chambre, par M. de Lauzun. Aussitôt j'allai au château où je trouvai une grande rumeur et force pelotons de gens qui raisonnoient. Le maréchal de Villeroy fut traité comme le sont les malheureux qui ont donné de l'envie[1]. Le roi prit hautement son parti et publiquement. Il témoigna, en dînant, à Mme d'Armagnac combien il étoit sensible au malheur de son frère, et l'excusa en montrant même de l'aigreur contre ceux qui tomboient sur lui. La vérité est que ce n'étoit pas à lui, qui arrivoit à Crémone la veille de la surprise, à savoir cet aqueduc et cette porte murée, ni s'il y avoit déjà des soldats impériaux introduits et cachés. Crenan et le gouverneur espagnol étoient ceux qui en devoient répondre, et le maréchal ne pouvoit mieux que d'aller au premier bruit à la grande place, ni répondre de sa capture au détour d'une rue en s'y portant.

Son fils, qui étoit à Marly avec sa femme, l'amena à cette nouvelle à Versailles, où étoit la maréchale de Villeroy. J'étois extrêmement de leurs amis. Je les trouvai le lendemain dans la plus morne douleur. La maréchale, qui avoit infiniment de sens et d'esprit, et du plus aimable, n'avoit point été la dupe de l'éclat de l'envoi de son mari en Italie. Elle le connoissoit et elle craignoit les événements. Celui-ci

---

1. Les recueils de chansons de cette époque sont remplis de cuuplets sur l'affaire de Crémone. On n'en peut guère extraire que ces vers souvent cités:

>François, rendez grâce à Bellone :
>Votre bonheur est sans égal ;
>Vous avez conservé Crémone
>Et perdu votre général.

l'accabla, et [elle] fut longtemps sans vouloir voir personne que ses plus intimes, ou des gens indispensables. La duchesse de Villeroy ne revint plus à Marly à cause des bals, dont Mlle d'Armagnac ne perdit aucun, quoique son père et ses oncles prissent feu pour le maréchal de Villeroy et toutes sortes de mesures pour lui.

Au sortir du dîner du jour de l'arrivée de Mahoni, le roi s'enferma seul avec lui dans son cabinet. Cependant la cour étoit nombreuse dans sa chambre, et ce qui surprit fut d'y voir Chamillart y attendre comme les autres en proie aux questions. Il vanta fort les principaux officiers, et le gros des autres et les troupes, et il s'étendit sur les merveilles de Praslin, et sur sa présence d'esprit d'avoir fait rompre le pont. On a vu ci-devant, en son lieu, qu'il étoit extrêmement de mes amis. Quoique alors je ne connusse point du tout Chamillart, je ne pus m'empêcher de lui dire que cet important service méritoit une grande récompense. Au bout d'une heure le roi sortit de son cabinet. En changeant d'habits, pour aller dans ses jardins, il parla fort de Crémone en louange, et surtout des principaux officiers; il prit plaisir à s'étendre sur Mahoni, et dit qu'il n'avoit jamais ouï personne rendre un si bon compte de tout, ni avec tant de netteté d'esprit et de justesse, même si agréablement. Il ajouta avec complaisance qu'il lui donnoit mille francs de pension et un brevet de colonel. Il étoit major du régiment de Dillon.

Le soir, comme nous entrions au bal, M. le prince de Conti nous dit que le roi donnoit l'ordre à Revel, et faisoit Praslin lieutenant général. La joie que j'en eus me fit le lui demander encore pour en être plus sûr. Les autres officiers principaux furent avancés à proportion de leurs grades, et beaucoup eurent des pensions. Revel eut encore le gouvernement de Condé; et le marquis de Créqui, quoiqu'il n'eût pas été à Crémone, eut la direction de l'infanterie; c'étoit la dépouille de Crenan.

CHAPITRE XX.

Harcourt refuse l'armée d'Italie. — Vendôme l'accepte et part. — Grand prieur refusé de servir. — Feuquières refusé de servir; son étrange caractère. — Colandre colonel avec choix. — La Feuillade maréchal de camp tout à coup. — Mme de Chambonas dame d'honneur de la duchesse du Maine. — Changement chez Madame. — Maréchale de Clérembault. — Comtesse de Beuvron. — Mort de Fouquet, évêque d'Agde. — Prince Camille se fixe en Lorraine; son caractère. — Sourdis. — Mariage de sa fille avec le fils de Saint-Pouange. — Mariage du duc de Richelieu avec la marquise de Noailles. — Mort du bailli d'Auvergne. — Médailles du roi. — Jalousie sur Louis XIII. — Comte de Toulouse pour la mer avec le comte d'Estrées. — Mgr le duc de Bourgogne en Flandre avec le maréchal de Boufflers et le marquis de Bedmar. — Le maréchal d'Estrées en Bretagne. — Chamilly à la Rochelle, etc. — Catinat sur le Rhin. — Son sage et curieux éclaircissement avec le roi et Chamillart. — Jugement arbitral du pape entre l'électeur palatin et Madame, qui proteste.

La principale [dépouille] tenoit en grande attention : c'étoit le commandement de l'armée d'Italie. Il étoit pressé d'y pourvoir. Le lendemain, vendredi, le roi, au sortir de sa messe, entra chez Mme de Maintenon, où Chamillart fut quelque temps en tiers. Tout ce qui étoit à Marly étoit dans les salons, attendant le choix du général qu'on voyoit bien qui s'alloit déclarer. Ma curiosité m'y porta comme les autres. Chamillart sortit, vit M. le prince de Conti, alla lui dire un mot. Chacun le crut l'élu; on applaudit, mais l'erreur ne dura guère. Chamillart fut fort court avec lui, s'avança lentement cherchant des yeux, et, apercevant Harcourt, alla droit à lui. Alors on ne douta plus, et tous les yeux s'arrêtèrent sur eux. Rien ne se marioit mieux avec le désir du roi d'Espagne d'aller en Italie, et d'y avoir ce général sous lui. Mais Harcourt en étoit alors à cet assaut du conseil dont je viens de parler, et au plus fort de ses espérances que lui-même n'avoit pas encore détruites en parlant avec ce grand mépris des ministres au roi, comme il fit depuis. Il n'eut donc garde d'accepter un commandement qui anéantissoit toutes ses mesures si avancées pour entrer dans le conseil. Il se défendit sur sa santé et refusa. Lui et Chamillart parlèrent à l'écart assez longtemps avec action. Tout ce qu'il y avoit là d'yeux n'en perdoient aucune, et virent enfin ces deux hommes se séparer, et Chamillart seul retourner chez Mme de Maintenon. Il y fut peu et ressortit. La curiosité étoit plus allumée. Il s'avança, chercha des yeux, et fut joindre M. de Vendôme. Leur conversation fut très-courte. Tous deux ensemble allèrent chez Mme de Maintenon. Alors on fut assuré du choix et de l'acceptation. Il fut déclaré lorsque le roi passa dans son appartement. Le soir il fut longtemps chez Mme de Maintenon avec le roi et Chamillart, prit congé et s'en alla à Paris pour partir le surlendemain pour l'Italie. Le roi lui donna quatre mille louis pour son équipage.

Le dépit de M. le duc d'Orléans et des princes du sang fut extrême et fort marqué. Ils n'en tombèrent que plus rudement sur le maréchal de Villeroy, que le roi en toutes occasions prit à tâche de défendre, jusqu'à dire en public qu'on ne l'attaquoit que par jalousie de ce qu'il avoit beaucoup d'amitié pour lui. Le mot de *favori*, qui n'étoit jamais sorti de sa bouche, lui échappa même une fois. Il lui écrivit une lettre, la plus obligeante qu'il fût possible, et la lui envoya ouverte, pour que les ennemis n'en eussent pas de soupçon, et qu'eux-mêmes vissent quelle étoit son estime et son amitié pour lui. Quoiqu'il n'eût aucune familiarité avec la maréchale de Villeroy, il lui fit dire mille choses agréables par son fils, par M. le Grand et par d'autres, et, après Marly, la vit en particulier longtemps et la combla de bontés. Il la vit plusieurs fois de la sorte pendant l'absence de son mari, dont il ne se lassa point de se montrer le défenseur.

Mais l'envie est une cruelle passion; Praslin l'éprouva. Des plus grandes louanges on passa au regret de la récompense. Il fut lieutenant général avant que d'avoir pu savoir qu'il étoit maréchal de camp. De raisons on n'en pouvoit dire; les femmes crioient en place de raisons; et la comtesse de Roucy, entre autres, qui en étoit furieuse, fut de meilleure foi, car l'ayant poussée à bout, elle me répondit, acculée et dans l'excès de sa colère, qu'enfin Praslin étoit lieutenant général, et que son mari ne l'étoit pas, lequel mari étoit lors à la cour.

M. le duc d'Orléans et les princes du sang n'en eurent pas moins contre M. de Vendôme. Ils sentoient, il y avoit longtemps, la résolution du roi à ne se servir d'aucun d'eux, et sa préférence pour la naissance illégitime. Cette dernière les outra. Vendôme, qui le comprit dans le peu d'heures qu'il demeura à Marly et à Paris, entre sa nomination et son départ, ne cessa de répandre qu'il ne devoit son choix qu'au refus d'Harcourt, et d'émousser ainsi le dépit des princes, tandis qu'il se fit un mérite de ne refuser rien, même le reste d'un autre, pour montrer son attachement à la personne du roi, et son désir d'essayer à contribuer au bien de l'État.

Le grand prieur, intimement uni avec son frère, eut la douleur de n'être point employé, et d'essuyer même le refus d'aller servir sous lui en Italie. Sa crapule journalière, sa vie honteuse, plusieurs frasques qu'il avoit hasardées sur la faveur de sa naissance et sur celle de son frère, reçurent enfin ce coup de caveçon dont il eut grande peine à revenir dans la suite.

Feuquières, lieutenant général, reçut le même refus. C'étoit un homme de qualité, d'infiniment d'esprit et fort orné, d'une grande valeur, et à qui personne ne disputoit les premiers talents pour la guerre, mais le plus méchant homme qui fût sous le ciel, qui se plaisoit au mal pour le mal, et à perdre d'honneur qui il pouvoit, même sans aucun profit. Dangereux au dernier point pour un général d'armée, qui ne se pouvoit fier ni à ses conseils ni à son exécution, tant il étoit hardi à faire échouer les entreprises pour la malice d'en perdre quelqu'un, comme il fit Bullonde à Coni, comme il ne tint pas à lui à la bataille de Neerwinden, où il ne chargea ni ne branla jamais, comme je l'ai remarqué ailleurs, et comme le duc d'Elbœuf le lui reprocha devant toute l'armée, parce qu'il vouloit perdre M. de Luxembourg, en lui faisant perdre la bataille, lequel l'avoit demandé pour le remettre sur l'eau, et qui avec raison n'en voulut jamais plus. Il avoit joué les mêmes tours aux autres généraux d'armée; pas un d'eux n'en vouloit, et avec d'autant plus de raison que sa capacité n'étoit qu'à craindre. M. le maréchal de Lorges l'avoit aussi tiré de l'oisiveté; il en reçut la même reconnaissance que M. de Luxembourg. Il ne tint pas à lui qu'il ne fît battre son armée à ne s'en pas relever; et la chose devint par le hasard si grossière, et le cri si général, que, pour peu que M. le maréchal de Lorges eût voulu, sa tête auroit couru grand risque. Les Mémoires qu'il a laissés, et qui disent avec art tout le mal qu'il peut de tous ceux avec qui et surtout sous qui il a servi, sont peut-être le plus excellent ouvrage qui puisse former un grand capitaine, et d'autant plus d'usage qu'ils instruisent par les examens et les exemples, et font beaucoup regretter que tant de capacité, de talents, de réflexions se soient trouvés unis à un cœur aussi corrompu et à une aussi méchante âme, qui les ont tous rendus inutiles par leur perversité. Il avoit épousé l'héritière d'Hocquincourt, qui la devint par l'événement. Il acheva sa vie abandonné, abhorré, obscur et pauvre. Son fils unique mourut sans enfants, sa fille fut misérablement mariée.

Colandre, lieutenant aux gardes, qui s'étoit distingué partout où il s'étoit trouvé, et dont la figure intéressoit les dames, eut l'agrément d'un régiment et traita de celui de la Reine infanterie; mais le roi arrêta le marché, et trouva que Colandre, fils de Le Gendre, riche négociant de Rouen, n'étoit pas fait pour être colonel de régiments de cette sorte. Les maximes ont changé depuis, c'est ce qui m'a engagé à ne pas omettre ce fait, que je pourrois grossir de beaucoup d'autres et plus marqués encore à l'égard d'autres corps.

La Feuillade ne tarda pas à profiter de l'alliance qu'il venoit de contracter. Chamillart le fit faire maréchal de camp sous la cheminée, et partir pour l'Italie, et aussitôt après il fut déclaré. Ainsi, il ne fut point brigadier, et fit tomber encore son régiment à un Aubusson.

Mme du Maine et Mme de Manneville, fille de Montchevreuil et sa dame d'honneur, se lassèrent l'une de l'autre. La princesse peu à peu avoit secoué tous ses jougs, même celui du roi et de Mme de Maintenon, qui enfin la laissèrent vivre à son gré. Ce reste de lien lui déplut; M. du Maine trembloit devant elle. Il mouroit toujours de peur que la tête ne lui tournât. Elle prit Mme de Chambonas, que personne ne connoissoit, et dont le mari étoit déjà à M. du Maine, capitaine de ses gardes, comme gouverneur de Languedoc.

En même temps Madame fit un changement chez elle, dans lequel le roi entra, et qui se régla chez elle à Marly, dans une visite que le roi lui rendit un matin en revenant de la messe. Elle congédia ses filles d'honneur avec leur gouvernante en leur donnant des pensions, et prit auprès d'elle, mais sans titre ni nom, la maréchale de Clérembault et la comtesse de Beuvron, qu'elle avoit toujours fort aimées, mais sur lesquelles Monsieur, qui les haïssoit, l'avoit toujours fort contrainte. Toutes deux étoient veuves, la comtesse de Beuvron pauvre, et toutes deux n'avoient rien de mieux à faire. Elle leur donna quatre mille livres de pension à chacune. Le roi leur donna un logement à Versailles; elles suivirent Madame partout, et furent, sans demander, de tous les voyages de Marly.

La maréchale de Clérembault étoit fille de Chavigny, secrétaire d'État, dont j'ai parlé au commencement de ces Mémoires, à l'occasion de mon père, et sœur entre autres de l'évêque de Troyes, de la retraite duquel j'ai parlé, et qui reviendra encore sur la scène. Elle étoit gouvernante de la reine d'Espagne, fille de Monsieur, qui se prit à elle de diverses choses et la chassa assez malhonnêtement. Elle étoit parente assez proche et fort amie de M. et de Mme la chancelière, et alloit souvent à Pontchartrain avec eux. C'est où je l'ai fort vue et chez eux à la cour. C'étoit une vieille très-singulière, et quand elle étoit en liberté, et qu'il lui plaisoit de parler, d'excellente et de très-plaisante compagnie, pleine de traits et de sel qui couloit de source, sans faire semblant d'y toucher et sans aucune affectation. Hors de là des journées entières sans dire une parole; étant jeune, elle avoit pensé mourir de la poitrine, et avoit eu la constance d'être une année entière sans proférer un mot. Avec sa tranquillité, son indifférence, sa froideur naturelle, l'habitude lui en étoit restée. On ne sauroit plus d'esprit qu'elle en avoit, ni d'un tour plus singulier. Quoique venue fort tard à la cour, elle en étoit passionnée et instruite à surprendre de tout ce qui s'y passoit, dont, quand elle daignoit en prendre la peine, les récits étoient charmants; mais elle ne se laissoit aller que devant bien peu de personnes et bien en particulier.

Avare au dernier point, elle aimoit le jeu passionnément, et ces conversations particulières et resserrées, et rien du tout autre chose. Je me souviens qu'à Pontchartrain, par le plus beau temps du monde, elle se mettoit, en revenant de la messe, sur le pont qui conduit aux jardins, s'y tournoit lentement de tous côtés, puis disoit à la compagnie : « Pour aujourd'hui, me voilà bien promenée, oh! bien, qu'on ne

m'en parle plus, et mettons-nous à jouer tout à l'heure; »
et de ce pas prenoit des cartes qu'elle n'interrompoit que le
temps des deux repas, et trouvoit mauvais encore qu'on la
quittât à deux heures après minuit. Elle mangeoit peu, souvent sans boire, au plus un verre d'eau. Qui l'auroit crue,
on eût fait son repas sans quitter les cartes. Elle savoit beaucoup et en histoire et en sciences; jamais il n'y paroissoit.
Toujours masquée en carrosse, en chaise, à pied par les galeries : c'étoit une ancienne mode qu'elle n'avoit pu quitter,
même dans le carrosse de Madame. Elle disoit que son teint
s'élevoit en croûte sitôt que l'air le frappoit; en effet, elle le
conserva beau toute sa vie, qui passa quatre-vingts ans,
sans d'ailleurs avoir jamais prétendu en beauté. Avec tout
cela, elle étoit fort considérée et comptée. Elle prétendoit
connoître l'avenir par des calculs et de petits points, et cela
l'avoit attachée à Madame, qui avoit fort ces sortes de curiosités; mais la maréchale s'en cachoit fort.

Il faut donner le dernier trait à cette espèce de personnage. Elle avoit une sœur religieuse à Saint-Antoine à Paris,
qui, à ce qu'on disoit, avoit pour le moins autant d'esprit et
de savoir qu'elle : c'étoit la seule personne qu'elle aimât.
Elle l'alloit voir très-souvent de Versailles; et, quoique très-avare mais fort riche, elle l'accabloit de présents. Cette fille
tomba malade; elle la fut voir et y envoya sans cesse. Lorsqu'elle la sut fort mal et qu'elle comprit qu'elle n'en reviendroit pas : « Oh bien, dit-elle, ma pauvre sœur, qu'on ne
m'en parle plus. » Sa sœur mourut, et oncques depuis elle
n'en a parlé ni personne à elle. Pour ses deux fils, elle ne
s'en soucioit point, et n'avoit pas grand tort, quoiqu'en
grande mesure avec elle; elle les perdit tous deux, il n'y
parut pas et dès les premiers moments.

La comtesse de Beuvron étoit une autre femme à qui, non
plus qu'à la maréchale de Clérembault, il ne fallait pas déplaire, et qui étoit extrêmement de mes amies. Elle étoit
fille de condition de Gascogne; son père s'appeloit le mar-

quis de Théobon, du nom de Rochefort. Elle étoit fille de la reine lorsqu'elle épousa le comte de Beuvron, frère de la duchesse d'Arpajon et du comte de Beuvron, père du duc d'Harcourt, desquels j'ai parlé plus d'une fois. Le comte de Beuvron étoit capitaine des gardes de Monsieur, dont j'ai fait mention à propos de la mort de la première femme de ce prince. Elle en étoit veuve en 1688, sans enfants et étoit pauvre. Des intrigues du Palais-Royal la firent chasser par Monsieur au grand déplaisir de Madame, qui fut plusieurs années sans avoir permission de la voir, et qui ne la vit enfin que rarement et à la dérobée dans des couvents à Paris. Elle lui écrivoit tous les jours de sa vie, et en recevoit réponse par un page qu'elle envoyait exprès. Elle étoit intimement unie avec la famille de son mari, et notre liaison avec la comtesse de Roucy, fille unique de la duchesse d'Arpajon, où elle étoit sans cesse, forma la nôtre avec elle; mais elle n'étoit revenue à la cour qu'à la mort de Monsieur, qui la lui avoit fait défendre. C'étoit une femme qui avoit beaucoup d'esprit et de monde, et qui, à travers de l'humeur et une passion extrême pour le jeu, étoit fort aimable et très-bonne et sûre amie.

L'évêque d'Agde mourut vers ce temps-ci fort riche en bénéfices. Il étoit frère du surintendant Fouquet, mort à Pignerol en 1680, après vingt années de prison, de l'archevêque de Narbonne et de l'abbé Fouquet si connu en son temps, mort deux mois avant son frère, à la disgrâce duquel ses imprudences et ses folies avoient eu grande part. Il fut en 1656 chancelier de l'ordre, et en même temps Guénégaud, secrétaire d'État, fut garde des sceaux de l'ordre qu'on désunit de la charge de chancelier qu'ils achetèrent de M. Servien. La disgrâce du surintendant leur frère les dépouilla des marques de l'ordre, fit réunir la charge de chancelier aux sceaux de l'ordre, entre les mains de Guénégaud en 1661, et confina ses frères dans un exil. M. d'Agde changea souvent de lieu, et eut enfin permission de demeurer à Agde sans en sortir le reste de ses jours. Il fut chancelier de l'ordre sur la démission de son frère en 1659.

Carlingford, milord irlandois, qui avoit été gouverneur de M. de Lorraine de la main de l'empereur, à qui il étoit fort attaché, avoit suivi son pupille dans ses États à la paix de Ryswick; il étoit grand maître de sa maison et à la tête de son conseil. Devenu feld-maréchal de l'empereur, il désira retourner à Vienne. M. le Grand, qui avoit beaucoup d'enfants et peu de patrimoine, trouva jointure à mettre le prince Camille à la place de Carlingford pour la charge et pour de plus fortes pensions encore. Il le fit trouver bon au roi, et le prince Camille s'alla fixer en Lorraine, où il ne fut pas plus goûté qu'il l'étoit ici. C'étoit un homme de peu d'esprit, fort glorieux, particulier, qui avala toute sa vie beaucoup de vin fort tristement; une espèce de fagot d'épine, mais ruminant toujours à part soi la grandeur de sa maison, et qui n'avoit des Guise, qu'il regrettoit, que la valeur et la volonté. Il avoit toujours servi et n'étoit point marié, du reste honnête homme.

Saint-Pouange fit un grand mariage pour son fils avec la fille unique de Sourdis, chevalier de l'ordre, dont il avoit toute sa vie été ami intime. La débauche les avoit unis, et cette amitié suppléa au mérite pour l'avancement. Sourdis se fit battre auprès de Neuss avec tant d'ignorance, et s'en tira si honteusement à l'ouverture de la guerre précédente, en 1689, que M. de Louvois, n'osant plus l'employer dans les armées, mais pressé par Saint-Pouange, l'envoya commander en Guyenne. Il s'y conduisit avec tant de crapule, et si misérablement d'ailleurs, qu'il ne put y être soutenu davantage. Le commandement de la province lui fut ôté, et un successeur envoyé à sa place. Sourdis, enchanté de sa maîtresse à soixante-dix ans, ne put quitter Bordeaux parce qu'elle y vouloit demeurer, et y survécut ainsi à lui-même. A la fin la honte de sa vie obligea à l'en faire sortir. Il ne put s'en éloigner et se confina dans une de ses terres en Guyenne.

Un homme si peu soigneux de son honneur donna sa fille au fils de son ancien ami et protecteur, sans compter pour rien l'inégalité du mariage de son héritière à qui il devoit laisser de grands biens qu'elle eut en effet, et qu'il ne lui fit pas longtemps attendre. Il mourut en grand affoiblissement d'esprit, et fort vieux et veuf depuis longues années sans s'être remarié.

Le duc de Richelieu, vieux et veuf deux fois, épousa en troisièmes noces une Rouillé, veuve du marquis de Noailles, frère du duc, du cardinal et du bailli de Noailles, dont elle avoit une fille unique. Elle étoit fort riche et vouloit un tabouret. M. de Richelieu, qui l'étoit fort aussi, mais qui, avec des biens substitués et une conduite toujours désordonnée, en étoit toujours aux expédients, lui donna le sien pour se remettre à flot, et n'avoit aussi qu'un fils unique. En s'épousant, ils arrêtèrent le mariage de leurs enfants, dont ils passèrent et signèrent le contrat en attendant qu'ils fussent en âge de se marier. Le vieux couple avoit de l'esprit, mais l'humeur de part et d'autre peu concordante, qui donna des scènes au monde. Malgré ce second mariage de la duchesse de Richelieu, elle demeura toute sa vie dans l'union la plus intime avec la famille de son premier mari, surtout avec le cardinal de Noailles.

Celle du comte d'Auvergne, et lui-même, se trouvèrent fort soulagés par la mort du bailli d'Auvergne, son fis aîné, que l'indignité de toute la suite de sa vie, et celle de son combat avec Caylus dont j'ai parlé en son temps, avoient chassé du royaume, fait déshériter et jeté malgré lui dans l'ordre de Malte, menaçant souvent de réclamer contre ses vœux.

Il sembla que les flatteurs du roi prévissent alors que le terme des prospérités de son règne fût arrivé, et qu'ils n'auroient désormais à le louer que de sa constance. Ce grand nombre de médailles frappées en toutes sortes d'occasions, où les plus communes n'étoient pas même oubliées, fut ramassé, gravé et destiné à une histoire métallique. L'abbé

Tallemant, Tourel[1] et Dacier, trois savants principaux de l'Académie françoise, avoient été chargés de l'explication de ces médailles, à mettre à côté de chacune dans un gros volume de la plus magnifique impression du Louvre. Il fallut une préface, et comme cette sorte d'histoire commençoit à la mort de Louis XIII, sa médaille fut nécessairement mise à la tête du livre, et engageoit ainsi à dire quelque chose de ce prince dans cette préface. Quelqu'un de leur connoissance s'avisa de ma juste reconnoissance, et crut qu'elle me prêteroit ce que je n'avois pas de moi-même pour le morceau de la préface qui devoit regarder Louis XIII, ou pour mettre sous sa médaille, qui devoit être à la tête de celles de Louis XIV. On me proposa de le faire. L'esprit fut la dupe du cœur, et, sans consulter mon incapacité, j'y consentis, à condition qu'on m'en épargneroit le ridicule dans le monde, et qu'on m'en garderoit fidèlement le secret.

Je le fis donc, et je m'y tins en garde contre moi-même, toujours occupé de ne pas obscurcir le fils par le père dans un ouvrage tout à la gloire du premier et où le second n'entroit que par accident et par nécessité de l'introduction[2]. Mon thème fait, et il ne me fallut guère qu'une matinée, parce qu'il ne devoit pas être fort étendu, je le donnai. J'eus le sort des auteurs ; ma pièce fut louée, et ne parut excéder en rien. Je m'en applaudis, ravi d'avoir consacré deux ou trois heures à ma juste reconnoissance, car je n'y en mis pas davantage.

Quand ce fut à l'examen pour l'insérer, ces messieurs furent effrayés. Il est des vérités dont la simplicité sans art jette un éclat qui efface tout le travail d'une éloquence qui grossit ou qui pallie : Louis XIII fournit de celles-là en abondance. Je m'étois contenté de les montrer, mais ce crayon ternissoit les tableaux suivants, à ce qu'il parut à ceux qui les

---

1. Ce membre de l'Académie française, dont le nom est ainsi écrit par Saint-Simon, s'appelait Jacques de Toureil.

2. Voy. ce court éloge, page 13 des Pièces. (*Note de Saint-Simon.*)

ornoient. Ils s'appliquèrent donc à élaguer, à affoiblir, à voiler tout ce qu'ils purent pour n'obscurcir pas leur héros par une comparaison qui se faisoit d'elle-même. Ce travail leur fut ingrat; ils s'aperçurent enfin que ce n'étoit pas moi qu'ils avoient à corriger, mais la chose même dont le lustre naissant de soi-même ne se pouvoit éteindre que par la suppression; ils sentirent le mensonge de cette sorte de correction; que, taisant certains faits, certaines vérités, ils ne pouvoient les omettre toutes, et toutes à leurs yeux étoient de nature à offusquer leur sujet. Cet embarras, grossi de l'esprit dominant de l'adulation, les détermina enfin à donner leur ouvrage avec la médaille sèche de Louis XIII en tête, sans parler de ce prince qu'en deux mots et uniquement pour marquer que sa mort fit place à son fils sur le trône. Les réflexions sur ce genre d'iniquité mèneroient trop loin. Elle ne fut pas étendue à mon égard; je demeurai sous le silence qui m'avoit été promis.

Chamillart faisoit affaires sur affaires : il falloit fournir aux dépenses immenses des armées. Vendôme, conduit par M. du Maine, qui l'étoit lui-même par Mme de Maintenon, envoyoit continuellement des courriers pour vanter sa vigilance, ses projets, et surtout pour grossir les bagatelles que le voisinage des quartiers ennemis produisoit assez souvent, et toujours fort légèrement avec les nôtres. Le comte d'Estrées, revenu de Naples à Toulon, vint faire un tour de huit jours à Paris. Il reçut les ordres du roi pour aller prendre le roi d'Espagne à Barcelone, et le conduire à Naples, revenir incontinent après à Toulon, où le comte de Toulouse devoit se rendre pour aller à la mer et faire pour la première fois sa charge d'amiral. Cette déclaration, qui pourtant n'étoit qu'une suite de sa charge, et qui n'avoit rien de commun avec la terre, ne laissa pas d'être un renouvellement de douleur pour M. le duc d'Orléans et les deux princes du sang. En même temps, le maréchal de Boufflers fut choisi pour commander l'armée de Flandre sous Mgr le duc de Bourgogne, où le marquis de Bedmar commanda les troupes d'Espagne. Le maréchal d'Estrées fut envoyé en Bretagne ; et Chamillart, ami de Chamilly ou plutôt leurs deux femmes, prit occasion de l'oisiveté où on le laissoit avec injustice, pour le remettre à flot, et lui procura le commandement de la Rochelle et des provinces voisines jusqu'au Poitou inclus, chacun avec quelques officiers généraux sous eux. Beuvron et Matignon allèrent en Normandie.

Pour l'armée du Rhin, il fallut avoir recours à Catinat. Il étoit presque toujours depuis son retour d'Italie à sa petite maison de Saint-Gratien, par delà Saint-Denis, où il ne voyoit que sa famille et ses amis particuliers en très-petit nombre, portant l'injustice avec sagesse et le peu de compte qu'on avoit tenu de lui depuis son retour d'Italie. Chamillart lui manda qu'il avoit ordre du roi de l'entretenir. Catinat vint chez lui à Paris ; il y apprit sa destination ; il s'en défendit ; la dispute fut longue ; il ne se rendit qu'avec une extrême peine et par la nécessité seule de l'obéissance. Le lendemain matin, 11 mars, il se trouva à la fin du lever du roi, qui le fit entrer dans son cabinet. La conversation fut amiable de la part du roi, sérieuse et respectueuse de celle de Catinat. Le roi, qui s'en aperçut bien, le voulut ouvrir davantage, lui parla d'Italie et le pressa de s'expliquer avec lui à cœur ouvert de ce qu'il s'y étoit passé. Catinat s'en excusa, répondit que c'étoient toutes choses passées, très-inutiles maintenant à son service, uniquement bonnes à lui donner mauvaise opinion de gens dont il avoit paru qu'il aimoit à se servir, et au reste à nourrir les inimitiés éternelles. Le roi admira cette sagesse et cette vertu, mais il voulut néanmoins approfondir certaines choses, tant par rapport à justifier son propre mécontentement du maréchal que pour démêler qui de lui ou de son ministre avoit eu tort, pour les rapprocher ensuite dans la nécessité du commerce que le commandement de l'armée leur alloit donner ensemble. Il allégua donc à Catinat des faits importants, les uns dont il n'avoit rendu aucun compte, d'autres qu'il avoit entièrement tus et qui lui étoient revenus d'ailleurs.

Catinat, qui par sa conversation de la veille avec Chamillart avoit eu soupçon que le roi lui en diroit quelque chose, avoit apporté ses papiers à Versailles. Sûr de son fait, il maintint au roi qu'il ne lui avoit rien tu, ni manqué à rendre à lui-même ou à Chamillart un compte détaillé de ces mêmes choses dont le roi lui parloit alors, et le supplia avec instance de permettre à un de ces garçons bleus qui sont toujours dans les cabinets d'aller chez lui chercher sa cassette sans que lui-même en sortît, d'où il lui tireroit les preuves des vérités qu'il avançoit, et que Chamillart, s'il étoit présent, n'oseroit désavouer. Le roi le prit au mot et envoya querir Chamillart.

Le roi en tiers leur remit ce qui venoit de se passer entre lui et Catinat. Chamillart répondit d'une voix assez embarrassée qu'il n'étoit pas besoin d'attendre la cassette de Catinat, parce qu'il convenoit qu'il accusoit vrai en tout et partout. Le roi bien étonné lui reprocha l'infidélité de son silence, et d'avoir causé par sa confiance en lui l'extrême mécontentement qu'il avoit eu de Catinat. Chamillart, les yeux bas, laissa dire, mais comme il sentit que la colère s'allumoit : « Sire, dit-il, vous avez raison, mais ce n'est pas ma faute. — Et de qui donc? reprit le roi vivement; est-ce la mienne? — Non plus, sire, continua Chamillart en tremblant, mais j'ose vous dire avec la plus exacte vérité que ce n'est pas aussi la mienne. » Le roi insistant il fallut bien accoucher, et Chamillart lui dit qu'ayant montré les lettres de Catinat à Mme de Maintenon, parce qu'il jugeoit que leur contenu, le même dont le roi reprochoit le silence ou la négligence, lui feroit beaucoup de peine et d'embarras, elle n'avoit jamais voulu qu'elles allassent jusqu'à Sa Majesté, et que lui ayant insisté qu'il y alloit de sa fidélité à ne rien supprimer et à ne rien ordonner de soi-même, comme venant du roi, et de sa perte si cette faute si principale venoit jamais à être découverte, Mme de Maintenon lui avoit répondu de tout, et défendu si étroitement de donner au roi la moindre connoissance de ces lettres, qu'il n'avoit jamais osé passer outre. Il ajouta que Mme de Maintenon n'étoit pas loin, et qu'il supplioit le roi de lui demander la vérité de cette affaire.

A son tour, le roi, plus embarrassé que Chamillart, baissant aussi la voix, dit qu'il n'étoit pas concevable jusqu'où Mme de Maintenon portoit ses inquiétudes, pour aller au-devant de tout ce qui pouvoit le fâcher ; et sans plus rien trouver mauvais, se tourna au maréchal, et lui dit qu'il étoit ravi d'un éclaircissement qui lui faisoit voir que personne n'avoit tort; ajouta en général mille choses gracieuses au maréchal, le pria de bien vivre avec Chamillart, et se hâta de les quitter, et d'entrer dans ses derniers cabinets.

Catinat, plus honteux de ce qu'il venoit de voir et d'entendre, que content d'une justification si entière, fit des honnêtetés à Chamillart, qui, encore hors de lui d'une explication si périlleuse, les reçut et les rendit du mieux qu'il put. Ils ne les prolongèrent pas, ils sortirent ensemble du cabinet, et le choix de Catinat pour l'armée du Rhin fut déclaré. Les réflexions se présentent ici d'elles-mêmes. Le roi vérifia le fait le soir avec Mme de Maintenon. Ils n'en furent que mieux ensemble. Elle approuva Chamillart, mis au pied du mur, d'avoir tout avoué, et ce ministre n'en fut que mieux traité de l'un et de l'autre.

Le pape, de qui le roi avoit lieu d'être extrêmement content sur Naples et Sicile, quoiqu'il n'en eût pas encore voulu donner l'investiture au roi d'Espagne, rendit un jugement dont on ne fut pas satisfait, entre Madame et l'électeur palatin. Ce prince, chef de la branche palatine de Neubourg, et frère de l'impératrice, avoit succédé au frère de Madame, mort sans enfants, à l'électorat palatin. Madame étoit héritière, tant du mobilier qui alloit fort loin, que de ce que l'électeur son frère pouvoit laisser de fiefs féminins. La discussion duroit depuis longtemps, et n'ayant pu être terminée par la paix de Ryswick, le jugement y avoit été renvoyé à l'empereur et au roi, et au cas qu'ils ne pussent convenir, au pape, pour prononcer la confirmation de la sentence arbitrale de l'un ou de l'autre monarque. L'abbé de Thésut, frère du secrétaire des commandements de feu Monsieur, et de M. le duc d'Orléans ensuite, étoit à Rome, à la suite de cette affaire, sur laquelle il avoit été diversement prononcé à Vienne et ici, et de sept consulteurs nommés par le pape, trois furent d'avis de confirmer la sentence rendue par le roi, et les quatre autres de réduire Madame, pour toutes ses prétentions, à toucher de l'électeur palatin trois cent mille écus romains, en défalquant même ce qu'elle pouvoit avoir déjà reçu de ce prince. Le pape embrassa ce dernier avis et y confirma sa sentence arbitrale. On prétendit ainsi qu'il avoit passé son pouvoir, et l'abbé de Thésut, au nom et comme procureur de Madame, protesta contre ce jugement d'une manière solennelle.

CHAPITRE XXI.

Mort du roi Guillaume III d'Angleterre. — Le roi ne prend point le deuil du roi Guillaume, et défend aux parents de ce prince de le porter. — Mariage du frère de Chamillart. — Époque d'un usage ridicule. — Mort de la marquise de Gesvres. — Mort du comte Bagliani. — Mort de Jean Bart et de La Freselière; son caractère. — Mort du marquis de Thianges. — États de Catalogne. — Départ du roi d'Espagne pour l'Italie et de la reine pour Madrid par l'Aragon. Comte d'Estrées grand d'Espagne. — Autres grâces de Philippe V — Cardinal Borgia et sa bulle d'Alexandre VI. — Philippe V à Naples. — Cardinal Grimani. — Louville à Rome obtient un légat *a latere* vers Philippe V. — Cardinal de Médicis. — Conspiration contre la personne de Philippe V. — Entrevue de Philippe V et de la cour de Toscane à Livourne, qui traite le grand-duc d'Altesse. — Entrevue de Philippe V et de la cour de Savoie à Alexandrie. — Fauteuil manqué. — Philippe V à Milan. — États d'Aragon. — La reine d'Espagne à Madrid. — Junte. — Comte de Toulouse va à la mer. — Mgr le duc de Bourgogne va en Flandre. — Ruse en faveur du duc du Maine. — Honteux accompagnement de Mgr le duc de Bourgogne. — Passage de Mgr le duc de Bourgogne par Cambrai. — Cent cinquante mille livres au maréchal de Boufflers. — Cinquante mille à Tessé. — Bedmar fait grand d'Espagne ; son caractère ; son extraction.

Le roi Guillaume, tout occupé d'armer l'Europe entière contre la France et l'Espagne, avoit fait un voyage en Hollande, pour mettre la dernière main à ce grand ouvrage, entamé par lui, dès l'instant qu'il fut informé des dernières dispositions de Charles II, et il étoit dans sa maison de chasse de Loo, au plus fort de cette grande occupation, lorsqu'il y apprit la mort du roi son beau-père, de la manière que je l'ai racontée, et la reconnoissance que le roi avoit faite du prince de Galles, en qualité de roi d'Angleterre, qui donna toute liberté au roi Guillaume d'éclater partout, et d'agir à découvert. Il prit le deuil en violet, drapa, se hâta d'achever en Hollande tout ce qui assuroit cette formidable ligue, à laquelle ils donnèrent le nom de grande alliance, et s'en retourna en Angleterre animer la nation, et chercher des secours pécuniaires dans son parlement.

Ce prince, usé avant l'âge, des travaux et des affaires, qui firent le tissu de toute sa vie, avec une capacité, une adresse, une supériorité de génie qui lui acquit la suprême autorité en Hollande, la couronne d'Angleterre, la confiance, et, pour en dire la vérité, la dictature parfaite de toute l'Europe, excepté la France, étoit tombé dans un épuisement de forces et de santé qui, sans attaquer ni diminuer celle de l'esprit, ne lui fit rien relâcher des travaux infinis de son cabinet, et dans une difficulté de respirer qui avoit fort augmenté l'asthme qu'il avoit depuis plusieurs années. Il sentoit son état, et ce puissant génie ne le désavouoit pas. Il fit faire des consultations aux plus célèbres médecins de l'Europe sous des noms feints, entre autres une à Fagon, sous celui d'un curé, lequel, y donnant de bonne foi, la renvoya sans ménagement et sans conseil autre que celui de se préparer à une mort prochaine. Le mal augmentant ses progrès, Guillaume consulta de nouveau, mais à découvert. Fagon, qui le fut, reconnut la maladie du curé. Il ne changea pas d'avis, mais il fut plus considéré, et prescrivit avec un savant raisonnement les remèdes qu'il jugea les plus propres, sinon pour guérir, au moins pour allonger. Ces remèdes furent suivis et soulagèrent; mais enfin, les temps étoient arrivés où Guillaume devoit sentir que les plus grands hommes finissent comme les plus petits, et voir le néant de ce que le monde appelle les plus grandes destinées. Il se promenoit encore quelquefois à cheval, et il s'en trouvoit soulagé, mais n'ayant plus la force de s'y tenir, par sa maigreur et sa foiblesse, il fit une chute qui précipita sa fin par sa secousse. Elle fut aussi peu occupée de religion que l'avoit été toute la suite de sa vie. Il ordonna de tout, et parla à ses ministres et à ses familiers avec une tranquillité surprenante et une présence d'esprit qui ne l'abandonna point jusqu'au dernier moment. Quoique accablé de vomissements et de dévoiement dans les derniers jours de sa vie, uniquement rempli des choses qui la regardoient, il se vit finir sans regret avec la satisfaction d'avoir consommé l'affaire de la grande alliance, à n'en craindre aucune désunion par sa mort, et dans l'espérance du succès des grands coups que par elle il avoit projetés contre la France. Cette pensée, qui le flatta jusque dans la mort même, lui tint lieu de toute consolation; consolation frivole et cruellement trompeuse, qui le laissa bientôt en proie à d'éternelles vérités. On le soutint les deux derniers jours par des liqueurs fortes et des choses spiritueuses. Sa dernière nourriture fut une tasse de chocolat. Il mourut le dimanche, 19 mars, sur les dix heures du matin.

La princesse Anne, sa belle-sœur, épouse du prince Georges de Danemark, fut en même temps proclamée reine. Peu de jours après elle déclara son mari grand amiral et généralissime, rappela les comtes de Rochester, son oncle maternel, et de Sunderland, fameux par son esprit et ses trahisons, dans son conseil, et envoya le comte de Marlborough, si connu dans la suite, suivre en Hollande tous les plans de son prédécesseur. Portland s'y retira dès le lendemain de la mort de son maître, et ne vécut depuis qu'obscurément.

Le roi n'apprit cette mort que le samedi matin suivant par La Vrillière, à qui il étoit arrivé un courrier de Calais. Une barque s'étoit échappée malgré la vigilance qui avoit fermé les ports. Le roi en garda le silence, excepté à Monseigneur et à Mme de Maintenon, à qui il le manda à Saint-Cyr. Le lendemain la confirmation arriva de toutes parts, et le roi n'en fit plus un secret, mais il en parla peu et affecta beaucoup d'indifférence. Dans le souvenir de toutes les folies indécentes de Paris, lorsque dans la dernière guerre on le crut tué à la bataille de la Boyne en Irlande, on prit par ses ordres les précautions nécessaires pour ne pas retomber dans le même inconvénient.

Il déclara seulement qu'il n'en prendroit pas le deuil, et il défendit aux ducs de Bouillon, aux maréchaux de Duras et de Lorges, et par eux à tous les parents, de le porter, chose dont il n'y avoit pas encore eu d'exemple. Le prince de Nassau, gouverneur héréditaire de Frise, nommé héritier par le testament du roi Guillaume, fut, par voie de fait, frustré de la plus grande partie par l'électeur de Brandebourg, qui eurent là-dessus des contestations dont les États généraux, exécuteurs testamentaires, prirent connoissance. L'héritier n'y eut pas beau jeu contre un prince puissant et avide, et tout à cet égard n'est pas encore fini entre eux. Le gros de l'Angleterre le pleura et presque toutes les Provinces-Unies. Quelques bons républicains seulement respirèrent en secret, dans la joie d'avoir recouvré leur liberté. La grande alliance fut très-sensiblement touchée de cette perte; mais elle se trouva si bien cimentée, que l'esprit de Guillaume continua de l'animer, et Heinsius, sa créature la plus confidente, élevé par lui au poste de Pensionnaire de Hollande, le perpétua, et l'inspira à tous les chefs de cette république, à leurs alliés et à leurs généraux, tellement qu'il ne parut pas que Guillaume ne fût plus. M. le prince de Conti, M. d'Isenghien et plusieurs seigneurs françois se présentèrent comme créanciers ou héritiers de la succession du roi Guillaume, comme prince d'Orange, qui, outre Orange, avoit des terres en Franche-Comté et ailleurs. Le roi leur permit de suivre leurs prétentions, dont il se forma plusieurs procès entre eux avec peu de profit pour aucun.

Je ne mettrois pas ici une chose aussi peu considérable que le mariage du frère de Chamillart, s'il ne servoit d'époque à quelque chose d'extrêmement ridicule, mais que le monde, si souvent glorieux mal à propos et toutefois toujours si bas et si rampant devant la faveur et la puissance, a parfaitement adopté en tous les imitateurs depuis de cette même sottise. Chamillart avoit deux frères, qu'on peut dire qui excelloient en imbécillité : l'évêque de Dol, à qui il fit donner Senlis ensuite, et à qui il falloit donner Condom, et ne l'en laisser jamais sortir, mais le meilleur homme du monde; l'autre, méchant autant que sa sottise le lui pouvoit permettre, et à qui la faveur et le ministère avoient tourné la tête de vanité. Il s'appeloit le chevalier Chamillart, et il étoit, je ne sais comment, devenu capitaine de vaisseau. Son frère, déjà mal avec Pontchartrain, le tira de la marine, le fit maréchal de camp tout d'un coup, et lui fit épouser la fille unique de Guyet, maître des requêtes, très-riche et très-bien faite, dont il fit le père intendant des finances, qui n'en étoit pas plus capable que le marin son gendre des fonctions de maréchal de camp. Depuis longtemps tout cadet usurpe le nom de chevalier. Il ne pouvoit être porté par un homme marié, celui-ci s'appela donc le comte de Chamillart. Le *de* s'usurpoit aussi par qui vouloit depuis quelque temps, mais de marquiser ou comtiser son nom bourgeois de famille, c'en fut le premier exemple. En même temps Dreux, gendre de Chamillart, s'appela le marquis de Dreux. Il eut tort, il falloit prendre le titre de comte, cela se fût mieux incrusté sur les comtes de Dreux sortis de la maison royale ; ce fut sans doute une modestie dont il lui fallut savoir gré. On en rit tout bas, mais tout haut personne n'osoit omettre les titres ni les *de*, ni leur disputer même dès lors d'être des capitaines. Maints autres bourgeois ont depuis suivi cet exemple, qui dans la suite est devenu attaché aux frères des présidents à mortier des parlements de provinces : c'est un apanage apparemment comme Orléans l'est du frère du roi. Ceux de Paris, qui ne font pas comparaison avec eux, ont été du temps sans les imiter, quelques-uns enfin se sont laissés aller à cette friandise.

Le marquis de Gesvres perdit sa femme fort riche et peu heureuse, qui lui laissa plusieurs enfants. Ce mariage, dans lequel le roi étoit entré par bonté pour le marquis de Gesvres, qui n'avoit rien, et que son père haïssoit et ruinoit, avoit tiré Boisfranc, son beau-père, d'affaires très-fâcheuses avec Monsieur, dont il avoit été longtemps surintendant, et d'autres encore de finances avec le roi qui ne valoient pas mieux.

Je perdis aussi en même temps un ancien ami de mon père, le comte Bagliani qui, depuis près de quarante ans, étoit envoyé du duc de Mantoue sans être jamais sorti d'ici. C'étoit une espèce de colosse en hauteur et en grosseur, mais d'où sortoit tout l'esprit du monde, et l'esprit le plus délicat et le plus orné. Nos ministres en avoient toujours fait un cas particulier. Il avoit beaucoup d'amis, et il s'étoit acquis une considération personnelle fort distinguée de la médiocrité du caractère dont il étoit revêtu. Il entendoit parfaitement les intérêts divers de l'Europe; il en connoissoit les cours et les intrigues, sans avoir bougé d'ici, et nos ministres lui parloient volontiers confidemment en particulier. C'étoit d'ailleurs un homme droit, fort à sa place, plein d'honneur, et, sans qu'il y parût, d'une grande piété depuis grand nombre d'années. Ce fut le dernier des amis particuliers de mon père, que je cultivai tous jusqu'à leur mort avec grand soin, et que je regrettai beaucoup.

Le roi fit une perte en la mort du célèbre Jean Bart, qui a si longtemps et si glorieusement fait parler de lui à la mer, qu'il n'est pas besoin que je le fasse connoître. Sa Majesté en fit une autre en la personne du bonhomme La Freselière, lieutenant général et lieutenant général de l'artillerie. J'en ai parlé ailleurs : il servoit encore à quatre-vingts ans avec la vigilance d'un jeune homme et une capacité très-distinguée. C'étoit d'ailleurs un homme plein d'honneur et de valeur, modeste et très-homme de bien. Jeunes et vieux le respectoient à l'armée, et il étoit si aimable qu'il avoit toujours chez lui la meilleure compagnie de tous âges : c'est un rare éloge à quatre-vingts ans.

Un homme de meilleure maison, et d'une situation bien singulière, mourut aussi en même temps chez lui en Bourgogne, le marquis de Thianges, du nom de Damas, dont le père étoit chevalier de l'ordre. Il avoit épousé, en 1655, la fille aînée du premier duc de Mortemart, sœur du maréchal duc de Vivonne, de Mme de Montespan, qui ne fut mariée qu'en 1663, et de l'abbesse de Fontevrault. Je réserve ailleurs à parler de cette famille, pour n'avoir rien à rappeler. Il suffira ici de dire qu'ayant eu de son mariage un fils et la duchesse de Nevers, sa femme l'abandonna pour s'attacher à la honteuse faveur de sa sœur, dont elle partagea au moins l'autorité et la confiance sans que leur intimité en fût jamais blessée, et qu'elle l'imita en n'entendant jamais plus parler de son mari, dont elle quitta les armes et les livrées pour porter les siennes seules, comme Mme de Montespan avoit fait. M. de Thianges, sans aucune raison commune avec celles de son beau-frère, mais sentant le mépris d'une femme altière et puissante, se confina chez lui, où il s'enterra dans l'oisiveté et l'obscurité. Devenu veuf en 1693, et Mme de Montespan hors de la cour, il ne crut pas que ce fût la peine de revenir à Paris, après une absence de tant d'années, ni de changer une vie où il avoit eu tout le temps de s'accoutumer. Ses filles n'étoient pas élevées à penser qu'elles avoient un père; lui aussi avoit oublié ses filles et son gendre. Son fils l'alloit voir souvent; ainsi M. de Thianges mourut dans son château avec aussi peu de bruit qu'il y avoit vécu.

Louville étoit arrivé à Barcelone, où il avoit trouvé les états de Catalogne finis, ce qui n'étoit pas arrivé depuis plus d'un siècle. Après force disputes, ils avoient accordé au roi ce qu'il leur avoit demandé, et s'étoient désistés de plusieurs priviléges qu'ils avoient tâché d'obtenir. La joie du roi d'Espagne fut grande de n'avoir plus qu'à se préparer à passer en Italie. La reine partit en même temps qu'il s'embarqua; Mme des Ursins la suivit; elle passa au célèbre monastère de Notre-Dame de Mont-Serrat, allant à Saragosse tenir les états d'Aragon.

Le comte d'Estrées reçut le roi d'Espagne avec tous les honneurs possibles. Sa petite flotte arbora pavillon d'Espagne. Le vice-amiral n'avoit pas perdu son temps dans les huit jours qu'il avoit été à la cour. Aidé des Noailles et des enfances de sa femme, il avoit disposé le roi à trouver bon qu'il fût fait grand d'Espagne à cette occasion. Louville étoit fort bien avec eux tous, et ne fut pas indifférent à se les acquérir de plus en plus par un si grand service. Philippe V en partant disposa de la vice-royauté du Pérou en faveur de Castel dos Rios, son ambassadeur, qu'il avoit laissé en

France, et le roi eut grande part à cette grâce. L'amirante de Castille, fort suspect, fut nommé pour le venir relever en la même qualité à Paris ; et la Toison fut envoyée à Harcourt et au comte d'Ayen, qui leur étoit promise il y avoit déjà du temps. En la leur envoyant, ils furent avertis de la porter au cou, pendue à un ruban couleur de feu ondé, comme on l'a toujours portée depuis. Quelque mal qu'Harcourt se sentît avec le roi d'Espagne depuis son retour en France, il s'opiniâtra à ne prendre point la Toison qu'il vouloit faire passer à Sezane, son frère, fort jeune, et Louville réussit enfin à y faire consentir le roi d'Espagne.

Le cardinal Borgia étoit du voyage et patriarche des Indes. C'étoit un homme très-ignorant, fort bas courtisan et tout à fait extraordinaire. Louville étoit sur le même bâtiment. Il fut prié à dîner par ce cardinal le vendredi saint. Jamais homme plus surpris qu'il le fut, lorsque, se mettant à table, il n'y vit que de la viande. Le cardinal, qui le remarqua, lui dit qu'il avoit dans sa maison une bulle d'Alexandre VI qui leur donnoit la permission de manger de la viande et d'en faire manger chez eux à tout le monde en quelque jour que ce fût, et spécialement le vendredi saint. L'autorité d'un si étrange pape, et aussi étrangement employée, n'imposa pas à la compagnie. Le cardinal se mit en colère; il prétendit que douter du pouvoir de sa bulle étoit un crime qui faisoit tomber dans l'excommunication. Le respect du jour l'emporta sur celui de la bulle et sur l'exemple du cardinal, qui mangea gras et en fit manger à qui il put à force de persécution, de colère et de menaces d'encourir les censures : un abus de ce genre est au-dessus de toutes les réflexions.

Le samedi saint, Marsin, pour éviter la dépense de l'entrée, prit caractère à son audience publique sur le vaisseau, pour pouvoir assister aux chapelles et à toutes les cérémonies. Le jour de Pâques, le roi débarqua à Pouzzol, donna la clef d'or à Louville, et fit le comte d'Estrées grand de la première classe. Il y trouva le duc d'Escalona, vice-roi de Naples, ou, comme on l'appeloit souvent, le marquis de Villena, avec tout ce qu'il y avoit de plus distingué à Naples, où le roi arriva sur ses galères jusque sous son palais. Il se montra sur un balcon à un peuple infini accouru dans la place, et alla ensuite à une église voisine, où le *Te Deum* fut chanté. Le cardinal Cantelmi, archevêque de Naples, et le duc de Popoli, son frère, furent extrêmement bien recueillis. Ce dernier venoit de recevoir la permission en même temps que Revel de porter l'ordre du Saint-Esprit, en attendant qu'ils pussent être reçus. On a vu la part qu'il eut à étouffer dans sa naissance la révolte de Naples. Torcy en ce même temps alla interroger le prince de La Riccia à Vincennes et le baron de Sassina à la Bastille, qui y étoit extrêmement resserré.

L'empereur avoit à Rome chargé de ses affaires le cardinal Grimani, qui, avec beaucoup d'esprit et de manége, étoit un scélérat du premier ordre, et qui ne prenoit pas même la peine de se cacher d'être capable de toutes sortes de crimes et de n'y être pas apprenti, avec cela l'homme du monde le plus violent, et le plus furieux partisan de la maison d'Autriche. Tout étoit à craindre de ses menées. Le prétexte dont lui et Lisola s'étoient servis pour soulever Naples étoit que ces peuples ne pouvoient reconnoître pour leur roi, ni être tenus à fidélité à un prince qui n'avoit pas l'investiture du pape d'un royaume qui étoit fief de l'Église, quoique le pape eût enjoint aux évêques de ce royaume de prêcher, faire publier et afficher qu'il reconnoissoit Philippe pour roi de Naples, et qu'il ordonnoit à tous les sujets de ce royaume de lui être fidèles, et lui obéir comme à leur roi légitime, et tout comme s'il avoit eu déjà son investiture. Il étoit toujours dangereux qu'un peuple aussi naturellement léger et séditieux, poussé par beaucoup de seigneurs puissants aussi légers et aussi amateurs de trouble que ce peuple, et appuyés et dirigés par le cardinal Grimani, ne donnât encore beaucoup d'inquiétude et peut-être d'occupations au dedans, tandis que les armées en avoient tant en Lombardie.

Ces considérations faisoient extrêmement désirer l'envoi d'un légat *a latere* dont l'éclat et la solennité fermât la bouche à tous ceux qui remuoient sous prétexte du défaut d'investiture. Le duc d'Uzeda, ambassadeur d'Espagne à Rome, sollicitoit fortement cette affaire, le cardinal Grimani et toute sa faction s'y opposoit avec violence et menaces, et le pape, embarrassé, ne pouvoit se déterminer. Louville fut envoyé à Rome pour la presser de la part du roi d'Espagne, et pour saluer le pape sur l'arrivée de ce prince à Naples et son voisinage du pape, que l'embarras du cérémonial et les affaires qui l'appeloient en Lombardie empêchoient de venir lui rendre ses respects en personne comme il l'eût bien désiré. Louville vint descendre chez le duc d'Uzeda, qui, pour le mieux appuyer à Rome, l'y donna comme un favori et comme celui qui avoit toute la confiance du roi d'Espagne. Il fut reçu sur ce pied-là du pape et des cardinaux. Grimani redoubla ses menaces et ses fureurs jusqu'à dire qu'il feroit poignarder Louville. S'il crut l'effrayer, il se trompa. Louville en prit occasion de parler de ce cardinal avec toute la hauteur et l'insulte qu'il méritoit, et que protégeoit le caractère de l'autre, de montrer combien ces menaces étoient injurieuses au pape traité et retenu avec violence, et à quel point aussi l'honneur du roi d'Espagne se trouvoit engagé dans une affaire si audacieusement traitée par les Impériaux et en maîtres du pape et de Rome. En peu de jours il obtint un légat *a latere*. Le cardinal Grimani menaça de faire des protestations en plein consistoire. Le pape lui fit dire que si c'étoit comme ministre de l'empereur, c'étoit à lui, non au consistoire qu'il devoit s'adresser ; que si c'étoit comme cardinal il lui ordonnoit de se taire. Cela l'arrêta tout court, mais l'ambassadeur de l'empereur sortit de Rome et se retira à San-Quirico. Le cardinal Charles Barberin, petit-neveu d'Urbain VIII, fut choisi comme très-agréable à la France, où sa famille s'étoit réfugiée pendant la persécution que lui fit Innocent X [Pamphile], et où elle fut comblée de grâces et de biens, et d'ailleurs un cardinal très-riche et très-magnifique. Il reçut la croix de légat *a latere* en plein consistoire et partit deux jours après. Le cardinal de Janson, qui faisoit alors les affaires du roi à Rome, servit en cette affaire avec grande dextérité et une grande fermeté. Le légat fit son entrée solennelle à Naples entre le cardinal de Médicis et lui.

Médicis étoit frère du grand-duc; c'étoit le meilleur homme du monde, le plus sans aucune façon et le plus attaché à la France. Il étoit venu à Naples voir Philippe V dès qu'il y fut arrivé. Ils furent si contents l'un de l'autre, que l'amitié et jusqu'à la familiarité se mit entre eux. Le roi le traitoit avec toutes sortes d'égards, et le cardinal vivoit en courtisan avec lui et avec sa cour. Il ne portoit jamais sa calotte, étoit vêtu presque en cavalier; ses bas rouges étoient toute sa marque. On ne le voyoit que malgré lui vêtu en cardinal et seulement aux cérémonies. Il ne put quitter Naples tant que Philippe V y fut; il ne se sépara de lui qu'avec larmes à Livourne jusqu'où il l'avoit suivi, et il le revit encore depuis lorsque le roi d'Espagne s'en retourna par Gênes en quittant l'Italie. Il n'avoit point d'ordres sacrés, et, voyant son neveu sans enfants, il quitta le chapeau dans la suite et se maria à une Gonzague, sœur du duc de Guastalla. Le légat fut reçu avec tous les honneurs qui depuis longtemps leur ont été prodigués. Philippe V le visita, tout se passa avec la plus grande satisfaction réciproque. Comme il ne s'agissoit que de démonstration et d'aucune affaire dans cette légation, Barberin demeura peu de jours à Naples. Sa venue avoit différé le départ du roi d'Espagne; il étoit pressé d'aller en Lombardie; il partit incontinent après le légat pour aller à Milan et se mettre à la tête de l'armée.

Cette légation si marquée et si fort emportée malgré l'empereur n'eut pas le succès pour lequel principalement on l'avoit désirée. Tandis que Philippe V n'étoit occupé qu'à répandre des grâces sur les seigneurs et sur les peuples du royaume de Naples, les priviléges confirmés, les dettes remises, il se brassoit une conspiration conçue à Vienne, tramée à Rome et prête d'éclater à Naples; il ne s'agissoit de rien moins que d'assassiner le roi d'Espagne. Un des conjurés qui le vit le lendemain de son arrivée fut tellement touché de compassion en le considérant, ou plutôt si touché par celui qui veille à la conservation des rois, qu'il prit sur-le-champ la résolution de découvrir le complot. Il s'adressa à un des officiers de la cour et demanda à parler au roi pour une affaire très-importante et très-pressée. On résolut de l'admettre. Il trouva le roi accompagné seulement de Marsin, des deux seigneurs du *despacho* et de Louville, et, en leur présence, révéla toute la conjuration et ceux qui en étoient. Il donna les lettres qu'il avoit apportées, il indiqua des gens travestis en moines et des moines aussi qui devoient arriver le lendemain par différentes portes. Effectivement, ils arrivèrent et ils furent arrêtés en entrant dans la ville avec les lettres dont ils étoient chargés, qui vérifièrent tout ce que leur camarade avoit révélé. On se saisit de plusieurs seigneurs, un plus grand nombre prit la fuite, les prisons furent remplies de criminels. Cependant on avoit secrètement dépêché à Rome, où on se saisit de la cassette du baron de Lisola, que l'empereur y tenoit avec une sorte de caractère. Il s'y trouva tant de choses précises sur le projet et l'exécution, que la cour de Vienne n'osa crier contre cette violence. Les plus coupables, de toutes qualités, de ceux qu'on avoit arrêtés furent exécutés dans les châteaux de Naples, d'autres envoyés aux Indes, plusieurs bannis ; on fit grâce au grand nombre. Tout ce qui n'étoit point de la conjuration, seigneurs et peuple, en témoigna la plus grande indignation.

On crut sur cette disposition publique éteindre toute mauvaise volonté par la clémence, la confiance et les bienfaits. Ils furent poussés jusqu'à former un régiment des gardes entièrement composé de Napolitains, officiers et soldats, auxquels le roi déclara qu'il vouloit confier la garde de sa personne. Il fut incontinent sur pied, et le roi en prit une partie sur le bâtiment qu'il monta et qui le porta à Final. Je ne sais qui fut auteur de ce conseil et d'une confiance si outrée. Elle pensa être funeste; M. de Vendôme découvrit, par des lettres interceptées, que des officiers de ce régiment avoient traité avec le prince Eugène de lui livrer le roi d'Espagne mort ou vif, en le conduisant à l'armée, appuyés de deux mille chevaux que ce général devoit envoyer secrètement au-devant d'eux, soutenus d'un plus gros corps pour s'emparer de sa personne. Sur cet avis, quelques-uns de ces officiers furent observés, pour les arrêter tous; mais la crainte d'être découverts qui les occupoit sans cesse leur donna du soupçon. Presque tous s'enfuirent, on n'en put saisir que peu qui avouèrent d'abord tout ce que M. de Vendôme avoit mandé et ne laissèrent rien ignorer de cet horrible complot. Le régiment fut aussitôt cassé et dispersé, et on veilla plus que jamais à la conservation du roi d'Espagne. J'ai voulu rapporter cette suite sans interruption.

Le roi d'Espagne s'arrêta à Livourne sans coucher à terre où le grand-duc et toute sa cour l'attendoit, et lui fit des présents dignes d'un grand roi. Il fut reçu avec toutes les marques possibles d'amitié et de distinction, jusque-là que le roi lui donna l'Altesse. La grande princesse surtout témoigna une joie extrême et la plus tendre pour ce prince son neveu. Elle étoit sœur de Mme la Dauphine sa mère. Philippe V lui témoigna les plus grands égards, beaucoup d'amitié, et la vit tête à tête. Il ne s'assit en aucune de ces occasions, et ils se séparèrent avec regret de se quitter. Ce fut là où le cardinal de Médicis, venu avec le roi et sur son même bâtiment, de

Naples, prit congé de lui. Ils s'en retournèrent tous à Florence charmés et comblés de tout ce que le roi avoit fait dans cette entrevue.

Celle qui suivit ne réussit pas si bien : la cour d'Espagne ayant enfin mis pied à terre à Final, le roi en chaise de poste prit le chemin d'Alexandrie, où la cour de Savoie s'étoit rendue. M. de Savoie vint à quelques milles au-devant de lui et mit pied à terre dès qu'il aperçut sa chaise. Le roi le voyant tout proche descendit et l'embrassa après d'assez courts compliments. Le roi lui fit excuse de ne pouvoir lui offrir une place dans une si petite voiture, et ajouta qu'il espéroit le recevoir dans peu, et lui donner à souper le soir même. Le duc fut d'autant plus aise de cette invitation, qu'il compta consolider par là d'une manière plus authentique et plus publique l'usurpation qu'il s'étoit adroitement ménagée.

Marsin n'étoit pas né pour être instruit du cérémonial. Il étoit poli jusqu'à la bassesse et, de plus, fort étourdi. M. de Savoie, en le faisant pressentir sur la manière dont il seroit reçu, et ne mettant pas en doute qu'il n'eût qu'un fauteuil, fit valoir sa déférence de ne prétendre pas la main, quoique le fameux Charles-Emmanuel eût eu l'une et l'autre en Espagne où il alla en personne épouser la fille de Philippe II. Marsin gagné, les deux seigneurs du despacho n'osèrent s'opposer à son consentement, mais tous trois en firent un secret à Louville.

Le prince de Vaudemont attendoit aussi le roi d'Espagne à Alexandrie. Il fut averti du fauteuil comme ce prince arrivoit et un moment après il s'en alla chez lui. Il rencontra Louville. En entrant dans l'appartement, blessé à l'excès de ce fauteuil à cause du duc de Lorraine son père, pour qui il n'en avoit jamais été question en Espagne, il attaqua Louville là-dessus; celui-ci n'en vouloit rien croire, et ne se rendit que lorsque, avançant tous deux dans l'appartement, ils virent les deux fauteuils préparés.

Louville entra dans le cabinet du roi d'Espagne, où il apprit ce que je viens de raconter; piqué pour la grandeur de son maître peut-être encore du secret qu'on lui avoit fait, [il] représenta au roi d'Espagne la différence de la maison de France dont pas un prince du sang ne cédoit aux électeurs ni aux ducs de Savoie comme il étoit arrivé au même Charles-Emmanuel à Lyon et à Paris avec le prince de Condé sous Henri IV, duquel il n'avoit jamais prétendu le fauteuil, d'avec la maison d'Autriche qui ne connoît point, dès qu'on s'assied, de distinction de siéges, qui donne le fauteuil aux infants, et qui avoit traité Charles-Emmanuel en infant à cause de son mariage; que l'électeur de Bavière à qui M. de Savoie cédoit, et avoit toujours cédé à Venise où ils s'étoient trouvés tout un carnaval ensemble, n'avoit jamais eu qu'un tabouret devant le roi Guillaume sans avoir prétendu mieux, quoique l'empereur lui donnât un fauteuil; que ce seroit dégrader et sa maison et sa couronne que d'être la dupe des artifices de M. de Savoie, et de fonder par cette foiblesse la même prétention pour les électeurs, et sans doute pour d'autres souverains qui ne l'imaginoient pas jusqu'à cette heure. Avec ces raisons très-pertinentes, Louville convainquit le roi d'Espagne qui ordonna d'ôter les deux fauteuils.

Un demi-quart d'heure après, M. de Savoie arriva, et fut reçu debout; et comme le roi d'Espagne ne parla point de s'asseoir, il sentit bien qu'il y avoit du changement; il le voulut sonder jusqu'au bout par le souper auquel il avoit été convié, mais dans le courant de la conversation, le roi l'en éconduisit par des excuses, sous prétexte que ses officiers n'étoient pas arrivés. Alors le duc de Savoie comprit qu'il n'avoit plus de fauteuil à espérer. Il ne fit aucun semblant de s'en apercevoir, abrégea sa visite et s'en alla outré de dépit. Le lendemain, le roi l'alla voir, et les deux duchesses, avec lesquelles tout se passa le plus poliment, et même avec une sorte d'ouverture, surtout avec la fille de Monsieur.

M. de Savoie parut respectueux et fort mesuré. Les quatre ou cinq jours de séjour se passèrent de la sorte, toujours debout et sans jamais aucun particulier. Au départ du roi, la cour de Savoie prit congé de lui; M. de Savoie lui fit ses excuses de ne pouvoir faire la campagne comme il l'avoit projeté, et même de ne pouvoir fournir autant de troupes que l'année précédente. Ce prince ne mit guère [de temps], dans Alexandrie même, à découvrir d'où lui étoit venu le coup, et il n'oublia rien pour piquer Marsin et les seigneurs du despacho contre Louville, qui de sa part leur fit goûter ses excuses de n'avoir pas eu le temps de les avertir avant de détourner le roi de ce fauteuil. Les deux seigneurs du despacho, qui n'avoient cédé à Marsin que par crainte, étoient ravis ainsi que tous les autres grands que ce fauteuil eût avorté, et le bas et timide Marsin n'osa trouver rien mauvais du favori du roi d'Espagne qui avoit toute la confiance de notre cour. Nous verrons en son lieu que M. de Savoie, n'ayant pu réussir avec eux, prit d'autres mesures pour se venger de Louville. Il en fut averti par Phélypeaux, ambassadeur de France à Turin, sur la fin de la campagne; mais la partie fut si bien liée, qu'au lieu de la récompense qu'il méritoit, il se trouva perdu comme je le rapporterai en son temps.

M. de Vaudemont suivit le roi d'Espagne à Milan, dont il lui fit splendidement les honneurs. Ce fut en cette ville que le roi d'Espagne apprit par M. de Vendôme la conjuration ourdie par ce régiment des gardes napolitaines que j'ai déjà racontée, l'éclat qui en suivit, et qui retomboit si à plomb sur la cour de Vienne et sur le prince Eugène, engagea ce dernier à se justifier comme il put par une grande lettre qu'il écrivit à M. de Vendôme, qu'il lui envoya par un trompette. M. de Vendôme lui répondit du verbiage honnête, qu'il finit par ces mots remarquables : « Qu'il avoit trop bonne opinion de lui pour pouvoir soupçonner qu'il fût capable d'exécuter un si horrible complot quand bien même il en eût reçu les ordres. » Le roi, averti du danger, fit choisir dans toutes ses troupes six officiers de distinction, lieutenants-colonels, majors et capitaines, qu'il envoya au roi son petit-fils pour être toujours autour de lui. C'étoit en effet des gens de valeur, de conduite et de probité, et d'une fidélité éprouvée, et même des gens d'esprit dont quelques-uns l'avoient orné, et tous fort capables au delà de leur grade. Il est étrange que pas un d'eux n'ait fait la moindre fortune. C'était don Gaëtano Coppala, prince de Montefalcone qui étoit colonel des gardes napolitaines. J'ai voulu raconter de suite tout ce qui regarde le roi d'Espagne depuis Barcelone jusqu'à Naples et à Milan.

J'ajouterai que la reine d'Espagne obtint à peu près ce qu'elle voulut des états d'Aragon à Saragosse, qui protestèrent sur ce qu'ils ne devoient être tenus que par des rois et non par une reine. Elle s'en alla de là à Madrid, où pour la forme elle fut à la tête de la junte du gouvernement dont le cardinal Portocarrero étoit le véritable régent. Ce fut un grand accueil entre lui et la princesse des Ursins, son ancienne amie, qui, sous prétexte de former la reine au sérieux et aux affaires, commença elle-même à s'y initier. Il ne se peut rien ajouter à l'esprit, aux grâces, à l'affabilité que cette jeune reine montra pendant son voyage et à son arrivée à Madrid. Le naturel y eut grande part, et la princesse des Ursins grand honneur par les soins qu'elle prit à la former. Elle ne s'en donna pas moins à la gagner, et elle y réussit au delà de ses espérances; elle ne fut pas moins heureuse à lui inspirer le goût du crédit et des affaires. Dans une si grande jeunesse, elle assista tous les jours à la junte, qui étoit composée du cardinal Portocarrero, don Manuel Arias, gouverneur du conseil de Castille, le duc de Medina-Celi, le marquis de Villafranca, de Mancera et du comte de Monterey. J'ai parlé suffisamment de tous ces personnages pour les faire connaître; retournons maintenant sur nos pas.

Le comte d'Estrées revenu à Toulon, M. le comte de Toulouse partit pour s'y rendre, accompagné d'O, qui fut fait chef d'escadre. Cheverny, attaché comme d'O à Mgr le duc de Bourgogne, n'avoit depuis beaucoup d'années aucune santé pour l'accompagner à la guerre ni pour monter même un moment à cheval. Tellement que le roi leur joignit en quatrième Gamaches qu'on avoit longtemps appelé Cayeux, qu'il avoit mis auprès de M. le duc d'Orléans avant la mort de Monsieur, et qui depuis étoit à louer, parce que ce prince avoit une maison, et presque toute celle de feu Monsieur. Le choix parut encore plus sauvage que la première fois, mais au moins celui-là avoit de l'honneur et de la valeur, il avoit été toute sa vie à la guerre, et y étoit arrivé au grade de lieutenant général. Il suivit donc Mgr le duc de Bourgogne avec Saumery, aussi attaché à lui, et qui avoit été son sous-gouverneur.

Le roi, qui fit servir M. du Maine dans son armée où son ancienneté le faisoit le second lieutenant général, rusa pour qu'il fût le premier; il fit entrer Rosen dans son cabinet qui étoit le premier et mestre de camp général de cavalerie, et lui dit qu'il le destinoit à être attaché à la personne de son petit-fils, et à lui servir de conseil pour sa conduite. Cette proposition, qui ne put être accompagnée que de force cajoleries, flatta Rosen qui l'accepta. C'étoit un Allemand rusé et fort délié sous une apparence et même une affectation de grossièreté et de manière de reître, qui vit bientôt après à quoi il devoit ce choix, et qui se repentit bien de s'être laissé duper. Il vouloit être maréchal de France; il commandoit l'aile droite comme premier lieutenant général, et toute la cavalerie comme mestre de camp général : c'étoit encore lui que regardoient de droit les détachements considérables qui se pouvoient faire par des corps séparés. Tout cela le conduisoit au bâton, et tout cela étoit incompatible avec l'état de mentor du jeune prince qui de plus avoit beaucoup d'épines du côté de la cour et de l'armée. Réflexion faite, il alla trouver le roi et s'excusa sur son incapacité de l'honneur qu'il lui vouloit faire, et s'en tira si dextrement que le roi ne put lui savoir mauvais gré.

En sa place le roi mit Artagnan, homme *désinvolte*[1], et qui n'entendoit pas moins bien les souterrains de la cour que son détail du régiment des gardes et de major général. Ainsi accompagné, l'héritier nécessaire de la couronne partit pour la Flandre, n'ayant que Moreau, son premier valet de chambre, pour l'y servir, y commander et lui présenter tout le monde. Cette indécence parut si grande à M. de La Rochefoucauld, que, libre comme il étoit avec le roi, il ne put s'empêcher d'en parler au roi à son lever qui ne répondit pas une parole.

Il étoit moins occupé de la décoration de son petit-fils que de la nécessité de son passage par Cambrai, qui ne se pouvoit éviter sans affectation. Il eut de sévères défenses non-seulement d'y coucher, mais de s'y arrêter même pour manger, et pour éviter le plus léger particulier avec l'archevêque, le roi lui défendit de plus de sortir de sa chaise. Saumery eut ordre de veiller de près à l'exécution de cet ordre. Il s'en acquitta en argus avec un air d'autorité qui scandalisa tout le monde. L'archevêque se trouva à la poste, il s'approcha de la chaise de son pupille dès qu'elle arriva, et Saumery, qui venoit de mettre pied à terre et lui avoit signifié les ordres du roi, fut toujours à son coude. Le jeune prince attendrit la foule qui l'environnoit par le transport de joie qui lui échappa à travers toute sa contrainte en apercevant son précepteur. Il l'embrassa à plusieurs reprises et assez longuement pour se parler quelques mots à l'oreille, malgré l'importune proximité de Saumery. On ne fit que relayer, mais sans se presser. Nouvelles embrassades, et on partit sans qu'on eût dit un mot que de santé, de route et

1. Ce mot, traduit de l'italien, désigne un homme dont le corps et l'esprit ont une allure vive et dégagée. Le substantif *désinvolture* est resté, avec le même sens, dans la langue française.

de voyage. La scène avoit été trop publique et trop curieusement remarquée pour n'être pas rendue de toutes parts. Comme le roi avoit été exactement obéi, il ne put trouver mauvais ce qui s'étoit pu dérober parmi les embrassades, ni les regards tendres et expressifs du prince et de l'archevêque. La cour y fit grande attention et encore plus celle de l'armée. La considération de l'archevêque qui, malgré sa disgrâce, avoit su s'en attirer dans son diocèse et même dans les Pays-Bas, se communiqua à l'armée, et les gens qui songeoient à l'avenir prirent depuis leur chemin par Cambrai plus volontiers que par ailleurs pour aller ou revenir de Flandre.

Mgr le duc de Bourgogne s'arrêta à Bruxelles sept ou huit jours, où tout ce qu'il y avoit de considérable des sujets d'Espagne s'empressa à lui faire la cour. Enfin il alla se mettre à la tête de l'armée. Mais comme si on eût voulu accumuler toutes les indécences, ses équipages ne l'y joignirent que quinze jours après, en sorte que, depuis son arrivée à Bruxelles, il fut toujours, lui et son peu de suite, chez le maréchal de Boufflers et à ses dépens. Le roi lui donna vingt-cinq mille écus pour cette dépense extraordinaire, et en même temps cinquante mille livres à Tessé pour la dépense qu'il avoit faite pendant le blocus de Mantoue, duquel je parlerai bientôt.

Bedmar, capitaine général et gouverneur général des Pays-Bas espagnols par intérim, en l'absence de l'électeur de Bavière, qui étoit dans ses États, commandoit un corps vers la mer. Il agissoit de concert avec le maréchal de Boufflers, mais au vrai sous ses ordres, quoique cela ne parût pas, et Mgr le duc de Bourgogne qui avoit une patente de généralissime du roi son frère, commandoit en apparence à tous les deux. Bedmar, bien qu'Espagnol d'illustre naissance, avoit servi toute sa vie avec beaucoup de valeur, et avoit acquis de la capacité à force d'années hors de son pays, parmi des Italiens et surtout des Flamands où il avoit presque toujours vécu. Il n'avoit conservé de sa nation que la probité, le courage et la dignité, la libéralité et la magnificence; du reste doux, affable, prévenant, poli, ouvert, du commerce le plus commode et le plus agréable, avec beaucoup d'esprit, et toujours gracieux et obligeant, il s'étoit fait aimer et estimer partout, et adorer des François depuis qu'ils étoient sous ses ordres. Parfaitement uni avec le maréchal de Boufflers, bien avec tous les commandants et intendants de nos frontières, il avoit tellement plu au roi, qu'il obtint, sans lui en avoir rien laissé pressentir, la grandesse de première classe pour lui, en même temps que le comte d'Estrées reçut la même grâce. Bedmar étoit de la maison de Benavidès, mais il portoit le nom de La Cueva par cette coutume des majorasques et des alliances espagnoles dont j'ai parlé à l'occasion de la grandesse d'Espagne. L'une et l'autre maison ont des grands. Le duc d'Albuquerque est La Cueva; mais il faut remarquer que cette maison castillane est éteinte depuis bien des siècles, et que toute la maison de La Cueva descend du mariage de Marie La Cueva avec Hugues Bertrand qui étoit François, et dont les enfants quittèrent leur nom et leurs armes pour prendre le nom seul et les armes pleines[1] de La Cueva. Un François de ce nom, qui épouse une telle héritière, pourroit bien être de cette ancienne maison déjà illustre longtemps avant le maréchal Robert Bertrand septième du nom, sous le règne de Philippe de Valois. Je me suis étendu sur le marquis de Bedmar, parce que je l'ai fort vu et connu en Espagne.

1. Les armes pleines sont celles qui sont entières, d'une pièce, sans divisions, brisures, ni mélanges.

CHAPITRE XXII.

Kaiserswerth assiégé. — Déclaration de guerre de l'Angleterre et de la Hollande. — Marlborough, sa femme et leur fortune. — Canonnade de Nimègue, etc. — Places perdues. — Retour de Mgr le duc de Bourgogne et du duc du Maine. — Retour du comte de Toulouse. — Varennes, commandant de Metz, etc., enlevé, rendu et déplacé. — Blainville, lieutenant général, et Brancas, brigadier, sortent de Kaiserswerth. — Rouen soustrait à la primatie de Lyon. — Aubercourt et les jésuites condamnés. — Grand prieur veut rendre ses bénéfices, et va servir sous Catinat avec vingt mille livres de pension. — Cinq grands d'Espagne chevaliers de l'ordre. — Rude chute de M. de La Rochefoucauld à la chasse. — M. de Duras perd une prétention contre M. de Noailles. — Époque de mon intime liaison avec M. le duc d'Orléans. — Avances inutiles vers moi de M. et de Mme du Maine. — Philippe V à Crémone. — Combat de Luzzara. — Marquis de Créqui tué; son caractère. — Prince de Commercy fils tué. — Autre conspiration découverte à Naples. — Descente inutile de dix mille Anglois dans l'île de Léon, près Cadix. — M. de Vendôme chevalier de la Toison. — Philippe V à Milan et à Gênes, suivi du cardinal d'Estrées, donne l'Altesse au doge et fait couvrir quelques sénateurs, à l'exemple de Charles-Quint. — Abbé d'Estrées va en Espagne. — Maréchal de Villeroy libre. — Marquis de Legañez vient se purger de soupçon à Versailles. — Amirante de Castille se retire en Portugal. — Cienfuegos, jésuite. — Retour des galions [qui sont] brûlés par les Anglois dans le port de Vigo, et quinze vaisseaux françois. — La reine d'Espagne se fait garder à Madrid, quoique sans exemple.

La campagne de Flandre fut triste. L'électeur de Brandebourg et le landgrave de Hesse assiégèrent Kaiserswerth de bonne heure. Blainville le défendit à merveille : il y eut force combats. L'Angleterre et la Hollande déclarèrent solennellement la guerre aux deux couronnes : leur armée unie fut commandée par le comte d'Athlone pour les États généraux, et par le comte de Marlborough pour les Anglois.

C'étoit milord Churchill, favori du roi Jacques, qui fit son élévation de très-simple gentilhomme qu'il étoit, et frère de sa maîtresse dont il eut le duc de Berwick. Jacques lui donna le titre de comte de Marlborough et une compagnie de ses gardes du corps. Il lui confia aussi le commandement de ses troupes lors de l'invasion du prince d'Orange, auquel il l'auroit livré si le comte de Feversham, aussi capitaine de ses gardes, et frère des maréchaux de Duras et de Lorges, ne l'eût empêché d'aller à son camp faire une revue, où il eut avis que le piége étoit tendu. La femme de Marlborough étoit de tout temps attachée à la princesse de Danemark dont elle étoit favorite et dame d'honneur lorsque la princesse parvint à la couronne. Elle la confirma dans cette charge, envoya en même temps son mari en Hollande comme son ambassadeur et, comme général de l'armée qu'elle y alloit former, le fit duc et chevalier de la Jarretière bientôt après. Il n'y aura que trop d'occasions de parler de lui dans la suite, à qui nos malheurs donnèrent un si grand nom.

M. de Boufflers fut accusé d'avoir par incertitude manqué une occasion heureuse de le battre au commencement de la campagne : elle ne se retrouva plus ; on subsista dans leur pays. On crut les tenir aux environs de Nimègue : on prétendit qu'on auroit pu encore avoir là un grand avantage sur eux ; rien n'en séparoit ou presque rien. La canonnade dura tout le jour ; on leur prit quelques chariots et quelques munitions, et on leur tua quelque monde : peu à peu ils se retirèrent sous Nimègue et passèrent de l'autre côté. Kaiserswerth, Venloo, Ruremonde, la citadelle de Liége et divers petits postes perdus furent les fruits de leur campagne et les prémices de leur bonheur. Mgr le duc de Bourgogne marqua beaucoup d'affabilité, d'application et de valeur ; mais en tutelle, il ne put que se laisser conduire, se présenter au feu du canon de bonne grâce, et proposer divers partis qui marquoient son envie de faire. L'armée n'étant plus en état d'imposer aux ennemis, il fut rappelé à Versailles, après une autre canonnade aussi peu décisive que la première, et M. du Maine le suivit de près. Il avoit eu lieu et occasion de faire valoir sa situation de premier lieutenant général de l'armée, à quoi Rosen eût été un léger obstacle ; M. de Boufflers l'avoit espéré, mais elle ne s'y trompa pas. Le roi en eut une douleur qui renouvela les précédentes ; il comprit enfin que les lauriers s'offriroient ingratement à ce fils bien-aimé : il prit avec amertume la résolution de ne le plus exposer à des hasards si peu de son goût.

Le comte de Toulouse se promena sur la Méditerranée. De la hauteur de Civita-Vecchia, il envoya d'O complimenter le pape, qui en fut très-bien reçu. Il fut de là passer quelque temps à Palerme et à Messine, où on lui fit de grands honneurs ; il y passoit les journées à terre, mais il coucha toujours à bord. Le pape y envoya le complimenter à son tour, sur ce qu'il fut trouvé que don Juan avoit reçu un pareil honneur autrefois. Le roi y fut fort sensible, et fit tôt après revenir le comte de Toulouse.

Il le fut fort aussi à l'aventure de Varennes, qui commandoit à Metz et dans tout le pays, et qui, allant sans précaution à Marsal sur la foi de la neutralité de la Lorraine, fut pris par un parti. On contesta longtemps de part et d'autre sur cette capture : le roi prétendit que c'étoit à M. de Lorraine à le faire rendre, qui à la fin en craignit les suites et obtint sa liberté comme ayant été pris mal à propos. C'étoit une manière d'ennuyeux important qui, parce qu'il étoit fort proche du maréchal d'Huxelles et de M. le Premier chez qui il logeoit, et qui le protégeoient, avoit tout fait et tout mérité, et qui à la valeur près ne méritoit que l'oubli. Il trouva son poste rempli par Locmaria, et ne servit plus depuis.

Blainville, après plusieurs assauts et un siége soutenu au

double de ce qu'on en devoit attendre, à bout d'hommes, de vivres et de munitions, et ouverts de toutes parts, rendit Kaiserswerth, qu'on n'essaya pas même de secourir. Il fut fait lieutenant général et le marquis de Brancas brigadier, à qui nous verrons faire une rare fortune. Il avoit fort bien fait dans cette place à la tête du régiment d'Orléans, où il avoit passé depuis peu, de lieutenant de galère qu'il avoit été assez longtemps.

Le roi jugea deux procès singuliers. Colbert, archevêque de Rouen, prétendit soustraire sa métropole à la primatie de Lyon, reconnue par celles de Tours, de Sens et de Paris; Saint-Georges, archevêque de Lyon, défendit sa juridiction. Les deux prélats étoient savants, et leurs factums furent curieux, historiques et pièces de bibliothèque. Pontcarré, maître des requêtes, depuis premier président du parlement de Rouen, rapporta l'affaire devant des conseillers d'État commissaires, puis devant le roi, qui y donna deux conseils entiers en un même jour, et gain de cause à l'archevêque de Rouen.

L'autre affaire fut rapportée par le même aussi devant le roi. Le P. d'Aubercourt, sorti des jésuites après plusieurs années depuis ses vœux faits, se prétendit restitué au siècle, et demandoit sa portion héréditaire à sa famille. Les jésuites qui seuls dans l'Église, parmi les réguliers qui font des vœux, en ont un quatrième qu'ils ne font faire qu'à qui d'entre eux il leur plaît, et qui y demeure tellement caché, que le gros des jésuites même ignore ceux qui y ont été admis, prétendoient n'être point liés à leurs confrères, tandis qu'ils l'étoient à eux, c'est-à-dire que les jésuites ayant fait les trois vœux ne pouvoient plus demander à sortir de la compagnie, mais qu'en tout temps elle étoit en droit de renvoyer ceux que bon lui sembloit, pourvu qu'ils n'eussent pas fait le quatrième vœu : conséquemment, que ces jésuites renvoyés quelquefois, au bout de quinze et vingt années, étoient en droit de se faire rendre compte du partage de leur bien et de rentrer en possession de ce qui leur auroit appartenu s'ils fussent demeurés dans le siècle. Ils avoient tiré d'Henri IV, en 1604, une déclaration qui sembloit favoriser cette prétention. Ils en avoient toujours su tirer parti lorsque le cas s'en étoit présenté. La famille d'Aubercourt se montra plus difficile; ils intervinrent pour Aubercourt et eurent le crédit de faire évoquer l'affaire devant le roi, où ils crurent mieux trouver leur compte; en effet, ils ne se trompoient pas. Le roi fut tout à fait favorable aux jésuites, et voulut bien que les juges s'en aperçussent. Pontcarré, qui d'ailleurs étoit porté de bonne volonté pour eux et qu'ils avoient eu l'adresse de faire nommer rapporteur, ne remplit pas leur attente; ni lui ni la pluralité ne chercha point en cette occasion à plaire. La subversion des familles par ces retours surannés à partage, l'incertitude ruineuse de toutes celles où il y auroit des jésuites, les détermina. Le chancelier sur tous parla si fortement, qu'Aubercourt et les jésuites furent condamnés, et que, pour couper toute racine de prétention, l'édit de 1604 fut révoqué. Le roi ne voulut pas user d'autorité sur le fond d'un jugement si important à l'état des familles, mais ne put s'empêcher d'en montrer son déplaisir à plusieurs reprises, et à la fin de succomber au moins en quelque chose à son affection pour les jésuites, en faisant ajouter, en prononçant et de sa pleine puissance, que les jésuites renvoyés de la compagnie auront une pension viagère de leur famille, statuée par les juges des lieux. Ce fut néanmoins une grande douleur aux jésuites que cet arrêt. Aubercourt leur demeura toujours fort attaché, et bientôt après ils obtinrent pour lui des bénéfices et une abbaye.

Le grand prieur, noyé de dettes, voulut rendre les siens au roi à condition qu'il y seroit mis un économe chargé de payer tout ce qu'il devoit, même après sa mort, jusqu'à parfait acquit. Il falloit le consentement de Rome pour une condition si étrange. Cela dura et varia fort longtemps.

Mme de Maintenon, par M. du Maine, s'employa si bien pour lui, qu'il arracha, mais sourdement, une pension de vingt mille livres, et qu'il obtint vers le milieu de l'été d'aller servir de lieutenant général dans l'armée du maréchal Catinat.

Le jour de la Pentecôte, le roi déclara au chapitre cinq grands d'Espagne chevaliers de l'ordre. Il crut à propos de répandre cet honneur sur les seigneurs les plus distingués de cette cour par leur attachement au roi son petit-fils et par leurs charges, et il dit que ce prince les lui avoit demandés. Il fit même pour le cardinal Portocarrero ce qui étoit jusqu'alors sans exemple, et qui n'en a pas eu depuis, et il est vrai qu'il n'y avoit point de règle qui ne dût faire hommage à ses services. Il fut nommé d'avance à la première place de cardinal vacante qui étoient lors toutes quatre remplies, avec la permission de porter l'ordre en attendant. Cette distinction fut accompagnée d'une croix de l'ordre, que le roi lui envoya, de plus de cinquante mille écus. Les quatre chevaliers furent le marquis de Villafranca, majordome-major; le duc de Medina-Sidonia, grand écuyer; le comte de Benavente, sommelier du corps, c'est-à-dire grand chambellan, et le duc d'Uzeda, ambassadeur d'Espagne à Rome. J'ai suffisamment parlé des quatre premiers ci-devant; je n'aurai que trop d'occasions de faire connoître le dernier dans la suite. Je me contenterai présentement de dire qu'il étoit Acuña y Pacheco y Sandoval et beau-frère du duc de Medina-Celi.

M. de La Rochefoucauld, emporté par son cheval à la chasse à Marly, fut désarçonné et se cassa le bras gauche entre le coude et l'épaule, qu'il avoit eu rompue autrefois au passage du Rhin. Le roi et Monseigneur y accoururent avec toute sorte d'amitié. Félix lui raccommoda le bras, et il en fut quitte pour le mal. C'étoit vers la mi-juillet. M. de Noailles, premier capitaine des gardes, avoit lors le bâton qu'il avoit continué après son quartier pour M. de Duras qui y entroit après lui, mais qui étoit malade à Paris, et dont le quartier finissoit le dernier juin. Le quartier de juillet étoit celui du maréchal de Villeroy qui avoit eu la charge de M. de Luxembourg; tellement que M. de Duras, accoutumé en leur absence à continuer le quartier de juillet après le sien, se disposoit à se trouver à Versailles au retour de Marly [pour] y prendre le bâton. C'étoit entre les grands officiers à qui serviroit, et cet empressement leur tournoit à grand mérite. M. de Noailles, averti du dessein de M. de Duras, représenta au roi qu'ayant commencé le quartier qui n'étoit pas celui de M. de Duras, le bâton lui devoit demeurer; il avoit raison, le roi le jugea ainsi, et manda à M. de Duras de ne point venir et de ne songer qu'à sa santé : il entendit le françois et demeura à Paris.

Je ne m'arrêterois pas à la bagatelle que je vais raconter, si elle n'étoit une époque très-considérable dans ma vie, et ne marquoit de plus comment des riens ont quelquefois les plus grandes suites. Sur la fin de ce même mois de juillet le roi fit un voyage à Marly. Mme la duchesse d'Orléans, ravie de la liberté et de la grandeur personnelle qu'elle trouvoit par la mort de Monsieur, eut envie d'en jouir et d'aller tenir une cour à Saint-Cloud. Le roi l'approuva, pourvu qu'elle y eût une compagnie honorable et point mêlée, sinon de ce reste de la cour la plus particulière de feu Monsieur qui ne se pouvoit exclure. Il y avoit déjà longtemps que ce projet étoit fait, et entre les dames de la cour qu'elle engagea à être de ce voyage, elle en pressa Mme de Saint-Simon qui le lui promit. Cependant nous voulûmes aller à la Ferté y passer six semaines. Mme la duchesse d'Orléans, qui sur l'arrangement des Marly avoit enfin ajusté à peu près son voyage de Saint-Cloud, vit qu'il se trouveroit pendant le nôtre, et ne voulut point laisser partir Mme de Saint-Simon qu'elle ne lui eût promis de revenir de la Ferté à Saint-Cloud le jour même qu'elle iroit, dont elle la feroit avertir. En effet la duchesse de Villeroy lui écrivit de sa part à la Ferté et Mme de Saint-Simon se rendit à Saint-Cloud comme elle l'avoit promis. La compagnie étoit bien choisie, les plaisirs et les amusements furent continuels. M. et Mme la duchesse d'Orléans firent très-poliment les honneurs de ce beau lieu; la magnificence et la liberté rendirent le séjour charmant, et pour la première fois Saint-Cloud se vit sans tracasseries. On a vu au commencement de ces Mémoires, que, dès ma plus petite jeunesse, j'avois fort vu M. le duc d'Orléans. Cette familiarité dura jusqu'à ce qu'il fût tout à fait entré dans le monde, et même jusqu'après la campagne de 1693, où il commandoit la cavalerie de l'armée de M. le duc de Luxembourg où je servois. Plus il avoit été tenu de court, plus il se piqua de libertinage. La vie peu réglée de M. le Duc et de M. le prince de Conti lui donna une triste émulation; les débauchés de la cour et de la ville s'emparèrent de lui; le dégoût d'un mariage forcé et si inégal lui fit chercher à se dédommager par d'autres plaisirs, et le dépit qu'il conçut de se voir éloigné du commandement des armées et trompé sur ce qui lui avoit été promis de gouvernements et d'autres grâces acheva de le précipiter dans une conduite fort licencieuse, qu'il se piqua de porter au plus loin pour marquer le mépris qu'il faisoit de son épouse et de la colère que le roi lui en témoignoit. Cette vie qui ne pouvoit cadrer avec la mienne me retira de ce prince : je ne le voyois plus qu'aux occasions rares et des moments, par bienséance. Depuis six ou sept ans, je le rencontrois peu dans les mêmes lieux. Quand cela se trouvoit, il avoit toujours pour moi un air ouvert, mais ma vie ne lui convenoit pas plus qu'à moi la sienne, tellement que la séparation étoit devenue entière. La mort de Monsieur, qui par nécessité l'avoit ramené au roi et à Mme sa femme, n'avoit pu rompre ses engagements de plaisirs. Il se conduisoit plus honnêtement avec elle et plus respectueusement avec le roi, mais le pli de la débauche étoit pris, elle lui étoit entrée dans la tête comme un bel air qui convenoit à son âge et qui lui donnoit un relief opposé au ridicule qu'il concevoit dans une vie moins désordonnée. Il admiroit les plus outrés et les plus persévérants dans la plus forte débauche, et ce léger changement à l'égard de la cour n'en apporta ni à ses mœurs ni à ses parties obscures à Paris, où elles le faisoient aller et venir continuellement. Il n'est pas temps encore de donner une idée de ce prince que nous verrons si fort sur le théâtre du monde, et en de si différentes situations.

Mme de Fontaine-Martel étoit à Saint-Cloud : c'étoit une de ces dames de l'ancienne cour familière de Monsieur, et toute sa vie extrêmement du grand monde. Elle étoit femme du premier écuyer de Mme la duchesse d'Orléans, frère du feu marquis d'Arcy, dernier gouverneur de M. le duc d'Orléans, pour qui il se piqua toujours d'une estime, d'une amitié et d'une reconnoissance qu'il témoigna par une considération toujours soutenue pour toute sa famille, et même jusqu'à ceux de ses domestiques qu'il avoit connus, il leur fit du bien. Mme de Fontaine-Martel, par la charge de son mari, goutteux, qu'on ne voyoit guère, passoit sa vie à la cour. Elle étoit des voyages, et même quelquefois de ceux de Marly; elle soupoit souvent chez M. le maréchal de Lorges, qui tenoit soir et matin une table grande et délicate, où sans prier il avoit toujours nombreuse compagnie et de la meilleure de la cour, et Mme la maréchale de Lorges l'y attiroit beaucoup par son talent particulier de savoir tenir et bien faire les honneurs d'une grande maison sans tomber dans aucun des inconvénients qui, par la nécessité du mélange que fait un grand abord, rendent une maison moins respectée par des facilités qui n'eurent jamais entrée dans celle-là. J'y étois poli à tout le monde, mais tout le monde ne me revenoit pas, ni moi par conséquent à chacun. A force de nous voir, Mme de Fontaine-Martel et moi, nous nous accommodâmes l'un de l'autre et cette amitié dura toujours depuis. Elle me demandoit quelquefois pourquoi

je ne voyois plus M. le duc d'Orléans, et disoit toujours que
cela étoit ridicule de part et d'autre, parce que, malgré la
diversité de notre vie, nous nous convenions l'un et l'autre
par mille endroits. Je riois et la laissois dire. Un beau jour
à Saint-Cloud, elle attaqua M. le duc d'Orléans sur la même
chose; tandis qu'il causoit avec elle, la duchesse de Villeroy
et Mme de Saint-Simon, tous trois se mirent à dire mille
choses obligeantes de moi, et M. le duc d'Orléans ses regrets de ce que je le trouvois trop libertin pour le voir, et
son désir de renouer avec moi. Cela fut poussé le reste du
voyage jusqu'à regretter qu'il fût trop près de sa fin pour
me convier d'y venir et pour se promettre à mon retour à
Versailles de vaincre, comme disoit M. le duc d'Orléans,
mon austérité. Mme de Saint-Simon fut priée de m'en
écrire; je répondis comme je le devois. Elle revint à la
Ferté, et me dit que les choses étoient au point de ne
pouvoir m'en défendre.

J'avois pris tout cela comme une fantaisie de Mme de
Fontaine-Martel, et une politesse de M. le duc d'Orléans,
comme de ces parties ou de ces projets qui ne s'exécutent
point; et la différence de goût et de vie me persuadoit
que ce prince et moi ne nous convenions plus, et que je
ferois bien de m'en tenir où j'étois, en faisant tout au plus
à mon retour une visite de remercîment et de respect : je
me trompai. Cette visite qu'à mon retour je différois toujours, et dont M. le duc d'Orléans faisoit des reproches à ces
dames chez Mme la duchesse d'Orléans, fut reçue avec empressement. Soit que l'ancienne amitié de jeunesse eût re-
pris, soit désir d'avoir quelqu'un à voir familièrement à Versailles, où il se trouvoit fort souvent désœuvré, tout se passa
de si bonne grâce de sa part, que je crus me retrouver en
notre ancien Palais-Royal. Il me pria de le voir souvent; il
pressa mes visites, oserai-je dire qu'il se vanta de mon retour à lui, et qu'il n'oublia rien pour me rattacher. Le retour de l'ancienne amitié de ma part fut le fruit de tant

d'avances dont il m'honoroit, et la confiance entière en devint bientôt le sceau qui a duré jusqu'à la fin de sa vie sans lacune, malgré les courtes interruptions qu'y ont quelquefois mises les intrigues, quand il fut devenu le maître de l'État. Telle fut l'époque de cette liaison intime qui m'a exposé à des dangers, qui m'a fait figurer un temps dans le monde, et que j'oserai dire avec vérité qui n'a pas été moins utile au prince qu'au serviteur, et de laquelle il n'a tenu qu'à M. le duc d'Orléans de tirer de plus grands avantages.

Il faut ici ajouter une autre bagatelle, parce que j'ai cru lui devoir des suites directement contraires à celles dont je viens de parler, et qui ont fort croisé ma vie; quoiqu'elle soit d'une date un peu postérieure, je la raconterai tout de suite, parce que ces différentes suites ont eu un contraste d'un continuel rapport dans beaucoup de choses ou curieuses ou importantes, qui se verront ici dans la suite. M. de Lauzun, toujours occupé de la cour, et toujours affligé profondément de se voir éloigné de son ancienne faveur, ne se lassoit point de remuer toutes pierres pour s'en rapprocher; il mit en œuvre ses anciennes liaisons avec Mme d'Heudicourt du temps de Mme de Montespan, et ses cessions à M. du Maine, pour sortir de Pignerol, dans l'esprit de se servir d'eux auprès de Mme de Maintenon, et par elle auprès du roi. Il essaya de faire l'une la gouvernante et la protectrice de la jeunesse de sa femme, pour la mettre de tout à la cour, et l'initia chez Mme du Maine. Outre les agréments qu'il comptoit lui procurer et qui réussirent pour elle, il se flattoit d'arriver lui-même à son but. Sa femme, jeune, gaie, sage, aimable, fut fort goûtée. Le gros jeu qu'il lui faisoit jouer, et où elle fut heureuse, la rendoit souvent nécessaire. Mme du Maine ne s'en pouvoit passer, et elle étoit sans cesse à Sceaux avec elle. M. du Maine cherchoit à lui attirer bonne compagnie : il voulut faire en sorte d'accrocher aussi Mme de Saint-Simon par sa sœur. C'étoit un moyen de plaire, elle s'y laissa aller, mais non pas avec assiduité. J'eus lieu de croire que M. et Mme du Maine avoient formé le projet de me gagner; ils n'ignoroient pas combien leur rang me déplaisoit. Par moi-même je n'étois rien moins qu'à craindre; mais la politique qui, dans l'inquiétude de ce qui peut arriver, cherche à tout gagner, leur persuada, je pense, de s'ôter en moi une épine qui pourroit peut-être les piquer un jour. Ils se mirent sur mes louanges avec ma femme et ma belle-sœur, ils leur témoignèrent le désir qu'ils avoient de me voir à Sceaux, enfin ils leur proposèrent tantôt à l'une tantôt à l'autre de m'y amener, et les pressèrent de m'en convier de leur part.

Surpris d'une chose si peu attendue de la part de gens avec qui je n'avois jamais eu le moindre commerce, je me doutai de ce qui les conduisoit, et cela même me tint sur mes gardes. Je ne pouvois m'accommoder de ce rang nouveau; je sentois en moi-même un désir de le voir éteindre, qui me donnoit celui de pouvoir y contribuer un jour; je le sentois tel à n'y pouvoir résister. Comment donc lier un commerce et se défendre de le tourner en amitié, avec des gens qui me faisoient tant d'avances, et en apparence si gratuites, en situation de me raccommoder avec le roi, et que tout me faisoit sentir qu'ils se vouloient acquérir sur moi des obligations à m'attacher à eux, et comment céder à leur amitié et se soumettre à en recevoir des marques, en conservant cette aversion de leur rang et cette résolution de le faire renverser si jamais cela se trouvoit possible? La probité, la droiture ne se pouvoit accommoder de cette duplicité. J'eus beau me sonder, réfléchir sur ma situation présente, nulle faveur ne m'étoit comparable à consentir à la durée de ce rang et à renoncer à l'espérance de travailler à m'en délivrer. Je demeurai donc ferme dans mes compliments et mes refuites. Je tins bon contre les messages en forme qu'ils m'envoyèrent, contre les reproches les plus désireux que m'en fit Mme du Maine, à qui jamais je n'avois parlé, et qui s'arrêta à moi dans l'appartement du roi, et je les lassai enfin dans leurs poursuites. Ils sentirent que je ne voulois me prêter à aucune liaison avec eux ; ils en furent d'autant plus piqués qu'ils n'en firent aucun semblant et redoublèrent, au contraire, à l'égard de Mme de Saint-Simon.

J'ai toujours cru que M. du Maine me voulut nuire dès lors, qu'il me mit mal dans l'esprit de Mme de Maintenon, de qui je n'étois connu en aucune sorte, et que je n'ai su que depuis la mort du roi, qu'elle me haïssoit parfaitement. Ce fut Chamillart qui me le dit alors ; et qu'il en avoit eu des prises avec elle, pour me remettre en selle auprès du roi par des Marly et des choses de cette nature. Je me doutois bien par tout ce qui me revenoit qu'elle m'étoit peu favorable, mais je ne sus pas, tant que le roi vécut, ce que j'en appris depuis. Chamillart sagement ne me voulut pas donner d'inquiétude, ni moins encore m'ouvrir la bouche trop facile et trop libre sur ceux que je croyois ne devoir pas aimer, et peu retenu par leur grandeur ni leur puissance. Pour achever ce qui me regarde pour lors avec M. du Maine, assez longtemps après, Mme la duchesse de Bourgogne retint à Marly Mme de Lauzun à jouer le jour qu'on en partoit, et que, venue avec Mme du Maine, elle devoit s'en retourner avec elle. Cette excuse qu'elle allégua n'arrêta point Mme la duchesse de Bourgogne, qui lui dit de mander à Mme du Maine qu'elle la ramèneroit. Mme du Maine eut la folie de s'en piquer assez pour en faire le lendemain une telle sortie à la duchesse de Lauzun, qu'elle sortit de chez elle pour n'y rentrer de sa vie. M. du Maine vint chez elle aux pardons, M. le Prince aux excuses. Ils tournèrent M. de Lauzun de toutes les façons, il étoit presque rendu, mais sa femme ne put être persuadée.

Je fus ravi d'une occasion si naturelle et si honnête pour Mme de Saint-Simon de se tirer d'un lieu où la compagnie peu à peu s'étoit plus que mêlée, et où sûrement depuis ce que j'ai raconté, il n'y avoit rien à gagner pour nous, et depuis ce temps-là elle ne vit plus Mme du Maine qu'aux occasions, quoiqu'elle et M. du Maine n'eussent rien oublié pour l'empêcher de se retirer d'eux à cette occasion. Je pense qu'elle acheva de me mettre mal avec eux, s'il y avoit lors à y ajouter. Depuis cette aventure, Mme la duchesse de Bourgogne mena toujours Mme de Lauzun à Marly; c'étoit une distinction et qui piqua extrêmement Mme du Maine. Enfin, quelques années après, M. du Maine et M. de Lauzun voulurent finir cette brouillerie, et convinrent que Mme du Maine feroit des excuses à Mme de Lauzun chez Mme la Princesse à Versailles, qu'elles seroient reçues honnêtement, et que deux jours après Mme de Lauzun iroit chez Mme du Maine : cela fut exécuté de la sorte et bien. M. du Maine se trouva chez Mme sa femme lorsque Mme de Lauzun y vint, pour tâcher d'ôter l'embarras et d'égayer la conversation; Mme de Lauzun en demeura à cette visite, et la vit depuis uniquement aux occasions; conséquemment Mme de Saint-Simon de même. Tout ce narré, qui semble maintenant inutile, retrouvera dans la suite un usage important.

De Milan où le duc de Saint-Pierre régala le roi d'Espagne d'un opéra superbe à ses dépens, ce prince vint à Crémone, où M. de Vendôme le vint saluer le 14 juillet. M. de Mantoue et le duc de Parme y vinrent aussi lui faire la révérence; tous trois y firent peu de séjour. Les deux derniers retournèrent à Casal et à Parme, le premier à son armée, dans le dessein de la mener vis-à-vis de Casal-Maggiore et d'y faire un pont, tant pour la communication avec le prince de Vaudemont que pour y faire passer le roi d'Espagne pour se mettre à la tête de l'armée de M. de Vendôme. Les marches, le passage du Crostolo, l'exécution de venir à bout de faire lever le long blocus de Mantoue, retardèrent l'arrivée de M. de Vendôme au rendez-vous, qui fut même changé, et le pont fait un peu plus bas que sa destination première. Le

29 juillet, jour que le roi d'Espagne devoit joindre l'armée avec neuf escadrons. M. de Vendôme surprit Visconti, campé avec trois mille chevaux à Santa-Vittoria, le culbuta, le défit, prit ses bagages et son camp tout tendu, fit un grand carnage, force prisonniers, et presque tout le reste qui s'enfuit se précipita de fort haut dans un gros ruisseau qui en fut comblé. Le roi d'Espagne, qui avoit hâté sa marche, laissa sa cavalerie derrière pour arriver plus vite au feu qu'il entendoit, et ne le put que tout à la fin de l'action. Les mouvements de nos armées obligèrent le prince Eugène de quitter le Serraglio. Zurlauben sortit de Mantoue, rasa leurs forts et leurs retranchements, et acheva de mettre cette place en liberté.

Pendant ces divers campements, Marsin, toujours occupé de plaire, fit déclarer par le roi d'Espagne M. de Vendôme conseiller d'État, c'est-à-dire ministre, et le fit asseoir au despacho au-dessus de tous. Cette séance ne plut pas aux grands d'Espagne; le duc d'Ossone et quelque autre s'étoit dispensé de suivre le roi d'Espagne à la fin de l'action de ces trois mille chevaux dont je viens de parler; presque tous les autres Espagnols s'y distinguèrent, et le duc de Mantoue, qui étoit revenu faire sa cour au roi d'Espagne et l'accompagner jusqu'à l'armée, y fit aussi fort bien, quoiqu'on pût croire qu'il ne s'attendoit pas à cette aventure, et qu'il s'en seroit très-bien passé. Le roi d'Espagne manda au roi ce fait du duc d'Ossone, des autres Espagnols et de M. de Mantoue.

Après plusieurs campements de part et d'autre, et la jonction de Médavy avec un gros détachement des troupes du prince de Vaudemont, M. de Vendôme voulut prendre le camp de Luzzara, petit bourg au pied d'un fort long rideau. Le prince Eugène, qui avoit le même dessein, y marcha de son côté, tellement que le 15 août les deux armées arrivèrent sur les quatre heures après midi, chacune au pied de ce rideau, sans avoir le moindre soupçon l'une de l'autre, ce qui paroît un prodige, et ne s'aperçurent que lorsque de part et d'autre les premières troupes commencèrent à monter la pente peu sensible de ce rideau. Qui attaqua les premiers, c'est ce qui ne se peut dire, mais dans un instant tout prit poste des deux côtés et se chargea pour s'en chasser. Jamais combat si vif, si chaud, si disputé, si acharné; jamais tant de valeur de toutes parts, jamais une résistance si opiniâtre, jamais un feu ni des efforts si continuels, jamais de succès si incertain; la nuit finit le combat, chacun se retira un très-petit espace et demeura toute la nuit sous les armes, le champ de bataille demeurant vide entre-deux et Luzzara derrière notre armée, mais tout proche.

Le roi d'Espagne se tint longtemps au plus grand feu avec une tranquillité parfaite; il regardoit de tous côtés les attaques réciproques dans ce terrain étroit et fort coupé, où l'infanterie même avoit peine à se manier, et où la cavalerie derrière elle ne pouvoit agir. Il rioit assez souvent de la peur qu'il croyoit remarquer dans quelques-uns de sa suite; et ce qui est surprenant, avec une valeur si bien prouvée, sans curiosité d'aller çà et là voir ce qui se passoit en différents endroits. A la fin Louville se proposa de se retirer plus bas sous des arbres, où il ne seroit pas si exposé au soleil, mais en effet parce qu'il y seroit plus à couvert du feu. Il y alla et y demeura avec le même flegme. Louville, après l'y avoir placé, s'en alla voir de plus près ce qui se passoit, et tout à la fin revint au roi d'Espagne, à qui il proposa de se rapprocher, et qui ne se le fit pas dire deux fois, pour se montrer aux troupes. Marsin ne demeura pas un moment auprès de lui, prit son poste de lieutenant général et s'y distingua fort. Les deux généraux opposés y firent merveilles. L'émulation les transportoit, et la présence du roi d'Espagne fut un aiguillon au prince Eugène, qui dans le souvenir de la bataille de Pavie, lui fit faire des prodiges.

Le carnage fut grand de part et d'autre, et fort peu de prisonniers. Le marquis de Créqui, lieutenant général, y fut tué. C'étoit le seul fils du feu maréchal de Créqui et gendre du duc d'Aumont, sans enfants. Sa probité ni sa bonté ne le firent regretter de personne, mais bien ses talents à la guerre, où il étoit parvenu à une grande capacité par son application et son travail; sa valeur étoit également solide et brillante, son coup d'œil juste et distinctif. Tout se présentoit à lui avec netteté, et, quoique ardent et dur, il ne laissoit pas d'être sage. C'étoit un homme qui touchoit au bâton et qui l'auroit porté aussi dignement que son père. Il avoit été fort galant, et on voyoit encore qu'il avoit dû l'être. Avec cela beaucoup d'esprit, plus d'ambition encore, et tous moyens bons pour la satisfaire. Les Impériaux y perdirent les deux premiers généraux de leur armée après le prince Eugène, le prince de Commercy fut tué, et le prince Thomas de Vaudemont survécut deux ans à sa blessure. Ils n'étoient point mariés, tous deux feld-maréchaux, et le dernier, fils unique du prince de Vaudemont, gouverneur général du Milanois pour le roi d'Espagne, à qui ce fut une grande douleur. Celle de Mme de Lislebonne et de ses deux filles fut extrême. Il n'avoit devant lui que le prince Eugène. Il y avoit plus de vingt ans qu'elles ne l'avoient vu, et selon toute apparence ne le devoient jamais revoir. Monseigneur prit des soins d'elles qui relevèrent encore leur considération. Il ne fut occupé qu'à les consoler. Quelque accoutumé qu'on doive être dans les cours aux choses singulières, ce soin du Dauphin d'une douleur qui devoit demeurer cachée se fit fort remarquer. Ce fut le duc de Villeroy qui en apporta la nouvelle, et qui peu de jours après retourna en Italie lieutenant général.

Sitôt que le jour parut, le lendemain de l'action, les armées se trouvèrent si proches qu'elles se mirent à se retrancher, et qu'il y eut encore bien des tués et des blessés de coups perdus. Aucune des deux ne voulut se retirer devant l'autre. Chaque jour augmentoit les retranchements et les précautions. Il fallut même changer le roi d'Espagne de chambre, parce qu'il n'y étoit pas en sûreté du feu, et il ne fut question que de subsistances chacun par ses derrières, et de s'accommoder le mieux qu'on put dans les deux camps, où les deux armées subsistèrent longtemps avec un péril et une vigilance continuels. On compta avoir perdu trois mille hommes et les ennemis beaucoup plus. Ce combat fut enfin suivi d'un cartel en Italie.

J'oubliois de dire, sur la conspiration que j'ai rapportée contre la personne du roi d'Espagne, que le vice-roi de Naples en découvrit une à Naples qui devoit s'exécuter en cadence de l'autre. Un envoyé de Venise très-suspect, et gagné par le cardinal Grimani, l'avoit tramée, et venoit d'être rappelé à la prière du roi à sa république. Force moines furent arrêtés, et le duc de Noja Caraffa et le prince de Trebesaccio qui en étoient les chefs. Ils avoient vingt-cinq complices, chacun de quelque considération dans leur état. Le projet étoit de se saisir d'abord du Tourion[1] des Carmes. Le duc de Medina-Celi, qui, en revenant de Naples en Espagne, étoit venu faire la révérence au roi, et que M. de Torcy avoit fort entretenu, lui avoit nommé plusieurs seigneurs napolitains suspects qui se trouvèrent depuis de cette conspiration, qui fut d'abord étouffée et plusieurs complices punis.

Pour continuer de suite la même matière d'Espagne, le duc d'Ormond, avec une grosse escadre, essaya de surprendre Cadix fort dégarni. Il s'y jeta fort à propos quelques bâtiments françois chargés pour l'Amérique. Les ennemis débarquèrent, et, ne trouvant rien devant eux, s'établirent dans l'île de Léon, dix mille hommes, et leurs vaisseaux demeurés à la rade. Ils firent des courses et par leur pillage, surtout des églises, achevèrent d'indisposer le pays. On ne sauroit croire avec quel zèle tout s'offrit, tout monta à cheval, tout marcha contre eux. Ils y subsistèrent pourtant

---

1. Petite tour, tourelle.

près de deux mois, espérant émouvoir le pays et ramasser les partisans de la maison d'Autriche. Qui que ce soit ne branla. Enfin, Villadarias y marcha avec ce qu'on put ramasser de troupes, dont l'ardeur étoit extrême. Le 27 octobre, les Anglois et les Hollandois regagnèrent leurs vaisseaux, vivement poursuivis dans leur retraite. Ils y perdirent assez de monde, et beaucoup en maraude et de maladies pendant leur séjour. Cette expédition leur fut inutile. Ils retournèrent en leurs ports fort déchargés d'hommes et d'argent et fort désabusés des espérances que M. de Darmstadt leur avoit données d'un soulèvement général en Espagne, dès qu'on les y verroit en état de l'appuyer, et qui étoit avec eux.

Il se passa peu de choses en Italie le reste de la campagne. M. de Vendôme prit Guastalla, où le roi d'Espagne vit fort les travaux. Le 28 septembre il partit pour aller à Milan, et, en disant adieu à M. de Vendôme, il lui donna le collier de l'ordre de la Toison d'or. Le cardinal d'Estrées vint de Rome joindre le roi d'Espagne, qui s'embarqua à Gênes pour la Provence, et de là aller par terre en Espagne suivi du même cardinal, où l'abbé d'Estrées son neveu eut ordre d'aller le trouver, pour y être chargé sous lui des affaires du roi en la place de Marsin, qui avoit instamment demandé son retour, et qui quitta le roi d'Espagne à Perpignan, dont il refusa la grandesse et la Toison, pour que cela ne tirât pas à conséquence pour les autres ambassadeurs de France, à ce qu'il écrivit au roi. Il n'étoit point marié, étoit fort pauvre, très-nouveau lieutenant général ; il vouloit une fortune en France ; il l'espéra de ce refus ; on verra bientôt qu'il n'y fut pas trompé. A Gênes, Philippe V, sur l'exemple de Charles-Quint, traita le doge d'Altesse, et fit couvrir quelques sénateurs.

Le roi eut en ce même temps nouvelle du maréchal de Villeroy qu'il alloit être libre en conséquence du cartel, dont Sa Majesté témoigna une grande joie. Il donna aussi une longue audience au marquis de Legañez, venu exprès d'Espagne pour se justifier sur son attachement à la maison d'Autriche, et beaucoup de choses qui lui avoient été imputées en conséquence, sur lesquelles le roi parut d'autant plus content de lui, que la lenteur de son voyage avoit fait douter de son arrivée. Celle de l'amirante de Castille n'eut pas la même issue. J'ai ailleurs fait connoître ce seigneur, et il n'y a pas longtemps que j'ai dit que les soupçons qu'on avoit toujours sur lui l'avoient fait choisir pour succéder à l'ambassadeur d'Espagne en France, nommé vice-roi du Pérou. L'amirante accepta, fit de grands et lents préparatifs, partit le plus tard qu'il put, et marcha à pas de tortue. Il étoit accompagné de son bâtard, de plusieurs gentilshommes de sa confiance et du jésuite Cienfuegos, son confesseur. Il avoit pris avec lui toutes ses pierreries, ce qu'il avoit pu d'argent, et mis à couvert argent et effets. Comme il approcha de la Navarre, il disparut avec ceux que je viens de nommer, et par des routes détournées où il avoit secrètement disposé des relais, il gagna la frontière de Portugal avant que la nouvelle de sa fuite, portée à Madrid, eût donné le temps de le pouvoir rattraper. Il eut tout lieu de se repentir d'avoir pris ce conseil, et son jésuite de se remercier de l'avoir donné. Il lui valut enfin la pourpre, l'archevêché de Montréal en Sicile et la comprotection[1] d'Allemagne, dont il jouit près de vingt ans.

Cependant les galions, retardés de près de deux années, étoient désirés avec une extrême impatience. Châteaurenauld les étoit allé chercher. Il les trouva très richement chargés, et les amena avec son escadre. Il envoya aux ordres, et vouloit entrer dans nos ports. On craignit la jalousie des Espa-

---

1. Les principaux États avaient à Rome un cardinal *protecteur*, qui était chargé de la défense de leurs intérêts. Lorsqu'un cardinal était associé au protecteur d'un État, on appelait sa charge *comprotection*.

gnols, qui néanmoins étoient de toutes les nations commerçantes celle qui avoit le moindre intérêt à leur changement; on n'osa les confier au port de Cadix, et ils furent conduits dans le port de Vigo, qui n'en est pas éloigné, et qu'on avoit fortifié de plusieurs ouvrages. Renauld, dont je parlerai en son lieu, eut beau représenter le danger de ce lieu et la facilité d'y recevoir le plus fatal dommage, et soutenir la préférence de Cadix, il ne fut pas écouté, et on ne pensa partout qu'à se réjouir de l'heureux retour si désiré des galions, et des richesses qu'ils apportoient. On ne laissa pas de prendre la sage précaution de transporter le plus tôt qu'on put tout l'or, l'argent, et les effets les plus précieux et les plus aisés à remuer, à plus de trente lieues dans les terres, à Lugo.

On y étoit encore occupé lorsque les ennemis arrivèrent, débarquèrent, s'emparèrent des forts qu'on avoit faits à Vigo, et des batteries qui en défendoient l'entrée, forcèrent l'estacade qu'on y avoit faite, rompirent la chaîne qui fermoit le port, brûlèrent les quinze vaisseaux de Châteaurenauld, à la plupart desquels lui-même avoit fait mettre le feu, et tous ceux que les Espagnols y avoient ramenés des Indes, dont quelques-uns, en petit nombre, furent coulés à fond. Il n'y avoit point de troupes ni de moyens d'empêcher ce désastre; il étoit bien demeuré encore pour huit millions de marchandises sur ces vaisseaux. Ce malheur arriva le 23 octobre, et répandit une grande consternation. Châteaurenauld ramassa ce qu'il put de matelots de la flotte, de milices et quelques soldats du pays à Saint-Jacques de Compostelle, pour se jeter dans les défilés entre Vigo et Lugo, d'où on transporta tout à Madrid avec une infinité de bœufs et de mulets.

La reine d'Espagne, quelque temps auparavant, s'étoit trouvée fort inquiétée plusieurs nuits de beaucoup de bruits dans le palais de Madrid, et jusqu'autour de son appartement. Elle s'en plaignit à la junte, et demanda des gardes pour sa sûreté. Jamais les rois d'Espagne n'avoient eu que quelques hallebardiers dans l'intérieur du palais, qui le plus souvent y demandoient l'aumône, et quand ils sortoient en cérémonie, quelques lanciers fort mal vêtus. Cette nouveauté de donner des gardes à la reine reçut donc beaucoup de difficultés, mais enfin lui fut accordée.

FIN DU TROISIÈME VOLUME.

NOTES.

I. PORTRAITS DU ROI PHILIPPE V, DE LA REINE LOUISE DE SAVOIE ET DES PRINCIPAUX SEIGNEURS DU CONSEIL DE PHILIPPE V, TRACÉS PAR LE DUC DE GRAMMONT, ALORS AMBASSADEUR EN ESPAGNE[1].

Pages 5 et suivantes.

« Voici le portrait juste et au naturel du roi d'Espagne, de la reine et de la plupart des grands que j'ai connus à Madrid :

« Le roi d'Espagne a de l'esprit et du bon sens. Il pense toujours juste, et parle de même; il est de naturel doux et bon, et incapable par lui-même de faire le mal; mais timide, foible et paresseux à l'excès. Sa foiblesse et sa crainte pour la reine sont à tel point que, bien qu'il soit né vertueux, il manquera sans balancer à sa parole, pour peu qu'il s'aperçoive que ce soit un moyen de lui plaire. Je l'ai éprouvé en plus d'une occasion. Ainsi l'on peut m'en croire, et tabler une fois pour toutes que, tant que le roi d'Espagne aura la reine, ce ne sera qu'un enfant de six ans, et jamais un homme.

« La reine a de l'esprit au-dessus d'une personne de son âge. Elle est fière, superbe, dissimulée, indéchiffrable, hautaine, ne pardonnant jamais. Elle n'aime, à seize ans, ni la musique, ni la comédie, ni la conversation, ni la promenade, ni la chasse, en un mot aucun des amusements d'une personne de son âge; elle ne veut que maî-

---

1. Bibl. imp. du Louvre, ms, F, 325, t. XXI, pièce 29. Copie du temps. En lisant ces portraits, tracés par le duc de Grammont, on ne doit pas oublier ce que Saint-Simon dit du caractère de cet ambassadeur et de son peu de succès en Espagne. Cela contribue à expliquer la causticité de Grammont. On trouve d'ailleurs dans ces portraits la confirmation de ce que dit Saint-Simon de son antipathie contre la princesse des Ursins.

triser souverainement, tenir le roi son mari toujours en brassière, et dépendre le moins qu'il lui est possible du roi son grand-père : voilà son génie et son caractère. Quiconque la prendra différemment ne l'a jamais connue.

« Veragua est la superbe même [1]; il est ingénieux, plein d'artifice et d'esprit, et tel qu'il convient d'être pour parvenir au grade de favori de la princesse. Il hait la France souverainement, et autant que l'Espagne le méprise, qui est tout dire.

« Aguilar est à peu près de ce même caractère, et pour qu'il fût content et bien à son aise, il faudroit que la nation françoise fût éteinte en Espagne [2].

« Medina-Celi a la gloire de Lucifer, la tête pleine de vent et d'idées chimériques. De son mérite, je n'en parle pas, j'en laisse le soin aux historiens de Naples. Il se dit attaché au roi et à la France; mais sa conduite tous les jours le dément.

« Montalte a de l'esprit et une grande connoissance des affaires; mais il est naturellement foible et vacillant, peu secret et n'étant presque jamais d'accord avec lui-même [3].

« Monterey ne manque pas aussi de sens pour les affaires; mais c'est une girouette qui tourne à tous vents, qui condamne tout et ne remédie à rien [4]. Il a beaucoup de confrères en ce monde.

« Mancera est un des plus raffinés ministres que j'aie connus; mais rien ne tient contre quatre-vingt-douze ans, et il faut bien à la fin que l'esprit et le bon sens cèdent à l'extrême vieillesse [5].

« Arias est une des meilleures têtes qu'il y ait en Espagne. Il est incorruptible et sa vertu est toute romaine. Il aime l'État et la personne du roi d'Espagne, et a une vénération toute particulière pour le roi [6]. Il vit comme un ange dans son diocèse, et est généralement aimé et respecté de tout le monde dans Séville. Son seul mérite est la cause de sa disgrâce.

« Le cardinal Portocarrero est un homme de talents fort médiocres, mais d'une grande probité, fidèle et uniquement attaché à son maître, haut et ferme pour le bien de l'État, allant toujours à ce qui peut contribuer à sa conservation, esclave de sa parole, et qui mérite une grande distinction à tous égards possibles [7]. C'est celui qui a mis la couronne sur la tête du roi, qui, envers et contre tous, la lui a conservée, et celui qui, pour avoir eu le malheur de déplaire à Mme des Ursins, est traité avec honte et ignominie; ce qui fait gémir le peuple et la noblesse.

« Medina-Sidonia [8] ne manque pas d'intelligence; il est très-galant

---

1. Voy. p. 5 et 91 de ce volume. — 2. *Ibid.*, p. 125 et 126. — 3. *Ibid.*, p. 7. — 4. *Ibid.*, p. 126. — 5. *Ibid*, p. 6, 7 et 121. — 6. *Ibid.*, p. 6. — 7. *Ibid.*, p. 4 et 5. — 8. *Ibid.*, p. 7.

homme, incorruptible et attaché au roi d'Espagne de même que l'ombre l'est au corps. Il est à naître qu'il ait reçu des grâces, et sa persécution est extrême, parce que l'on a imaginé que sa femme, qui n'y a jamais songé, aspiroit à être camarera-mayor. L'on jugera aisément de l'effet que cela produit.

« San-Estevan est un petit finesseux, plein de souterrains, et attendant le parti le plus fort pour s'y déterminer et s'y joindre[1].

« Benavente est un homme plein d'honneur, ennemi de cabale et d'intrigue, ne connoissant que son devoir et son maître[2].

« L'Infantado est un jeune homme qui ne se mêle de rien. L'on peut dire de lui qu'il n'est ni chair ni poisson, et je suis très-persuadé qu'il n'a jamais mérité les bottes qu'on lui a données. Il ne veut que la paix et le repos, et n'est pas capable d'autre chose.

« Villafranca est un des Espagnols les plus vertueux qu'il y ait ici[3]. Il est vrai en tout, plein de zèle et de fidélité pour le roi son maître. Personne ne désire plus ardemment que lui, ni avec plus de sagesse, que l'entier gouvernement de cette monarchie passe promptement des mains où il est, en celles du roi, et que rien ne se décide que par sa volonté absolue. C'est là le bon sens; tout le reste n'étant que plâtrage et ne conduisant qu'à perdition.

« Lémos est une bête brute, tout à fait incapable de l'emploi qu'il exerce, et que la faveur de sa femme auprès de Mme des Ursins lui a fait obtenir[4].

« Rivas est capable d'un grand travail. Il a des talents, de l'esprit et de l'intelligence, beaucoup de facilité pour les affaires, de la pénétration et une mémoire étonnante. Avec ces dispositions, il semble qu'il pourroit servir très-utilement; mais les qualités de son cœur entraînent peut-être malgré lui celles de son esprit. Il est né fourbe, et ne sait ce que c'est que de se conduire en rien avec droiture; il donne des paroles, mais il ne fait pas profession de les garder, et quand la chose doit servir à ses intérêts, il ne se fait pas scrupule de nier qu'il les ait données. Il est fort intéressé, et l'intérêt du roi et celui de l'État ne peuvent jamais entrer en considération avec le sien. Uniquement occupé de son élévation et de son opulence, il perd aisément de vue les intérêts de son maître. Ce qui a fait que, dans bien des rencontres, il a paru travailler contre lui; et, tout compté, comme le mauvais qui est en sa personne est bien plus dangereux que son bon ne peut être utile, je conclus par décider que gens de son caractère ne peuvent jamais être mis en place.

« Voilà le caractère fidèle des principaux personnages qui composent cette cour, que j'ai connus à fond et fort pratiqués. »

---

1. Voy. p. 5 de ce volume. — 2. *Ibid.*, p. 7. — 3. *Ibid.*, p. 6. — 4. *Ibid.*, p. 90, sur la maison de Lémos.

II. INTENDANTS; LIEUTENANTS CIVIL, CRIMINEL, DE POLICE; PRÉVÔT DES MARCHANDS.

Page 101.

Saint-Simon parle souvent dans ses Mémoires, et notamment dans ce volume (p. 101 et suiv.), des intendants des généralités, des lieutenants civil, criminel, de police, des prévôts des marchands, etc. Comme ces termes ne sont plus en usage et qu'ils ne présentent pas toujours au lecteur un sens précis, il ne sera pas inutile de rappeler l'origine de ces dignités et les fonctions qui y étaient attachées.

§ I. INTENDANTS.

Les intendants étaient des magistrats que le roi envoyait dans les diverses parties du royaume pour y veiller à tout ce qui intéressait l'administration de la justice, de la police et des finances, pour y maintenir le bon ordre et y exécuter les commissions que le roi ou son conseil leur donnaient. C'est de là que leur vint le nom d'*intendants de justice, de police et finances et commissaires départis dans les généralités du royaume pour l'exécution des ordres du roi*[1].

L'institution des intendants ne date que du ministère de Richelieu. Cependant on en trouve le principe dans les maîtres des requêtes, qui étaient chargées, au XVIᵉ siècle, de faire, dans les provinces, les inspections appelées *chevauchées*. Un rôle du 23 mai 1555 prouve que les maîtres des requêtes étaient presque tous employés à ces chevauchées. En effet, de vingt-quatre qu'ils étaient alors, le roi n'en retint que quatre auprès de lui; les vingt autres furent envoyés dans les provinces. Le titre de ce rôle mérite d'être cité : *C'est le département des chevauchées que MM. les maîtres des requêtes de l'hôtel ont à faire en cette présente année, que nous avons départis par les recettes générales, afin qu'ils puissent plus facilement servir et entendre à la justice et aux finances, ainsi que le roi le veut et entend qu'ils fassent.*

Ce fut seulement à l'époque de Richelieu que le nom d'*intendants* commença à être donné aux maîtres des requêtes chargés de l'inspection des provinces. On trouve, dès 1628, le maître des requêtes Servien, désigné sous le nom d'*intendant de justice et police* en Guyenne, et chargé de faire le procès à des Rochelois accusés de

---

[1]. Voy., pour les détails, le *Traité des Offices* de Guyot, t. III. p. 119.

lèse-majesté, de piraterie, de rébellion et d'intelligence avec les Anglais. Le parlement de Bordeaux s'opposa à la juridiction de l'intendant, et rendit, le 5 mai, un arrêt, par lequel il fit défense à Servien et à tous les autres officiers du roi de prendre la qualité d'*intendants de justice et police* en Guyenne, et d'exercer, dans le ressort de la cour, aucune commission, sans au préalable l'avoir fait signifier et enregistrer au parlement. Servien n'en continua pas moins l'instruction du procès. Alors intervint un nouvel arrêt du parlement de Bordeaux, en date du 17 mai 1628, portant que Servien et le procureur du roi de l'amirauté de Languedoc seraient assignés à comparaître en personne, pour répondre aux conclusions du procureur général. Ce nouvel arrêt n'eut pas plus d'effet que le précédent. Le 9 juin, le parlement de Bordeaux en rendit un troisième, portant que « certaine ordonnance du sieur Servien, rendue en exécution de son jugement, seroit lacérée et brûlée par l'exécuteur de la haute justice, et lui pris au corps, ses biens saisis et annotés, et qu'où il ne pourroit être appréhendé, il seroit assigné au poteau. » Le conseil du roi cassa ces trois arrêts comme attentatoires à l'autorité royale, et ceux qui les avaient signés furent cités à comparaître devant le roi, pour rendre compte de leur conduite.

A Paris, les parlements firent retentir leurs plaintes jusque dans l'assemblée des notables. Ils disaient au roi[1] en 1626 : « Reçoivent vos parlements grand préjudice d'un nouvel usage d'intendants de justice, qui sont envoyés ès ressort et étendue desdits parlements près MM. les gouverneurs et lieutenants généraux de Votre Majesté en ces provinces, ou qui, sur autres sujets, résident en icelles plusieurs années, fonctions qu'ils veulent tenir à vie; ce qui est, sans édit, tenir un chef et officier supernuméraire de justice créé sans payer finance, exauctorant (abaissant) les chefs des compagnies subalternes, surchargeant vos finances d'appointements, formant une espèce de justice, faisant appeler les parties en vertu de leurs mandements et tenant greffiers, dont surviennent divers inconvénients, et, entre autres, de soustraire de la juridiction, censure et vigilance de vos parlements, les officiers des sénéchaussées, bailliages, prévôtés et autres juges subalternes. Ils prennent encore connoissance de divers faits, dont ils attirent à votre conseil les appellations au préjudice de la juridiction ordinaire de vos parlements. C'est pourquoi Votre Majesté est très-humblement suppliée de les révoquer, et que telles fonctions ne soient désormais faites sous prétexte d'intendance ou autrement, sauf et sans préjudice du pouvoir attribué par les ordonnances aux maîtres des requêtes de votre hôtel faisant leurs chevauchées dans les provinces, tant

---

1. Ces doléances des parlements se trouvent dans un manuscrit de la Bibliothèque de l'Université, H, I, 8, fol. 205.

que pour icelles leur séjour le requerra. » Heureusement Richelieu avait l'âme trop ferme et l'esprit trop pénétrant pour céder à ces remontrances. Il lui fallait dans les provinces des administrateurs qui dépendissent immédiatement de son pouvoir; il les trouva dans les intendants, dont il rendit l'institution permanente à partir de 1635.

Les intendants n'appartenaient pas, comme les gouverneurs, à des familles puissantes; ils pouvaient être révoqués à volonté, et étaient, par conséquent, les instruments dociles du ministre dans les provinces. De là la haine des grands et des parlements, qui, à l'époque de la Fronde, réclamèrent vivement et obtinrent la suppression des intendants (déclaration du 13 juillet 1648). Mais la cour, qui n'avait cédé qu'à la dernière extrémité, se sentait par cette suppression *blessée à la prunelle de l'œil*, comme dit le cardinal de Retz; elle maintint des intendants en Languedoc, Bourgogne, Provence, Lyonnais, Picardie et Champagne. Rétablis en 1654, les intendants furent institués successivement dans toutes les généralités. Le Béarn et la Bretagne furent les dernières provinces soumises à leur administration : le Béarn en 1682, la Bretagne en 1689. Saint-Simon, en parlant de Pomereu ou Pomereuil, rappelle que ce fut le premier intendant « qu'on ait hasardé d'envoyer en Bretagne, et qui trouva moyen d'y apprivoiser la province. » Avant la révolution de 1789, il y avait en France trente-deux intendances, savoir : Paris, Amiens, Soissons, Orléans, Bourges, Lyon, Dombes, la Rochelle, Moulins, Riom, Poitiers, Limoges, Tours, Bordeaux, Auch, Montauban, Champagne, Rouen, Alençon, Caen, Bretagne, Provence, Languedoc, Roussillon, Bourgogne, Franche-Comté, Dauphiné, Metz, Alsace, Flandre, Artois, Hainaut.

Les intendants avaient de vastes et importantes attributions : ils avaient droit de juridiction et l'exerçaient dans toutes les affaires civiles et criminelles, pour lesquelles ils recevaient une commission émanant du roi. On pourrait citer un grand nombre de procès jugés par les intendants; je me bornerai à renvoyer aux notes placées à la fin du cinquième volume de cette édition des Mémoires de Saint-Simon. On y verra que le procès de B. Fargues fut instruit par l'intendant Machault, qui le jugea en dernier ressort et le condamna à la peine capitale. Guyot cite, dans son *Traité des Offices*[1], beaucoup d'autres procès qui furent jugés par les intendants. Du reste, ces magistrats n'exerçaient les fonctions judiciaires que temporairement, en en vertu des pouvoirs extraordinaires que leur conférait la royauté. Leurs attributions ordinaires étaient surtout administratives.

Ils étaient chargés de surveiller les protestants, et, depuis la révocation de l'édit de Nantes (1685), ils avaient l'administration des biens

---

[1]. T. III, p. 134 et suiv.

des religionnaires qui quittaient le royaume. Les juifs, qui légalement n'étaient tolérés que dans la province d'Alsace, étaient aussi soumis à la surveillance des intendants. Ces magistrats prononçaient sur toutes les questions concernant les fabriques des églises paroissiales, et étaient chargés de pourvoir à l'entretien et à la réparation de ces églises, ainsi qu'au logement des curés. Toutes les questions financières qui touchaient aux églises étaient de leur compétence. Ils avaient la surveillance des universités, collèges, bibliothèques publiques. L'agriculture et tout ce qui s'y rattache, plantation de vignes, pépinières royales, défrichements et desséchements, haras, bestiaux, écoles vétérinaires, eaux et forêts, chasse, etc., commerce, manufactures; arts et métiers, voies publiques, navigation, corporations industrielles, imprimerie, librairie, enrôlement des troupes, revues, approvisionnement des armées, casernes, étapes, hôpitaux militaires, logement des gens de guerre, transport des bagages, solde des troupes, fortifications des places et arsenaux, génie militaire, poudres et salpêtres, classement des marins, levée et organisation des canonniers gardes-côtes, désertion, conseils de guerre, milices bourgeoises, police, service de la maréchaussée, construction des édifices publics, postes, mendicité et vagabondage, administration municipale, nomination des officiers municipaux, administration des biens communaux, conservation des titres des villes, revenus municipaux, domaines, aides, finances, amendes, droits de greffe, droits du sceau dans les chancelleries, contrôle des actes et exploits, etc. : tels étaient les principaux objets dont s'occupaient les intendants. On peut juger par là de la puissance de ces magistrats, auxquels Saint-Simon compare les corrégidors de Madrid, en ajoutant que ces magistrats espagnols réunissaient à des fonctions si importantes celles des lieutenants civil, criminel et de police, des maires ou prévôts des marchands.

§ II. LIEUTENANTS CIVIL, CRIMINEL, DE POLICE; PRÉVÔT DES MARCHANDS.

Le mot *lieutenant* désignait souvent, dans l'ancienne monarchie, un magistrat qui présidait un tribunal subalterne (présidial, bailliage, etc.), en l'absence du bailli, prévôt ou sénéchal. Ces derniers étaient presque toujours des hommes d'épée, qui, dans l'origine, avaient cumulé les fonctions militaires, financières et judiciaires; mais, à mesure que l'administration était devenue plus compliquée, une seule personne n'avait pu remplir des fonctions aussi diverses. Les baillis, prévôts ou sénéchaux, avaient conservé la présidence nominale des tribunaux, mais on leur avait adjoint des lieutenants qui devaient être gradués en droit et qui rendaient la justice en leur nom. Les lieutenants civil et criminel tiraient leur nom de ce qu'ils présidaient : l'un la chambre civile, l'autre la chambre criminelle du Châtelet.

Le lieutenant général de police, qui fut établi par édit du mois de mars 1667, était chargé de veiller à la sûreté de la ville de Paris et de connaître des délits et contraventions de police. Le premier lieutenant général de police fut La Reynie. Fontenelle a caractérisé l'importance et les difficultés de cette charge avec l'ingénieuse précision de son style : « Les citoyens d'une ville bien policée jouissent de l'ordre qui y est établi, sans songer combien il en coûte de peine à ceux qui l'établissent ou le conservent, à peu près comme tous les hommes jouissent de la régularité des mouvements célestes, sans en avoir aucune connoissance; et même plus l'ordre d'une police ressemble par son uniformité à celui des corps célestes, plus il est insensible, et par conséquent il est toujours d'autant plus ignoré qu'il est plus parfait. Mais qui voudroit le connoître, l'approfondir, en seroit effrayé. Entretenir perpétuellement dans une ville telle que Paris une consommation immense, dont une infinité d'accidents peuvent toujours tarir quelques sources; réprimer la tyrannie des marchands à l'égard du public, et en même temps animer leur commerce; empêcher les usurpations naturelles des uns sur les autres, souvent difficiles à démêler; reconnoître dans une foule infinie ceux qui peuvent si aisément y cacher une industrie pernicieuse, en purger la société ou ne les tolérer qu'autant qu'ils peuvent être utiles par des emplois dont d'autres qu'eux ne se chargeroient ou ne s'acquitteroient pas si bien; tenir les abus nécessaires dans les bornes précises de la nécessité, qu'ils sont toujours prêts à franchir; les renfermer dans l'obscurité à laquelle ils doivent être condamnés et ne les en tirer pas même par des châtiments trop éclatants; ignorer ce qu'il vaut mieux ignorer que punir, et ne punir que rarement et utilement; pénétrer par des souterrains dans l'intérieur des familles et leur garder les secrets qu'elles n'ont pas confiés, tant qu'il n'est pas nécessaire d'en faire usage, être présent partout sans être vu; enfin, mouvoir ou arrêter à son gré une multitude immense et tumultueuse, et être l'âme toujours agissante et presque inconnue de ce grand corps : voilà quelles sont en général les fonctions du magistrat de police. Il ne semble pas qu'un homme seul y puisse suffire ni par la quantité des choses dont il faut être instruit, ni par celle des vues qu'il faut suivre, ni par l'application qu'il faut apporter, ni par la variété des conduites qu'il faut tenir et des caractères qu'il faut prendre. »

Le prévôt des marchands était, à Paris et à Lyon, le chef de l'administration municipale que l'on nommait maire dans la plupart des villes. Pendant longtemps ce magistrat fut élu par les bourgeois de Paris; il avait, tant que durait sa charge, le soin de veiller à la défense de leurs priviléges et de protéger leurs intérêts. Mais les magistrats royaux diminuèrent peu à peu l'autorité du prévôt des marchands et ne lui laissèrent enfin que la police municipale. Assisté des quatre échevins qui formaient le bureau de la ville, le prévôt des marchands jugeait tous les procès en matière commerciale jusqu'à l'époque où le chancelier de L'Hôpital établit les juges consuls, qui formèrent de véritables tribunaux de commerce. C'était le prévôt des marchands qui répartissait l'impôt de la capitation, fixait le prix des denrées arrivées par eau et avait la police de la navigation. Les constructions d'édifices publics, de ponts, fontaines, remparts, dépendaient du prévôt des marchands. Enfin ce magistrat portait le titre de chevalier et avait un rôle important dans les cérémonies publiques et spécialement aux entrées des rois. Dans ces circonstances il portait, ainsi que les échevins qui l'accompagnaient, un costume qui rappelait, par sa singularité, les vêtements du moyen âge. Leurs robes étaient de deux couleurs, ou, comme on disait alors, mi-parties de rouge et de violet. Un journal inédit de la Fronde par Dubuisson-Aubenay (Bibl. Maz., ms. in-fol., H, 1719) nous montre le prévôt des marchands et les échevins allant dans ce costume à la rencontre de Louis XIV, le 18 août 1649 : « Sur les trois heures, le prévôt des marchands, le sieur Féron, à cheval en housse de velours, avec sa robe de velours rouge cramoisi, mi-partie de velours violet cramoisi du côté gauche, précédé de deux huissiers de l'hôtel de ville aussi à cheval, en housse, vêtus de robes de drap ainsi mi-parties, et suivi de cinq ou six échevins, pareillement en housse comme lui et vêtus de robes de velours plein ainsi mi-parties, et des procureurs du roi et greffier de l'hôtel de ville, vêtus l'un d'une robe de velours violet cramoisi plein, l'autre d'une de velours rouge cramoisi plein, aussi en housse, et de près de cent principaux bourgeois de la ville, aussi à cheval et en housse, allèrent par ordre jusqu'à la croix qui penche près de Saint-Denys, au-devant de Sa Majesté. »

Aux XVIIe et XVIIIe siècles, l'élection du prévôt des marchands n'était plus qu'une formalité, comme on peut s'en convaincre en lisant le récit d'une de ces élections dans le journal de l'avocat Barbier, à la date du 17 août 1750[1].

---

1. T. III, p. 160, du *Journal historique et anecdotique* de l'avocat Barbier, publié par la *Société de l'Histoire de France*.

III. MORT DE MADAME.

Pages 180 et suivantes.

Saint-Simon dit que personne n'a douté que Madame (Henriette d'Angleterre, première femme du frère de Louis XIV.) *n'eût été empoisonnée et même grossièrement.* Il raconte, dans la suite du chapitre, les détails de ce prétendu empoisonnement. Il est de l'équité historique de ne pas oublier les témoignages opposés. Nous ne pouvons que les indiquer rapidement, mais cette note suffira pour prouver que le doute est, au moins, permis. On y verra aussi que Saint-Simon a eu tort d'affirmer, comme il le fait p. 182, que Madame était alors *d'une très-bonne santé.*

Presque tous les contemporains de la mort de Madame, arrivée en 1670, cinq ans avant la naissance de Saint-Simon, attestent que cette princesse mourut des suites d'une imprudence qui brisa sa constitution, depuis longtemps débile et profondément altérée. Les médecins, dont nous avons les rapports, s'étonnèrent qu'elle n'eût pas succombé plus tôt aux vices de son organisation, qu'aggravait encore un mauvais régime. Ils appellent *cholera-morbus* la maladie qui l'emporta en quelques heures. Valot, premier médecin du roi, soutenait que, depuis trois ou quatre ans, *elle ne vivoit que par miracle.* Ce sont les paroles mêmes de la dépêche adressée par Hugues de Lyonne à l'ambassadeur de France en Angleterre[1]. Le témoignage des médecins qui furent chargés de faire l'ouverture du corps de Madame et de rechercher les causes de sa mort fut unanime. Ils déclarèrent qu'il n'y avait point eu d'empoisonnement, sans quoi l'estomac en aurait porté des traces, tandis qu'on le trouva en état excellent.

Si l'attestation officielle des médecins et des ministres paraît suspecte, on ne peut rejeter le témoignage de contemporains désintéressés. Mademoiselle[2] répète la déclaration des médecins : « Sur les bruits que je viens de dire, l'on fit assembler tous les médecins du roi, de feu Madame et de Monsieur, quelques-uns de Paris, celui de l'ambassadeur d'Angleterre, avec tous les habiles chirurgiens qui ouvrirent Madame. Ils lui trouvèrent les parties nobles bien saines :

---

1. Voy. cette dépêche et plusieurs autres où il est question du même événement dans les *Négociations relatives à la succession d'Espagne*, publiées par M. Mignet, t. III, p. 207 et suiv. (*Docum. inédits relatifs à l'hist. de France*).

2. *Mémoires de Mademoiselle*, à l'année 1670.

ce qui surprit tout le monde, parce qu'elle étoit délicate et quasi toujours malade. Ils demeurèrent d'accord qu'elle étoit morte d'une bile échauffée. L'ambassadeur d'Angleterre y étoit présent, auquel ils firent voir qu'elle ne pouvoit être morte que d'une colique qu'ils appelèrent un *cholera-morbus*. »

Un magistrat, qui notait jour par jour les événements remarquables avec une complète impartialité, Olivier d'Ormesson, parle de même des causes de la mort de Madame : après avoir rappelé les principaux détails de cet événement, il écrit dans son *Journal* : « L'on parla aussitôt de poison, par toutes les circonstances de la maladie et par le mauvais ménage qui étoit entre Monsieur et elle, dont Monsieur étoit fort offensé et avoit raison. Le soir, le corps fut ouvert en présence de l'ambassadeur d'Angleterre et de plusieurs médecins qu'il avoit choisis, quelques-uns anglois avec les médecins du roi. Le rapport fut que la formation de son corps étoit très-mauvaise, un de ses poumons attaché au côté et gâté, et le foie tout desséché sans sang, une quantité extraordinaire de bile répandue dans tout le corps et l'estomac entier ; d'où l'on conclut que ce n'est pas poison ; car l'estomac auroit été percé et gâté. »

Mais ce qui est plus remarquable, c'est qu'un médecin qui n'avait pas de caractère officiel et qui, par humeur, était plus porté à soupçonner le mal qu'à croire au bien, Gui Patin, attribue aussi la mort de Madame à une cause naturelle. Un mois après l'événement, il écrivait[1] : « On parle encore de la mort de Mme la duchesse d'Orléans. Il y en a qui prétendent par une fausse opinion qu'elle a été empoisonnée. Mais la cause de sa mort ne vient que d'un mauvais régime de vivre, et de la mauvaise constitution de ses entrailles…. Il est certain que le peuple, qui aime à se plaindre et à juger de ce qu'il ne connoît pas, ne doit pas être cru en telle matière. Elle est morte, comme je vous ai dit, par sa mauvaise conduite (mauvais régime), et faute de s'être bien purgée selon le bon conseil de son médecin, auquel elle ne croyoit guère, ne faisant rien qu'à sa tête. » Ce qui donne plus d'autorité au témoignage de Gui Patin, c'est que six ans avant la mort de Madame, dans une lettre du 26 septembre 1664, il parlait déjà de la mauvaise constitution de cette princesse : « Mme la duchesse d'Orléans, écrivait-il à Falconet, est fluette, délicate et du nombre de ceux qu'Hippocrate dit avoir du penchant à la phthisie. Les Anglois sont sujets à leur maladie de consomption, qui

---

[1]. Cette lettre, en date du 30 juillet 1670, ne se trouve pas dans l'édition récente du docteur Reveillé-Parise, mais dans celle de la Hayë (1725, 3 vol. in-12). Elle a été citée par M. Floquet dans ses *Études sur la vie de Bossuet*, t. III, p. 410. On trouve réunis dans ce savant ouvrage tous les documents relatifs à la mort de Madame.

en est une espèce, une phthisie sèche ou un flétrissement de poumon. » L'autorité de Gui Patin suffirait pour prouver combien le doute est permis en pareille matière. On peut y ajouter la *Relation de la maladie, mort et ouverture du corps de Madame*, par l'abbé Bourdelot[1], et l'opinion de Valot sur les causes de la mort de Madame[2]. Ces médecins, avec lesquels Gui Patin est si rarement d'accord, rejettent, comme lui, l'empoisonnement parmi les contes populaires.

Je terminerai l'énumération des autorités contemporaines qui repoussent le bruit de l'empoisonnement de Madame par la lettre de Bossuet, qui assista cette princesse à ses derniers moments; elle est datée de juillet 1670[3] : « Je crois que vous avez sçu que je fus éveillé, la nuit du dimanche au lundi, par ordre de Monsieur, pour aller assister Madame, qui étoit à l'extrémité, à Saint-Cloud, et qui me demandoit avec empressement. Je la trouvai avec une pleine connoissance, parlant et faisant toutes choses sans trouble, sans ostentation, sans effort et sans violence, mais si bien et si à propos, avec tant de courage et de piété que j'en suis encore hors de moi. Elle avoit déjà reçu tous les sacrements, même l'extrême-onction, qu'elle avoit demandée au curé qui lui avoit apporté le viatique, et qu'elle pressoit toujours, afin de les recevoir avec connoissance. Je fus une heure auprès d'elle, et lui vis rendre les derniers soupirs en baisant le crucifix[4], qu'elle tint à la main, attaché à sa bouche, tant qu'il lui resta de force. Elle ne fut qu'un moment sans connoissance. Tout ce qu'elle a dit au roi, à Monsieur et à tous ceux qui l'environnoient étoit court, précis et d'un sens admirable. Jamais princesse n'a été plus regrettée ni plus admirée; et ce qui est plus merveilleux est que, se sentant frappée, d'abord elle ne parla que de Dieu, sans témoigner le moindre regret. Quoiqu'elle sût que sa mort alloit être assurément très-agréable à Dieu, comme sa vie avoit été très-glorieuse par l'amitié et la confiance de deux grands rois, elle s'aida, autant qu'elle put, en prenant tous les remèdes avec cœur; mais elle n'a jamais dit un mot de plainte de ce qu'ils n'opéroient pas, disant seulement *qu'il falloit mourir dans les formes.* »

1. Cette relation a été publiée par Poncet de La Grave dans ses *Mémoires intéressants pour servir à l'histoire de France*, t. III, p. 411.
2. Bibl. de l'Arsenal, ms Conrart, t. XIII, p. 779.
3. Cette lettre a été publiée par M. Floquet, d'abord dans la *Bibliothèque de l'École des Chartes* (2ᵉ série, t. Iᵉʳ, p. 174), et ensuite dans ses *Études sur la vie de Bossuet* (t. III, p. 416 et suiv.). Elle est tirée des Mémoires manuscrits de Philibert de La Mare. Je n'en cite que la partie qui a trait à la question examinée dans cette note.
4. Daniel de Cosnac, qui avait été aumônier de Madame, confirme ces détails dans une relation étendue de sa mort. Voy. l'introduction à ses *Mémoires*, publiés par la *Société de l'Histoire de France*, t. Iᵉʳ, p. XLVII et suiv.

« On a ouvert son corps, avec un grand concours de médecins, de chirurgiens et de toute sorte de gens, à cause qu'ayant commencé à sentir des douleurs extrêmes, en buvant trois gorgées d'eau de chicorée, que lui donna la plus intime et la plus chère de ses femmes, elle avoit dit d'abord *qu'elle étoit empoisonnée*. M. l'ambassadeur et tous les Anglois qui sont ici l'avoient presque cru ; mais l'ouverture du corps fut une manifeste conviction du contraire, puisque l'on n'y trouva rien de sain que l'estomac et le cœur, qui sont les premières parties attaquées par le poison ; joint que Monsieur, qui avoit donné à boire à Mme la duchesse de Meckelbourg[1], qui s'y trouva, acheva de boire le reste de la bouteille, pour rassurer Madame ; ce qui fut cause que son esprit se remit aussitôt, et qu'elle ne parla plus de poison que pour dire *qu'elle avoit cru d'abord être empoisonnée par méprise*. Ce sont les propres mots qu'elle dit à M. le maréchal de Grammont. »

De ces témoignages, auxquels on doit joindre celui de Mme de La Fayette, la compagne assidue et l'amie intime d'Henriette d'Angleterre, dont elle a écrit la vie, on doit conclure que la duchesse d'Orléans était d'une santé depuis longtemps altérée, et que la plupart des contemporains ont rejeté le bruit d'empoisonnement adopté par la crédulité populaire. Ainsi Saint-Simon a eu tort d'affirmer que personne n'a douté de l'empoisonnement, et d'ajouter que Madame était alors d'une très-bonne santé.

---

1. Élisabeth-Angélique de Montmorency-Bouteville, sœur du maréchal de Luxembourg ; elle avait épousé en premières noces Gaspard de Coligny, duc de Châtillon, et, en secondes noces, Christian-Louis, duc de Mecklenbourg. On disait au xviie siècle Meckelbourg. Saint-Simon parle plusieurs fois de cette personne dans ses Mémoires. Voy., entre autres, t. Ier, p. 81, 229, 230, 233.

TABLE DES CHAPITRES

DU TROISIÈME VOLUME.

Chapitre premier. — Tallard à Fontainebleau. — Conseil d'État d'Espagne et quelques autres seigneurs. — Réflexions et mesures de quelques-uns des principaux seigneurs sur les suites de la mort prochaine du roi d'Espagne. — Avis célèbre sur les renonciations de la reine Marie-Thérèse. — Chute de la reine d'Espagne. — Le pape consulté secrètement.. 1

Chapitre ii. — Testament du roi d'Espagne en faveur du duc d'Anjou. — Mort du roi d'Espagne. — Harcourt à Bayonne assemblant une armée; son ambition et son adresse. — Ouverture du testament. — Plaisanterie cruelle du duc d'Abrantès. — Deux conseils d'État chez Mme de Maintenon en deux jours. — Avis partagés; raisons pour s'en tenir au traité de partage; raisons pour accepter le testament. — Monseigneur [parle] avec force pour accepter. — Résolution d'accepter le testament. — Surprise du roi et de ses ministres.. 16

Chapitre iii. — Retour de Fontainebleau. — Déclaration du roi d'Espagne; son traitement. — M. de Beauvilliers seul en chef, et M. de Noailles en supplément accompagnent les princes au voyage. — Le nonce et l'ambassadeur de Venise félicitent les deux rois. — Harcourt duc vérifié et ambassadeur en Espagne. — Rage singulière de Tallart. — L'électeur de Bavière fait proclamer Philippe V aux Pays-Bas, qui est harangué par le parlement et tous les corps. — Plaintes des Hollandois. — Bedmar à Marly. — Philippe V proclamé à Milan. — Le roi d'Espagne fait Castel dos Rios grand d'Espagne de la première classe et prend la Toison ; manière de la porter. — Départ du roi d'Espagne et des princes ses frères. — Philippe V proclamé à Madrid, à Naples, en Sicile et en Sardaigne. — Affaire de Vaïni à Rome. — Albano pape (Clément XI). — Grâces pécuniaires. — Chamillart ministre. — Électeur de Brandebourg se déclare roi de Prusse; comment [la Prusse] entrée dans sa maison. — Courlande. — Tessé à Milan et Colmenero à Versailles. — Castel dos Rios. — Harcourt retourné à Madrid; sa place à la junte. — Troubles du Nord.. 33

CHAPITRE IV. — 1701. — Mesures en Italie : Tessé. — Mort et caractère de Barbezieux. — Chamillart secrétaire d'État; son caractère. — Torcy chancelier et Saint-Pouange grand trésorier de l'ordre. — Mort de Rose, secrétaire du cabinet. — La plume. — Caillières a la plume. — Rose et M. le prince. — Rose et M. de Duras. — Rose et les Portail. — Mort de Stoppa, colonel des gardes suisses. — Mort du prince de Monaco, ambassadeur à Rome. — Mort de Boutems. — Bloin. — M. de Vendôme. — Bals particuliers à la cour... 52

CHAPITRE V. — Plusieurs bonnes nouvelles. — D'Avaux ambassadeur en Hollande, au lieu de Briord, fort malade. — Les troupes françoises, introduites au même instant dans les places espagnoles des Pays-Bas, y arrêtent et désarment les garnisons hollandoises, que le roi fait relâcher. — Flottille arrivée. — Chocolat des Jésuites. — Philippe V reconnu par le Danemark. — Connétable de Castille ambassadeur extraordinaire à Paris. Philippe V à Bayonne; à Saint-Jean de Luz; séparation des princes. — Comte d'Ayen passe en Espagne. — Duc de Beauvilliers revient malade. — Lettres patentes de conservation des droits à la couronne de Philippe V. — La reine d'Espagne abandonnée et reléguée à Tolède. — Philippe V reconnu par les Provinces-Unies. — Ouragan à Paris et par la France. — Mort de l'évêque-comte de Noyon. — Abbé Bignon, conseiller d'État d'Église. — Aubigny, évêque de Noyon. — Mlle Rose, béate extraordinaire. — M. Duguet. — M. de Saint-Louis retiré à la Trappe. — *Institution d'un prince*, par M. Duguet. — Helvétius à Saint-Aignan. — Retour du duc de Beauvilliers. — Cardinal de Bouillon à Cluni, restitué en ses revenus. — Exil du comte de Melford. — Roi Jacques à Bourbon... 67

CHAPITRE VI. — Philippe V à Madrid. — Exil de Mendoze, grand inquisiteur. — Exil confirmé du comte d'Oropesa, président du conseil de Castille. — Digression sur l'Espagne : branches de la maison de Portugal établies en Espagne. — Oropesa, Lémos, Varagua, [branche] cadette de Ferreira ou Cadaval. — [Branche de] Cadaval restée en Portugal. — Alencastro, duc d'Aveiro. — Duchesse d'Arcos, héritière d'Aveiro. — Abrantès et Linarès, cadets d'Aveiro. — Justice et conseil d'Aragon. — Conseil de Castille; son président ou gouverneur. — Corrégidors. — Conseillers d'État. — Secrétaire des dépêches universelles. — Secrétaires d'État. — Les trois charges: majordome-major du roi et les majordomes; sommelier du corps et gentilshommes de la chambre; grand écuyer et premier écuyer. — Capitaine des hallebardiers. — Patriarche des Indes. — Majordome-major et majordomes de la reine. — Grand écuyer et premier écuyer de la reine. — Camarera-mayor. — Dames du palais et dames d'honneur. — Azafata et femmes de chambre. — Marche en carrosse de cérémonie. — Gentilshommes de la chambre avec et sans exercice. — Estampilla. — La Roche... 85

CHAPITRE VII. — Changements à la cour d'Espagne à l'arrivée du roi. — Singularité de suzeraineté et de signatures de quelques grands d'Espagne. — Autres conseillers d'État. — Mancera et son étrange régime. — Amirante de Castille. — Frigilliane. — Monterey. — Tresmo. — Fuesalida. — Montijo. — Patriarche des Indes. — Vie du roi d'Espagne en arrivant. — Louville en premier crédit. — Duc de Montéléon. — Coutume en Espagne, dite la *saccade du vicaire.* — P. Daubenton, jésuite, confesseur du roi d'Espagne. — Aversberg, ambassadeur de l'empereur après Harrach, renvoyé avant l'arrivée du roi à Madrid. — Continuation du voyage des princes. — Folie du cardinal Le Camus sur sa dignité 118

Chapitre VIII. — Mlle de Laigles, fille d'honneur de Mme la duchesse, à Marly; et mange avec Mme la duchesse de Bourgogne. — Violente indigestion de Monseigneur. — Capitulation. — Grande augmentation de troupes. — Force milice. — Électeur de Bavière à Munich; Ricous l'y suit. — Bedmar, commandant général des Pays-Bas espagnols par intérim. — Traités et fautes. — Succession à la couronne d'Angleterre établie dans la ligne protestante. — Plaintes et droits de M. de Savoie. — Vénitiens neutres. — Catinat général en Italie. — Dépit et vues de Tessé; sa liaison avec Vaudemont. — Boufflers général en Flandre et Villeroy en Allemagne. — M. de Chartres refusé de servir; grand mécontentement de Monsieur, qui ne s'en contraint pas avec le roi. — Nyert revient d'Espagne. — Retours des Princes. — La Suède reconnoît le roi d'Espagne. — Archevêques d'Aix et de Sens nommés à l'ordre. — Traits du premier. — Refus illustre de l'archevêque de Sens. — M. de Metz commandeur de l'ordre. — Tallard chevalier de l'ordre, etc. — Mort de Mme de Tallard, de la duchesse d'Arpajon, de Mme d'Hauterive, de Mme de Bournouville, de Segrais, du maréchal de Tourville. — Châteaurenauld vice-amiral. — Mort du comte de Staremberg. — L'Angleterre reconnoît le roi d'Espagne. — Duc de Beauvilliers grand d'Espagne. — Mariage déclaré du roi d'Espagne avec la fille du duc de Savoie. — Égalité réglée en France et en Espagne entre les ducs et les grands. — Abbé de Polignac rappelé. — Duc de Popoli salue le roi, qui lui promet l'ordre. — Banqueroute des trésoriers de l'extraordinaire des guerres...... 136

Chapitre IX. — L'empereur fait arrêter Ragotzi. — Retour des eaux du roi Jacques. — Peines de Monsieur. — Forte prise du roi et de Monsieur. — Mort de Monsieur. — Spectacle de Saint-Cloud. — Spectacle de Marly. — Diverses sortes d'afflictions et de sentiments. — Caractère de Monsieur. — Trait de hauteur de Monsieur à M. le Duc. — Visite curieuse de Mme de Maintenon à Madame. — Traitement prodigieux de M. le duc de Chartres, qui prend le nom de duc d'Orléans. — M. le Prince fait pour sa vie premier prince du sang. — Veuvage étrange de Madame; son traitement. — Obsèques de Monsieur. — Ducs à l'eau bénite, non les duchesses ni les princesses. — Désordres des carrosses. — Curieuse anecdote sur la mort de Madame, première femme de Monsieur........................ 157

Chapitre X. — Guerre de fait en Italie. — Ségur gouverneur du pays de Foix; son aventure et celle de l'abbesse de la Joye. — Ses enfants. — Maréchal d'Estrées gouverneur de Nantes, et lieutenant général et commandant en Bretagne. — Chamilly commandant à la Rochelle et pays voisins. — Briord conseiller d'État d'épée. — Abbé de Soubise sacré. — Mariage de Vassé avec Mlle de Beringhen. — Mariage de Renel avec une sœur de Torcy. — Mort du président Le Bailleul. — Mort de Bartillat. — Mort du marquis de Rochefort. — Mort de la duchesse douairière de Ventadour. — Armenonville et Rouillé directeurs des finances. — Le roi d'Espagne reçoit le colier de la Toison et l'envoie aux ducs de Berry et d'Orléans, à qui le roi le donne. — Marsin ambassadeur en Espagne; son caractère et son extraction. — Raison du duc d'Orléans de désirer la Toison. — Menées domestiques en Italie. — Situation de Chamillart. — Mlle de Lislebonne et Mme d'Espinoy, et leur éclat solide. — Position de Vaudemont. — Tessé et ses vues. — Combat de Carpi. — Maréchal de Villeroy va en Italie; mot à lui du maréchal de Duras. — Le pape refuse l'hommage de Naples, et y reconnoît et fait reconnoître Philippe V, où une révolte est étouffée dès sa naissance.......................... 184

CHAPITRE XI. — Dangereuse maladie de Mme la duchesse de Bourgogne. — Malice du roi à M. de Lauzun. — Spectacle singulier chez Mme la duchesse de Bourgogne convalescente. — Mort de Saint-Herem; singularité de sa femme. — Mort de la maréchale de Luxembourg. — Mort de Mme d'Épernon, carmélite. — Mort du marquis de Lavardin. — Villars de retour de Vienne, et d'Avaux de Hollande. — Matignon gagne un grand procès contre un faussaire. — Villeroy en Italie. — M. de Savoie à l'armée. — Combat de Chiari. — Étrange mortification du maréchal de Villeroy par M. de Savoie. — Villeroy et Phélypeaux fort brouillés. — Frauduleuse inaction en Flandre. — Castel Rodrigo ambassadeur à Turin pour le mariage, et grand écuyer de la reine. — San-Estevan del Puerto majordome-major de la reine. — Choix, fortune et caractère de la princesse des Ursins, camarera-mayor de la reine. — Mme des Ursins évite Turin. — Légat *a latere* à Nice vers la reine d'Espagne. — Philippe V proclamé aux Indes, va en Aragon et à Barcelone. — Louville chef de la maison françoise du roi d'Espagne et gentilhomme de sa chambre. — La reine d'Espagne, charmante, va par terre en Catalogne. — Épouse de nouveau le roi à Figuères. — Scène fâcheuse. — Ducs d'Arcos et de Baños à Paris, puis en Flandre............................. 204

CHAPITRE XII. — Digression sur la dignité de grands d'Espagne et sa comparaison avec celle de nos ducs. — Son origine. — *Ricos-hombres*, et leur multiplication. — Idée dès lors de trois sortes de classes. — Leur part aux affaires et comment. — Parlent couverts au roi. — Ferdinand et Isabelle dits les *rois catholiques*. — Philippe Ier ou le Beau. — Flatterie des *ricos-hombres* sur leur couverture. — Affoiblissement de ce droit et de leur nombre. — Première gradation. — Charles-Quint. — Deuxième gradation : *ricos-hombres* abolis en tout. — Grands d'Espagne commencent et leur sont substitués. — Grandeur de la grandesse au dehors des États de Charles-Quint. — Troisième gradation : couverture et seconde classe de grands par Philippe II. — Trois espèces de grands et deux classes jusqu'alors. — Quatrième gradation : patentes d'érection et leur enregistrement de Philippe III. — Nulle ancienneté observée entre les grands, et leur jalousie sur ce point et sa cause. — Troisième classe de grands. — Grands à vie de première classe. — Nul autre rang séculier en Espagne en la moindre compétence avec ceux du pays. — Seigneurs couverts en une seule occasion sans être grands. — Cinquième gradation : certificat de couverture. — Suspension de grandesse en la main du roi. — Exemples entre autres du duc de Médina-Sidonia. — Sixième gradation : grandesses devenues amovibles et pour les deux dernières classes en besoin de confirmation à chaque mutation. — Grandesse ôtée au marquis de Vasconcellos et à sa postérité. — Septième gradation : tributs pécuniaires pour la grandesse. — Mystères affectés des trois différentes classes.. 224

Chapitre XIII. — Indifférence pour les grands des titres de duc, marquis, ou comte. — Titre de prince encore plus indifférent. — Succession aux grandesses. — Majorasques. — Étrange chaos de noms et d'armes en Espagne et sa cause. — Bâtards; leurs avantages et leurs différences en Espagne. — Récapitulation sur la grandesse. — Étrange coutume en faveur des juifs et des Maures baptisés. — Nulle marque de dignité aux armes, aux carrosses, aux maisons, que le dais. — Honneurs dits en France du Louvre. — Distinction de quelques personnes par-dessus les grands. — Démission de grandesses inconnues en Espagne. — Exemples récents de grands étrangers expliqués. — Successeurs à grandesses ont rang et honneurs.. 244

Chapitre XIV. — Cérémonie de la couverture et ses différences pour les trois différentes classes chez le roi d'Espagne, et son plan. — La même cérémonie chez la reine d'Espagne, et son plan. — Tout ancien prétexte de galanterie pour se couvrir aboli. — Distinction de traits et d'attelages. — Femmes et belles-filles aînées de grands seules et diversement assises. — Séance à la comédie et au bal. — Grands, leurs femmes, fils aînés et belles-filles aînées expressément et seuls invités à toute fête, plaisir et cérémonie, et à quelques-unes les ambassadeurs................. 261

Chapitre XV. — Séance et cérémonie de tenir chapelle en Espagne. — Cérémonie de la Chandeleur et celle des Cendres. — Banquillo du capitaine des gardes en quartier. — Raison pourquoi les capitaines des gardes sont toujours grands. — Places distinguées à toutes fêtes et cérémonies pour les grands, leurs femmes, fils aînés et belles-filles aînées. — Parasol des grands aux processions en dehors où le roi assiste et la reine. — Cortès ou états généraux. — Traitement par écrit dans les églises, hors Madrid. — Baptême de l'infant don Philippe. — Honneurs civils et militaires partout. — Honneurs à Rome. — Rangs étrangers inconnus en Espagne. — Égalité chez tous les souverains non rois. — Supériorité de M. le Prince sur don Juan aux Pays-Bas, et son respect pour le roi fugitif d'Angleterre, Charles II. — Bâtards des rois d'Espagne. — Grands nuls en toutes affaires. — Point de couronnement, nul habit de cérémonie, ni pour les rois d'Espagne, ni pour les grands. — Nulle préférence de rang dans les ordres d'Espagne, ni dans celui de la Toison d'or. — Grands acceptent des emplois fort petits. — Grandesses s'achètent quelquefois. — Autre récapitulation. — Nul serment pour la grandesse. — Grand nombre de grands d'Espagne. — Indifférence d'avoir une ou plusieurs grandesses... 282

Chapitre XVI. — Comparaison des dignités des ducs de France et des grands d'Espagne. — Comparaison du fond des deux dignités dans tous les âges. Dignité de grand d'Espagne ne peut être comparée à celle de duc de France, beaucoup moins à celle de pair de France. — Comparaison de l'extérieur des dignités des ducs de France et des grands d'Espagne. — Spécieux avantages des grands d'Espagne. — Désavantage des grands d'Espagne jusque dans les droits de se couvrir. — Abus des grandesses françoises.. 304

Chapitre XVII. — Mort du roi Jacques II d'Angleterre. — Le prince de Galles, son fils, reconnu roi d'Angleterre par le roi, et par le roi d'Espagne et le pape. — Visites sur la mort du roi Jacques II. — Voyage de Fontainebleau. — Jacques III reconnu par Philippe V; effet de ces reconnoissances : signature de la grande alliance contre la France et l'Espagne. — Mouvement à Naples. — Vice-rois changés. — Louville à Fontainebleau pour le voyage du roi d'Espagne en Italie. — Étrange emportement de M. le Duc contre son ami le comte de Fiesque. — La Feuillade : son caractère; son mariage avec une fille de Chamillart. — Fagon taillé. — Harcourt de retour d'Espagne. — Méan doyen de Liége, son frère et leurs papiers enlevés, et enfermés à Namur. — Mort de Bissy; sa prophétie sur son fils depuis cardinal. — Mort de M. de Montespan. — Hardiesse de son fils. — Duc de Montfort capitaine des chevau-légers par la démission du duc de Chevreuse....................... 328

Chapitre XVIII. — 1702. — Bals à la cour et comédies chez Mme de Maintenon et chez la princesse de Conti. — Longepierre. — Mort de la duchesse de Sully. — Mort étrange de Lopineau. — Mort et aventures de l'abbé de Vatteville. — Mariage de Villars et de Mlle de Varangeville. — Délibération sur le voyage de Philippe V en Italie. — Brillante situation d'Harcourt qui lui fait espérer d'être ministre. — Position brillante d'Harcourt en Espagne. — Son embarras entre les deux. — Caractère d'Harcourt. — Conférence très-singulière. — Raison pour et contre le voyage. — Harcourt arrête la promotion des maréchaux de France. — Son imprudence. — Il se perd auprès du roi d'Espagne et se ferme après le conseil. — Mme la duchesse de Bourgogne et Tessé. — Le voyage résolu et Louville dépêché au roi d'Espagne.................................. 339

Chapitre XIX. — Retour de Catinat. — Promotion d'officiers généraux. — Ma réception au parlement. — Visites qui la précèdent; piéges que j'y évite. — Je quitte le service. — Bagatelles qui caractérisent. — Bougeoir. — Soupers de Trianon. — Duc de Villeroy arrivé d'Italie. — Journée de Crémone. — Situation de Crémone et qui y commandoit. — Maréchal de Villeroy pris. — Aventure de Montgon. — Villeroy hautement protégé du roi et traité en favori. — Revel chevalier de l'ordre. — Praslin lieutenant général....................................... 359

Chapitre XX. — Harcourt refuse l'armée d'Italie. — Vendôme l'accepte et part. — Grand prieur refusé de servir. — Feuquières refusé de servir; son étrange caractère. — Colandre colonel avec choix. — La Feuillade maréchal de camp tout à coup. — Mme de Chambonas dame d'honneur de la duchesse du Maine. — Changement chez Madame. — Maréchale de Clérembault. — Comtesse de Beuvron. — Mort de Fouquet, évêque d'Agde. — P. Camille se fixe en Lorraine; son caractère. — Sourdis. — Mariage de sa fille avec le fils de Saint-Pouange. — Mariage du duc de Richelieu avec la marquise de Noailles. — Mort du bailli d'Auvergne. — Médailles du roi. — Jalousie sur Louis XIII. — Comte de Toulouse pour la mer avec le comte d'Estrées. — Mgr le duc de Bourgogne en Flandre avec le maréchal de Boufflers et le marquis de Bedmar. — Le maréchal d'Estrées en Bretagne. — Chamilly à la Rochelle, etc. — Catinat sur le Rhin. — Son sage et curieux éclaircissement avec le roi et Chamillart. — Jugement arbitral du pape entre l'électeur palatin et Madame qui proteste.. 379

CHAPITRE XXI. — Mort du roi Guillaume III d'Angleterre. — Le roi ne prend point le deuil du roi Guillaume, et défend aux parents de ce prince de le porter. — Mariage du frère de Chamillart. — Époque d'un usage ridicule. — Mort de la marquise de Gesvres. — Mort du comte Bagliani. — Mort de Jean Bart et de La Freselière; son caractère. — Mort du marquis de Thianges. — États de Catalogne. — Départ du roi d'Espagne pour l'Italie et de la reine pour Madrid par l'Aragon. — Comte d'Estrées grand d'Espagne. — Autres grâces de Philippe V. — Cardinal Borgia et sa bulle d'Alexandre VI. — Philippe V à Naples. — Cardinal Grimani. — Louville à Rome obtient un légat *a latere* vers Philippe V. — Cardinal de Médicis. — Conspiration contre la personne de Philippe V. — Entrevue de Philippe V et de la cour de Toscane à Livourne, qui traite le grand-duc d'Altesse. Entrevue de Philippe V et de la cour de Savoie à Alexandrie. — Fauteuil manqué. — Philippe V à Milan. — États d'Aragon. — La reine d'Espagne à Madrid. — Junte. — Comte de Toulouse va à la mer. — Mgr le duc de Bourgogne va en Flandre. — Ruse en faveur du duc du Maine. — Honteux accompagnement de Mgr le duc de Bourgogne. — Passage de Mgr le duc de Bourgogne par Cambrai. — Cent cinquante mille livres au maréchal de Boufflers. — Cinquante mille à Tessé. — Bedmar fait grand d'Espagne; son caractère; son extraction............................ 394

CHAPITRE XXII. — Kaiserswerth assiégé. — Déclaration de guerre de l'Angleterre et de la Hollande. — Marlborough, sa femme et leur fortune. — Canonnade de Nimègue, etc. — Places perdues. — Retour de Mgr le duc de Bourgogne et du duc du Maine. — Retour du comte de Toulouse. — Varennes commandant de Metz, etc., enlevé, rendu et déplacé. — Blainville lieutenant général, et Brancas, brigadier sortent de Kaiserswerth. — Rouen soustrait à la primatie de Lyon. — Aubercourt et les jésuites condamnés. — Grand prieur veut rendre ses bénéfices, et va servir sous Catinat avec vingt mille livres de pension. — Cinq grands d'Espagne chevaliers de l'ordre. — Rude chute de M. de La Rochefoucauld à la chasse. — M. de Duras perd une prétention contre M. de Noailles. — Époque de mon intime liaison avec M. le duc d'Orléans. — Avances inutiles vers moi de M. et de Mme du Maine. — Philippe V à Crémone. — Combat de Luzzara. — Marquis de Créqui tué : son caractère. — Prince de Commercy fils tué. — Autre conspiration découverte à Naples. — Descente inutile de dix mille Anglois dans l'île de Léon, près Cadix. — M. de Vendôme chevalier de la Toison. — Philippe V à Milan et à Gênes, suivi du cardinal d'Estrées, donne l'Altesse au doge et fait couvrir quelques sénateurs, à l'exemple de Charles-Quint. — Abbé d'Estrées va en Espagne. — Maréchal de Villeroy libre. — Marquis de Legañez vient se purger de soupçon à Versailles. — Amirante de Castille se retire en Portugal. — Cienfuegos, jésuite. — Retour des galions [qui sont] brûlés par les Anglois dans le port de Vigo, et quinze vaisseaux françois. — La reine d'Espagne se fait garder à Madrid, quoique sans exemple.................................... 416

NOTES.

I. Portraits du roi Philippe V, de la reine Louise de Savoie et des principaux seigneurs du conseil de Philippe V, tracés par le duc de Grammont, alors ambassadeur en Espagne................ 439

II. Intendants; lieutenants civils, criminel, de police; prévôt des marchands... 442

III. Mort de Madame... 448

FIN DE LA TABLE DES CHAPITRES.

Ch. Lahure, imprimeur du Sénat et de la Cour de Cassation,
rue de Vaugirard, 9, près de l'Odéon.

www.ingramcontent.com/pod-product-compliance
Lightning Source LLC
Chambersburg PA
CBHW070216240426
43671CB00007B/673